일본 근세성곽과 왜성의 이해

김영식

어문학사

히젠나고야성(肥前名護屋城) 조감도(나고야성박물관)

구마모토성(熊本城) 천수각

추천사

이번 어문학사에서 출간되는 이 책은 한국 최초로 일본 근세성곽과 왜성의 구조 등에 대한 자세한 설명이 있어서 오사카·동경·히로시마 등 일본 각지의 주요 도시의 중심부에 있는 성곽을 이해하는 데 좋은 지침서가 될 것입니다. 일본 역사와 문화에 관심이 있는 분들의 일독(一讀)을 권합니다.

이 책의 저자 김영식 씨를 알게 된 것은 지금으로부터 20여 년 전 2000년 한국 방송통신대학교 일본학과 2학년의 '일본근세근현대사'라는 과목의 출석수업 때였습니다. 1997년도에 일본학과 창립멤버로 부임해 우리 사회에 일본역사에 관한 지식을 확산시키기 위해 의욕적으로 활동하던 때였습니다.

"역사 공부는 발로 하는 것이다."라는 것이 저의 지론(持論)이었으며 생소한 일본 역사에 관심을 갖게끔 하기 위해 때때로 우리나라 역사와 관련된 사적지를 답사하고 현장에서 강의를 하는 방식으로 수업을 진행하곤 하였습니다.

울산의 서생포왜성에서 하던 출석수업은 지금까지도 생생하게 기억하고 있습니다. 성안의 약간 넓은 잡초가 무성한 공터의 풀을 정리하고 약 수십 명의 학생들이 준비해 온 깔개를 깔고 앉아 제 강의를 듣고 난 뒤, 서생포왜성의 천수각(天守閣) 터가 있는 곳까지 걸어 올라서 답사를 하였습니다.

그 학생들 중에 김영식 씨도 있었습니다. 나중에 직접 들은 말이지만, 울산에서 생활한 지 이십 년이 넘었지만 왜성의 존재에 관해서는 그때 처음 들었다고 하였습니다. 그 뒤 약 2년 넘게 열정적으로 왜성에 관한 자료를 모으고 또 여러 곳에 있는 왜성을 실제로 답사해 졸업논문으로 제출한 결과, 그해의 최우수 논문으로 선정되기도 했습니다. 이후, 지금까지 20년이 넘게 김영식 씨는 왜성에 관한 연구와 그 가치를 알리는 일을 꾸준히 해오셨습니다.

그리고 약 3년 전, 방송대 일본언어문화학과 대학원 학생들과 함께 십여 년 만에 서생포왜성을 답사하게 되어 그 안내와 설명을 부탁드렸습니다. 덕분에 대학원 학생들에게 아주 인상적인 답사 여행이 되었고 그때 그 동안의 연구와 조사를 바탕으로 한 좋은 자료를 지니고 있는 것을 알게 되었습니다. 저는 이 자료를 혼자만 가지고 있지 말고 출판해서 우리 사회가 공유할 수 있도록 해 줄 것을 부탁하였습니다.

임진왜란 당시 가토 기요마사(加藤清正)가 축조한 서생포왜성의 축성 작업에는 울산을 중심으로 하는 많은 조선의 백성들이 동원되었을 것입니다. 축성(築城)의 명인(名人)으로 알려진 가토 기요마사가 쌓은 구마모토성은 조선에서의 실전 경험을 살려서 쌓은 것으로 유명합니다. 그리고 구마모토성 주위에는 지금도 '울산'이라는 동네의 지명이 남아있으며 또 울산이라는 간장 상표가 있습니다. 이러한 지명은 "기요마사가 끌고 간 조선인을 살게 한 곳" 또는 "왜성을 쌓은 울산에 대한 생각"에서 유래되었다고 하는 설이 있습니다.

그리고 일본 수도 동경의 에도성(江戸城) 등 여러 성곽에는 '고려문(高麗門)'이라는 명칭이 붙은 문이 남아 있습니다. 이 역시 임진왜란 당시 일본군이 실전 경험을 활용해서 고안해낸 것이라고 합니다.

이처럼 왜성은 4백여 년 전 한반도와 일본 열도를 이어주는 중요한 사적입니다. 임진왜란의 쓰라린 경험을 제대로 살리지 못하였기에 20세기에 들어와 일본의 지배를 받게 된 것을 명심해야 합니다. 왜성이 침략자 일본군이 쌓은 어두운 역사의 산물이기에 더더욱 잘 보존하여 그것이 지닌 의미와 교훈을 잊지 말아야 한다고 생각합니다. 그런 의미에서 김영식 씨가 왜성 연구에 바친 열정은 임진왜란 당시 일본군에 맞서 싸운 의병들과 같은 마음에서 비롯된 것이라고 생각합니다. 저자의 오랜 세월에 걸친 열정과 노력에 경의(敬意)를 표합니다.

2021년 8월 10일

한국방송통신대학교 일본학과 교수 이영

책을 펴내면서

일반적으로 성(城)이란 "적을 막기 위해 흙이나 돌로 견고하게 쌓은 건물·설비 등 군사적인 구조물"이라고 정의한다. 일본 열도에는 약 4만 개에 이르는 성지(城址)가 있는데, 그중에서 근세성곽은 오늘날 가장 친숙한 성곽 유적의 하나이다.

1467년, 쇼군 집안의 후계자 문제로 비롯된 '오닌(応仁)의 난'에서 출발하여 하극상(下剋上)의 풍조가 만연했던 약 100년간의 전국시대가 펼쳐진다. 전국시대의 말기 센코쿠다이묘(戦国大名)의 한 사람으로 등장한 오다 노부나가(織田信長, 1534~1582)는 전국시대를 통일할 선두주자로 부상했다.

1575년, 나가시노(長篠) 전투에서 도쿠가와 이에야스(徳川家康, 1543~1616)군과 연합하여 화승총[鉄砲]을 이용한 전술로 다케다(武田)군의 기마부대를 괴멸시킴으로써 전국시대를 종식시키고 새로운 시대로 나아가는 기반을 확립했다. 그는 1576년 1월부터 비와코(琵琶湖)의 동쪽에 거대한 아즈치성(安土城) 건설에 착수, 웅장한 천수각(天守閣)을 갖춘 대규모의 石城으로 완성하여 통일의 거점으로 삼았다.

그러나 1582년, 교토의 혼노지(本能寺)에서 가신인 아케치 미쓰히데(明智光秀, ?~1582)의 기습으로 처참한 최후를 맞이하고 만다. 그의 통일 사업은 가신인 도요토미 히데요시(豊臣秀吉, 1537~1598)에게 계승된다. 1583년에 최고 실력자가 된 도요토미 히데요시는 오사카성(大坂城)을 축성하고 전국 통일의 거점으로 삼았다. 1598년 도요토미 히데요시가 사망하고, 1615년 오사카 여름전투(大坂夏の陣)에서 도요토미 가문을 쓰러뜨린 실력자는 도쿠가와 이에야스였다. 이후 1868년 메이지유신이 오기까지 약 250여 년의 에도(江戸)시대가 펼쳐진다.

일본의 근세성곽은 오다 노부나가가 건설한 아즈치성에서 출발하여 도쿠가와 시대에 축성한 성을 말하며, 그중에서 오다 노부나가에서 도요토미 히데요시 시대에 쌓은 성을 특별히 '쇼쿠호계(織豊系) 성곽'이라 부른다.

오늘날 일본에는 수많은 성이 존재하지만, 대부분이 도쿠가와 시대에 고쳐 쌓았거나, 제2차 세계대전 이후에 재건된 성이어서 쇼쿠호계 성곽의 원형은 그다지 남아 있지 않다. 도요토미 히데요시의 야망과 오산에 의해 비롯된 임진왜란과 정유재란[文祿慶長の役] 7년의 전쟁기간에 일본군이 우리나라 남해연안에 일본식 성곽을 축성하여 일본으로부터의 보급로 확보 및 전쟁의 기지로 삼았다. 이러한 임진왜란 전쟁기간에 일본군이 우리나라(당시의 조선)에 쌓은 성을 일본 국내에 있는 성곽과 구별하여 '왜성(倭城)'이라 부른다.

왜성은 그 성격으로 보아 크게 두 가지로 분류할 수 있다. 하나는 연결성[つなぎの城]으로 도요토미 히데요시의 지령에 의해 부산에서 서울까지, 나중에는 의주까지 히데요시 자신이 명나라로 들어갈 때의 거처[御座所]와 군수물자의 보급로 확보를 목적으로 쌓은 성이다. 이것은 일명

'쓰타이노시로(つたいの城)'라고도 하는데, 군대가 거의 하루에 행군할 수 있는 정도의 거리에 쌓았다. 주로 조선의 읍성을 고쳐서 사용하거나 적당한 읍성이 없는 곳에서는 새로이 간단하게 축성했다고 한다. 오늘날에는 그 유구의 위치가 확실하지 않으며, 함경도의 길주(吉州)와 안변(安邊) 사이 등에도 쌓여져 있었다는 것으로 미루어 보아 당시 일본군이 지나간 길목마다 이 연결성을 쌓았을 것으로 추측된다.

다른 하나는 통치성[仕置の城]으로, 일본으로부터의 보급로를 확보하고, 당시 진행 중이던 강화교섭이 성사되어 조선 남부 4개도를 할양받게 되면 그 통치의 교두보로서, 또는 교섭이 결렬되면 재침의 전초기지로 삼는 등, 일본군이 내륙에서 전세를 유리하게 전개하기 위해 우리나라 남해안 지역에 쌓은 城이다. 임진왜란기인 1592년부터 2년간에 걸쳐 쌓은 10여 개의 성과 정유재란기에 신규로 축성한 8개 등 20여 개의 성이 그것인데, 일부 소멸된 성도 있지만, 상당수는 원형이 보전되고 있다.

이 중에서 후자는 전술한 일본 근세성곽의 쇼쿠호계 성곽에 해당하는 성곽군이다. 이들은 보존 상태에 차이는 있지만, 일부를 제외한 대부분의 성이 축성 당시의 모습을 고스란히 간직하고 있다. 이후에서 언급하는 왜성은 후자를 가리킨다. 일본의 성곽연구자들은 '한국의 왜성에 대한 연구 없이는 일본 근세성곽의 완성은 없다'고 할 정도로 일본 근세성곽사에서 왜성의 위치를 대단히 높게 평가하고 있다.

비록 이들 왜성의 축성 주체는 일본군이었지만, 그 축성에 우리 선조들의 피땀 어린 노역과 울분이 깃들어 있는 우리의 문화유산임에는 틀림없다. 왜성은 임진왜란의 재조명이나 한일과거사 문제에서 일본의 침략을 입증하는 살아있는 증거물이며 교육의 현장이다. 이를 단순히 침략자인 일본군이 건설한 성이라고 해서 방치하기보다 이들에 대한 제대로 된 이해가 필요하다. 이들 왜성이 일본 근세성곽, 그중에서도 쇼쿠호계 성곽의 한 축을 담당하고 있는 구조물이기에 왜성을 이해하려면 일본 근세성곽에 대한 이해가 선행되어야 한다.

따라서 이 책에서는 제1장에서 성곽의 일반적인 개념을 기술하고, 제2장에서 일본성곽의 개요와 근세성곽의 일반적인 내용을, 제3장에서 왜성에 대한 일반적인 내용을 기술했다. 마지막으로 제4장에서는 왜성의 실제 현장을 답사하여 오늘날 남아 있는 성곽유구의 모습과 구조를 살펴보고, 나와바리도(縄張り図)와 중요부 사진도 참고로 실었다.

필자의 능력 부족으로 성곽 용어를 우리말로 완전하게 옮기지 못한 것을 안타깝게 생각한다. 그 이유는 일본성곽과 우리나라의 성곽이 그 구조부터가 본질적으로 다르기 때문에 일본성곽의 용어를 우리말로 옮기는데 한계를 느낀다. 여러 가지로 부족한 내용을 세상에 내놓으려 하니 두려움이 앞서지만, 이를 토대로 더 나은 훌륭한 저작들이 나오길 기대하며 여러 전문가들의 많은 지도와 편달을 바란다. 끝으로 필자를 왜성이라는 미지의 세계로 인도해 주신 이영 교수님과, 이 책의 출판을 위해 도움을 주신 도서출판 어문학사 임직원 여러분께 지면을 빌려 감사드립니다.

신축년 여름에

김영식

목차

제3장 왜성

제4장 왜성 탐방

제1장

총론

1 | 성의 개념

성을 이해하기 위한 기초지식으로 먼저 필요한 것은 '성이란 무엇인가'를 이해하기 위한 성의 정의일 것이다. 우선 사전에 기재되어 있는 성(城)의 의미를 몇 종류의 사전을 통해 살펴보기로 한다.

①『동아 새국어사전』 두산동아 : (적의 공격을 막기 위해) 높이 쌓은 큰 담이나 구조물.

②『広辞林』三省堂 : 적군의 내습을 방비하기 위해 설치된 土石 구조물, 도시 성벽 또는 벽지의 요새 혹은 제후의 거성 등과 같은 장대한 구조로부터 영루(営塁), 보채(堡砦)라 불리는 소규모적인 구조까지를 총칭한다. 일본에서는 전국시대 이후에 크게 발달하고, 지형과 목적에 따라 각각 그 양식이 다르지만, 대개 석루(石塁)를 두르고, 망루를 세우고 벽 밑에 해자를 설치한다. 전후에 문을 설치하여 앞의 문을 오테(追う手), 뒷문을 가라메테(搦め手)라고 한다. 성곽 내부의 구역을 혼마루(本丸)[1]·니노마루(二の丸)·산노마루(三の丸) 등으로 구분한다. 혼마루에는 천수각을 설치하고, 성곽의 중심이 된다.

③『明解国語辞典』三省堂 : 적을 막기 위해 흙이나 돌로 견고하게 쌓은 건물.

④『広辞苑』岩波書店 : 적을 막기 위해 쌓은 군사적 구조물. 일본에서 옛

날에는 책(柵)이나 성벽[石垣] 또는 해자, 토루(土塁)로써 성이라 한 적이 있지만, 차츰 구축을 가해 중고(中古)시대에는 천험(天險), 언덕을 이용하여 방어를 하고, '山城'이 발달하여 오로지 전투용이었지만, 전국시대 이후는 적군 내습의 방어뿐만 아니라, 領國 통치, 성내 거주, 권세 표시 등을 겸한 축성으로 진전되어, 소위 성곽이 완성되었다. 평지에 많이 구축되었고, 이중 삼중으로 해자를 두르고, 혼마루, 니노마루, 산노마루 등으로 구역을 구분하고, 석루 위에 다수의 야구라(櫓)[2]를 세워 정찰, 사격에 이용하고, 혼마루에는 천수각을 설치, 城域의 중추로써 바깥에 오테몬(大手門), 뒷면에 가라메테 문을 설치하고, 주거용 건물도 갖추었다.

⑤『角川国語辞典』角川書店 : 중세에 적을 막기도 하고, 위세를 나타내기 위해 흙, 나무, 돌 등으로 쌓아올린 건물.

⑥『例解学習国語辞典』小学館 : 옛날, 토지를 지배하는 영주가 근거지로써 만든 커다란 건물. 해자, 성벽, 천수각 등, 적을 막는 방비가 되어 있다.

⑦『新潮国語辞典』新潮社 : 적의 내습을 막기 위해 사방에 견고하게 구축한 땅 또는 건물. 上代에는 목책, 성벽, 해자, 토루(土塁) 등 간단한 것이었지만, 차츰 구축을 가해 전국시대 이후는 견고, 장려한 것으로 되어, 무장이 거주하는 소위 성곽으로 되었다.

⑧『大辞典』平凡社 : 적의 공습에 대비하기 위해 쌓은 건물. 그 입지가 산상, 평지인가에 따라 산성, 평성의 호칭이 있었다. 근대의 성은 주위에 해자를 파고 담장을 둘러 전후에 문을 만든다. 정문을 오테(大手), 뒷문을 가라메테(搦手)라고 부른다. 그중에 또 담장, 해자로 몇 개의 구역으로 나눈 것을 구루와(郭) 또는 마루(丸)라 한다. 주장이 거처하는 곳을 本城 또는 혼마루(本丸)라 하고, 그에 부속하는 지성을 거리와 방향에 따라 니노마루(二の丸), 산노마루(三の丸), 히가시마루(東丸), 니시마루(西丸) 등이

라 한다.

⑨『現代新百科事典』学習研究社 : 군사상의 목적으로 구축된 방어설비의 총칭이지만, 성내 거주 혹은 연내 통치의 중심적 존재도 겸하고, 또 시대가 흐름에 따라 권세 표시, 문화의 중심적 역할을 하게 되었으며, 세계 각국에서 각각 독자적 양식을 발전시켜 갔다.

⑩『標準百科辞典』保育社 : 성은 원래 흙으로 쌓은 둑이나 제방 같은 것을 의미한 문자로, 전투를 대비하고, 혹은 무장의 저택을 중심으로 하는 군사시설, 또는 그것으로 방어된 지역을 말한다.

이상에서 본 바와 같이 성의 일반적인 의미는 "적을 막기 위해 흙이나 돌로 견고하게 쌓은 건물·설비 등 군사적인 구조물"이라는 것을 알 수 있다.

또한 "성곽(城郭)"이라 함은 축성설비의 총칭이며, 城이 1겹으로 되어 있는 경우는 성곽이라 하지 않고 "城"이라 한다. 城이 2겹 이상으로 된 경우, 안쪽의 것을 "内城", 바깥쪽의 것을 "外城" 또는 "外郭"이라 한다. 그리고 "책(柵)"이란 나무 기둥(말뚝)을 죽 박아 세워서 적을 막기 위해 만든 울타리로, "목책(木柵)"이라고도 하며 城의 원시적인 형태라 할 수 있다.

'城'이라는 글자는 토지를 의미하는 '土'변과 통치를 의미하는 방(旁)인 '成'으로 되어 있다. 의미상으로는 토지를 지배하기 위해 구축된 것이 '城'이라고 할 수 있을 것이다. 통치자의 권력이 지배지에 의해 보증되었던 근대 이전에는, 토지를 잃는 것은 그대로 생명을 잃는 것을 의미했다. '잇쇼켄메(一所懸命)'라는 말이 상징하듯이 지배하는 토지를 목숨을 걸고 지키기 위해 城이 구축되었던 것이다.

성은 방어에 적합한 땅을 골라 거기에 건조물의 배치를 정하고 나서,

호리(堀)·이시가키(石垣)가 만들어지고, 그 위에 천수(天守) 등이 지어져 완성되었다. 사람들이 생명을 맡긴 성에 무의미한 건조물은 아무것도 없다. 물론 오늘날에는 천수가 남아 있는 성도 있지만, 해자나 이시가키만 남아 있는 성도 있다. 그러나 유구(遺構)의 有無에 의해 성의 가치가 결정되는 것은 아니다.

사실, 아즈치성(安土城, 滋賀県)·오사카성(大坂城)·에도성(江戶城)·나고야성(名護屋城, 佐賀県)·구마모토성(熊本城)·나고야성(名古屋城) 등은 현재 천수가 없어도 해자나 이시가키가 남아 있으므로, 유적의 국보라고 해야 할 '特別史蹟'에 지정되어 있다. 반대로 국보인 天守를 가지고 있는 성이라도 그 외에 볼만한 유구가 없으면 특별사적에 지정되어 있지 않다.

2 | 성의 유래

사람들의 집단생활이 시작되고 재산이 생기게 되자, 자신들의 재산과 목숨을 지키기 위해 방어시설을 갖추게 되었다. 처음에는 자연 지형을 이용하여 방어하다가, 차츰 인공적인 시설을 만들기 시작했다. 자신들의 동굴이나 움막 앞에 목책(木柵)을 쌓기 시작하다가 집단이 커지게 되자, 흙이나 돌로 성을 쌓게 되었다. 성을 더욱 견고하게 쌓기 위해서 성 앞에다 목책을 두르기도 하였다.[3]

성곽 축조의 유래를 찾아보면, 이미 선사시대에서도 취락의 주위에 연못(池)을 파고 도루이(土塁)를 쌓았던 것을 유적에 의해 고증할 수 있으며, 또 이와 유사한 예는 오늘날 미개국의 일부 취락에서도 찾아 볼 수 있는

데, 이런 것이 계속 발달하여 주권자와 지배층의 주거를 중심으로 궁성, 도성, 부속도시나 읍소를 둘러쌓는 읍성, 적의 공격을 제어·방비하기 위하여 각 요처의 산에 축성되는 산성 등으로 발전하였다.[4]

우리나라에서는 언제부터 성이 만들어지기 시작했는지는 정확히 알 수 없다. 그러나 문헌상에 나타난 것으로는 사마천(司馬遷)의 『사기(史記)』조선전(朝鮮傳)에 위씨조선(衛氏朝鮮)의 도성(都城)인 "왕검성(王儉城)"이란 말이 보이는데, 지금의 평양성(平壤城)으로 추정되는 바, 이것이 기록상에 보이는 우리나라 최초의 城郭名이라고 할 수 있으며, 이것은 BC 2세기에 해당된다.[5]

일본의 경우, 기록에 보이는 것은 445년 중국 남북조시대의 범엽(范曄)이 쓴 『후한서동이전·왜(後漢書東夷傳·倭)』라는 책에서 당시 "倭"라고 불리고 있던 일본열도의 소재를 기록하고, 그 생산물과 동물 등을 열거한 뒤에 "그 兵에는 창, 방패, 木弓, 대나무 화살이 있고, 혹은 뼈로써 화살촉으로 한다"라고 兵器의 설명을 하고 있다. 또 "城柵 屋室あり" 라고 적고, 이어서 "建武中元二年……"으로 되어 있는데, 建武中元二年은 서기 57년에 해당하므로 1세기 중엽에 일본열도에 이미 城柵이 존재하고 있었던 것을 증명하고 있다.[6]

1-1 원시적 형태의 성

3 | 성의 분류

성을 분류하는 방법은 축성목적·형태·입지조건·축성재료 등에 따라 다양하므로 이렇다 할 정형화된 틀은 없으며, 학자에 따라서도 다양하다. 이병도(李丙燾) 박사는 구조의 재료·형태와 규모·위치 및 지형·거주 주체에 의한 분류 등 네 가지로 크게 나누고 있으며, 신영훈(申榮勳)은 구조 형상·축성 위치 및 지형·축성 목적 등으로 나누고 있다. 또한 맹홍규(孟洪奎)는 축성재료·지형·위치·閉合여부·重複度·거주주체와 사용목적에 따른 분류 등 여섯 가지로 나누고 있다.[7]

한편 조선초기의 『동국여지승람(東國與地勝覽)』에 수록된 성의 명칭에는 ①京城, ②王城, ③邑城, ④古跡城(과거에 있었던 성곽), ⑤山城, ⑥長城, ⑦行城, ⑧營城, ⑨鎮城, ⑩保城, ⑪소(所)·수(戍), ⑫철옹성(鐵甕城), ⑬倉城, ⑭기타[8] 등으로 아주 세분되어 있다.

또한 『韓國의 城郭과 峰燧』에는 성의 종류를 다음과 같이 분류하고 있다.[9]

① 거주 주체에 의해 : 都城 또는 京城, 邑城

② 지형에 의해 : 平地城, 平山城, 山城

③ 지리적 위치에 의해 : 國境城, 海岸城, 江岸城, 內陸城

④ 축성 재료에 따라 : 木柵城, 土城, 土石混築城, 土石城, 石城, 塼築城

⑤ 구조의 평면 형태에 따라 : 方形城, 圓形城, 不定形城, 長城, 遮斷城

⑥ 성의 중복도(重複度)에 따라 : 單郭, 中郭, 外城, 羅城

이상을 종합하여 대체적인 성의 종류를 정리해 보면, 성의 축성 목적이 수도(서울)를 방어하기 위한 것은 "도성", 그리고 지방 도시를 방어하기 위한 것은 "읍성"이라고 한다. 그리고 성을 험준한 산에 쌓은 것을 "산성", 평지나 언덕에 쌓은 것을 "평성", 그리고 비교적 높이가 낮은 곳에 쌓은 산성에 대해서 산성과 평성의 중간적인 성을 "평산성", 또한 강이나 바다를 이용하여 물속이나 해안에 쌓은 성을 "수성"이라 부른다. 우리나라의 읍성은 대부분 평성에 해당되며, 왜성은 임진왜란기에 축성된 것은 산성이나 평산성이 많고, 정유재란기에 축성된 것은 평성이 많다. 또한 성에 사용된 재료에 따라 대부분이 흙으로 이루어진 것을 "토성", 담 등의 표면 또는 전체가 돌로 이루어진 것을 "석성"이라 한다. 우리나라의 산성이나 읍성에는 석성이 많다. 일본의 경우 중세성곽은 토성이 많으며, 근세성곽은 석성이 많다.

제2장

일본성곽

1 | 일본성곽의 시대 구분

성곽은 시대에 따라 그 축조 목적·사용 방법 ·종류·구조 등 현저한 차이가 있다. 그것을 정확히 이해하고 설명하기 위해서는 각각의 성이 속한 시대를 확실히 구별하여 취급할 필요가 있다. 축성은 다방면의 여러 가지 조건과 맞물려 서서히 변화해 가는 것이 많으므로, 정권의 교체에 의해 시각을 구분하여 변화하는 정치사와 같이 명확하게 구분하기 어렵다.

도바 마사오(鳥羽正雄) 박사는 성곽과 밀접한 관계의 정치 상황, 사회 상황, 외국 및 외국 문화와의 관계, 직접 성곽과 관계가 있는 군사적 상황(군제·군학·전략·전법·병기 등) 등의 변천을 표준으로 하여 다음과 같이 시대를 구분하고 있다.

| 표 2-1 | 일본성곽의 시대 구분

구 분		시 기
上世	제1기	다이카개신(大化改新)[10] 전
	제2기	大化改新 이후~헤이안(平安)시대[11] 중기
中世	제1기	헤이안시대말기~가마쿠라(鎌倉)[12]시대
	제2기	겐무신정(建武新政)[13]~무로마치(室町)시대[14] 말기
近世	제1기	오다 노부나가(織田信長) 京都 內 축성~에도(江戶)시대[15] 초기
	제2기	에도시대 중기
最近世	제1기	에도시대 말기~판적봉환(版籍奉還)[16]
	제2기	판적봉환 이후

2 | 일본성곽의 관점

2-1

같은 성을 보아도 하늘로 솟아있는 천수, 장대한 성벽[石垣]이나 해자[堀] 혹은 호화로운 고텐(御殿) 등으로부터 쇼군(将軍)이나 다이묘(大名)의 화려했던 시대로 생각을 내닫는 사람이 있는가 하면, 이끼 낀 성벽에서 '황폐한 성의 세월'을 느끼는 사람도 있을 것이다. 단순한 관광시설로 성을 본다면 그것으로도 충분하며, 성은 알기 쉬운 것이다.

그러나 미술로써 성을 감상한다면 그렇게 쉬운 것은 아니다. 왜냐하면 오늘날의 성은 가짜가 넘쳐나고, 진짜는 조금밖에 남아 있지 않기 때문이다. 예를 들면 진짜의 천수는 일본 전국에 겨우 12基(그중에 5基는 국보)밖에 남아 있지 않은데, 전후에 부흥(혹은 창건)된 천수는 48基에 이른다. 더구나 그들의 복원은 그다지 바르지는 않다. 그건 고사하고 완전히 잘못된 예도

2-1 오사카성 천수

압도적으로 많아서, 완벽하게 복원된 천수는 아직 하나도 없다. 또 에도(江戶) 시대의 성 모습과 오늘날의 모습은 너무나 차이가 많다. 당시는 야구라나 성문 등이 늘어선 장대한 성이 많았지만, 오늘날 이들 건축은 대부분 잃어버렸고, 기적적으로 남은 건물이 극소수 보일 뿐이다. 또 드넓은 성터의 대부분은 시가지로 변하여, 오늘날에는 성의 중심부만 간신히 남아있을 따름이다.

이런 현상으로 본다면 올바른 기초지식 없이는 성을 감상한다고 해도 가짜나 후세에 고친 것을 진짜로 믿고 보게 되는 것이다. 예가 나쁘긴 하지만, 피카소의 전람회에서 20% 정도가 진짜이고, 나머지는 모두 가짜 피카소나 진짜의 자투리만 진열된 것을 보고 피카소를 감상한 셈이 되는 것과 같다.[17]

또한 우리나라, 중국, 유럽의 성곽은 도시를 방어하기 위한 시설이라면, 일본성곽은 거점을 방어하기 위한 시설이라는 점이 일본성곽의 큰 특징이라 할 수 있다.

2-2 일본의 5대 국보 천수 : 1) 이누야마성, 2) 히코네성, 3) 히메지성, 4) 마쓰모토성, 5) 마쓰에성

2-3 일본성곽의 분포(関西 지방)

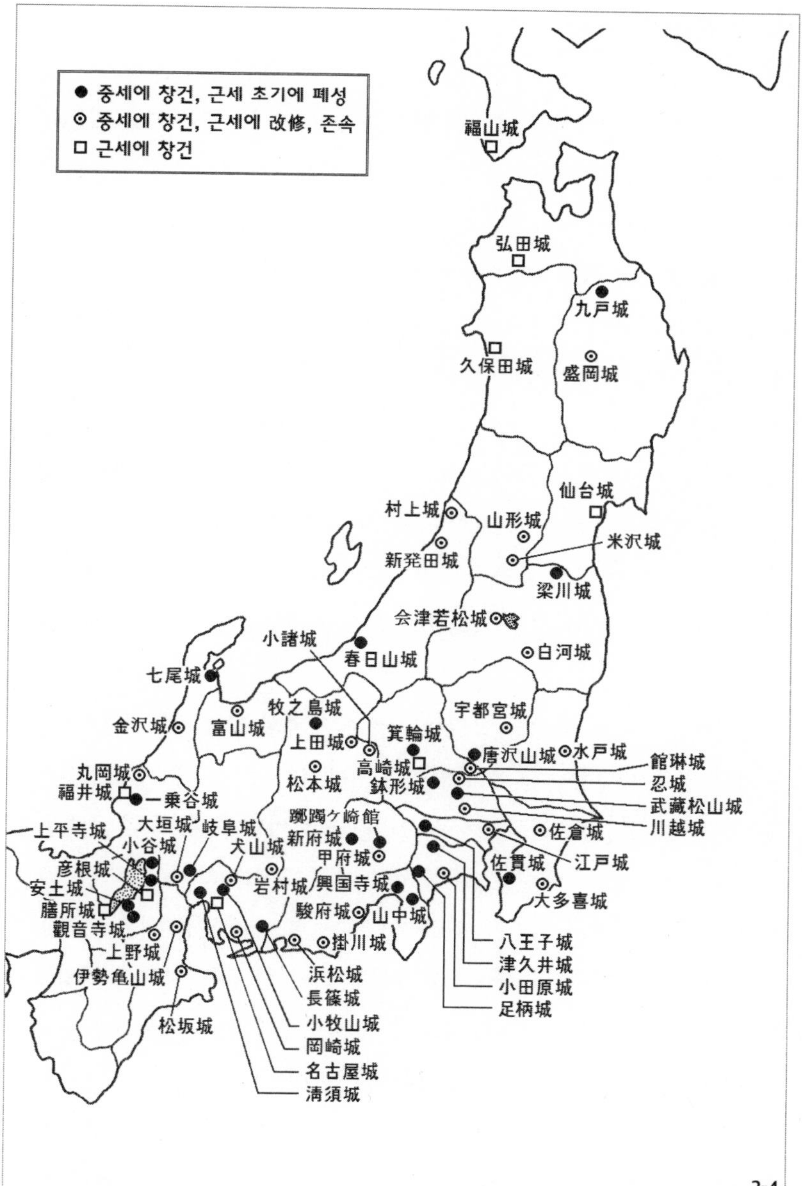

2-4 일본성곽의 분포(関東 지방)

3 | 일본성의 역사

오늘날 '城'이라고 하면 장대한 천수나 높은 성벽[石垣]과 넓은 미즈보리(水堀), 혹은 조카마치(城下町)를 떠올리는 사람이 많지만, 이들은 모모야마(桃山)시대와 에도(江戸)시대에 축성된 근세성곽의 특색으로써, 일본의 긴 역사상에 존재한 많은 城의 극히 일부분에 지나지 않는다. 일본 전국에 예전부터 존재한 성의 총수는 3만에서 4만 개라고 한다. 그 대부분이 중세성곽, 그것도 남북조시대에서 무로마치시대에 걸쳐 축성된 성으로, 근세 초두까지 폐성(廢城)이 되어 버렸다. 그에 비해 근세성곽은 메이지유신(明治維新)까지 존속하고 있었는데, 유신 때의 수는 200개에 달하지 않고, 성을 간략화한 진야(陣屋)를 포함해도 300개에 미치지 않았다. 하물며 성의 상징으로 되어 있는 천수에 이르면 현존하는 것은 고작 12棟(천수 대용의 3重櫓 포함)이며, 화재 등으로 쇼와(昭和) 이후에 소실된 것을 포함해도 20棟에 지나지 않는다.

그런데 일본성의 특색을 설명하기 위해 외국의 성과 비교하는 수가 종종 있다. 중국이나 한국 혹은 유럽이나 서아시아의 성이 도시 방어시설인데 비해, 일본의 성은 거점 방어시설이라는 점이다. 예를 들면 근대에 이르기까지 베이징(北京)을 비롯한 중국의 여러 도시(중국에서는 도시를 '城市'라고 함)는 그 주위에 높은 성벽을 두르고 있으며, 도시 주민을 적으로부터 지키고 있었다. 우리나라의 서울, 유럽의 파리나 빈 등도 일찍이 성벽으로 에워싸인 성새(城塞)도시였다. 대륙에 있는 오래된 도시 대부분은 원래는 성벽으로 둘러싸여 도시 자체가 일종의 성곽이었다.

그에 비해 일본의 근세성곽은 일반적으로 소토보리(外堀) 내에 사무라이 야시키(侍屋敷)를 배치하고, 해자의 바깥 즉, 성의 바깥을 조닌치(町人地)

로 하고 있다. 그 때문에 조카마치의 대부분은 적의 공격에 대해 무방비였다. 일본의 중세성곽에서는 조카마치 조차 갖추고 있지 않았으며, 城主와 城兵의 생명을 지키는 시설이었다. 그러나 그러한 비교론은 반드시 틀렸다고는 할 수 없지만, 결코 바르다고도 할 수 없다. 일본 근세성곽 중에는 조카마치 전체를 성의 내부에 집어넣은 예(小倉城·小田原城 등)도 적지 않고, 上代로 거슬러 올라가면 도시나 집락을 방비하려는 시도가 많이 보이기 때문이다. 그리고 주의해야 할 점은 일본에서의 성의 역할이 시대와 함께 변했다는 것이다. 일본의 성은 시대마다 목적을 달리 한 것이 축성되어져 있으며, 그 입지·규모·형식은 각 시대마다 다르다.[18]

1) 야요이(弥生)시대의 환호집락(環濠集落)

일본에서의 성의 기원은 상당히 오래되어, 야요이시대로 거슬러 올라간다. 1986년부터 시작된 발굴에서 출토된 요시노가리(吉野ヶ里)유적은 대규모의 환호집락으로써 수혈식(竪穴式) 주거군을 깊은 가라보리(空堀)의 야겐보리(薬研堀)로 둘러싸고, 중요한 곳에는 헤이(塀)를 반월형으로 펼치며, 거기에 6개의 기둥[掘立柱]으로 이루어진 모노미야구라(物見櫓)로 추정되는 건물을 설치하고 있다. 해자[堀]를 판 흙으로 성 바깥쪽에 토루를 쌓았다고 생각되며, 후세의 성이 성 안쪽에 토루를 설치한 것과 반대이다. 『위지(魏志)』의 왜인전(倭人傳)에는 히미코(卑弥呼)의 거처에 대해 궁실(宮室), 망루[櫓觀], 城柵을 엄격히 설치하고, 항상 사람이 병기를 가지고 지킨다고 하므로, 요시노가리 유적과 같은 방위시설을 가정할 수 있다. 규모가 크고 작은 차이는 있지만, 환호집락은 전국 각지에서 발견되고 있으며, 집락 간

의 항쟁에서 주민을 지키는 일종의 도시 방위 성이었다고 할 수 있다.[19]

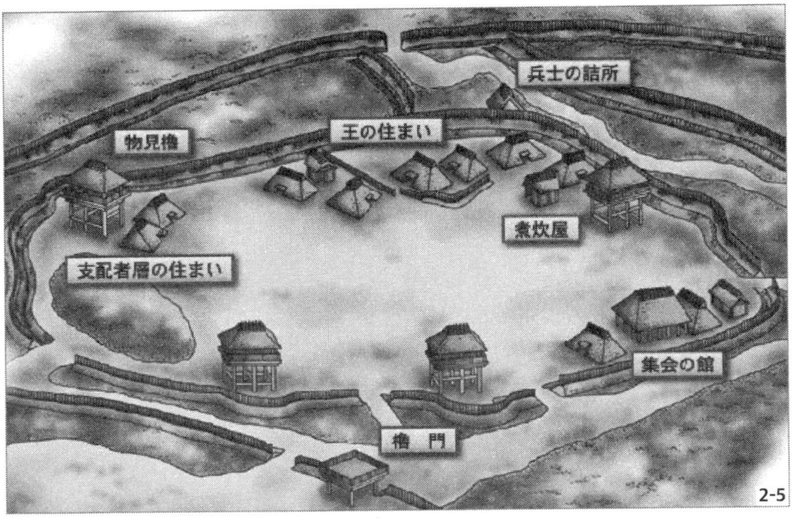

2-5

2-6 1) 2-6 2) 2-6 3) 2-6 4)

2-5 야요이 환호집락 **2-6** 야요이시대의 유적(九州 吉野ヶ里)

2) 아스카(飛鳥)시대의 조선식 산성

『古事記』에 「이나기(稲城)」, 『日本書紀』에는 ‘끼(城)’라는 말이 나오며, 야마토·아스카시대에는 호족(豪族)에 의한 축성이 진행되고 있었던 것 같다. 그 구조는 불명확하지만, 아스카시대 후기인 663년(天智천황 2년) 일본과 백제의 연합군이 나당연합군과 백촌강전투에서 패하여 백제가 멸망한 것은 당시의 성곽에 커다란 변화를 가져왔다. 백제의 유민들이 일본으로 많이 이주하였으며, 그들의 기술에 의해 규슈(九州)에서 세토나이카이(瀬戸内海)에 걸쳐 새로운 성이 차례로 축성되었다. 유명한 것으로는 규슈 다자이후(大宰府) 근처에 ‘미즈키(水城)’라는 대성벽[土塁와 水堀]이나 오노성(大野城)·기이성(基肄城)이라는 조선식 산성이 현존한다. 조선반도에서 가까운 다자이후를 신라나 당나라의 내습으로부터 지키기 위한 축성이었다. 水城·大野城·基肄城 등을 이어 다자이후를 크게 에워싼 장대한 도시방위선으로, 대륙적인 발상이었다. 또 야마토의 다카야스성(高安城), 기누키(讃岐)의 야시마성(屋島城), 쓰시마(対馬)의 가네다성(金田城) 등의 조선식 산성도 같은 시기의 것으로, 대외적인 국방을 목적으로 하는 성이 7세기 후반에 처음으로 나타났다.

백제의 기술을 가지고 축성된 당시의 산성은, 중세에 축성된 산성이 많은 구루와(曲輪)[20]를 겹겹이 밭 모양으로 배치한 형식이었던 것과는 전혀 다르다. 이들 조선식 산성은 산 전체를 계곡까지 포함하여 크게 일련의 성벽[土塁나 石垣]으로 둘러싸는 형식으로써 우리나라 각지에 현존하는 산성과 같은 형식이다.

또 규슈에서 산요(山陽)지방[21]에 걸쳐 분포하는 고고이시(神籠石)라 불리는 산 위의 렛세키(列石)유적이 축성된 것도 같은 시대라고 생각되고 있다.

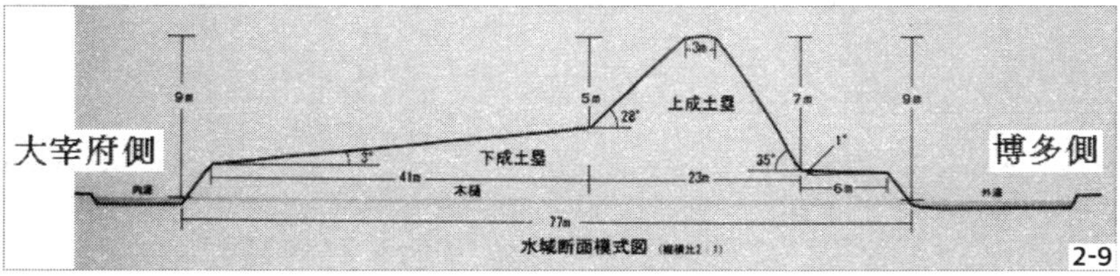

2-7 다자이후(大宰府) 방어 체계　　2-8 미즈키(水城)　　2-9 미즈키 단면도

2-10

2-11

고라산(高良山)·神籠石·조야마(女山)·神籠石·라이잔(雷山)·神籠石·이와키산(石城山)·神籠石 등이 대표적이며, 한 단의 列石을 기초로 하여 판축(版築)으로 토루를 쌓아 성벽으로 한 것이다. 성벽이 골짜기를 지나는 경우에는 석축[石垣]을 사용한 수문이 설치되어 있다. 폐성이 된지 오래되었기 때문에 그 列石은 신역(神域)을 나타낸다고 생각되었으므로, 神籠石으로 불렸지만, 발굴에 의해 조선식 산성이라는 것이 확인되고 있다.[22]

3) 율령국가의 도성

지토(持統)천황 8년(694년)에 천도된 후지와라쿄(藤原京)나 710년(和銅 3년)에 천도된 헤이조쿄(平城京) 등은 성벽으로 지켜진 중국대륙의 고대도시인 장안(長安)이나 낙양(洛陽) 등을 모방한 도성이었다. 본래라면 높고 견고한 나성(羅城)이라는 성벽으로 4면을 둘러싸야 하겠지만, 대륙의 나성에 비하면 단순한 장식에 불과하다고 해도 과언이 아닐 정도의 경미한 것이며, 헤이조쿄에서는 정면의 남쪽만 성벽이 있었고, 그 중앙에 유명한 라조몬(羅城門)이 있었다. 일본 고대의 도성은 엄밀하게는 도시 방위가 되지 않아

2-10 기이성(基肄城) **2-11** 대야성(大野城)

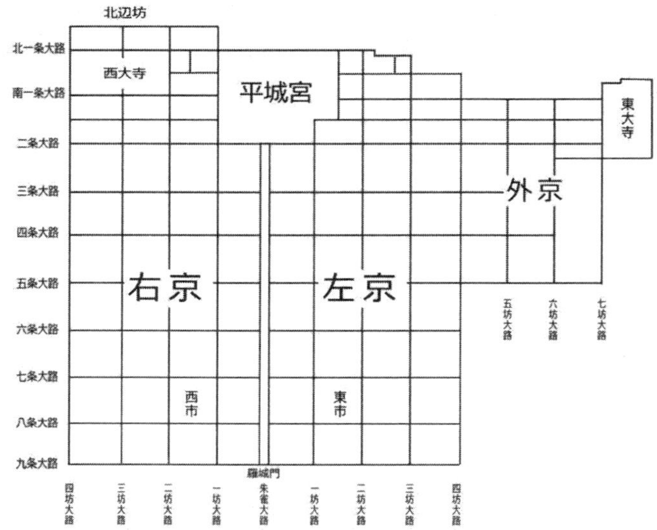

2-12

성의 범주에도 들지 않는다. 본격적인 나성은 한참 뒤인 도요토미 히데요시가 교토(京都) 주위에 축성한 오도이(御土居)의 출현부터이다.[23]

4) 동북 경영의 상대·고대의 성책

니가타(新潟)현에서 동북지방에 걸쳐 조정에 의해 축성된 상대·고대의 성이 분포되어 있다. 647년(大化3)에 누타리노사쿠(渟足柵), 이듬해에 이와후네사쿠(磐船柵)가 니가타현 북부 해안 부근에 구축된 것이 최초이며, 헤이안시대 전기 사이에 점차 북상하여, 데와책(出羽柵), 다카성(多賀城), 아키다성(秋田城), 호쓰타책(拂田柵), 이사와성(胆沢城), 시와성(志波城), 도쿠탄성(德丹

2-12 헤이조쿄(平城京)

城) 등이 축성되었다. 이사와성은 803년, 시와성은 이듬해에 유명한 사카노 우에노타무라마로(坂 上田村麻呂)가 쌓은 것이다. 이들은 일반적으로 에조(蝦夷)정벌로 불리어 온 율령국가에 의한 동북침략의 기지 및 통치를 위한 성으로써, 성책(城柵)[24]이라 불리고 있다.

이들 성책은 언덕 위의 평지 등에 구축된 한 변이 수백 미터에서 1km 사각형의 외곽을 만들고, 그 중앙에 사각형의 내곽을 두어 관청의 건물을 배치하는 것이 일반적이었던 것 같다. 발굴 예에 의하면 토담[築地][25]을 성벽으로 한 것이 많이 보이고, 각재나 통나무를 촘촘히 배열한, 일종의 목책을 설치하여 토담 대용으로 한 것도 적지 않다. 중요한 곳에는 망루[物見櫓]를 세웠다. 그 방위 성능은 그다지 높지 않아, 무장화한 관청이라고 하는 편이 오히려 이해하기 쉽겠다.[26]

5) 중세성곽

헤이안(平安)시대 전기까지의 성이 조정에 의한 국가사업으로 구축된 것에 비해, 그 이후는 주로 무사에 의한, 소위 사적인 축성으로 일변한다. 중세에서의 유일한 국가적 축성은 가마쿠라시대 후기인 1276년 몽고 재침에 대비하여 하카타만(博多湾) 연안에 막부에서 구축한 이시쓰이지(石築地)이다. 중세성곽에는 거의 석축[石垣]이 사용되지 않는데, 이 이시쓰이지는 특이한 예라고 할 수 있다. '일본판 만리장성'과 같은 것이지만, 방위선이 완결하지 않으므로 좁은 의미에서는 성이라고 할 수 없는 구축물이다.

무사가 쌓은 성의 오래된 예는 아베(安倍)의 고로모 가와노사쿠(衣川の柵)나 구리야가와사쿠(廚川柵)가 유명하여, 헤이안시대 중기인 11세기로 거슬

러 올라간다. 문자 그대로 목책으로 만든 城인 듯 하고, 『무쓰와키(睦奧話記)』에 의하면 구리야가와사쿠는 해안의 언덕 위에 책(柵)을 세우고, 책 위에는 망루를 세웠으며, 강과 책 사이에도 가라보리(空堀)를 팠다고 한다. 도호쿠(東北)지방은 조정의 성책도 있었던 특수지역으로서, 아베의 성을 특별한 것으로 치면 일반적으로 무사의 성은 가마쿠라시대 이후의 중세 성곽에 속하는 것이라고 하는 편이 이해하기 쉽다.

중세성곽은 수적인 면에서는 압도적으로 많지만, 성의 규모나 구조는 고대보다 퇴보한 빈약한 것으로, 물론 나중에 나타나는 근세성곽과는 큰 차이가 있다. 중세 축성의 시공주는 무사가 대부분을 차지하고, 특히 남북조에서 무로마치시대 사이의 중세축성 번성기에는 고쿠진(国人)[27]이나 도고(土豪)라는 영주가 축성했다. 중세의 영주는 근세의 다이묘(大名)에 비하면 경제적으로는 극히 지위가 낮았다. 따라서 하나의 성에 딸린 병사의 수도 극히 적었고, 수십 명 정도의 성이 많았던 것 같다. 또 중세 성곽의 대부분은 산 위에 축성된 산성이었고, 그 중 대부분은 유사시에 피난하기 위한 성이었다.

산성은 생활이 불편하므로, 대부분의 경우, 성주는 평소 성 아래의 교칸(居館)에서 생활했다. 이러한 교칸은 산성이 존재하는 산기슭 혹은 조금 떨어진 평지에 설치되어, 주위에 토루나 해자[水堀와 空堀] 등을 둘러쳐서 무장화 된 주거였으므로, 이들도 넓은 의미에서는 성에 포함된다. 지방에 따라 부르는 이름이 다르고, 야카타(屋形, 館), 다치(館), 다테(館), 도이(土居) 등의 호칭이 있다.

중세성곽에 많은 산성은 주로 산 위의 능선에 계단식 밭 모양의 작은 구루와를 몇 개씩 연결하고, 중요한 곳에는 가라보리나 토루(土塁)를 배치한 형식이 일반적이지만, 강가나 낮은 언덕을 이용한 것에서는 근세의 평

산성이나 평성에 가까운 형태도 있다. 모두 석축은 부분적으로만 사용하고, 토루의 흙막이나 출입구[虎口] 옆의 장식 정도로 쓰이는 것이 많다. 중세 노즈라(野面)의 낮은 석축에서는 방비 성능은 거의 기대할 수 없었고, 천연적인 절벽 또는 인공적으로 가공하여 만든 절벽[切岸]이나 도이(土居)가 훨씬 견고하다. 또 산 위에 입지하는 성이 많으므로, 미즈보리는 응용하기 어려워 가라보리가 전용으로 되어 있다. 헤이(塀)의 배치도 근세성곽과는 다르다.

근세성곽은 평성이나 평산성이므로, 해자는 평지에 설치되어 구루와나 성의 주위를 둘러싸는 형태로 되지만, 산 위에 입지하는 중세성곽에서는 산의 능선을 절개하는 호리키리(堀切)나 산의 경사면을 수직으로 구획하는 다테보리(竪堀)로 되어, 구루와의 주위를 둘러싸는 형태는 되지 않는다. 성내의 건축도 구멍을 파서 기둥을 세우는 오두막 정도의 것이 많고,

2-13 중세성곽 - 다카텐진성(高天神城, 靜岡県)

주춧돌을 사용한 본격적인 건축을 가진 예는 극소수이다. 물론 천수(天守)는 존재하지 않았고 조카마치도 없었다.

무로마치시대 후기가 되면 근린 영주를 복속시켜 강대화 된 영주나 센코쿠다이묘(戦国大名)에 의해 대규모적인 중세성곽이 구축되게 되며, 전란이 빈번해짐에 따라 산성 내에 성주의 거관(居館)을 수용하는 예가 많아진다. 석축이나 건축물도 정비되어 있다. 호조(北条)의 오다와라조(小田原城), 우에스기(上杉)의 가스가야마성(春日山城), 롯카쿠(六角)의 사사키칸논지성(佐々木観音寺城), 아자이(淺井)의 오다니성(小谷城), 아마고(尼子)의 가쓰산토다성(月山富田城), 모리(毛利)의 고오리야마성(郡山城) 등이 그 대표적인 예이다. 그러나 다케다신겐(武田信玄, 1521~1573)은 산성의 대성곽을 짓지 않고, 평시는 평지의 거관인 쓰쓰지가사키노타치(躑躅ヶ崎館)에 거주하고, 유사시에 대비하여 산성인 요가이산성(要害山城)을 별도로 설치하고 있었으며, 그와 같이 종래의 방식을 그대로 답습해 온 센코쿠다이묘도 적지 않았다.[28]

6) 근세성곽의 출현

근세성곽의 탄생에는 도카이(東海)지방에서 긴키(近畿)지방에 걸친 무로마치시대 말기의 전란이 상당한 역할을 했다고 생각할 수 있다. 그리고 1576년에 오다 노부나가(織田信長, 1534~1582)가 쌓은 아즈치성(安土城)을 본격적인 근세성곽의 완성이라고 해도 좋을 것이다. 노부나가의 고향 오와리(尾張)지방은 평야이며 중세로부터 많은 성이 극히 낮은 언덕이나 평지에 구축되어 있었으므로, 근세적인 평산성이나 평성이 출현할 바탕이 있었다. 노부나가 초기의 거성(居城)인 기요스성(清須城)은 그런 전형적인 평성이

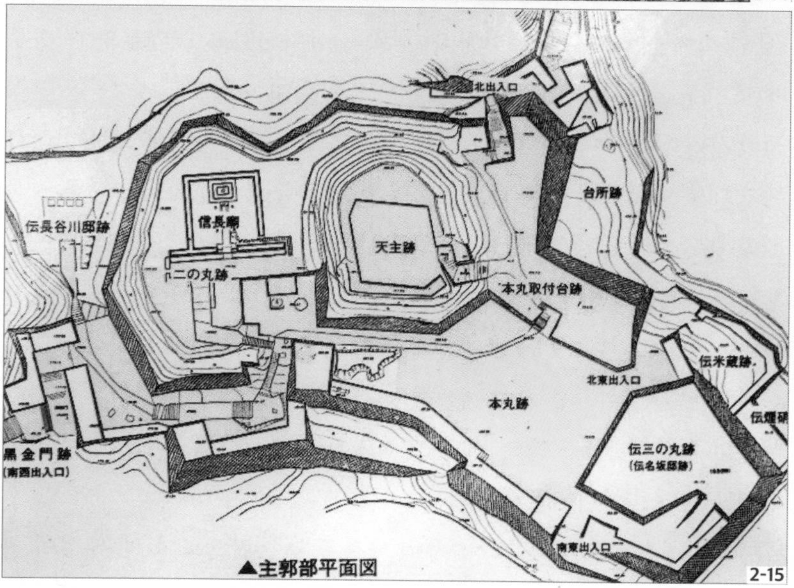

었다. 또 롯카쿠(六角)가 쌓은 간논지성(観音寺城)에는 중세성곽으로서는 진귀한 석축이 많이 채용되어 있었으며, 마쓰나가 히사히데(松永久秀)의 다몬

2-14 아즈치성 복원도 **2-15** 아즈치성 혼마루 평면도

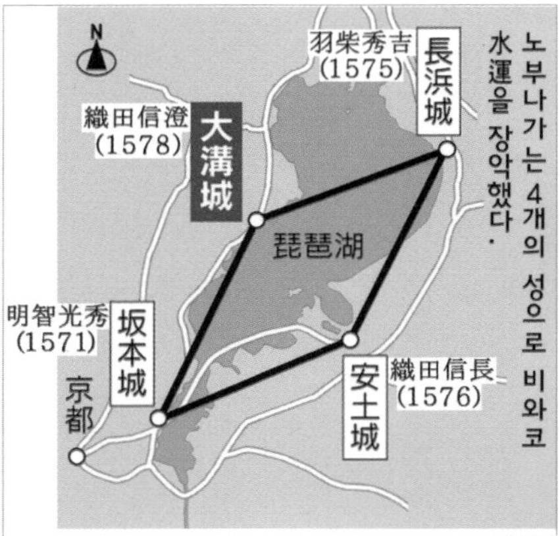

2-16

2-17

성(多聞城)에는 최초로 다몬야구라(多聞櫓)가 설치되었고, 天守급의 큰 망루[櫓]도 세워졌다. 그러한 근세성곽의 요소를 집대성하여 근세성곽을 완성시킨 사람이 노부나가였다. 노부나가나 그 부장들은 강대화 및 상비군화된 군대를 수용하기 위해 유효면적이 부족한 중세 산성에서 광대한 평산성이나 평성의 근세성곽을 거성으로 삼게 되었다. 히데요시의 나가하마성(長浜城)이나 히메지성(姬路城), 아케치 미스히데(明智光秀)의 사카모토성(坂本城)이나 단바 가메야마성(丹波亀山城) 등이 아즈치성을 전후로 축성되었다. 성의 중심부는 석축을 많이 채용하고, 혼마루에는 천수를 올리고 성내에 성주의 거관인 고텐(御殿)을 세우는 형태의 근세성곽이었다. 조카마치의 건설도 이 무렵부터 시작되었다.

아즈치성은 1582년 혼노지(本能寺) 사건 후의 혼란으로 소실, 폐성이 되었으며, 노부나가의 후계자가 된 히데요시에 의해 근세성곽은 전국에 보급되었다고 할 수 있다. 1583년부터 시작된 히데요시의 오사카성(大坂城) 축성은 여러 다이묘(大名)들에게 공사를 분담시킨 덴카부신(天下普請)으로

2-16 비와코 네트워크 2-17 아즈치성 천수 복원도

진행되었으며, 1585년에는 5층 천수가 준공되고, 아즈치성을 훨씬 능가하는 전례 없는 근세성곽이 출현하였다. 이어서 교토(京都)시 내에 주라쿠다이(聚樂第)를 축성하여 교토에서의 숙소로 삼았다.

덴카부신은 축성기술의 발전과 보급에 커다란 영향을 주었다. 그리고 근세성곽은 히데요시의 천하통일에 따라 지방으로 급속히 확산되어, 1585년부터 하시바 히데나가(羽柴秀長)의 야마토 고오리야마성(大和郡山城), 1588년부터 이코마 지카마사(生駒親正)의 다카마쓰성(高松城), 1589년부터 모리 데루모토(毛利輝元)의 히로시마성(金沢城), 1590년부터 우키다 히데이에(宇喜田秀家)의 오카야마성(岡山城), 1592년부터 가모 우지사토(蒲生氏郷)의 아이즈 와카마쓰성(会津若松城) 등 근세성곽을 대표하는 대성곽이 착공되었다. 그러나 이들 공사는 히데요시의 조선 침략 전쟁(임진·정유재란)으로 인해 지연되어, 그 완성은 1600년 세키가하라 전투[29] 직전까지 간 것이 적지 않았다. 그 사이 히데요시는 덴카부신에 의해 1591년부터 히젠나고야성(肥前名護屋城)이나 1592년 및 1595년부터 후시미성(伏見城) 등을 차례차례 준공시켰다.

여기서 주목해야 할 것은 본격적인 근세성곽이 전국에 축성된 것은 대략 히데요시의 천하통일 이후이며, 이미 실전에 제공되는 기회를 피한 것이다. 실전에 사용된 것은 그 이전의 중세성곽으로, 중세성곽의 대부분이 농성(籠城)이나 낙성(落城)의 역사를 가지고 있다. 그에 비해 근세성곽에서 실전을 경험한 성은 세키가하라의 전초전에서의 후시미성(伏見城)·오즈성(大津城)·쓰조(津城)·우에다성(上田城) 등으로, 모두 많은 攻城軍에 대해 적은 城兵으로 수비하기 위해, 본래의 방비 능력을 발휘하지 않은 채 우에다성을 제외하고는 폐성이 되었다.

세키가하라 전투 이전에 축성된 근세성곽은 세키가하라 전투 이후 대대적인 수리를 했으므로, 당시의 모습으로 남아 있는 부분은 그다지 많지 않다. 예를 들면 오카야마성에서는 혼마루 동쪽 부분의 本段 석축, 히로시마성에서는 혼마루 절반 정도의 석축에 한정되고, 히데요시의 오사카성이나 후시미성은 완전히 모습을 잃었다. 세키가하라 무렵에 폐성으로 된 히젠 나고야성이나 다케다조(竹田城) 등이 잘 보존된 예이다.

또 세키가하라 이전에 건조된 천수는 한 동(棟)도 남아 있지 않고, 1593년 무렵 준공된 오카야마성 천수와 1594년경 준공된 히로시마성 천수만 다행히 1945년까지 남아 있었다. 그 외에는 히데요시의 오사카성 천수와 히젠 나고야성 천수의 외관이 병풍도에 의해 전해지고, 노부나가 아즈치성 천수의 내외 모습이 「安土日記」에 기록되어 있을 뿐이다. 천수 이외의 성곽 건축은 이축(移築)된 성문이 아주 조금 남아 있는데, 원래의 위치에 남아 있는 것은 한 棟도 없다. 따라서 현존하는 근세성곽은 거의 통틀어 세키가하라 이후의 것이라 해고 과언은 아니다.[30]

7) 게이초(慶長)의 축성 대성황기

세키가하라 전투의 처리에 의해 다이묘의 전국적인 배치 전환과 동군(東軍)에 속한 다이묘의 녹봉액수(祿高)가 크게 늘어나고, 그로 인해 전국적인 축성의 대성황기를 맞이하였다. 증가 대상이 된 도자마다이묘(外樣大名)[31]의 대부분은 주고쿠(中国)·시코쿠(四国)·규슈(九州) 지방의 광대한 새 영토를 얻어, 거의 2배나 증가한 녹봉에 걸맞은 대성곽을 居城으로 신축, 혹은 세키가하라 이전의 옛 성을 크게 보수했기 때문이다. 따라서 세키가하라 이후의 게이초(慶長) 축성 대성황은 西日本을 중심으로 하여 일어났으며, 서일본과 동일본의 근세성곽 규모나 형식에 차이점을 남기게 되었다. 이 대성황은 1615년(慶長 20년) 오사카 여름전투(大坂夏の陣)까지 약 15년간 지속되었으며, 같은 해에 막부가 공표한 무가제법도(武家諸法度)에 의해 신규 축성이나 성의 증개축이 금지되어 종국을 맞이하였다.

오늘날 일본 전국에 보이는 근세성곽의 대다수는 이 게이초 대축성기에 축성 혹은 수리한 성이다. 이 대성황 사이에 석축 축조 기술의 발전이나 신형 층탑형(層塔型) 천수가 개발되었으며, 토목건축기술이 비약적으로 진보되었다. 새로운 기술은 도쿠가와 이에야스(德川家康)에 의한 덴카부신을 매개로 하여 전국의 다이묘들에게 동시에 전해졌고, 각각의 居城에 응용되었다. 도쿠가와 이에야스에 의한 덴카부신의 성곽을 들면 후시미성(伏見城) 재건축, 가노성(加納城), 히코네성(姬路城), 에도성(江戶城), 슨푸성(駿府城), 단바 사사야마성(丹波篠山城), 단바 가메야마성(丹波亀山城) 재건축, 나고야성(名古屋城), 다카다성(高田城) 등 다수이며, 전국의 다이묘들이 공사에 동원되었다. 이들 덴카부신 중 가메야마(亀山), 사사야마(篠山) 등은 도요토미 히데요리(豊臣秀賴)의 오사카성을 포위하는 요충이며, 나고야성도 오사카 쪽에 대한 전략적 역할을 띠었다.

도자마다이묘에 의한 축성(신축과 수리)의 대표적인 예를 들면, 가토 기요마사(加藤清正)의 구마모토성(熊本城), 나베시마 나오시게(鍋島直茂)·가쓰시게(勝茂)의 사가성(佐賀城), 구로다 요시타카(黒田孝高)·나가마사(長政)의 후쿠오카성(福岡城), 호소카와 다다오키(細川忠興)의 고쿠라성(小倉城), 가토 요시아키(加藤嘉明)의 이요 마쓰야마성(伊予松山城), 도도 다카토라(藤堂高虎)의 이마바리성(今治城), 야마우치 가즈토요(山内一豊)의 고치성(高知城), 모리 데루모토(毛利輝元)의 하기성(萩城), 호리오 요시하루(堀尾吉晴)의 마쓰에성(松江城), 모리 다다마사(森忠政)의 쓰야마성(津山城), 이케다 데루마사(池田輝政)의 히메지성(姬路

城), 도도 다카토라의 이가우에노성(伊賀上野城), 다테 마사무네(伊達正宗)의 센다이성(仙台城), 사타케 요시노부(佐竹義宣)의 구보다성(久保田城), 쓰가루 노부히라(津軽信枚)의 히로사키성(弘前城) 등이 유명하다. 후쿠시마 마사노리(福島正則)는 히로시마성(広島城)에, 고바야카와 히데아키(小早川秀秋)는 오카야마성(岡山城)의 증개축을 했다.[32]

8) 막부에 의한 성의 규제

1615년(慶長 20년) 5월에 오사카성이 함락되어 도요토미家가 멸망하자, 같은 해 윤6월에 일국일성령(一国一城令), 7월에 무가제법도(武家諸法度)를 막부가 공포하여 모든 다이묘들의 성에 대해 강한 규제를 가했다.

一国一城令은 하나의 国에 하나의 城만 공식적으로 인정하고, 그 외의 성은 모두 폐성으로 하라고 명령한 것인데, 그 목적은 각 다이묘가 가지고 있는 성을 하나의 居城만으로 제한하려고 한 것이었다. 하나의 国을 복수의 다이묘가 나누어 다스리는 경우에는 그 다이묘家의 수만큼 居城이 남아 있는데, 예를 들면 이요(伊豫)国에서는 마쓰야마성(松山城)·오즈성(大洲城)·우와지마성(宇和島城)·이마바리성(今治城) 등 4개가 남아 있다. 2개국 이상을 영유하는 큰 번(藩)에서는 문자 그대로 一国一城令을 적용받아, 도도번(藤堂藩)에서는 이세국(伊勢国)에서 쓰조(津城), 이가국(伊賀国)에서 우에노성(上野城)이라는 2개의 보유를 허가 받았다.

一国一城令에 의해 일부 근세성곽(岩國城·亀山城 등)도 폐성으로 되었지만, 그 영향은 그때까지 지성(支城)으로 간직해 온 중세성곽에 크게 작용하여 극히 일부의 예외를 제외하고 전국의 중세성곽이 완전히 소멸되었다. 이

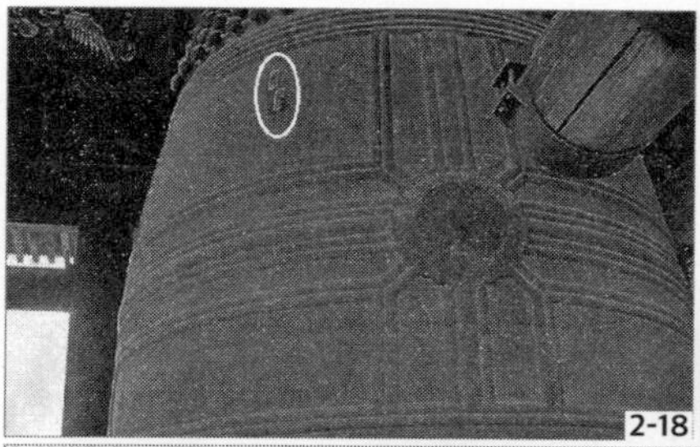

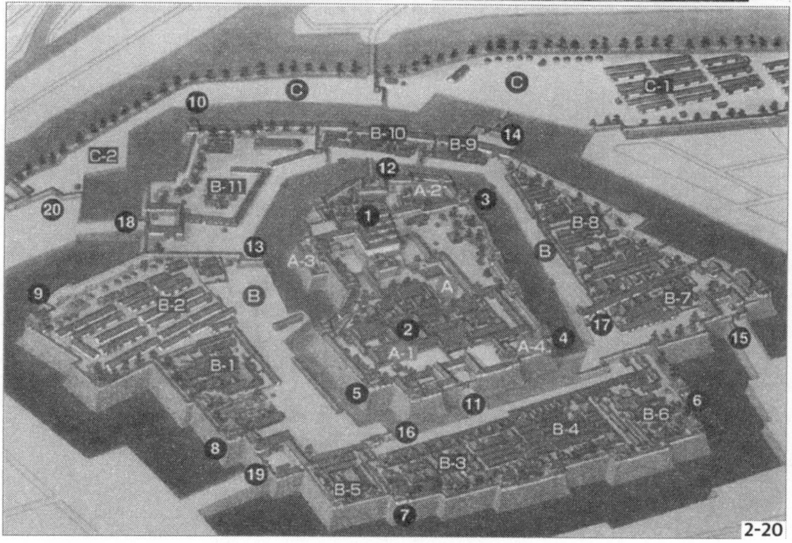

들 지성은 다이묘家 가신들의 居城이었던 것이 적지 않았고, 이들이 폐성으로 되면서 성의 보유는 번주(藩主)만의 특권이 되었고, 번주와 가신 간의 신분차가 명확해지고, 결국 막번체제의 강화로 이어졌다고 할 수 있다.

一国一城令에 의한 폐성은 성곽 건축의 파괴와 주요 성벽이나 해자의 파괴였지만, 완전히 파괴하지 않고 상당량의 성벽이나 도이(土居)를 남긴 예도 있다. 1637년에 발생한 시마바라(島原)의 난에서는 폭도들이 폐성으로 되어 있던 하라성(原城)에서 농성하여, 막부군에게 많은 피해를 주었으

2-18 방광사 종명(鐘銘) **2-19** 풍국신사(京都) **2-20** 도쿠가와시대의 오사카성 조감도(복원도)

므로 여러 국의 폐성에 대한 철저한 파각이 이루어졌다.

무가제법도는 그 후 250여 년간 幕政의 근간으로 된 법령이다. 그 법 가운데 성곽에 관한 규정이 한 가지가 있다. 다이묘가 거성을 수리하는 경우에는 사전에 막부에 신고하는 것을 의무화하고 있고, 쇼군(将軍)의 재가를 받고 착공하는 엄격한 규정이 있었다. 신규 축성은 물론, 기존의 성이라도 수리 이외의 새로운 공사는 일체 금지되었다.

이 무가제법도에 기초한 축성 규제에 의해 전국 각 다이묘의 거성은 1615년(元和元年) 상황에서 동결되었고, 그 후 간단한 현상 유지를 위한 수리가 반복되어 메이지유신을 맞이했다. 1615년에 미완성이었던 부분은 그대로 방치할 수밖에 없었고, 고산케(御三家)[33]의 필두인 오와리(尾張) 德川家의 거성 名古屋城조차 북쪽 면이 미완성이며, 거기에는 야구라나 도베이(土塀)도 결실된 채 에도시대를 넘기고 있었다. 도도번(藤堂藩)의 이가우에노성(伊賀上野城)이나 쓰조(津城)도 그러한 미완성의 城이었다.[34]

9) 무가제법도하에서의 축성

무가제법도로 신규 축성을 엄금하면서도 막부는 정략상 경우에 따라 상당한 수의 신규 축성을 허가했다. 1617년부터의 아카시성(明石城)이나 1620년부터의 후쿠야마성(福山城)의 축성은 그 대표적인 예이다. 아카시성은 오가사와라 다다자네(小笠原忠眞), 후쿠야마성은 미즈노 가쓰나리(水野勝成)의 축성으로, 둘 다 후다이다이묘(譜代大名)[35]의 성이며, 西国의 도자마다이묘에 대한 방비였다고 생각된다. 후쿠야마성은 5층의 천수도 가지고 있었으며, 산요(山陽)지방 굴지의 대성곽이 되었다.

1615년 이후에도 막부가 지시한 天下普請은 계속되고, 불탄 오사카성의 재건공사가 1620년, 1624년(寬永元年), 1628년에 각각 이루어졌으며, 이조성(二条城)의 대확장이 1624년부터 시작되었다. 에도성(江戶城)의 증축공사는 1620년대까지 종종 반복되었다. 그때 세워진 에도· 오사카의 양대 천수는 사상 최대의 것으로, 쇼군가 권위의 상징이 되었다.

도자마다이묘라도 전봉(轉封)에 의해 녹봉에 상당하는 거성을 잃은 경우에는 신규 축성이나 대규모 수리가 인정되었다. 1627년부터의 니와 나가시게(丹羽長重)에 의한 시라카와(白河) 고미네성(小峰城), 1648년(慶安元年)부터의 아사노 나가나오(浅野長直)에 의한 아코성(赤穗城), 1643년부터의 야마자키 이에하루(山崎家治)에 의한 마루가메성(丸亀城) 재건축이 그러한 예이다. 도쿠가와 고산케의 와카야마성에서도 전봉에 따라 1621년부터 확장공사를 시작했다. 이와 같이 元和 이후에도 축성공사는 끊임이 없었지만, 이론적인 軍學의 유행에 따라 軍學者가 나와바리를 담당한 아코성이나 히라도성(平戸城) 등이 나타나, 근세성곽은 점점 실전에서 멀어지게 되었다. 그 경향은 幕末의 서양식 건축에까지 미치고 있다.

또 겐나(元和, 1615년~) 이후의 태평성대를 반영하여 천수의 조성이 줄어졌다는 것도 주목된다. 1657년에 에도성 천수가 대화재로 소실되고, 이어서 1665년에 오사카성 천수가 낙뢰로 소실된 뒤 두 천수는 재건되지 않고 있었다. 1750년에는 이조성의 천수도 불타고, 마침내 막부는 모든 천수를 잃고 말았다. 여러 다이묘 거성의 천수도 소실된 뒤 재건되지 않았던 예가 적지 않았고, 사가성(佐賀城)·고쿠라성(小倉城)·후나이성(府内城)·쓰와노성(津和野城)·요도성(淀城)·기시와다성(岸和田城)·후쿠이성(福井城)·히로사키성(弘前城) 등의 천수가 그 예이다. 겐나 이후의 신규 축성의 예에서는 아카시성(明石城)이나 아코성(赤穗城)은 천수대만 만들고 천수는 건축하지 않았으며, 그 외의 성에서는 천수를 단념하고 그 대용으로 3층야구라(三重櫓)를 세우는 것이 일반적이었다. 元和 이후에 건축된 천수는 재건 예와 천수 대용의 3층야구라가 대부분을 차지하고, 정규 천수의 신규 건조는 후쿠야마성(福山城)이나 시마바라성(島原城) 등 극소수에 지나지 않는다.[36]

10) 막말의 신규 축성

막말이 되면 외국 선박이 종종 내항하여, 바다 방비 목적으로 1849년에 막부는 마쓰마에(松前)번주 마쓰마에 노리히로(松前崇廣)와 후쿠에(福江)번주 고토 모리마사(五島盛政)에게 新城의 축성을 명한다. 전자가 후쿠야마성(福山城)이고, 후자가 이시다성(石田城)이다. 모두 바다를 향해 포대(砲臺)를 설치하고 있으며, 일본식 성곽이면서 서양풍을 가미한 새로운 양식의 성곽이었다.

1854년(安政元年) 美日화친조약이 체결되자 개항장이 된 하코다테(函館)를 수비할 필요가 있어서, 막부는 1857년부터 고료카쿠(五稜郭) 축성을 개시한다. 네덜란드 학자 다케다 아야사부로(武田斐三郎)의 설계로 별 모양으로 배치된 료호(稜堡)[37]를 주체로 한 신식 성으로, 서양 軍學을 모방한 나와바리이다. 1863년에는 같은 종류의 료호식(稜堡式)인 다쓰오카성(竜岡城)을 막부 육군총재인 마쓰다이라 노리아키라(松平乘謨)가 착공한다. 이들 서양식 축성은 대포의 사용을 고려하고 있으며, 그 표적이 되는 높은 야구라는 설치되지 않았다. 또 막말기에는 바다의 방비를 위한 포대(砲臺)도 要所에 축조되었으며, 에도막부에 의한 시나가와다이바(品川台場)나 와다미사키(和田岬) 포대 등이 유명하다.[38]

2-21

2-22

2-23

2-24 1)

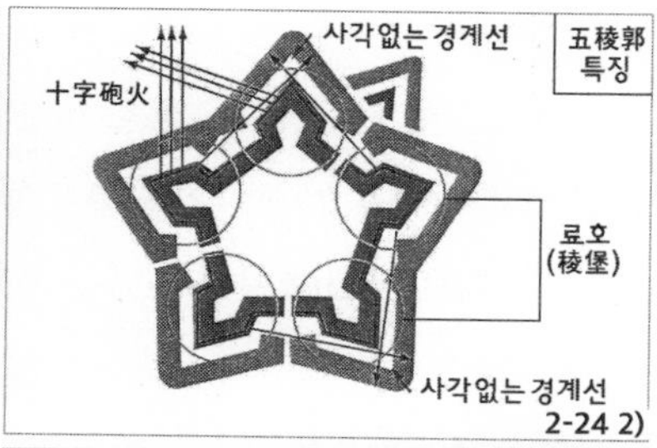

2-24 2)

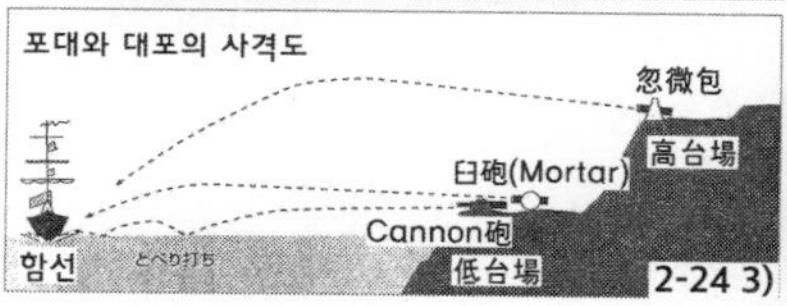

2-24 3)

2-24 4)

2-21 바티칸시국과 로마 천사의 성(오른쪽의 별 모양) **2-22** 바티칸시국 성벽
2-23 천사의 성(로마) **2-24** 고료카쿠(五稜郭, 北海道 函館)

11) 메이지(明治)의 폐성

에도시대를 지나 막번체제를 유지하는 권력의 상징이던 근세성곽은 메이지유신을 맞이하여 쓸모없게 되어, 그 유지비의 막대함을 들어 차례로 파괴되었다. 성곽건축이나 고텐 건물은 경매에 넘겨지는 것이 많았고, 그 대부분이 땔나무로 매각되어 붕괴되었다. 현존하는 천수나 야구라 가운데서도 경매된 예가 많았고, 그 파괴는 상당히 철저했다. 석축의 석재도 항만과 하천이나 철도공사에 전용하기 위해 가지고 가는 예가 적지 않았고, 아마가사키성(尼崎城)이나 단바 가메야마성(丹波亀山城)과 같이 완전히 소멸된 성도 있었다. 후쿠야마성이나 아코성에는 석축의 파괴 흔적이 남아있다. 성터는 육군 부대나 県청사 등 공공건축에 쓰이는 경우가 많았고, 석축의 파괴나 해자를 메우는 것은 昭和에 이르기까지 계속되었다. 이로써 성의 외곽은 대부분 시가지로 변하고 말았다.

1945년 공습에 의한 피해도 커 그때까지 간신히 남아있던 귀중한 성곽건축을 소실했다. 천수는 히로시마(広島)·후쿠야마(福山)·오카야마(岡山)·와카야마(和歌山)·오가키(大垣)·나고야(名古屋)·미토(水戸)의 7개 성이 소실되었고, 그 외에 나고야성의 혼마루 고텐과 센다이성(仙台城)·우와지마성(宇和島城)·오사카성(大坂城)·이요마쓰야마성(伊予松山城)·후나이성(府内城) 등의 야구라와 성문이 소실되었다. 따라서 현존하는 성곽건축은 그 당시 존재한 것은 극히 일부분에 지나지 않고, 기적적으로 남아있는 것이라 해도 과언은 아니다. 또 현재의 성터는 당시 성곽의 일부분밖에 되지 않으며, 남은 석축도 메이지 이후의 수리가 상당히 보이므로, 성을 감상할 때는 그런 점을 인식해 둘 필요가 있다.[39]

4 | 일본성곽의 특징

1) 성과 조카마치(城下町)

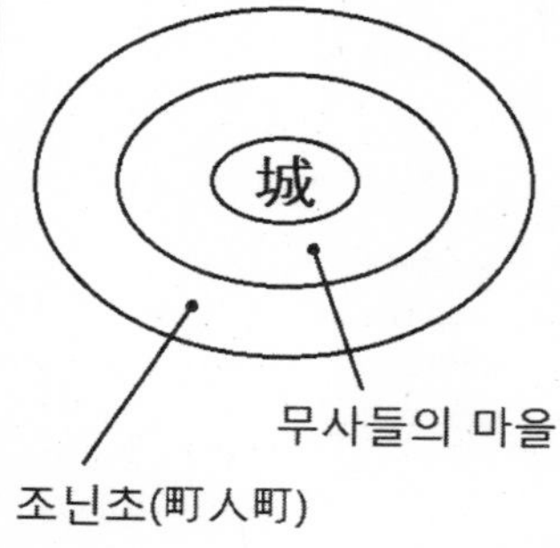

조카마치는 城 아래에 무사나 조닌(町人)이 모여들어 자연적으로 발전된 것이 아니고, 성을 정치·경제의 중심에 두려고 한 다이묘(大名)에 의해 인공적으로 만들어진 도시였다.

오늘날에도 조카마치에서 武家의 저택이나 마치야(町家, 상가)가 줄지어 있는 풍경을 볼 수 있는데, 그것은 무사가 거주하는 부케초(武家町)와 商人·職人들이 거주하는 조닌초(町人町)가 계획적으로 배치된 도시계획이 행해졌기 때문이다. 이들 마을에서는 각각의 同職者가 모여 살도록 강제되었기 때문에, 직업과 관련된 地名이 남아있는 경우가 적지 않다.

오카치마치(御徒町)·뎃포마치(鉄砲町)·오유미마치(御弓町) 등의 지명을 보면 옛날에 무사들의 마을이었다는 것을 알 수 있다. 마찬가지로 다이쿠마치(大工町)·고후쿠마치(呉服町)·고야마치(紺屋町) 등의 지명은 조닌초의 이름이 남아있는 것이라고 생각된다. 또 寺院이 집중되어 있고 거기에 데라마치(寺町)라는 이름이 있으면 領内의 사원이 城下로 이전되어 왔을 가능성이 높다.

이러한 도시계획에서는 성을 에워싸듯이 무사들의 마을이, 무사들의 마을을 에워싸듯이 조닌초가 배치되어 있고, 데라마치는 특별한 방어를

2-25 조카마치(城下町) 구조 모식도

요하는 방향에 배치되어 있다. 결국 만일의 경우에는 조카마치 전체가 성으로의 공격을 막는 방패로 되어 있는 것이다. 조카마치는 성과 일체화되어 있었기 때문에 성을 보는 경우에는 조카마치와 함께 그 역사를 파악할 필요가 있다.

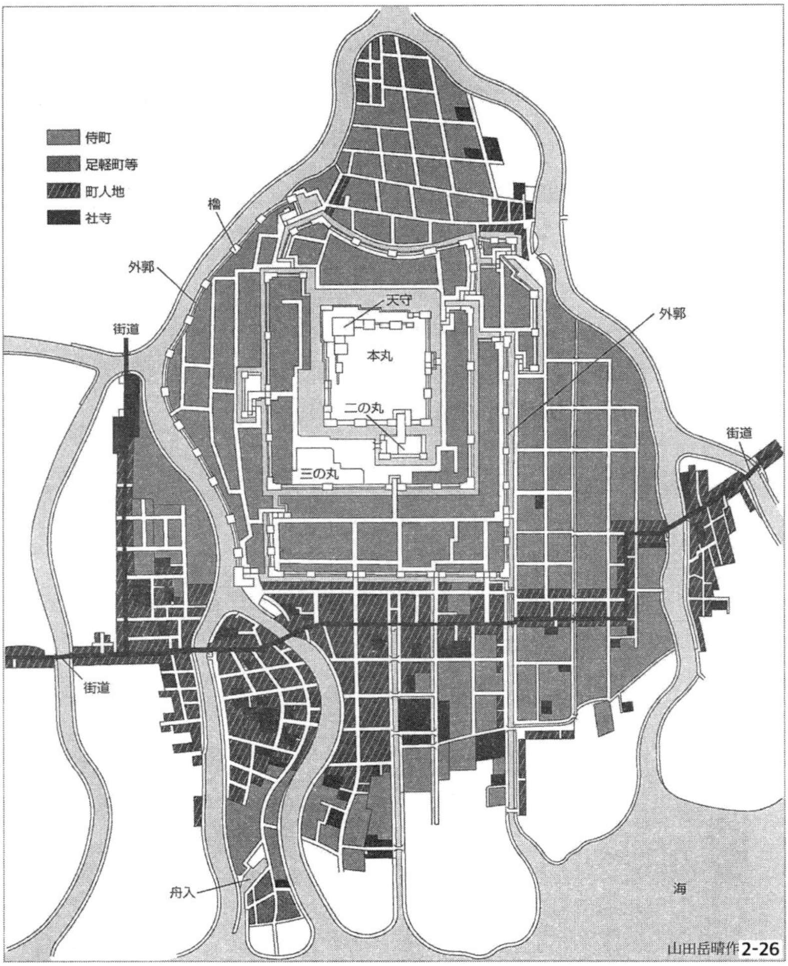

2-26 조카마치도(金沢城)

2) 입지의 3유형

성의 입지 장소는 아무렇게나 적당히 선정되었을 리가 없다. 광대한 영역 중에서 목적에 따라 택일되었다고 생각해야 할 것이다. 성은 지형의 특징을 잘 이용하여 축조되어 있으므로 그 입지에 따라서 축성의 의도를 어느 정도 알 수 있다.

성은 평야에 쌓은 평성(平城), 언덕에 쌓은 평산성(平山城), 산악에 쌓은 산성(山城) 등으로 분류되고 있다. 전국시대의 성은 대부분이 산성이었지만, 에도시대에는 평성·평산성이 주류가 되었다. 그것은 반드시 평성·평산성이 산성보다 기능적으로 우수하다는 것을 의미하는 것은 아니며, 시대가 요구하는 입지조건의 변화에 따른 결과라고 보아야 할 것이다.

2-27

2-28

2-29

2-30

2-31

2-27 조카마치(犬山城) **2-28** 조카마치(犬山城)
2-29 산성(備中松山城) **2-30** 평산성(彦根城) **2-31** 평성(名古屋城)

3) 시대에 따른 입지의 변천

성에 요구되는 것은 우선 첫 번째로 뛰어난 방어·전투 기능이었기 때문에 준엄한 要地에 쌓은 산성은 확실히 城地로서는 안성맞춤이라고 할 수 있을 것이다. 에치고 우에스기(越後上杉)의 가스가야마성(春日山城, 新潟県), 오미 아사이(近江淺井)의 오다니성(小谷城, 滋賀県)를 비롯하여 전국시대에 쌓은 산성은 공격의 틈이 없다. 그러나 이와 같은 산성은 방어에는 편리하지만, 거주하기에는 불편했다. 산성은 그 성격상 성과 산기슭을 왕래하기에 지장이 있을 뿐만 아니라, 다이묘가 거주하는 저택도 넓게 지을 수가 없다. 그 때문에 戰時에 농성하는 성과 평소에 생활하는 저택을 완전히 분리시킨 것도 있었다. 가이(甲斐)의 다케다(武田)가 요가이산성(要害山城)이라는 산성을 쌓으면서 평소에는 그 기슭에 있는 쓰츠지가사키야카타(躑躅ヶ崎館, 山梨県)를 居館으로 삼은 것은 그 典型이라고 할 수 있다.

아즈치모모야마시대를 맞으면서 천하통일에 의해 전란이 일단 종식되자, 협소한 산성을 굳이 고집할 필요가 없어졌다. 평성·평산성으로 居城을 옮기면 광대한 성내에 저택을 갖출 수 있을 뿐만 아니라, 조카마치와 일체화 하여 정치·경제의 중심으로 삼을 수 있었기 때문이다. 물론 산성도 계속해서 領國의 지배를 위한 支城으로 이용되었지만, 1615년 에도막부에 의해「일국일성령(一国一城令)」이 내려지자 대부분의 성이 파괴되었다.

4) 나와바리(縄張)란?

일본성곽의 축성 과정을 현대 건축과 비교하여 각 단계별 업무 분장을 정리하면 표 2-2와 같다.

| 표 2-2 | 일본성곽 축성의 업무 분장

현대 건축	일본성곽	업무의 예
계획·설계	나와바리(縄張り)	구루와(曲輪) 배치
토목공사	후신(普請)	石垣, 堀, 土塁, 石塁, 虎口 등
건축공사	사쿠지(作事)	天守閣, 御殿, 櫓, 城門, 土塀 등

나와바리란 城地를 구루와(曲輪, 郭)라 불리는 복수 개의 구획으로 나누고, 건조물의 배치를 계획하는 것을 말한다. 실제로는 건축 현장에서 줄을 둘러쳐 구획을 정한 것에서 나와바리라 불리고 있다.

성은 나와바리에 의해 정해진 구루와의 주위를 해자나 토루·이시가키로 둘러싸고 그 속에 천수나 야구라 등을 세워서 완성했다. 성이 방어와 공격에 유효한지 어떤지는 구루와의 위치나 형상에 크게 좌우되므로, 나와바리도 한번 보는 것만으로는 알 수 없을 정도로 복잡하게 구성되어 있다. 도도 다카토라(藤堂高虎)가 쌓은 우와지마성(宇和島城, 愛媛県)은 사면이 포위되어도 나머지 한 면에서 출격할 수

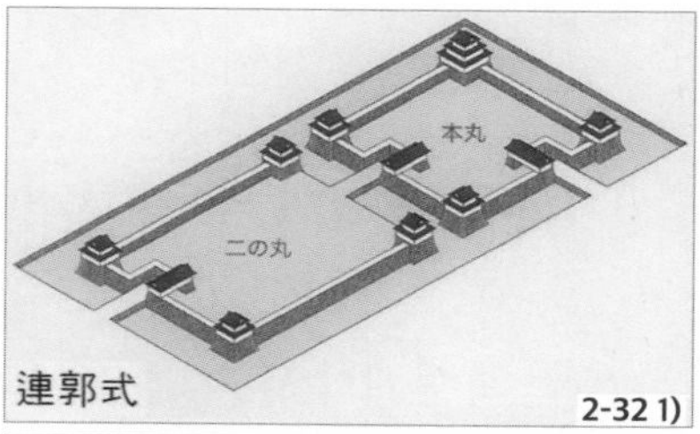

2-32 1)

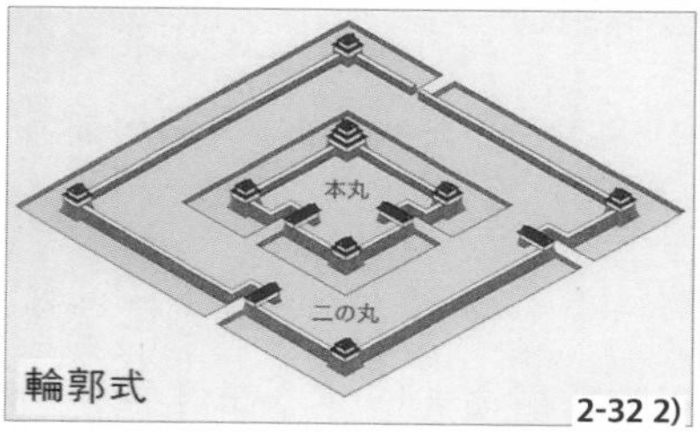

2-32 2)

2-32 구루와의 배치 형식

있도록 부등변 오각형의 나와바리로 되어 있었다고 하는데, 이러한 장치는 은밀한 막부에게도 발각되지 않았다고 한다.

나와바리는 소위 군사기밀이었기 때문에 다른 번의 다이묘는 물론, 막부에 대해서도 공개되지 않았다. 그러나 1644년(正保1) 막부는 전국의 다이묘에게 나와바리를 그린 성의 도면을 제출하도록 명한다. 이것은 성의 기밀이 완전히 노출된다는 것을 의미하며, 이후 성의 군사적 중요성이 현저히 저하된 것은 부정할 수 없다.

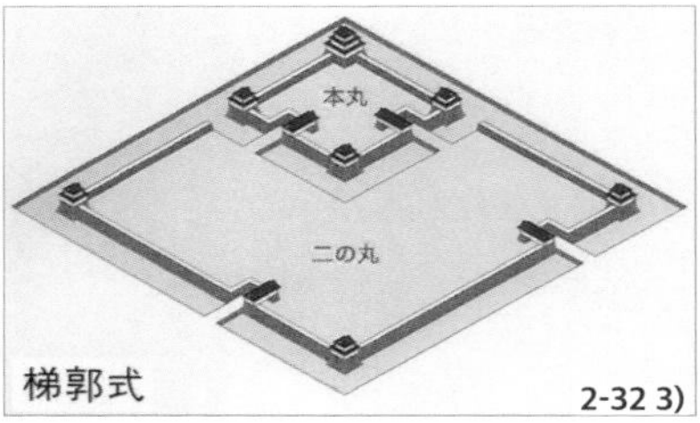

2-32 3)

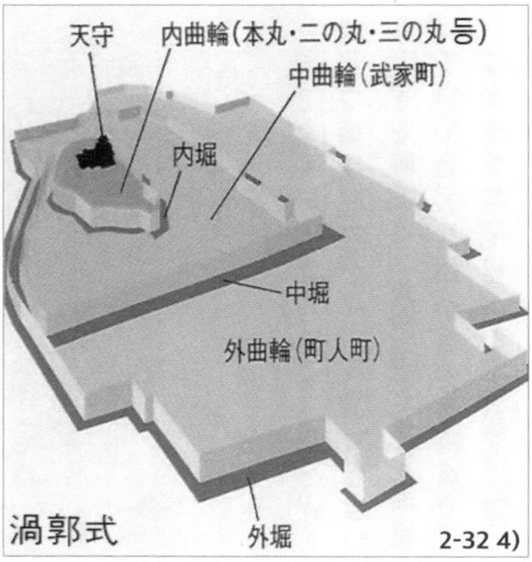

2-32 4)

5) 나와바리(縄張)에 의한 구루와(曲輪)의 배치

성에는 복수 개의 구루와가 존재하는데, 이것은 성의 방어기능에서 보면 커다란 의미를 가지고 있다. 나와바리에서는 넓은 의미로는 성의 중심인 우치구루와(内曲輪)와 조카마치가 있는 소토구루와(外曲輪)로 구별되며, 좁은 의미로는 그 우치구루와는 혼마루·니노마루·산노마루 등의 구루와로 구분된다. 대개 혼마루에는 천수나 다이묘의 고텐(御殿), 니노마루에는 다이묘 일족의 저택, 산노마루에는 重臣의 저택이 있으며, 중심이 되는 혼

2-32 구루와의 배치 형식

마루에 가까운 쪽에서 니노마루·산노마루가 배치된 것이 일반적이었다.

이 혼마루·니노마루·산노마루 등의 구루와 배치형식을 大別하면 린카쿠(輪郭)式·데카쿠(梯郭)式·렌카쿠(連郭)式 등의 3가지로 분류되고 있다. 輪郭式은 니노마루와 산노마루로 환상(環狀)으로 둘러싼 형식으로 평성에 많다. 방어에 가장 적합하지 않은 평성이기 때문에 혼마루를 중심으로 해자를 이중 삼중으로 둘러치고 있다. 梯郭式은 절벽 등을 뒤로 한 혼마루를 니노마루와 산노마루가 계단모양으로 에워싸는 형식으로 평산성에 많다. 山上에 혼마루, 山中에 니노마루, 山下에 산노마루식으로 단차를 두고 배치되어 있다. 連郭式은 혼마루·니노마루·산노마루를 직선형으로 배치한 형식으로, 산성·평산성에 많다. 산이나 언덕의 정상 부근에 혼마루를 두면, 니노마루·산노마루가 산등성이(능선)로 이어진다. 어떤 형식이든 혼마루까지 직접 도달할 수 있는 나와바리는 존재하지 않는다. 반드시 니노마루와 산노마루를 거치지 않으면 안 되었다. 그러므로 설령 산노마루가 공략되어도 니노마루에서, 니노마루가 공략되어도 혼마루에서 방어전을 펼칠 수 있게 되었던 것이다.

그밖에 나선형으로 구루와를 배치한 형식으로서 가카쿠(渦郭)式, 라센(螺旋)式 나와바리라고 부르는 경우도 있다.

5 | 일본성곽의 주요 구조

1) 도루이(土塁)와 이시가키(石垣)

(1) 도루이·이시가키란?

도루이는 적의 공격으로부터 성을 지키기 위해 구루와의 바깥에 해자를 파고, 그 흙을 구루와의 안에 쌓아올린 둑[塁壁]이다. 해자의 잔토(殘土)를 그대로 토루로 이용할 수 있었기 때문에 전국시대 성의 대부분은 이 토루에 의해 둘러싸여 있다. 토루의 높이는 창을 세워도 성의 바깥에서 보이지 않도록 7m 정도가 된다. 이윽고 전국시대 말기부터 에도시대의 성에는 토루를 돌로 덮은 이시가키(石垣)가 사용되게 되었는데, 그렇다고 해서 이시가키가 토루보다 뛰어나다는 것은 아니다. 쇼군(将軍)의 거성이었던 에도성(江戸城)에서조차 이시가키와 토루가 병용(併用)되고 있기 때문이다.

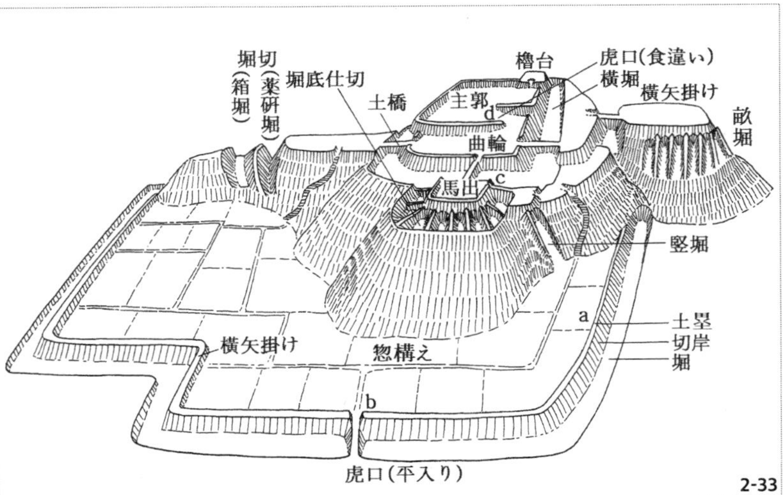

2-33

2-33 일본성곽의 주요 구조

이시가키가 토루를 대신한 것에 대해, 일설에는 소총의 공격을 막기 위함이라고 한다. 그러나 토루는 총탄을 잘 흡수했기 때문에 적어도 소총에 대한 방어능력에서 토루가 이시가키보다 뒤떨어진다고는 생각되지 않는다. 그런데도 이시가키가 중시된 것은 성벽의 가장자리까지 천수나 야구라를 세울 수 있기 때문이다. 45~60도의 기울기가 한계였던 토루에 비해, 이시가키는 통상 60도 이상, 그중에는 가토 기요마사(加藤清正)가 쌓은 구마모토성(熊本城)과 같이 上部에서 90도 가까이 되는 이시가키도 있었다. 이러한 급경사의 이시가키의 끝부분까지 건물을 세우면, 건물과 이시

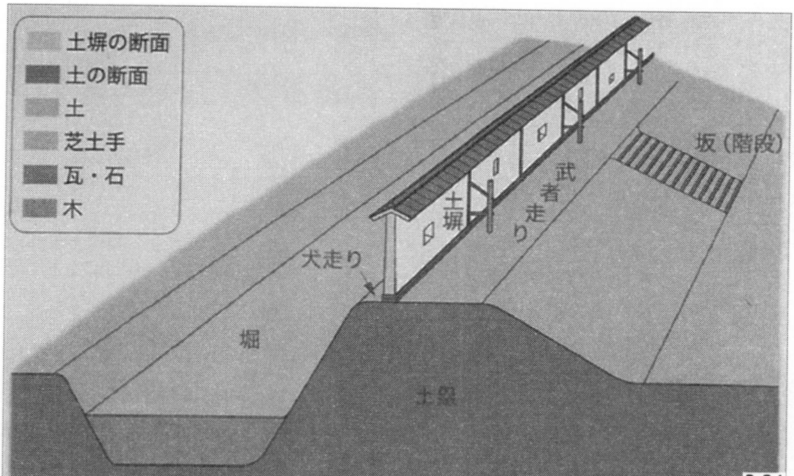

2-34

2-35

2-36

2-34 토루와 해자
2-35 무샤바시리 : 아이사카(合坂 - 福山城) **2-36** 무샤바시리 : 간기자카(雁木坂 - 萩城)

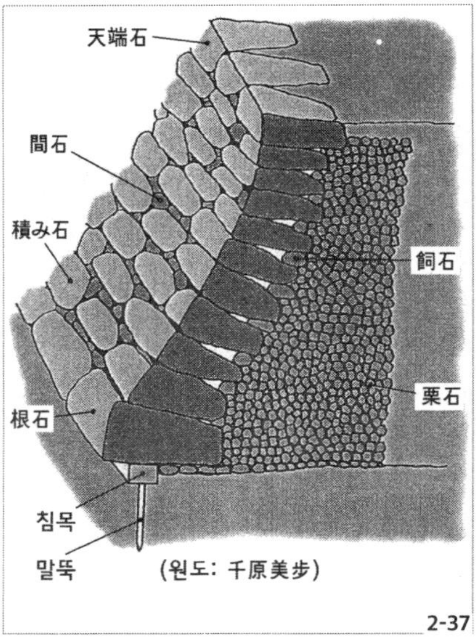

가키가 일체화되어 적이 이시가키를 기어올라 와서 침입하는 위험을 피할 수 있기 때문이다.

(2) 이시가키의 분류

성의 이시가키(성벽)는 대체로 표 2-3과 같이 분류할 수 있다.

| 표 2-3 | 이시가키의 분류

돌의 가공 정도에 따라	돌을 쌓은 모양에 따라
① 노즈라(野面)	① 누노즈미(布積)
② 우치코미하기(打込み接ぎ)	② 란즈미(乱積)
③ 기리코미하기(切込み接ぎ)	③ 다니즈미(谷積)
	④ 깃코즈미(亀甲積)

2-37 이시가키의 구조 **2-38** 이시가키(石垣 - 大坂城)

에도시대의 유학자 오규 소라이(荻生徂徠)는 이시가키 쌓는 방법을 다음의 3가지로 분류했다. 즉, 자연석을 가공하지 않고 짜 맞춘 노즈라(野面), 돌의 둥근 것을 깎아서 평면을 짜 맞춘 우치코미하기(打込接ぎ), 장방형으로 가공하여 틈새가 없도록 짜 맞춘 기리코미하기(切込接ぎ)가 그것이다. 전국시대까지의 이시가키는 노즈라즈미에 의해 쌓았는데, 단지 산성에서 방어의 중심은 어디까지나 토루였으며, 이시가키가 적용된 것은 적었다. 성의 누벽에 이시가키가 많이 적용되게 된 것은 오다 노부나가(織田信長)가 쌓은 아즈치성(安土城) 무렵부터이다. 이 아즈치성의 이시가키를 쌓은 사람은 소위 아노슈(穴太衆)로, 원래는 오미국(近江國) 滋賀郡坂本村穴太(滋賀県大津市穴太町)에서 석재업에 종사하고 있던 석공이었다. 아노슈는 그 뒤, 각국의 다이묘에게 초청되어 축성에 종사했기 때문에 그 기술이 전국적으로 퍼지는 계기가 되었다고 한다.

노즈라즈미는 물 빠짐이 우수하지만, 경사면이 완만하기 때문에 벽면을 타고

2-39

2-40

2-41

2-42

2-43

2-39 노즈라즈미(野面積み - 金沢城) **2-40** 우치코미하기(打込み接ぎ - 金沢城) **2-41** 기리코미하기(切込み接ぎ - 金沢城) **2-42** 기리코미하기(切込み接ぎ - 大坂城) **2-43** 우치코미하기(打込み接ぎ - 서생포왜성)

올라오는 적에게는 대처할 수 없다. 그 때문에 아즈치모모야마시대에는 급경사로 쌓을 수 있는 우치코미하기가 일반적으로 사용되게 되었다. 名城으로 불리는 성은 대개 이 시대에 쌓았으므로, 필연적으로 우치코미하기에 의한 이시가키가 많이 눈에 띈다.

기리코미하기는 에도시대에 들어와서부터 쓰이게 되었는데, 돌의 가공에 많은 노력이 필요했으므로 그다지 보급되지 않았다. 설령 적용된 성이 있어도 그것은 성에서 가장 중요하다고 생각되는 곳뿐이다. 따라서 하나의 성에 여러 가지 쌓는 방법이 적용된 이시가키가 섞여 있는 것도 신기한 것은 아니다.

일본성곽에서는 후대로 가면서 점차 기리코미하기가 많이 나타나는 것을 알 수 있다. 그 이유는 전시가 아닌 시기에 축성된 성에서는 성의 용도가 전투용에서 성주의 권위를 상징하는 것으로 변했기 때문이다. 따라

2-44

2-45

2-46

2-47

2-44 누노즈미(布積み - 江戸城) **2-45** 란즈미(乱積み - 서생포왜성)
2-46 다니즈미(谷積み - 苗木城) **2-47** 깃코즈미(亀甲積み - 佐賀城)

서 성벽의 돌 하나하나에도 미관을 고려하여 상당한 정성을 기울였던 것이다.

이에 반해 전시에 축성된 성에서는 당장의 전투를 위한 방어시설이 절실했으므로 성의 외관에 신경을 쓸 여유가 없었다. 한국에 남아 있는 왜성은 전투 중이었거나 휴전협정이 진행되던 시기였으므로 당장의 방어시설 확보가 급선무였던 탓에 노즈라나 우치코미하기가 대부분이다.

이시가키를 분류하는 또 다른 방법으로 돌을 쌓은 모양에 따라 분류하기도 하는데, 이는 돌을 쌓은 성벽의 표면 형상에 따른 것이다. 표 2-3에 나타낸 것과 같이 누노즈미(布積)·란즈미(乱積)·다니즈미(谷積)·깃코즈미(亀甲積)의 네 가지로 나눌 수 있다.

누노즈미(布積)는 석재를 가로방향으로 한 단씩 쌓아 이음매를 가지런하여 성벽의 표면이 마치 천을 짠 것과 같은 형태인 것을 말한다. 란즈미(乱積)는 석재를 불규칙적인 형상으로 쌓아 올린 것으로, 가로방향 이음매가 연결되지 않는다. 다니즈미(谷積)는 네모난 석재 표면의 대각선을 세로방향으로 하여 경사지게 끼워 맞춘 방법이다. 깃코즈미(亀甲積)는 거북 등껍질(육각형) 모양으로 다듬은 석재를 이용한 것이다. 성곽의 이시가키에서는 누노즈미와 란즈미가 대부분을 차지하며, 에도 후기에 비교적 높이가 낮은 성벽에 깃코즈미, 에도 말기의 성벽에서 간혹 다니즈미를 볼 수 있다. 왜성에서는 란즈미 형태가 주류를 이루고 있다.

그러나 실제의 성벽에서는 이들 방법이 단독으로 적용된 경우는 드물고, 두 가지 이상이 혼합된 것으로, 누노즈미와 란즈미의 중간, 깃코즈미와 누노즈미의 중간, 다니즈미와 란즈미의 중간적인 것이 있으며, 반드시 완벽하게 분류할 수 있는 것은 아니다.

(3) 산기즈미(算木積み)

산기즈미는 성벽 모서리 부분을 쌓는 특별한 방법을 말한다. 산기(算木)란 옛날 주판이 나오기 이전, 계산에 사용했던 가느다란 사각 단면의 막대기를 일컫는 말이다. 이 산목(算木)과 같은 모양의 석재를 이용하여 〈그림 2-48〉과 같은 형태로 성벽, 특히 모서리 부분을 쌓는 방식을 산기즈미라 한다.

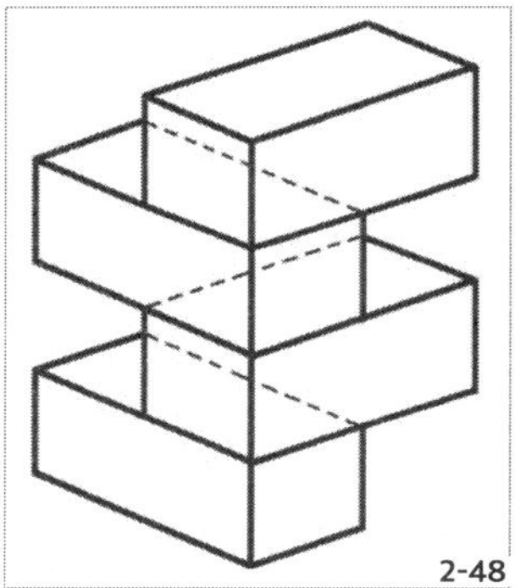
2-48

2-49

2-50

2-48 산기즈미(算木積み) **2-49** 산기즈미(算木積み - 大坂城)
2-50 산기즈미(算木積み - 서생포왜성 천수대)

성벽은 모서리 부분이 쌓기 어렵다. 또 스미야구라(隅櫓)나 야구라몬(櫓門) 등의 건축물이 얹히는 수가 많으므로 모서리 부분을 쌓는 방법에는 특히 주의가 필요하다. 그 모서리 부분 쌓기에서 가장 발전된 축성법이 산기즈미이다. 가늘고 긴 돌을 모서리에 사용하여 긴 변과 짧은 변을 서로 조합시킴으로써 성벽 모서리 부분의 석재를 일체화 시켜 강도를 증강시키는 공법이다.

산기즈미는 16세기 말인 天正 초기에 이미 부분적으로 적용되었다. 오다 노부나가의 아즈치성(安土城)이 그 일례이지만, 그 무렵에는 가늘고 긴 돌이 있을 경우 가끔 그것을 교대로 쌓았을 뿐이며, 모서리 부분의 밑에서 꼭대기까지 전부를 산기즈미로 쌓은 것은 드물고, 산기즈미가 모서리 쌓기의 절대적 방식은 아니었다. 그러므로 모서리 부분에는 길지 않은 돌을 섞어 쌓거나 모서리의 낮은 부분에 巨石을 세워쌓은 것을 많이 볼 수 있다.

세키가하라 전투(1600년) 결과, 특히 西國의 도자마 다이묘(外樣大名)들은 확대된 자신의 영지를 배경으로 하여 새로운 居城 만들기에 착수하였고, 또 도쿠가와 이에야스(德川家康)는 긴키(近畿)지방을 중심으로 하여 텐카부신(天下普請)으로 거대 성곽을 점차 축성하고 있었다. 이러한 게이초기(慶長期)의 전국적인 축성 대성황기에 성벽의 축성 기술은 비약적으로 발전하였다.

성벽 모서리의 산기즈미에 주목하면 성벽의 축조 연대 판정을 용이하게 할 수 있다. 산기즈미가 완성된 것은 1605년(慶長10)경이기 때문이다. 따라서 모서리 석재의 긴 변이 짧은 변의 2배 이상 되는 정연한 산기즈미로 되어 있으면 1605년 이후의 것으로 판정할 수 있다. 정연한 산기즈미가 아니면 그보다 이전의 것이라고 할 수 있다. 일본 근세성곽의 대부분은 세키가하라전투 이후인 1601년부터 오사카 여름전투 때인 1615년 사이에 축성되었다.

성의 이시가키 신규 축조는 元和(1615~1624년) 이후에는 격감한다. 그리고 에도시대 중기 이후가 되면 성벽은 수리공사만 하게 되어, 신규 축조는 거의 없고 성벽 축조술도 저하 일로를 걷게 된다. 긴 변이 짧은 변의 1.5배 정도밖에 되지 않는 모서리 석재를 사용한 퇴화된 산기즈미라면 에도 중기 이후의 것으로 판정할 수 있다. 또 다니즈미(谷積)라면 19세기 중기 이후에 고쳐 쌓은 것으로 판정할 수 있으며, 그 대부분은 메이지(明治)·다이쇼(大正)·쇼와(昭和)의 근대에 만들어진 것이다.

왜성에서도 산기즈미는 볼 수 있는데, 대부분 정연하지 않고 좀 엉성한 형태가 많으므로, 산기즈미가 완성되기 전의 축조물임을 뒷받침해 주고 있다.

(4) 성벽의 기울기

일본성곽의 성벽이 가진 가장 큰 특징은 기울기가 비교적 완만하다는 것이다. 이는 우리나라 산성이나 읍성의 성벽이 수직에 가까운 것과는 대조적인 특징이다. 일본성곽의 성벽이 기울어져 있는 것은 지진이 많은 나라이기 때문에 성벽을 안정화시켜 쉽게 무너지지 않게 하기 위함이었다. 물론 특히 낮은 성벽에서는 수직으로 우뚝 솟은 것도 적지 않다. 기울기는 축조기술이 낮고, 오래된 것일수록 완만한

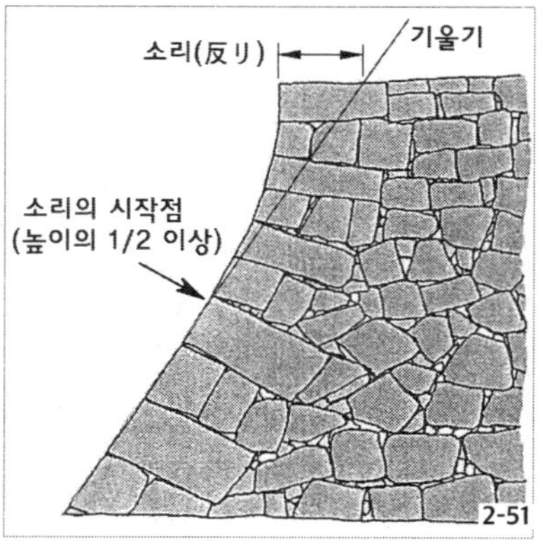

2-51 소리(反り)

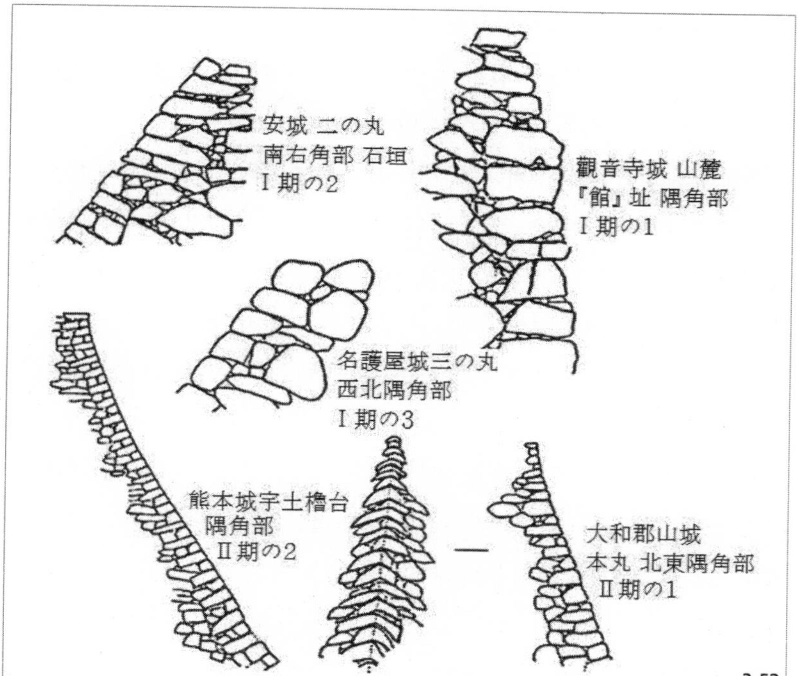

2-52

경향을 보이고 있다. 또 석재의 가공 정도에 따라서도 기울기가 변하고, 일반적으로 노즈라(野面), 우치코미하기(打込み接ぎ), 기리코미하기(切込み接ぎ) 순으로 기울기가 급하게 된다.

실제 성벽에서는 지반의 강도, 축조 연대, 축조 기술, 석재의 질, 성벽의 높이 등의 영향에 따라 차이가 뚜렷하고, 표준적인 높이 10m 전후의 성벽에서는 45°~75° 정도의 범위이다. 그 범위 내에서 노즈라가 완만한 편이고, 기리코미하기는 급한 편이며, 우치코미하기는 전반적으로 분포하고 있는 상황이다. 단, 근세성곽 성벽의 대부분은 그 상부에 소리(反り)가 붙어 있으므로, 도중에서 기울기가 점차 급하게 되어 간다. 따라서 기울기

2-52 이시가키(石垣)의 변천도

의 완급(緩急)은 소리가 시작되는 위치에서 그 아래쪽의 직선부분만으로 비교한 경우와, 소리를 포함하여 성벽 천단(天端)과 하단(下端)을 직선으로 연결하여 계측한 경우는 상당한 차이가 생긴다.

기울기와 함께 일본성곽의 성벽이 가지는 중요한 특색이 소리이다. 소리는 성벽 전체에 붙이는 것이 아니라, 성벽의 상부에만 붙이는 것이 통례이다. 성벽의 하단에서 적어도 중앙부까지는 완만한 직선 기울기로 쌓아 올리고, 중앙부와 천단 사이의 적당한 위치에서부터 위쪽으로 기울기를 조금씩 급하게 함으로써 아름다운 소리의 곡선이 형성된다. 소리를 붙이기 시작하는 위치나 소리의 강도는 성에 따라 서로 다르며, 또 같은 성이라도 성벽의 축조 연대나 높이에 따라 크게 달라진다. 특히 성벽을 기어오르려는 적병이 접근하지 못하도록 소리를 크게 붙여 성벽의 상부를 거의 수직으로 만든 것을 무샤가에시(武者返し) 또는 시노비가에시(忍び返し)라고 부른다.

2-53

2-54

2-53 구마모토성의 소리(反り) **2-54** 서생포왜성의 소리(反り)

성벽의 소리는 단순히 방비만의 목적으로 붙이는 것이 아니라, 성벽 구조상의 강도를 높이는 방법이기도 하다. 성벽 전체의 기울기를 급하게 하면 지반이 약한 경우나 성벽의 높이가 높은 경우에는 위험하므로 하부의 기울기를 완만하게 하고, 그 만큼을 소리를 이용하여 되돌리는 것이다.

초기의 성벽은 소리가 없었다. 그러나 1576년(天正4)부터 쌓기 시작한 아즈치성에는 극히 일부이지만 소리로 확인되는 성벽이 존재하므로 그 시초는 이보다 이른 시기였다고 볼 수 있다. 1592년~1596년(天正말~文祿연간)에 축조된 것으로 생각되는 오카야마성(岡山城) 혼마루나 히로시마성(広島城) 천수대에는 멋진 소리가 붙어 있어, 소리를 가진 성벽의 초기 예가 되고 있다. 세키가하라전투 이후가 되면 성벽의 소리는 널리 보급된다. 성벽의 소리가 아름답기로 유명한 것은 가토 기요마사(加藤清正)가 쌓은 구마모토성(熊本城)으로, 그 성벽에는 기요마사식 성벽(清正流石垣)이라는 명칭이 붙여져 있다. 같은 구마모토성 내의 성벽이라도 세키가하라전투 이전의 성벽에서는 소리가 적었고, 세키가하라전투 이후의 것에서는 소리가 많이 적용되었다. 우리나라에 남아 있는 왜성의 성벽에서도 극히 일부분이지만, 소리가 적용된 예가 있다. 바로 가토 기요마사가 쌓은 서생포왜성(그림 2-54)이다.

가토 기요마사와 쌍벽을 이룬 당대 축성의 대가인 도도 다카토라(藤堂高虎)도 성벽 축조의 名手였다. 그가 쌓은 성벽의 특색은 높은 성벽이라도 소리가 거의 없는 것으로, 가토 기요마사의 성벽과는 대조적이다. 그가 쌓은 이마바리성(今治城, 愛媛県)이나 이가우에노성(伊賀上野城) 등의 높은 성벽은 거의 직선 모양이며, 더구나 이가우에노성 혼마루 성벽은 높이가 30m나 되는 것으로, 일본 최고의 높이를 자랑한다. 극단적으로 높은 성벽에서는 소리가 없는 것이 유리하다고도 생각할 수 있다.

(5) 요코야(横矢)

석축이나 둑으로 이루어진 성벽을 굴절시킴으로써 성벽에 접근하는 적병에 대하여 두 방향 이상에서 활이나 소총으로 사격을 가하는 것이 요코야(横矢)이다. 요코야는 적병에게 강한 공포심을 주는 것으로, 軍學의 기본 중의 기본이다. 성을 공격하는 자가 가장 두려워하는 것은 활이나 소총으로 측면이나 배후에서 공격을 받는 것이었다. 군학에서는 두 방향 이상에서의 사격을 요코야라 하고, 적에게 요코야로 타격을 가하는 것을 요코야가카리(横矢掛)라고 한다. 요코야는 막을 수 없고, 요코야가 걸리는 성벽이나 성문에는 어떤 역전의 용사라도 접근 불능이었다. 요코야는 성의 나와바리의 기본 중의 기본인 것이다.

요코야가카리를 형성하는 수단은 두 가지이다. 하나는 성문에 이르는 통로를 좁게 만들어 적의 행동을 제한한 다음, 성벽의 길이를 길게 하는 것이다. 성문 앞의 통로를 향해 다른 구루와에서 요코야를 거는 교묘한 나와바리도 적지 않다. 다른 하나는 단순하게 성벽을 구부리기만 하는 것이다. 성벽이 복잡하게 구부러져 있는 것은 요코야를 걸기 위함이며, 요코야가카리란 성벽을 굴절시키는 것이라고 생각하면 된다.

그런데, 활이나 소총을 쏘는 사마(狹間)로부터의 시계(視界)는 믿을 수 없을 정도로 좁아 그 정면의 극히 좁은 범위 밖에 공격을 가할 수 없다. 그 때문에 성벽의 모서리에서는 45° 방향에 대하여 넓은 사각지대가 생겨. 그 방향의 적에게는 손도 쓰지 못한다. 그래서 성벽의 모서리를 〈그림 2-55〉와 같이 안쪽으로 구부리면 요코야를 걸어 45° 방향의 적에게도 화살이나 총탄을 퍼부을 수 있다. 이것이 이리즈미(入隅)라는 요코야의 기본이다.

성의 나와바리에서 중요한 것은 어느 방향에서든 적이 침입하려고 해도 성내에서 반드시 요코야를 걸 수 있도록 성벽을 적절히 굴곡시키는 것이다. 굴곡의 방법은 다양하다. 성벽의 모서리에서는 앞에서 소개한 이리즈미 외에 반대로 돌출시키는 데즈미(出隅)가 있다. 스미야구라를 데즈미에 올리면 더욱 완벽하게 된다.

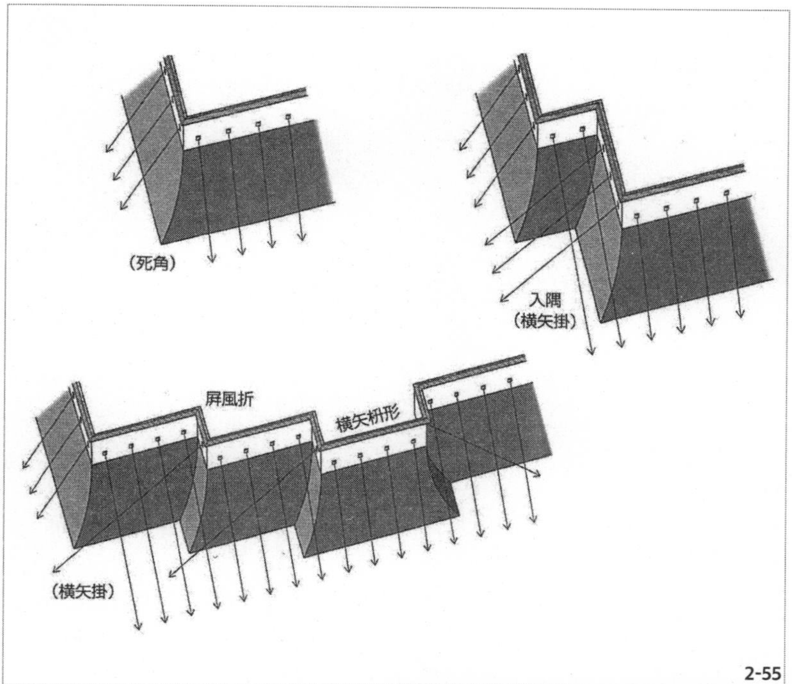

2-55

2-56

2-57

2-55 요코야 개념도 **2-56** 요코야(横矢 - 大阪城) **2-57** 요코야(横矢 - 서생포왜성)

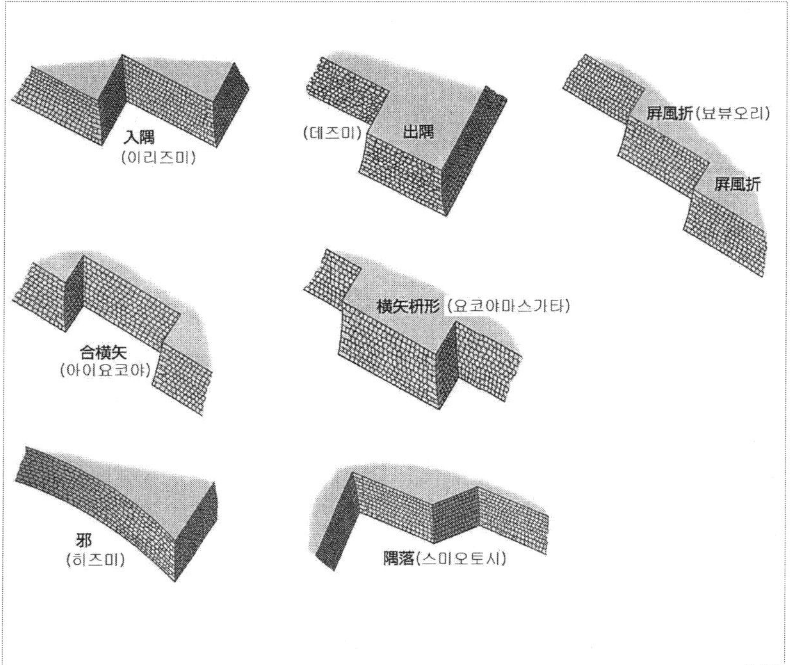

2-58

성벽의 중앙부에서는 연속적으로 굴곡시키는 뵤뷰오리(屛風折)가 자주 사용된다. 소총의 유효사거리인 15間(약 30 m)에 한 개소씩 굴곡시키면 완벽하다.

성벽의 중앙부를 안쪽으로 오목하게 하면 양쪽에서 요코야를 걸 수 있고, 한층 견고한 아이요코야(合横矢)가 된다. 이와 반대로 바깥쪽으로 돌출시키면 요코야마스가타(横矢枡形)가 되어 그 좌우에서 요코야를 걸 수 있다. 규모가 큰 성곽에서는 이 요코야마스가타에 스미야구라를 올린다. 왜성에서는 성벽의 직선 길이가 긴 경우, 성벽의 일부를 돌출시켜 데즈미를 만들고 여기에 야구라 등의 방어시설을 설치했다. 이처럼 야구라가 설치

2-58 요코야 종류

된 데즈미를 야구라다이(櫓台)라고 부른다. 마치 우리나라 읍성의 치성(雉城)과 유사한 구조이다.

성벽 전체를 안쪽으로 완만한 원형으로 구부린 것은 히즈미(邪, 斜)라 하고, 어디서 요코야가 날아올지 알기 어려우므로 적을 마음대로 다룰 수 있다. 실례는 적다. 굴곡부를 직각이 아닌 둔각으로 한 것은 스미오토시(隅落)라 하고, 요코야의 방향에 변화를 줄 수 있다. 단 그 모서리가 직각이 아니므로 스미야구라를 올리기는 어려워진다.

(6) 노보리이시가키(登り石垣)

노보리이시가키는 등고선에 직각인 방향으로 쌓은 성벽을 말하며, 다테이시가키(竪石垣)라고도 한다. 이것은 일본 근세성곽에서는 거의 찾아보기 어렵고, 우리나라에 남아 있는 왜성에서만 그 존재를 확인할 수 있는 독특한 구조의 성벽이다. 평산성의 경우, 산의 정상부에 주곽부를 두고, 그 산록에 평성부를 구축하는 것이 일반적인 구조이다. 왜성 또한 대부분 이러한 구조이다. 이 경우, 산상부와 산록부가 별개의 성으로 독립되어 있어서 상호 협력이나 방어측면에서 불리하므로 이 두 개의 성을 하나로

2-59 1)

2-59 2)

2-59 왜성의 노보리이시가키(登り石垣) 1) 서생포왜성 2) 웅천왜성

묶을 필요가 있다. 이렇게 산상부와 산록부를 연결하기 위한 성벽이 노보리이시가키인 것이다. 노보리이시가키로 산상부와 산록부가 서로 연결되면 하나의 강력한 방어망이 구축된다.

왜성의 경우, 일본군의 입장에서 적지인 조선에 구축한 성이므로, 주변이 항상 우리 군대의 공격에 노출된 상태였다. 그러한 환경적 요인에서 그에 대한 대비책으로 이러한 구조가 고안된 것이다. 대부분의 왜성은 산상에 주곽부를 두고, 일본으로부터의 보급로 확보를 위해 해안이나 강가에 선착장을 끼고 있었다. 혼마루와 천수는 주변을 조망하기에 유리한 산상이나 언덕에 있었지만 병사들의 거주 공간 등은 산록의 평지에 있었으므로, 그 두 공간 사이의 침입을 막기 위해 혼마루와 항만을 에워싸듯이 성벽을 구축한 것이다. 노보리이시가키의 바깥쪽에는 해자와 토루 등의 방어시설을 구축했고, 그 안쪽에는 산록부에서 산상부로의 이동로를 만들어 이동과 방어를 동시에 수행할 수 있도록 했다. 그래서 혹자는 노보리이시가키를 등성로(登城路)라고 부르기도 한다.

(7) 가가미이시(鏡石)

성은 목숨을 건 승부의 장소이기도 하고, 성주의 권위와 힘을 나타내는 상징이 되기도 한다. 아무튼 성벽은 크고 높게 그리고 튼튼하게 쌓아올리는 것이 중요하고, 그것만 되면 목적의 대부분은 달성된다. 그러나 성벽에는 일부러 정성을 들여 기능과는 관계없는 「장난」을 부리는 수가 있다. 그중의 하나가 「가가미이시(鏡石)」라고 불리는 커다란 돌[巨石]이다.

시공주와 석공이 눈에 띄는 장소에 성벽의 볼거리를 만들어 자랑하거나 과시하기 위한 것이다. 물론 풍수 등의 점이나 주술적인 의미가 있다

고는 하지만, 방위나 장소에 일정한 법칙이 있을 리 없고, 대부분은 성의 출입문 근처나 눈에 잘 띄는 성벽에 설치한다. 주된 목적은 보는 자로 하여금 위압감을 느끼게 하기 위한 돌의 배치인데, 실제로 큰 돌을 사용한 경우도 있지만, 표면적이 넓고 두께가 얇은 돌을 세워서 쌓기도 한다. 성을 공격하는 사람의 입장에서 입구에 버티고 있는 큰 돌을 보면 자연스럽게 이 성의 규모나 주둔하는 병력을 생각하게 되어, 크게 압도당하는 기분이 들 것은 분명하기 때문이다.

2-60 이마바리성(愛媛県) 鏡石 **2-61** 나고야성 鏡石 **2-62** 부산왜성 가가미이시(鏡石)
2-63 서생포왜성 가가미이시(鏡石)

2) 석재의 절단과 운반

(1) 석재의 절단 방법

노즈라의 성벽이면 해안이나 강이나 산중에서 적당한 돌을 주워 모아오면 되지만, 우치코미하기나 기리코미하기의 성벽에서는 노즈라보다 대규모 공사가 많고, 그에 필요한 다량의 석재는 거암(巨岩)에서 잘라내는 것이 보통이었다. 거암에서 돌을 자른다고 해도 톱으로 자르는 것은 아니고, 철제의 쐐기[矢]를 사용하여 쪼개어 채취하는 것이다.[〈그림 2-64〉 참조]

정으로 거암의 표면에 길이 12cm(4寸), 폭 3cm(1寸) 깊이 9cm(3寸) 정도의 네모난 구멍을 판다. 이 구멍을 야아나(矢穴)라고 하고, 야아나를 일렬로 나열하여 구멍을 뚫는다. 마치 우표의 절취선처럼 잘라내는 선이 생긴다. 이 야아나에 쐐기를 박고 망치로 때려 거암을 자르는 것이다. 그러나 어디서든 자유자재로 거암을 자를 수 있는 것은 아니다. 거암에 나 있는 천연의 금을 재빠르게 찾아내어 그 금을 따라 야아나를 나열

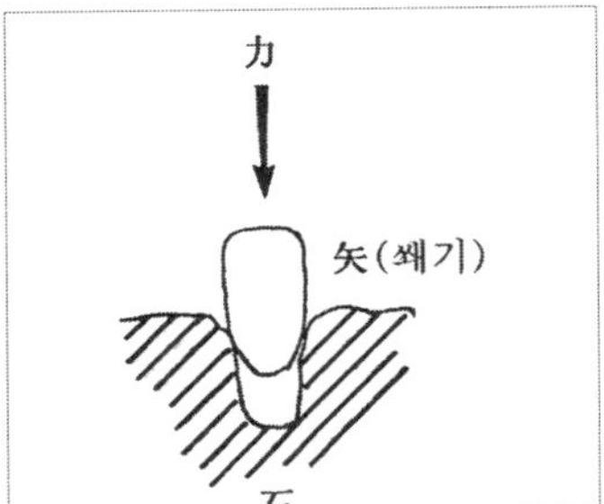

2-64

2-65

2-66

2-67

2-64 돌 쪼개기
2-65 야아나(矢穴 - 히젠나고야성) **2-66** 야아나(矢穴 - 송진포왜성) **2-67** 야아나(矢穴 - 순천왜성)

하는 것이 우수한 석공의 기술이다. 그렇다고는 하나 야아나의 열과는 다른 곳에서 쪼개져 버리거나 아무리 야아나를 나열해도 잘리지 않고 결국 쪼개는 것을 단념하기도 하는 실패작이 여기저기서 발견된다.

그런데, 야아나에 의한 돌 쪼개기는 동서양과 시대를 막론하고, 세계 공통의 방법이다. 오늘날에는 야아나를 사용하지 않고, 드릴로 둥근 구멍을 뚫고 있지만, 원리는 같다.

거제도 송진포왜성의 북쪽 해안가에는 크고 작은 돌들이 많이 산포하고 있다. 그중에는 〈그림 2-66〉과 같이 야아나가 뚫린 채 쪼개다 만 돌들도 다수 확인된다. 이곳이 송진포왜성 축조 시의 채석장으로 기능했을 것으로 추정된다.

(2) 석재의 운반 방법

성에 사용되고 있는 석재는 그 크기가 다양하지만, 채석장[石切場]에서 잘라내어 온 표준적인 것은 무게가 1~2ton은 된다. 석재는 무겁고, 사방 1m 크기의 육면체가 약 2~3ton이나 되며, 성벽의 모서리 돌[隅石]이라면 세로 약 1m, 길이 2m 정도의 것은 흔하고, 4~5ton은 된다.

혼마루나 니노마루의 정문 마스가타(枡形)에는 특별히 거대한 돌을 설치하여 성주의 권위를 나타내는 것이 보통이고, 그러한 거석을 전술한 가가미이시(鏡石)라고 한다. 가가미이시의 표면은 다타미(畳) 2장을 넘는 것도 있고, 겉보기는 거대하지만 두께는 얇다. 그렇지만 10ton을 살짝 넘는 것이 적지 않다.

거대한 돌은 海路로 운반하는 수가 많고, 에도성(江戶城)의 돌은 이즈(伊豆)반도에서, 도쿠가와 이에야스가 다시 쌓은 오사카성(大坂城)의 돌은 쇼도

2-68

2-69

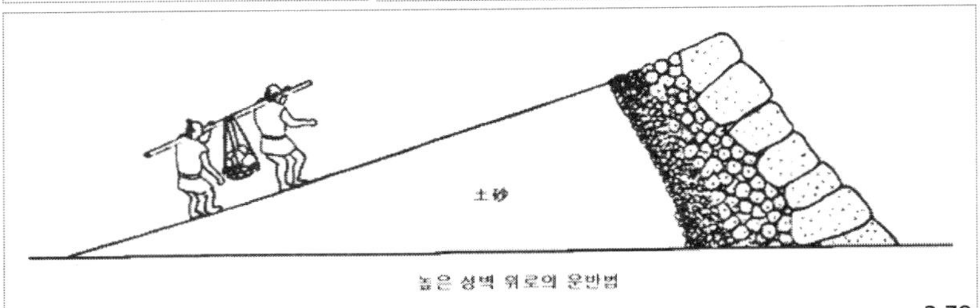

2-70

시마(小豆島) 등의 세토나이카이(瀨戶內海)에서 이시부네(石船)로 운반되었다. 그런 돌 깨는 곳 근처에서는 운송을 중지하고 방치된 거석이 오늘날에도 남아 있으며, 「잔넨이시(殘念石)」라고 불리고 있다.

이시부네는 당시의 일반적인 상선과 그다지 변화가 없었던 것 같고, 거석을 갑판에 편평하게 실었던 것 같다. 아주 불안정하여 한번 폭풍우를 만나면 금방 침몰했으며, 에도성 수축의 이시부네가 1606년에 삼백 척이나 한꺼번에 침몰했다고 전해진다. 후세에 그림으로 그려진 이시부네는 배의 중앙에 바닥이 낮고, 거기서 돌을 바다 속에 늘어뜨려 물의 부력을 이용하여 돌을 가볍게 하는 묘안이 나타나 있지만, 완전히 상상화이고, 배의 밑바닥이 있는 쪽이 훨씬 큰 부력을 얻을 수 있는 것으로 전해진다.

육상에서 운반하려면 巨石은 슈라(修羅)라는 나무로 만든 거대한 썰매에 얹어, 밑에는 다수의 통나무를 깔고, 많은 사람이 밧줄로 끌었다. 10ton을 넘는 거암도 비교적 용이하게 끌 수 있었던 것 같다.

2-68 지게로 운반 **2-69** 삼태기로 운반 **2-70** 높은 성벽 위로의 운반

2-71

2-72

2-73

2-71 슈라(修羅 - 히젠나고야성) **2-72** 슈라(修羅)에 의한 큰 돌의 운반 **2-73** 수로 운반의 상상화

좀 작은 돌은 직접 굴림대를 써서 그물로 끈다. 더 작은 돌은 들것이나 삼태기를 이용하여 2인 1조로 운반하고, 아주 작은 돌은 망태기에 담아 지게로 운반한다.

3) 호리(堀)

(1) 호리란?

호리는 적의 공격으로부터 성을 지키기 위해 구루와 주위를 판 해자(垓子)를 말한다. 난공불락(難攻不落)이라고 알려졌던 오사카성(大坂城)이 1614년의 오사카 겨울전투(大坂冬の陣)의 강화조건으로 해자가 메워져 버렸기 때문에 그 다음해의 여름전투(夏の陣)에서 함락된 것을 보더라도, 성에 있어서 해자가 얼마나 중요한 방어의 중추인가를 알 수 있을 것이다. 최종적으로 해자를 넘지 못하면 성이 공략되는 일은 없었을 것이다.

그러나 해자의 폭은 넓으면 넓을수록 효과가 있다고는 할 수 없다. 해자의 폭을 성 밖에서 공격할 수 없는 너비로 한다는 것은, 결국 성안에서도 공격할 수 없는 것을 의미한다. 공격할 수 없이 농성을 하고 있다가 兵糧(무기와 식량)이 다 소진된 시점에서는 낙성은 피할 수 없다. 그러므로 해자의 폭은 적의 침입을 저지하는 거리를 확보하고 성내에서도 공격할 수 있는 범위 내에 두지 않으면 안 되는 것이다. 그 때문에 폭을 20~60m로 하고 있는 성이 많고, 30m 라는 것이 하나의 기준이 되고 있다.

해자의 종류는 크게 다음과 같이 나눌 수 있다.

① 채우는 물질에 따라 : 가라보리(空堀), 미즈보리(水堀), 도로타보리(泥田堀)

② 단면의 형상에 따라 : 하코보리(箱堀), 게누키보리(毛抜堀), 야겐보리(薬

研堀), 가타야겐보리(片薬研堀), 우네보리(畝堀), 호리조시(堀障子)

③ 설치 방향에 따라 : 다테보리(竪堀), 요코보리(横堀)

④ 여러 겹으로 된 경우 : 우치보리(內堀), 나카보리(中堀), 소토보리(外堀)

야겐보리를 선택하면 폭은 좁아도 깊이가 깊으며, 하코보리를 선택하면 폭은 넓어도 깊이는 얕다. 그 때문에 깊이를 필요로 한 물이 없는 가라보리에는 야겐보리가 쓰이고, 너비를 필요로 한 미즈보리(水堀)에는 하코보리가 채용되는 경향이 있다. 왜성의 경우, 미즈보리는 확인되지 않고 가라보리가 대부분이다. 또한 서생포왜성 등 일부 왜성에서 밭이랑 모양의 우네보리(畝堀)도 확인되고 있다. 노보리이시가키의 바깥쪽에는 가라보리로 된 다테보리가 설치되어 있는 경우가 많다.

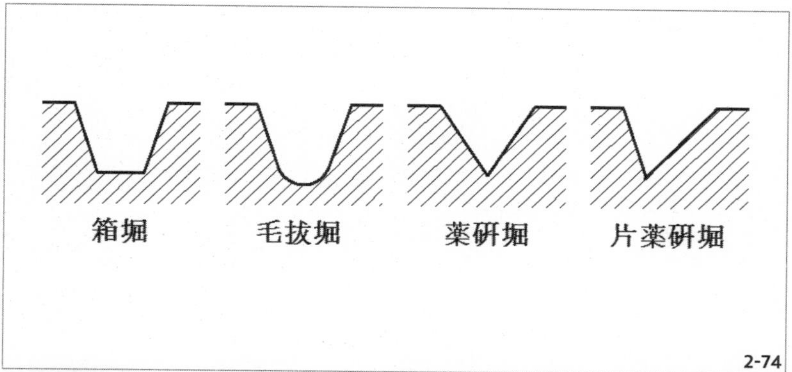

2-74

2-75

2-76

2-74 단면 형상에 따른 해자의 종류 **2-75** 나고야성(**箱堀, 空堀**) **2-76** 견내량왜성(**箱堀, 空堀**)

(2) 가라보리(空堀)와 미즈보리(水堀)

해자의 내부에 아무것도 없는 것이 가라보리(空堀), 해자 속에 물을 채운 것이 미즈보리(水堀)이다. 대부분이 산성이었던 전국시대의 성에는 물을 채울 수 없었기 때문에 가라보리가 많았고, 에도시대의 성에는 미즈보리가 많았는데, 그것은 가라보리보다 미즈보리가 뛰어나다는 것을 의미하는 것은 아니다. 해자의 역할로만 본다면 실제 어느 것이나 一長一短이 있다.

미즈보리는 적이 성에 접근할 가능성은 낮지만, 적에게 포위되면 수세(守勢)가 되지 않으면 안 된다. 반면 가라보리는 적이 성에 접근할 가능성은 높지만, 적에게 포위되어도 공세(攻勢)로 전환할 수가 있다. 100m를 넘는 미즈보리에 둘러싸여 있는 오사카성조차 중요한 곳에 가라보리를 만들어 두고 있다. 미즈보리보다도 가라보리 쪽이 유효하게 기능한 경우도 있다.

(3) 그 외 다른 이름의 해자들

미즈보리가 삼중 혹은 이중으로 설치되어 있으면, 삼중의 경우, 성의 중심에서 우치보리(内堀)·나카보리(中堀)·소토보리(外堀), 이중의 경우, 우치보리·소토보리라 부르고 있다.

미즈보리에서는 통상 해자 바닥의 형상이나 장치된 세부사항을 볼 수가 없다. 해자를 헤엄치는 물새가 야습(夜襲)을 탐지하기 위해 사육되었다고도 한다. 그러나 미즈보리는 평지에 만들어졌기 때문에 도시화와 함께 대부분이 메워져버렸다. 소가마에(総構)로서 조카마치를 둘러싸고 있던 소토보리에 이르면 지금은 옛날의 모습을 완전히 찾아볼 수 없다. 단지, 소가마에는 소가와(総河)라고도 했듯이 천연의 하천을 해자로 代用한 경우

2-77

2-78

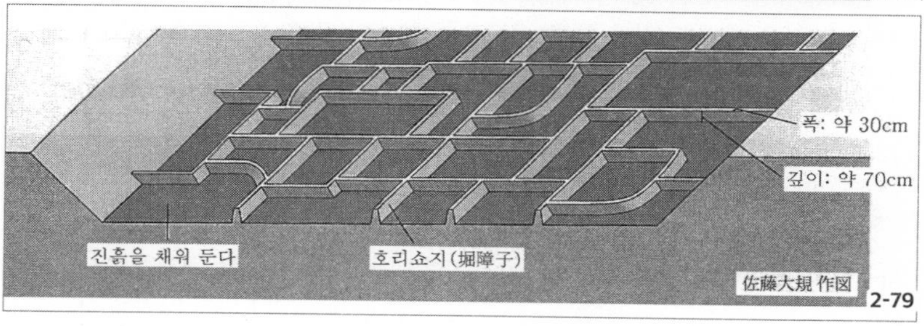

2-79

도 있었다. 혼마루에서 城下를 내려다보았을 때 근처에 하천이 있으면 방어에 이용했을 가능성이 높다.

가라보리는 오늘날에도 산성 등에 남아 있다. 山上에서는 이동을 저지하기 위해 경사면을 수직으로 판 다테보리를 볼 수 있는 것은 산성에서만 가능하다. 해자 바닥에서의 이동을 저지하기 위해 바닥을 밭이랑 형태로 판 우네보리(畝堀), 쇼우지보리(障子堀)도 가라보리가 아니면 볼 수가 없는 것이다. 단, 해자의 바닥에는 토사가 쌓여 있기 때문에 반드시 옛날의 형상을 간직하고 있지는 않다. 복원된 해자가 아니면 대개 현 상태보다 1~1.5m 정도 더 깊다고 생각하는 것이 좋을 것이다.

2-77 龍造寺長信館(薬研堀, 空堀) **2-78** 서생포왜성(薬研堀, 空堀 - 2021년 3월)
2-79 호리쇼지(堀障子 - 오사카성 산노마루)

4) 출입구와 성문

(1) 고구치(虎口)

구루와의 출입구를 고구치(虎口)라 하고, 통상적으로 고구치에는 성문을 세운다. 고구치는 원래 구루와 안으로 통하는 좁은 입구를 의미하는 '고구치(小口)'였지만, 성의 내부로 들어가는 것은 호랑이 입으로 들어가는 것과 같다는 의미로 발음이 같은 '고구치(虎口)'로 쓰게 되었다고 한다. 성곽 나와바리의 요점은 고구치와 요코야가카리뿐이라고 해도 과언은 아니다.

혼마루의 고구치는 최소한 정면 출입구인 오테(大手)와 뒷면 출입구인 가라메테(搦手)의 두 개를 만든다. 하나만으로는 만일의 경우, 탈출할 수 없게 되고, 통용구로서의 뒷문도 성내에서의 생활에 필요했기 때문이다.

니노마루 이하는 구루와의 크기에 따라 고구치의 수를 정하고, 넓은 구루와에서는 10개소를 넘는 수도 있다. 때로는 두 번째 고구치를 적에게 보이지 않도록 숨겨진 곳에 만들어 두고, 첫 번째 고구치에 몰려든 적에 대하여 복병을 그쪽으로 보내는 가쿠시고구치(隱虎口)도 있었다. 이요마쓰야마성(伊豫松山城)의 가쿠레몬(隱門)이 그 대표적인 예이다.

견고한 고구치는 통로를 꺾어 구부리는 것만으로 만들어진다. 만약 고구치 내외의 통로가 일직선이면 그대로 힘차게 돌진하여 구루와 안으로 깊숙이 난입해 버린다. 통로를 꺾어 구부리면 고구치에서 구루와 안으로 들어갈 수 없게 되고, 적병은 불안을 느껴 기세가 꺾인다. 고구치에서 내부를 들여다볼 수 없도록 하는 심리작전인 것이다.

그러나 통로를 꺾어 구부린 최대의 목적은 적병에게 요코야를 걸기 위함이다. 따라서 단지 구부리기만 하면 되는 것이 아니라, 통로를 따라 성벽을 구부리거나 튀어나오게 하여 적병의 측면이나 배면에 요코야를 걸 수 있게 하는 것이다.

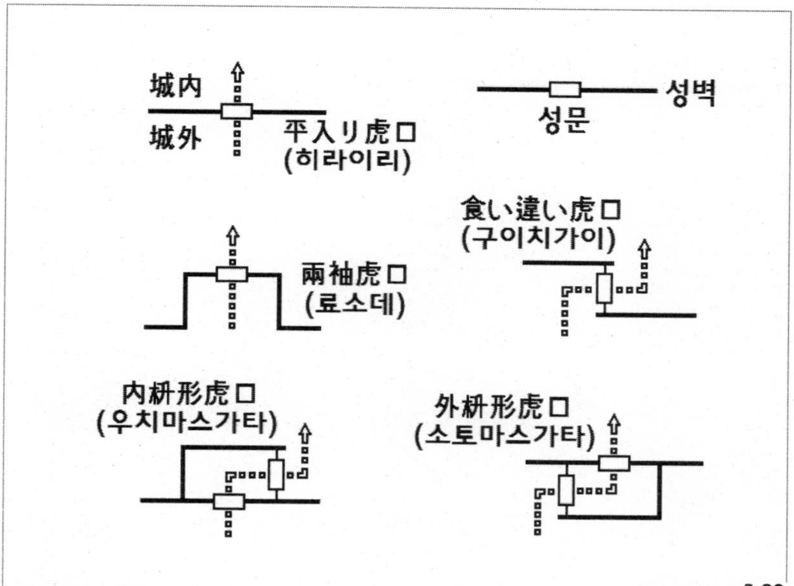

2-80

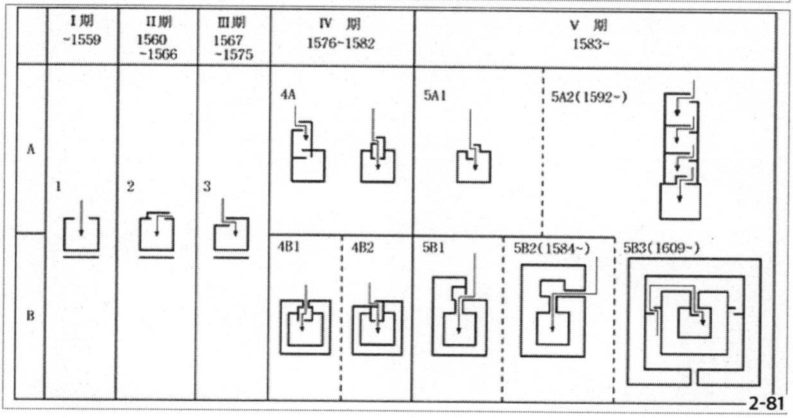

2-81

2-80 출입구[虎口]의 종류 **2-81** 출입구의 변천

성 밖에서 혼마루에 이르는 코스는 작은 성이라도 2개, 대규모의 성에서는 여러 개 설치하여 어느 코스라도 도중에 복잡하게 꺾어 구부리고, 要所에 고구치를 설치하여 구획을 만든다. 정문의 가장 바깥쪽 고구치에 설치된 성문이 오테몬(大手門)이다.

정문 코스로 연결되는 고구치는 특히 엄중하게 만들어 방비를 견고히 하지만, 시각적으로 멋있는 것이 중요하다. 성문을 크게 하여 격조를 높이고 성주의 권위를 나타낼 필요가 있다.

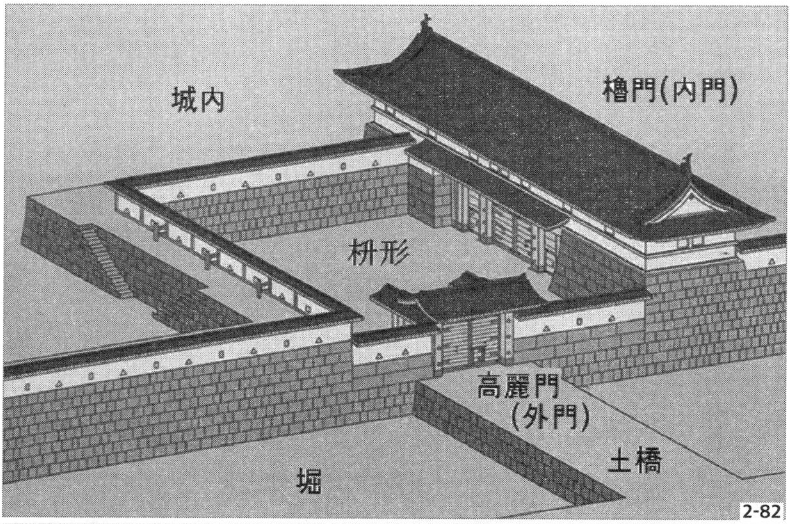

2-82 우치마스가타(內枡形) 虎口 **2-83** 마스(枡, 되) **2-84** 우치마스가타(內枡形) 虎口

그에 비해 가라메테는 단지 엄중하기만 하면 되고, 옹졸하게 만들어도 상관없다. 길의 폭을 좁히고 성문도 소형으로 한다. 소수의 인원으로 수비할 수 있게 하는 것이 중요하다.

일본 근세성곽에서는 주요한 고구치의 바깥은 해자로 되어 있으며, 거기에는 도바시(土橋)나 기바시(木橋)가 설치된다. 그 다리 위는 좁고 자유롭지 못하므로 고구치에 접근한 적병에게 공격을 가할 수 있는 절호의 장소이다. 다리에 바짝 달라붙도록 성벽을 튀어나오게 하여, 거기서 다리 위로 요코야를 거는 것이다.

돌출시키는 방법에는 예로부터의 양식이 있는데, 성안에서 보아 왼쪽을 좋은 것으로 치며, 그것을 軍學에서는 히다리소데(左袖)라고 한다. 활을 당길 때에는 왼쪽을 향해 좌반신에 자세를 취하므로 왼쪽에서 적을 공격하기 쉬웠기 때문이다. 다리를 건널 때 바라보아 오른쪽 성벽이 튀어나와 보인다면 히다리소데에 요코야가 걸려 있다고 생각하면 된다.[40]

(2) 우마다시(馬出)

가장 강력하게 고구치의 바깥을 지키기 위해서는 우마다시를 구축한다. 우마다시란 고구치 밖의 도바시에서 더 바깥쪽에 설치된 반원형이나 사각형의 작은 구루와로 그 바깥 주위에도 좁은 해자·토루·도베이를 둘러서 견고하게 지킨다.

고구치와 우마다시는 해자로 구획되고 그 사이는 좁은 도바시로 이어질 뿐이다. 밖에서 우마다시로 들어가기 위해서는 고구치 밖의 도바시와는 별개로 또 하나 바로 앞의 도바시를 건너야 하고, 거기에 성내에서의 강렬한 요코야를 거는 것이다. 우마다시의 출입구에는 성문을 달지 않고 개방시켜 둔다. 성문이 없어도 거기에는 성내에서의 요코야가 걸리므로 걱정 없다.

에도의 군학자들은 우마다시가 있으면 고구치에서 출격하는 성병을 적의 눈에 띄지 않게 할 수 있다고 하지만, 우마다시의 진짜 역할은 요코야를 거는 데 있다.

우마다시의 형태에는 직사각형의 가도우마다시(角馬出), 반원형인 마루우마다시(圓馬出)의 두 종류가 있다. 크기는 100평 정도가 표준이다. 軍學書에 의하면 기마무사 50명(1명당 종사자가 4명이므로 합계 250명)을 수용할 수 있는 면적이 필요하다고 하므로, 거기에 따르면 75평 정도 될 것이다. 우마다시는 간토(關東)지방이나 도카이(東海)지방에 집중되고, 서일본에서는 거의 볼 수 없다. 우마다시를 가지고 있었던 성은 히로사키성(弘前城, 青森県), 요네자와성(米澤城, 山形県), 스치우라성(土浦城, 茨城県), 다카사키성(高崎城, 群馬県), 가와고에성(川越城, 埼玉県), 무라카미성(村上城, 新潟県), 오가키성(大垣城, 岐阜県), 히로시마성(広島城, 広島県) 등 다수이지만, 메이지기의 폐성 이후에는 교통의 장해가 된다고 하여 거의가 철거되어버렸다. 현존하는 예는 고료카쿠(五稜郭, 北海道), 사쿠라성(佐倉城, 千葉県), 나고야성(名古屋城, 愛知県), 사사야마성(篠山城, 兵庫県) 등 극히 일부이다.

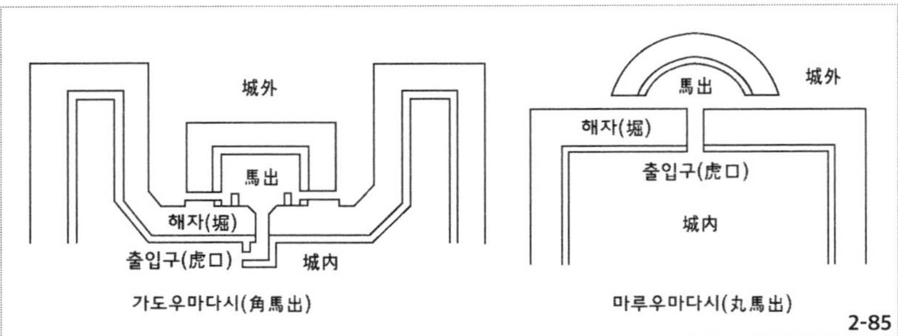

2-85 우마다시(馬出)

그중에서도 나고야성 혼마루의 우마다시는 성곽사상 최대 방비의 우마다시였다. 혼마루 정문 바깥쪽에 설치되어 정면의 폭 약 98m, 깊이 약 56m의 거대한 가도우마다시(角馬出)로, 높이 약 16m의 總石垣 구조이다. 바깥쪽에는 ㄷ자 모양의 다몬야구라를 두르고, 출입구에는 고라이몬(高麗門)이 세워져 있었다. 그러나 지금은 건물은 모두 파괴되었고 출입구와 니시노마루(西の丸) 사이에 있었던 해자도 없어져 니시노마루와 땅으로 이어져 있다.[41]

(3) 성문(城門)

성곽건축 가운데, 가장 일찍이 본격적인 건축으로 된 것이 성문이다. 고대 유적에서도 성문의 주춧돌이 발굴되며, 중세의 에마키(繪卷)에는 상부에 작은 건물을 얹은 성문이 보이고, 그것이 중세 말까지 본격적인 야구라몬으로 발전했다고 생각된다.

근세가 되면 성문의 종류는 늘어나고 그 명칭도 다양하다. 그러나 그 기본 구조는 어느 것이나 변하지 않고, 가가미바시라(鏡柱), 가부키(冠木), 히카에바시라(控柱), 도비라(扉) 등으로 구성된다.

성문의 정면 쪽에 가가미바시라(鏡柱)라 불리는 단면이 직사각형인 굵은 주 기둥을 세운다. 그 위에 가부키(冠木)라고 하는 굵은 수평재를 걸친다. 가가미바시라 사이에 안으로 열리는 두 장의 문짝을 붙인다. 그리고 가가미바시라가 넘어지지 않도록 가가미바시라 뒤쪽에 조금 가늘고 단면이 정사각형인 히카에바시라(控柱)를 세우고, 가가미바시라와 중방(中枋)으로 연결한 것이다.

성문의 종류는 기본 구조의 상부에 얹는 물건에 따라 변화한다.

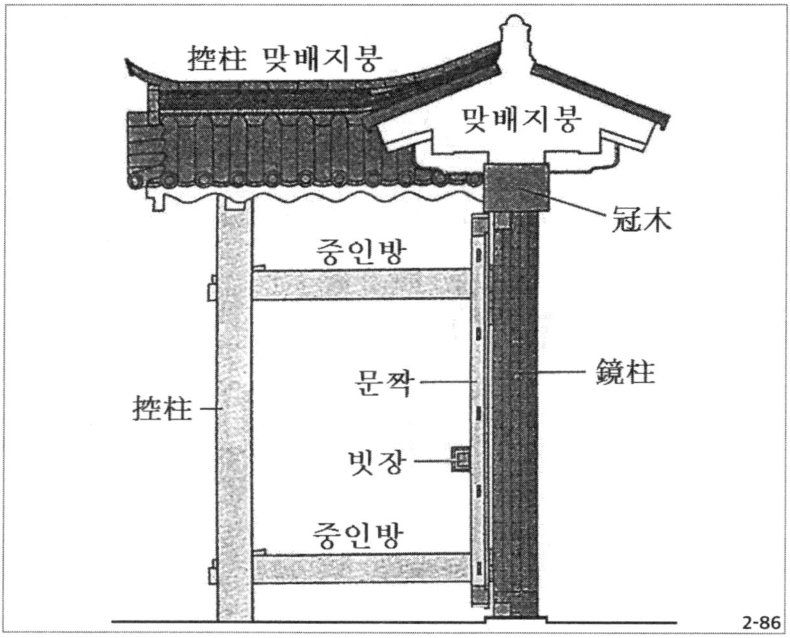

① 야구라몬(櫓門) : 기본 구조 위에 야구라를 얹은 성문. 1층은 성문, 2층은 야구라로 된다. 양 옆에 성벽을 거느리고 있는 경우가 많고, 야구라몬의 2층인 야구라는 양 옆의 성벽에 걸쳐 있으므로, 와타리야구라(渡櫓)라고도 한다. 성문 중에서 가장 견고한 것으로, 오테몬(大手門)이나 혼마루 정문 등 중요한 성문은 반드시 야구라몬으로 만든다. 고구치를 견고하게 하는 최강의 방식인 마스가타에서는 그 바깥쪽에 고라이몬(高麗門), 안쪽에 야구라몬을 세우고, 그것을 통틀어 마스가타몬(枡形門)이라 부른다.

야구라몬 위의 야구라는 통상은 일층(一重一階)이지만, 이층(二重二階)으로 하는 엄중한 예도 있으며, 예전에 가나자와성(金沢城), 히코네성(彦根城), 구마모토성(熊本城) 등에서도 볼 수 있었는데, 현존하는 것은 히메지성(姫路城)

2-86 성문의 구조

누노몬(ぬの門)과 미즈노고몬(水の五門)뿐이다.

② 야쿠이몬(薬医門) : 기본 구조의 가가미바시라와 히카에바시라를 합쳐서 하나의 맞배지붕 구조로 덮은 성문. 본래 무가 저택의 정문에 사용된 격식이 높은 형식이다. 기본구조인 가가미바시라의 단면이 직사각형인 것은 야쿠이몬의 특색을 계승한 것이다. 방어 성능은 야구라몬보다 떨어지고, 또 새로 발명된 고라이몬의 성능이 좋으므로, 방어보다 격식을 중시하는 장소에 세워졌다.

③ 고라이몬(高麗門) : 임진왜란·정유재란 무렵에 발명된 최신예 성문. 高麗는 朝鮮을 가리키지만, 한국에는 유례가 전혀 없고, 일본인이 고안한 성문이다. 그때까지의 야쿠이몬은 지붕이 커서, 그 처마 밑에 들어간 적의 정황이 스미야구라나 야구라몬에서 보기 어렵다는 결점이 있었다. 그래서 가부키의 위에만 덮은 작은 맞배지붕 구조의 지붕으로 변한 것이다. 히카에바시라는 지붕에서 밖으로 튀어나오므로

2-87

2-88

2-89

2-90

2-87 야구라몬(櫓門 - 上田城) **2-88** 야쿠이몬(薬医門 - 松山城)
2-89 히메지성 누노몬(ぬの門) **2-90** 히메지성 미즈노고몬(水の五門)

두 개의 히카에바시라 위에 별도의 작은 지붕을 얹었다. 문을 열었을 때 문짝은 히카에바시라에 닿아 멈추게 되고, 그 위의 작은 지붕 밑에 들어가므로 비가 와도 상관없다. 성능이 좋아 에도시대에 크게 유행했다.

④ 우즈미몬(埋門) : 기본적인 구조를 좁은 성벽 사이에 만들고, 기본구조의 가부키(冠木) 위에 도베이를 설치한 성문. 그다지 볼품은 없지만, 간단하면서 방어 성능이 높으므로 뒷문으로 사용되었다.

⑤ 무나몬(棟門) : 기본 구조에서 히카에바시라를 생략하고, 가가미바시라만으로 작은 맞배지붕을 얹은 성문. 히카에바시라가 없으므로 불안정하여 간략한 문으로써 극히 일부에 사용되었다.

⑥ 가부키몬(冠木門) : 에도시대에는 고라이몬이나 무나몬 등, 야구라몬이 아닌 단층 구조의 문을 통틀어 가부키몬이라고 불렀다. 그런데 오늘날에는 기본구조만으로 지붕을 얹지 않은 문을 가부키몬이라 부르고 있

2-91

2-92

2-93

2-94

2-91 고라이문(高麗門 - 駿府城) **2-92** 가부키몬(冠木門 - 田中城)
2-93 무나몬(棟門) **2-94** 우즈미몬(埋門 - 二条城)

다. 이 지붕이 없는 가부키몬은 에도시대에는 성문으로는 거의 사용되지 않고, 오히려 메이지시대 이후부터 관청 등의 공공 건축의 문으로써 유행했다.

⑦ 나가야몬(長屋門) : 기본 구조를 나가야(長屋 : 다몬(多聞)) 속에 짜 넣은 성문. 구루와 내의 칸막이나 家臣저택의 나가야 등에 사용되었다.

⑧ 헤이주몬(塀重門) : 고텐의 큰방[広間] 앞 정원 입구에 세운다. 문설주(門柱)와 문짝만으로 된 문을 말한다. 큰방 앞 정원에서의 열병 시에 무사들 등에 꽂은 깃발이 걸리지 않도록 가부키(冠木)를 생략한 것. 현존하는 예는 모두 근대에 건축된 것이다.

성문에 붙이는 명칭은 단순하여, 혼마루나 니노마루 등의 중요한 구루와에서는 구루와 이름에 오모테몬(表門)이나 우라몬(裏門) 등을 덧붙인다.

산노마루나 외곽에서는 성문의 수가 많으므로 지명이나 도로명을 성문의 이름으로 하는 수가 많다. 에도성(江戶)에서는 사쿠라다몬(桜田門), 아카사카몬(赤坂門), 히비야몬(日比谷門) 등, 그런 명칭이 주류였다. 또 성문은 천수에 이어 격식이 높고, 에도시대에는 「○○고몬(御門)」과 같이 '御' 자를 앞에 붙였다.

마구 성문을 세운 히메지성에서는 '이로하(いろは)' 順으로 문의 명칭을 붙였다. 이노몬(いの門), 로노몬(ろの門), 하노몬(はの門) 등과 같은 식이었다. 이후로 호(ほ)·헤(へ)·토(と)·치(ち)·리(り)·누노몬(ぬの門)까지 현존한다. 일반적으로 유명한 문의 명칭을 소개하면 다음과 같다.

ⓐ 오테몬(大手門): 성의 정면에 있는 출입구로 가장 바깥쪽에 세워진 성문으로, 성의 정문이다. 혼마루 오모테몬(表門)과는 별개의 성문이며, 산노마루나 니노마루의 정문인 경우가 많다. 성에 따라서는 오테몬(追手門)이라고도 한다.

ⓑ 가라메테몬(搦手門): 성의 뒷문인 가라메테(搦手)의 가장 바깥쪽에 세운 문으로 뒷문이다.

ⓒ 아카즈노몬(不開門, 不明門): 당시는 문짝을 닫아두었던 성문으로 뒷문의 일종이다. 기몬(鬼門, 동북쪽)에 열리는 문은 아카즈몬이 되는 것이 보통이다. 흉사에만 이용한 부조몬(不浄門)이라는 것도 있었다.

ⓓ 다이코몬(太鼓門): 문 위의 야구라를 다이코야구라(太鼓櫓)로 한 성문.

ⓔ 가쿠시몬(隱門): 적에게 성문이 보이지 않도록 숨겨서 세웠다. 이요마쓰야마성(伊豫松山城)의 가쿠레몬(隱門)이 실례이다.[42]

5) 도베이(土塀)와 사마(狹間)

(1) 헤이란 무엇인가

헤이(塀)란 일반적으로 視界를 차단할 목적으로 만들어진 담이다. 성에서 이 헤이도 방어의 핵심이었다. 에도시대의 헤이는 주로 도베이(土塀)였는데, 활이나 소총으로 사격하기 위한 사마(狹間)[43]라 불리는 작은 구멍이 뚫려있으며, 헤이에 몸을 숨기고 침입하는 적을 공격할 수 있다. 이 사마의 유무에 따라 「시로(城)」와 「야카타(館)」가 구별되는데, 사마가 있는 헤이는 성을 상징하는 건축물이었다고 할 수 있다.

헤이는 방탄과 방화를 위해 하얀 회반죽을 발랐다. 다만 횟가루는 비나 서리에 약하므로 헤이의 하부에 방부제를 칠한 판자를 덧붙이고 있는 것도 많다. 방부제에는 검은 옻칠이나 떫은 감이 쓰였기 때문에 이 판자가 붙은 헤이의 색은 검었다. 그러한 이유로 흰 헤이와 검은 헤이가 존재했는데, 그것은 天守나 야구라의 색상 차이로 나타내고 있다.

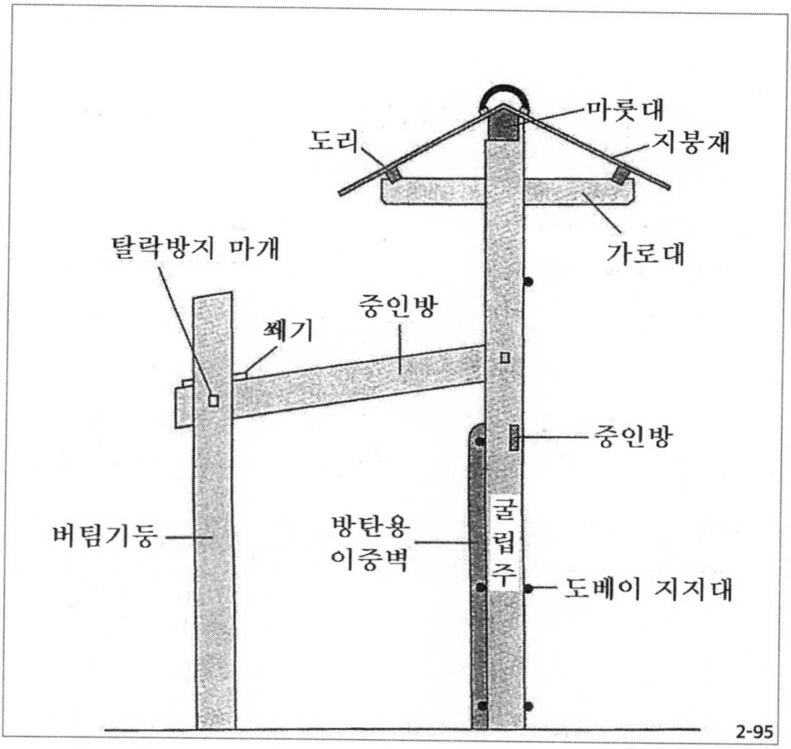

중세 이후, 많은 성의 도베이는 골조를 가지고 있었다. 나무 골조에 흙을 바른 것으로 야구라의 도베이와 구조가 거의 같은 것이다. 중세 성곽의 도베이는 구멍을 파서 통나무 기둥을 세우고, 기둥 사이에 가는 대를 가로세로 얽어매어 거기에 9cm 정도 두께로 흙을 발라 만들었다. 중세의 단순한 도베이에는 나무판자로 만든 지붕이 덮이고, 또 도베이의 기둥 뒤쪽에는 넘어지지 않도록 히카에바시라(控柱)가 세워졌다. 도베이의 기둥도 통나무에서 사각기둥으로 발전했다.

에도시대가 되어도 토루 위의 도베이는 대부분 그런 구조였다. 당시에

2-95 도베이 구조

는 어느 성에나 총 연장이 수 km나 되는 그런 도베이가 설치되어 있었지만, 안타깝게도 현존하는 예는 전혀 없다.

(2) 골조를 가진 도베이

성곽의 중심부가 석축으로 구축되자 굴립주(掘立柱)였던 중세 도베이의 골조는 석축에 대응하여 도다이(土台)를 가지도록 진화했다. 성벽의 가장자리를 따라 굵기 24cm 정도의 나무로 된 기초를 깔고, 그 위에 1.5m 정도 간격으로 기둥을 세운다. 기둥 제일 위에 가로대[腕木]를 꿰찌르고, 헤이의 안팎으로 도리를 걸친 다음, 그 위에 작은 지붕을 얹는다. 지붕은 기와를 인다.(北国에서는 판자가 많다.)

주 기둥 간의 간격은 중세와 마찬가지로 대나무를 엮고 흙을 바르지만, 소총의 보급에 따라 방탄 성능이 필요한 벽으로 되어, 벽의 두께가 2배로 늘어나 21cm를 넘게 되었다. 이로써 도베이의 본체가 완성되지만, 그대로는 쉽게 넘어지므로 주 기둥 뒤쪽에 굴립주(掘立柱)의 히카에바시라(控柱)를 세운다.

히카에바시라를 세우는 방법은 2가지이다. 하나는 히카에바시라를 수직으로 세우고, 주 기둥과의 사이에 중인방[貫]이라는 긴 부재를 끼워서

2-96

2-97

2-96 도베이 외부(姫路城) **2-97** 도베이 기초 부분(서생포왜성)

지지한다. 이 히카에바시라가 딸린 목조 골조의 도베이는 성능이 좋다. 히카에바시라를 꿰찌른 중인방 위에 널빤지를 임시로 걸치면 도베이 위에서 적을 감시할 수 있는 임시 다몬야구라가 된다. 1614년의 오사카 겨울전투에서는 오사카성의 도베이가 모두 임시 다몬야구라가 되어 도쿠가와(德川)측 군대는 한 명도 그 도베이를 넘을 수 없었다.

다른 하나는 겉날린 경우로, 중인방을 쓰지 않고 히카에바시라를 비스듬히 경사지게 세워 직접 도베이의 기둥을 버티는 것이다. 어느 것이나 히카에바시라는 掘立柱이므로 10년 정도밖에 가지 않는다. 그래서 후대에는 히카에바시라의 하부를 돌기둥 굴립주로 하고, 도중에 나무로 된 히카에바시라를 접속하도록 개량되었다.

도베이 바깥쪽의 마무리는 천수대나 야구라처럼 하얗게 칠을 하거나 검은색 미늘 판자를 붙여 비바람을 피하도록 한다. 도베이는 높은 성벽 위에 설치되어 있으므로 파손되었을 때 수리비가 많이 든다. 그러나 전체 도베이를 바르면 외관이 뛰어나므로, 겉보기를 중시할 것인지 경제성을 중시할 것인지를 선택하게 된다.

반대로 안쪽은 구루와 내의 지상과 이어져 수리가 용이하므로 미늘 판자를 붙이지 않는 것이 많다. 또 바깥쪽은 전체를 발라도 안쪽은 기둥이 보이게 하는 예도 많다.

(3) 골조가 없는 도베이

목조 골조를 가진 도베이가 주류였지만, 일부 성에서는 골조가 없는 도베이가 응용되었다. 그 대표적인 예가 히메지성이며, 그 외 빗츄마쓰야마성(備中松山城)이 있다. 골조 없는 도베이를 만드는 방법은 2가지이다.

하나는 현대의 블록 담과 마찬가지로 사방 30cm 정도 되는 점토 덩어리(블록)를 만들어 두고, 그것을 점토로 접착하면서 쌓아 올린다. 마무리는 표면에 얇게 흙벽을 바른다. 기원전부터 전해져 오는 서아시아의 햇볕에 말린 벽돌 구조와 같은 것이다.

다른 하나는 오래된 기와나 돌을 점토로 접착하여 만드는 것으로, 네리베이(練塀)[44]라고도 한다. 그 속에 들어가는 기와가 사마를 만들 때 걸림돌이 된다는 결점이 있다. 그 때문에 무사들의 저택에는 많이 사용되었지만, 성의 도베이로써는 많이 적용되지 않았다.

또 특수한 예로써 쓰이지베이(築地塀)[45]가 있다. 본래 고대와 중세의 사원이나 저택에 사용되었던 것으로, 성곽에 현존하는 쓰이지베이는 이조성(二条城)의 니노마루고텐(二の丸御殿) 주위와 히메지성의 미즈노이치몬(水の一門) 옆에 있는 것뿐이다. 쓰이지베이를 만들려면 양쪽에 판자로 거푸집을 만들고, 그 사이에 반죽한 벽토를 수 cm씩 채우면서 막대기로 단단히 다지는 작업을 반복한다. 거푸집을 떼어내면 완성되며, 그 표면에는 여러 층의 가로줄 무늬가 남는다.

히메지성의 쓰이지베이는 천수로 통하는 통로를 구획하는 중요한 장소에 세워져 있고, 아부라베이(油塀)[46]라고 불리는 견고한 도베이이다. 벽토에 기름을 섞었다고 하고, 찹쌀을 끓인 국물을 섞었다고도 한다. 길이는 고작 5.2m이지만, 높고 두터운 도베이이다.

나고야성(名古屋城) 니노마루 북면에는 난반네리베이(南蛮練塀)라고 불리는 쓰이지베이가 남아 있다. 메이지유신 이후 방치되어 무너졌지만, 남은 부분은 아주 단단하고 점토와 자갈에다 석탄과 풀, 혹은 기름 등을 섞어 단단하게 굳힌 것이다. 그 이름은 특수한 제조법에 의해 붙여진 것이다.[47]

(4) 사마(狹間) : 총안(銃眼)

천수나 야구라의 벽, 그리고 도베이에 뚫어져 있는 작은 창문과 같은 구멍이 사마이다. 사마는 소총이나 활을 쏘기 위한 구멍으로, 성의 방비

2-98 사마(狹間 - 姬路城)　**2-99** 언양읍성 남쪽 성벽의 여장(女墻)과 총안(銃眼)

에서 아주 중요한 장치이다.

그 모양은 직사각형·정사각형·정삼각형·원형의 4종류가 있으며, 또 위치에서 높고 낮은 차이가 있다. 사마는 사용 방법과 만드는 방법에 따라 그 모양이 달라진다. 세로가 긴 직사각형의 것은 야자마(矢狹間)이며, 활을 당기는 동작에 맞춘 형태로, 구멍 바깥쪽의 크기는 가로 약 15cm 정도, 세로는 가로의 약 3배 정도이다. 바닥면에서의 높이는 약 75cm 이상이며, 가슴 높이로 만들어진다.

그 외의 것은 뎃포자마(鉄砲狹間) 즉, 우리나라 성의 총안(銃眼)에 해당된다. 사각형의 것을 하코사마(箱狹間), 삼각형의 것을 시노기사마(鎬狹間), 원형의 것을 마루사마(丸狹間)라고 부르는 수도 있다.

소총은 한쪽 무릎을 땅에 붙이고 사격자세를 취하므로 바닥면에서의 높이는 약 45cm 정도로 허리보다 낮아, 이자마(居狹間)라고도 불렀다. 요컨대 창문과 같은 높이에 설치하는 것이 야자마(矢狹間), 창문보다 아래에 있는 것이 뎃포자마라고 생각하면 된다.

사마는 두께가 30cm 정도 되는 도베이에 구멍을 뚫어 만든다. 무로마치(室町)시대의 중세성곽에서는 도베이의 두께가 얇았기 때문에 사마가 설치된 부분은 벽을 바르지 않고 구멍을 비워 두었다. 근세성곽에서는 도베이를 바르기 전에 사마의 틀을 끼워 넣어 둔다. 사각형이나 삼각형의 사마에서는 나무판자로 속이 빈 상자를 만들어 틀로써 사용한다. 그 틀은 바깥쪽 구멍보다 안쪽의 구멍을 두 배 정도 크게 한다. 이렇게 하면 바깥쪽이 좁으므로 적으로부터의 사격을 막고, 안쪽이 넓으므로 소총이나 활을 겨누는 각도가 자유로워 유리하다.

원형의 사마는 대나 나무로 안쪽은 넓고 바깥쪽이 좁은 속이 빈 원뿔 모양을 만들어 틀로 사용한다. 이들 사각형이나 원형의 틀은 단순한 사각

뿔이나 원뿔 모양이 아니고, 높은 성벽 위의 사마에서는 그 아래쪽의 적을 겨냥하기 쉽도록 아래쪽으로 기울어지게 만든 것이 많다. 또한 가로 방향으로 기울어지게 만든 것도 있다.

사마는 천수나 야구라 등에서는 각 기둥 사이마다 한 개소씩 만드는 경우가 많다. 도베이의 기둥 간격은 1.5m 이하의 것이 많으므로, 사마 간의 간격이 좁아진다. 야자마와 뎃포자마는 교대로 배열한다. 비가 오면 화승총을 쓸 수 없는 경우도 있기 때문이다. 그 비율은 중요하며, 야자마 1개에 대해 뎃포자마를 2~5개로 한다. 그 비율은 각 다이묘(大名) 집안의 유미아시가루(弓足軽)와 뎃포아시가루(鉄砲足軽)의 비율에 맞추므로 큰 다이묘일수록 뎃포자마의 비율이 커진다.

6) 야구라(櫓)

(1) 야구라란?

야구라는 원래「矢倉」또는「矢蔵」라고도 썼다. 처음에는 무기를 보관하는 창고였지만, 나중에 공격과 방어의 거점, 전투 지휘소, 창고 등의 역할을 지녔고, 전투 시에는 주거로서도 사용되었다. 야구라는 화살을 보관해 두는 창고 즉, 무기고에서 생겨났다는 설과 활을 쏘는 장소나 진지를 나타내는 것이라는 설이 있는데, 그것은 평시에는 무기고였다가 유사시에는 공격의 진지였기 때문이다.

야구라는 천수와 달리 역사가 오래되었다. 야요이(弥生)시대의 요시노가리(吉野ヶ里) 유적(佐賀県)에는 해자에 면한 모노미야구라(物見櫓, 망루)가 세워져 있었고, 나라(奈良)·헤이안(平安)시대의 조사쿠(城柵)인 다가성(多賀城)에서는 토단(土壇)과 굴립주(掘立柱)로 된 야구라 터가 발굴되었고, 중세의 군키모노가타리(軍記物語)에도 반드시 야구라(櫓)가 등장한다.

무로마치(室町)시대에 제작된 갓센에마키모노(合戦絵巻物) 『주니루이갓센에코토바(十二類合戦絵詞)』, 『산넨갓센에코토바(三年合戦繪詞)』 등에는 화살을 막는 하타이타(端板)를 세 방향에 두른 망루 겸 사격대인 야구라가 그려져 있다. 어느 것이나 헤이(塀)의 배후에 가설적으로 설치된 것으로, 오늘날의 축제장 중앙에 설치되는 야구라보다 조잡한 것이었다.

이에 비해 근세성곽의 야구라는 천수에 앞서 무로마치 말기인 16세기 중기에 출현한 것이다. 성벽 위에 세운 본격적인 건조물로, 후세의 천수를 소형화 혹은 간략화한 것이라고도 할 수 있다.

그러나 천수에 비하면 규모가 작고, 사용되고 있는 부재도 가늘기 때문에 내용 연수가 상대적으로 짧다. 현존하는 야구라는 그 대부분이 에도시대 후기에 재건된 것으로, 더구나 이전 설치된 것을 포함해도 고작 100棟 남짓하며, 히로시마성(広島城)에서만 76棟이나 서 있었다고 한다.

(2) 야구라의 종류

야구라는 먼저 그 설치 장소에 따라 토루·이시가키의 모서리에 구축된 스미야구라와 토루·이시가키를 따라 구축된 다몬야구라의 2종류로 나눌 수 있다. 요컨대 '点의 수비'로 한 것이 스미야구라, '線의 수비'로 한 것이 다몬야구라이다.

성의 방비에서 중요한 개소는 구루와의 모서리부이다. 쳐들어오는 군대의 동향을 살피고 성벽에 접근한 적에게 총탄을 퍼부으려면 구루와의 모서리에 야구라를 세우는 것이 효과적이다. 따라서 야구라는 구루와의

모서리에 설치되는 수가 많으므로 스미야구라라고 불리는 것이 많다.

구루와가 사각형이면 그 네 모서리의 구루와는 방위를 사용하여 도호쿠스미야구라(東北隅櫓), 도난스미야구라(東南隅櫓) 등과 같이 부른다. 물론 구루와가 동서남북에 대해 경사져 있으면 히가시스미야구라(東隅櫓), 미나미스미야구라(南隅櫓)가 된다.

에도시대에는 방위로 동서남북 외에 북쪽에서 시계방향으로 30도씩 자축인묘(子丑寅卯)의 12지를 나열하여 나타내는 경우가 많았다. 특히 東北은 丑과 寅의 사이이므로, 丑寅(1글자로「우시토라(艮)」이라고도 쓴다), 마찬가지로 東南은「다쓰미(辰巳, 巽)」, 西南은「히쓰지사루(未申, 坤)」, 西北은「이누이(戌亥, 乾)」를 써서 나타내는 것이 보통이었다.

도호쿠스미야구라(北東隅櫓)는 우시토라야구라(艮櫓)이며, 집의 방위로는 기몬(鬼門)에 해당되는 나쁜 방위이므로 우시토라아구라에는 神佛을 모셔 나쁜 기운을 쫓아내었다. 히지성(日出城, 大分県)에서는 우시토라야구라를 특히 기몬야구라(鬼門櫓)라고 부르고, 그 동북쪽 모서리를 비스듬히 잘라내어 액막이를 철저히 했다.

다몬야구라의 이름은 마쓰나가 히사히데(松永久秀)의 다몬조(多聞城)에서 유래되었다고 한다. 천수와 스미야구라를 연결하는 야구라를 와타리야

2-100 스미야구라(名古屋城) **2-101** 다몬야구라(姫路城)

구라(渡櫓)라 부르는데, 이것도 다몬야구라의 일종이다. 다몬야구라는 토루·이시가키 위에 설치되어 있는 헤이가 야구라로 변한 것이다. 헤이로서의 기능 외에 비바람에 강한 야구라로서의 기능도 갖추고 있으며, 날씨에 좌우되지 않고 소총의 공격이 가능하게 했다.

야구라를 구분하는 두 번째 방법은 구조에 따른 분류이며, 망루형(望樓型)과 층탑형(層塔型)으로 구별할 수 있다. 천수와 마찬가지로 망루형은 구식이며 층탑형은 신식이다. 망루형 야구라의 현존 예에는 후쿠야마성(福山城)의 후시미야구라(伏見櫓)와 이요마쓰야마성(伊予松山城)의 노하라야구라(野原櫓)가 있다. 가늘고 긴 팔작지붕 구조 위에 용마루를 직교시켜 작은 망루를 얹은 야구라로, 마치 망루형 천수를 소형화 한 것이다.

층탑형 야구라는 층탑형 천수가 나타나기 시작한 1610년(慶長15) 이후, 급속히 증가한다. 현존하는 야구라의 대부분은 층탑형이다. 야구라의 경우에서는 천수와는 달리, 1층이 사다리꼴로 일그러진 평면일지라도 전혀 상관없이 층탑형으로 2층을 만든다. 그런 일그러진 야구라는 히시야구라(菱櫓)라 부르고, 많은 성에 있었다. 또 위층이 줄어들지 않고 마치 상자를 겹쳐놓은 것과 같은 모양인 주바코야구라(重箱櫓)라는 것도 나타났다.

(3) 층수에 의한 야구라의 분류

야구라는 천수와 마찬가지로 층수로 「주(重)」나 「가이(階)」를 써서 형식을 나타낸다. 「重」은 바깥에서 본 건물의 층수를, 「階」는 내부의 층수를 나타낸다. 「重」와 「階」는 저층의 경우는 일치하지만, 고층이 되면 일치하지 않는 경우가 적지 않다. 예를 들면, 나고야성(名古屋城) 혼마루의 스미야구라(隅櫓)는 지붕은 2층이지만, 내부는 3층으로 되어 있어 니주산카이(二重三

階)의 야구라이다. 고층의 야구라에서는 重階가 일치하지 않는 경우가 많으므로, 重보다 階를 사용하는 쪽이 높게 들려 기분이 좋다. 구마모토성(熊本城)에서는 삼층야구라(三重櫓)를 모두 「고카이야구라(五階櫓)」, 이층야구라(二重櫓)를 「산카이야구라(三階櫓)」로 부르고 있다.

야구라는 이층야구라가 정식이지만, 특히 거대한 성곽에서는 혼마루나 중요한 장소에는 三重櫓, 또는 三階櫓를 세운다. 층수에 의해 규모와 역할은 달라진다.

① 삼층야구라(三重櫓) : 격식이 가장 높은 야구라로, 천수가 없는 성에서는 천수 대용의 야구라였다. 히로사키성(弘前城, 青森県) 천수와 마루가메성(丸亀城, 香川県) 천수는 본래 그러한 천수 대용의 삼층야구라이다. 천수 대용 이외에 삼층야구라를 가지고 있었던 성은 많지 않고, 큰 성곽에 한해서였다. 삼층야구라를 여러 개 가지고 있었던 특별한 성으로서는 도쿠가와 시절에 재건한 오사카성의 12棟, 오카야마성(岡山城)과 후쿠야마성(福山城, 広島県)의 7棟, 구마모토성(熊本城)의 6棟 등이었다. 그중에서도 구마모토성은 천수급의 산주고카이(三重五階)를 5棟 가지고 있고, 유일하게 현존하는 우토야구라(宇土櫓)는 지상 五階 지하 一階로, 예전에는 「3대 천수」라고도 불렀다. 또 4층 이상은 반드시 천수로 취급하였으므로 야구라에는 속하지 않는다.

② 이층야구라(二重櫓) : 에도시대 야구라의 표준이다. 모든 스미야구라를 2층으로 하고 3층이나 히라야구라(平櫓)가 없는 성도 많았다. 야구라는 경비와 사격의 거점이 되는 군사 건축이므로 단층 야구라로는 불충분하고, 2층야구라가 이상적이었다. 2층야구라는 3층야구라에 비해 구조상 제약이 적으므로, 특수한 모양의 것도 있었다. 현존하는 오사카성 니노마루 이누이야구라(乾櫓)는 사방이 약 16m나 되는 평면이므로

성 안쪽의 4분의 1을 차지한 구부러진 평면이다. 방비상으로 중요하지 않은 성 안쪽을 움푹 들어가게 함으로써 야구라 건축면적을 절약한 것으로 유례는 많다. 전술한 바와 같은 히시야구라(菱櫓)나 주바코야구라(重箱櫓) 등의 구축법도 가능하다.

③ 단층야구라(平櫓) : 일층으로 된 야구라를 말한다. 가장 간략한 야구라로, 평면 규모도 이층야구라보다 작은 것이 보통이다. 지붕을 맞배지붕으로 하여 격식을 낮춘 것도 많다. 경비 효과가 적기 때문에 혼마루나 니노마루 등의 스미야구라로 세우는 것은 적다. 천수나 삼층야구라·이층야구라 등의 부속 야구라로 설치되는 수가 많았다. 산노마루나 외곽에서는 반대로 단층야구라가 주류였다. 단층야구라도 구조가 간단하기 때문에 뒤틀어진 성벽 위에도 세울 수 있고, 히메지성의 이노와타리야구라(イの渡櫓)나 도노야구라(トの櫓) 등은 확실히 뒤틀려 있다.

(4) 이름에서 연상되는 야구라의 용도

대부분의 야구라는 메이지시대에 부서져버렸기 때문에 오늘날에는 당시의 모습을 볼 수는 없다. 예전에는 많은 야구라가 성내를 메웠으며, 그 중에는 100개가 넘는 야구라가 숲을 이루고 있던 성도 있었다고 한다. 그러나 전란이 종식된 에도시대에는 야구라도 창고 등으로밖에 쓰이지 않았다. 더구나 구조적으로는 모두 같았기 때문에 구별하기 위한 이름이 다양하게 붙여졌다. 그 이름의 유래를 알면 야구라의 용도도 용이하게 추측할 수 있다.

이름에 쓰인 것은 弓櫓·鉄砲櫓·槍櫓·武具櫓와 같은 실전을 위한 야구라 만이 아니다. 태평성대를 상징하듯이 花見櫓·月見櫓·雪見櫓·富士見櫓

등의 풍류적인 야구라도 만들어졌다.[48]

7) 고텐(御殿)

고텐은 다이묘의 저택으로 오모테고텐(表御殿)과 오쿠고텐(奧御殿)으로 구성되어 있다. 오모테고텐은 다이묘가 가신과 대면하기 위한 공적인 공간이고, 오쿠고텐은 다이묘가 일상생활을 하기 위한 사적인 공간이었다. 다이묘가 거주하고 있었던 곳은 천수가 아닌 고텐이었다. 여러 층으로 된 천수는 어디까지나 전시에 머물기 위한 것으로, 평상시에는 단층인 고텐에서 살았던 것이다. 고텐은 넓은 부지를 필요로 했기 때문에 그 넓이를 이유로 메이지시대에는 거의 대부분 해체되어 버렸다. 고텐이 현존하고 있는 성은 고치성(高知城)·가게가와성(掛川城, 静岡県)·가와고에성(川越城, 埼玉県) 등 셀 수 있을 정도밖에 없다. 그것도 완전한 형태로 남아있는 성은 거의 없고, 국보로 지정되어 있는 이조성(二条城)의 니노마루고텐조차 옛날 고텐의 일부분에 지나지 않는다.

무로마치시대에는 산 정상부에 쌓은 산성과 성주가 거주하는 고텐이 멀리 떨어져 설치되어 있었다. 걸어서 한 시간 걸리는 것은 흔했다. 근세가 되어 평산성이나 평성이 보급되자 고텐은 성내의 평지에 세워지게 된다. 근세성곽 특색 중의 하나는 고텐을 성내에 포함시킨 것이다.

근세성곽에서는 혼마루에 고텐을 설치하는 것을 이상으로 삼았다. 그러나 그것은 쉬운 일이 아니다. 다이묘인 성주가 거주하는 고텐은 소위 현대의 현지사 관저 겸 현청사에 상당하며, 상상할 수 없을 정도로 넓었기 때문이다.

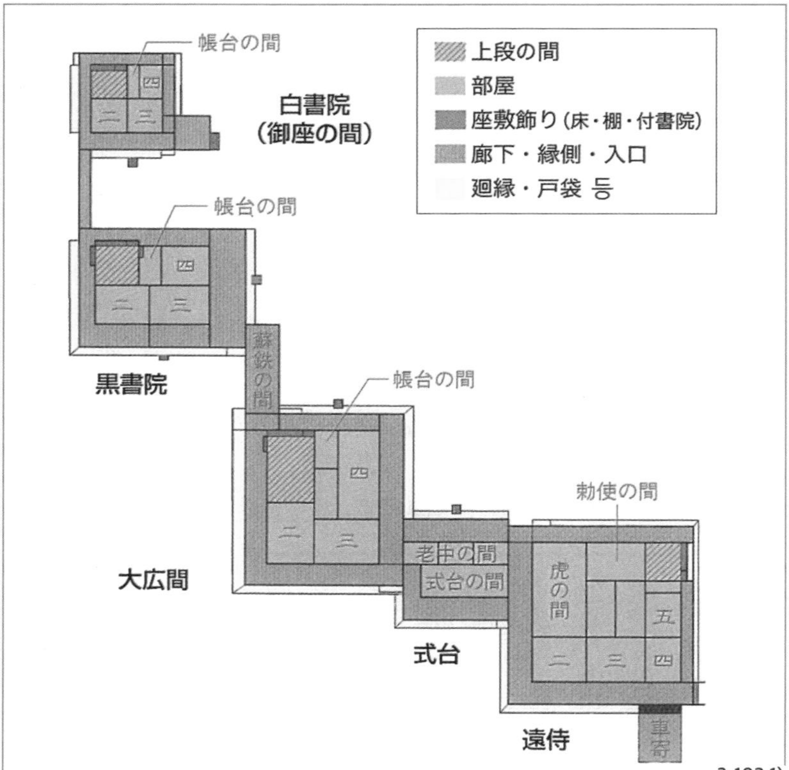

2-102 1)

2-102 2)

2-102 이조성 니노마루고텐(国宝)

혼마루가 좁아서 어쩔 수 없이 니노마루나 산노마루에 고텐을 세운 성도 적지 않다. 그 예는 평산성에 많고, 히메지성은 산노마루, 히코네성(彦根城)은 니노마루에 세워졌다. 또 고치성(高知城)이나 오카야마성(岡山城)과 같이 복수의 구루와에 고텐을 분배한 성도 있지만, 구마모토성이나 쓰야마성(津山城)과 같이 혼마루가 좁기 때문에 야구라나 성문의 내부까지 고텐의 건물 대용이 된 성도 있었다.

유력 다이묘의 고텐은 3천 평이나 되는 부지가 필요했다. 중소 다이묘의 고텐이라도 그 반 정도는 필요했다. 무엇보다도 당시 고텐의 건물은 특수한 것을 제외하고 단층 구조가 원칙이었다. 게다가 각 건물을 오른쪽 앞에서부터 왼쪽 안쪽까지 안진(雁陣)이 기본 배치방식이었다. 그 때문에 옆으로 쭉쭉 펼쳐지게 되었다.

고텐 건물의 건평은 1천 평을 넘는 예가 많았다. 일본 최대를 자랑하는 에도성 혼마루고텐은 11,300평이나 되었다. 아무리 넓은 부지라도 건물이 엄청 많아 지붕과 지붕이 맞닿는 세계에서 유례를 볼 수 없는 과밀 목조구조 건축물이 된다.

2-103 1)

2-103 2)

2-103 3)

2-103 구마모토성 혼마루고텐(本丸御殿)

고텐을 구성하는 건물은 큰 것은 사원의 본당급, 작은 것은 현대의 일반 주택급이다. 그런 것을 수십 棟이나 늘어세운다. 건물끼리는 중심축을 조금씩 어긋나게 직결하거나 복도로 연결하여 한 동도 남김없이 모두 연결해 버리기 때문에 100개가 훨씬 넘는 방이 이어지고, 복잡하고 괴이한 미궁(迷宮)이 된다. 외부인이 들어오면 쉽게 빠져나갈 수 없다.

그러나 건물을 배치하는 법칙은 단순하다. 우선 전체를 겉(表)과 안(裏)의 2개로 나눈다. 겉은 오모테고텐·나카오쿠(中奧)·부엌(台所)·관청 등으로 이루어지는 성주의 관저이고, 안은 오쿠고텐·나가쓰보네(長局) 등으로 이루어지는 성주의 사저이다. 고텐의 부지는 남향이 이상적이므로 남쪽이 겉(表), 북쪽이 안(奧)이 된다.

바깥쪽 건물의 정남쪽에는 성주와 가신이 대면하는 의식장소인 오모테고텐의 건물 3棟 , 즉 현관(玄關)·큰방(広間)·서원(書院)을 오른쪽에서 왼쪽으로 비스듬히 일렬로 배치한다. 작은 번(藩)의 경우, 2개 동이나 1개 동으로 된다. 또 고텐 입구의 정문은 길흉을 고려하여 남동쪽이 좋다.

오모테고텐의 뒤쪽(北西)에는 성주의 거소인 나카오쿠의 건물이 이어진다. 이것은 길흉으로 따져 가장 좋은 위치가 되는 방위이다. 거실과 침실의 2棟을 중심으로 하고, 큰 번에서는 거기에 욕실(증기 사우나)이나 노(能)무대를 부설한다. 그리고 북동쪽의 한 곳에 관청과 부엌을 세운다. 부엌은 거대하여 성안에서 가장 큰 건물이었다. 관청은 재무담당의 간조쇼(勘定所)를 비롯하여 많은 신하(藩士)가 근무하는 집무실이 배치되었다.

오쿠(奧)는 나카오쿠(中奧)에 이어 성주의 사저인 오쿠고텐을 세운다. 가장 안쪽에는 오쿠고텐에서 일하는 많은 하녀들이 사는 나가쓰보네(長局)를 설치한다. 나가쓰보네는 나가야(長屋)이다.

현관, 큰방, 서원의 3개동으로 이루어지는 오모테고텐의 건물은 성안에서 가장 호화롭다. 서원양식의 최고급 건축으로 다타미(畳) 18장에서 30장(9~18평) 정도 되는 넓은 방을 몇 개나 잇고, 맹장지나 벽에 화려한 금벽 장벽화가 그려진다.

현관은 옛 이름으로 도자무라이(遠侍)라 하고, 고히로마(小広間)라고 부르는 수도 있었다. 현관 정면에는 시키다이(式台)라는 낮게 판자를 깐 것이 돌출되어 있고, 거기가 고텐의 정식 입구이다. 현관 내의 主室은 넓고, 맹장지나 벽에는 보통 호랑이 그림이 그려져 있어, 「도라노마(虎の間)」라고 불렀다.

큰방은 현관 옆에 설치되고, 대규모이며 각단은 화려했다. 성에 따라서는 오히로마(大広間)나 오쇼인(大書院)이라고도 불렀다. 큰방의 가장 안쪽 방은 바닥이 한 단 높게 깔려 있으며, 멋진 마루, 선반, 쓰키쇼인(付書院), 초다이카마에(帳台構) 등의 객실 장식이 설치되어 있고, 성주가 앉는 공간이었다. 조단노마(上段の間)에 이어 여러 개의 방이 배치되었다.

서원은 큰방 안쪽에 설치되어 있으며, 큰방을 약간 소형으로 만든 건물이었다. 물론 조단노마를 가지고 있으며, 그것을 성주의 공간으로 했다. 현관, 큰방, 서원의 3개동을 사용하여 대면이라는 중요한 의식이 개최되었다. 성주, 즉 다이묘가 가신들과 만나, 주종관계를 확인한 것으로, 조단노마에 있는 성주에 대하여 가신은 꿇어 엎드려 절대 복종을 나타내었다. 화려한 장식은 성주의 권위를 높이는 무대장치이다.

이 엄중한 대면 의식은 연시 혹은 성주가 에도에서 돌아왔을 때 반복적으로 행하여, 가신에게 복종의 정신을 심어줌으로써 성주에게 반역하고자 하는 기력을 완벽하게 잃게 하는 효과 측면에서 절대적이었다.

큰방과 서원이라는 같은 건물이 2개동 있는 것은 가신의 신분에 따라 대면 장소가 바뀌기 때문이다. 안쪽에 있는 서원 쪽이 격식이 높았다.

바라보아 왼쪽에 마루, 오른쪽에 선반을 설치한 객실을 혼갓테(本勝手)라 하고, 반대로 오른쪽에 바닥, 왼쪽에 선반을 설치한 것을 갸쿠갓테(逆勝手)라고 한다. 마루는 정원 가까이에 만들므로 객실의 위치에 의해 필연적으로 혼갓테와 갸쿠갓테가 결정된다.

큰방의 객실인 조단노마는 가장 안쪽에 둔다. 서원양식에서는 안쪽에 있는 방일수록 격식이 높기 때문이다. 큰방의 정면에서 보아 왼쪽 안쪽에 조단노마를 두면 그 왼쪽이 정원이 되어 혼갓테가 된다. 오른쪽에 조단노마를 두면 갸쿠갓테가 된다. 에도성 혼마루고텐이 혼갓테였기 때문에 다른 성의 고텐도 그것을 모방하여 혼갓테가 압도적으로 많았다.

또 객실을 혼갓테로 하려면 고텐의 현관을 오른쪽 앞에 두고, 큰방을 그 왼쪽 안쪽에, 서원을 더 안쪽 왼쪽에 배치하면 된다. 이리하여 오른쪽 앞에서 왼쪽 안쪽으로 비스듬히 이어지는 오모테고텐이 생긴다. 또 비스듬히 하는 것은 채광 때문이며, 가로 일렬로 배치하면 조단노마가 암흑으로 되어 버린다.[49]

8) 천수(天守)와 천수대(天守台)

천수는 아즈치모모야마(安土桃山)시대 이후의 근세성곽에만 존재하는 다층구조의 건축물이다. 에도시대에 그려진 중세 산성의 병풍도나 그림에 장대한 천수가 솟아 있는 것은 단순한 상상이다. 오늘날에는 천수각이라 부르는 수가 많지만, 그것은 막말 이후의 속칭이고, 에도시대의 문서나 그림에는 '天守'·'天主'·'殿守'·'殿主' 중의 어떤 것이 사용되고 있으며, 모두 「덴슈」라고 읽는다.

초기의 천수는 대형 야구라에 고급 주택 건축인 쇼인즈쿠리(書院造り)를 응용한 것이었다. 1579년에 완성된 오다 노부나가의 아즈치성 天主가 최초의 대규모 천수였다. 노부나가는 「天主」라고 명명했지만, 곧이어 天守·殿主·殿守라고도 쓰이게 되었다.

그런데 에도시대 후기가 되면 서민들 사이에서 천수각이라는 속칭이 생겨나고, 메이지 이후에는 천수각의 호칭이 널리 통용되었다. 하지만 그 무렵에 천수는 내부의 자리(畳)를 잃고, 야구라처럼 되어 금각(金閣)이나 은각(銀閣)과 같은 고급 건축에 붙이는 '閣'에 상응한 것은 아니었다.

평시에는 생활의 場으로서의 기능을 하고, 전시에는 그대로 사령탑이나 전망대로서의 역할을 하고 있었던 것이 천수 본래의 모습이었다. 그러나 여러 층의 천수는 거주에는 적합하지 않았기 때문에 넓은 지역에 고텐이 천수와는 별도로 만들어지게 되자, 다이묘의 생활 장소는 단층인 고텐으로 옮겨갔다. 그 때문에 고텐에서 독립한 천수는 농성 시에 최후의 보루로 삼는 것만을 목적으로 하여 구축되게 되었던 것이다.

만약 성이 공격을 받아도 천수에 모여 싸움을 끌면 적의 철수나 아군의 지원을 기다릴 수가 있었다. 극단적으로 말하면 천수마저 공략되지 않으면 성은 함락되지 않았기 때문에 천수에는 농성전에 대비하여 고안된 의장(意匠)이 수없이 많다.

외벽에 설치된 무수한 사마나 최하층 등에 설치된 이시오토시(石落し)로부터 소총이나 활로 사격하거나, 투석에 의해 적을 공격하는 것도 감안하고 있다. 또 장식을 위해 붙인 하후(破風)의 뒤쪽에도 숨어서 공격할 수 있는 공간이 있으며, 천수 단독이 되어도 최후의 최후까지 항전할 수 있었다는 것을 알 수 있다.

(1) 천수의 정의

오늘날에서 성내에서 가장 높고 멋진 야구라를 천수라 부르지만, 문제도 있다. 에도시대에는 4층이나 5층의 경우에는 예외로써 天守라 불렀지만, 3층인 경우에는 '산주야구라(三層櫓)' 또는 '산카이야구라(三階櫓)' 등으로 부른 예가 많기 때문이다. 현존하는 히로사키성(弘前城) 천수의 경우도 본래의 천수가 소실되었기 때문에 장소를 바꾸어 스미야구라로(隅櫓)로 재건한 것으로, 옛날 그림에서는「三重御櫓」로 적고 있으며, 에도시대에는 천수라고 부르지 않았다. 명목상은 천수가 아니지만 실질적으로는 천수에 상당하는 3층야구라(三重櫓)를 가진 성의 예를 들면 후쿠야마성(福山城, 北海道)·요네자와성(米沢城)·시라카와코미네성(白河小峰城, 福島県)·시바타성(新発田城, 新潟県)·나가오카성(長岡城)·가나자와성(金沢城)·미토성(水戸城)·오카성(岡城, 大分県) 등이 있다. 이들 3층야구라는 오늘날의 방식으로는 천수라고 해야 할 것이므로, 현존하고 있으면 천수라고 불러야 할 것이다. 특히 간토(關東)나 도호쿠(東北)지방의 성곽에서는 천수라 부르는 것은 오히려 적고, 3층야구라를 천수라 부른 것은 오다와라성(小田原城)이나 사쿠라성(佐倉城, 千葉県) 등 일부 성곽에 지나지 않았다.

이와 같이 3층인 경우에는 천수라 부르는 것은 많지 않았지만, 1615년의 무가제법도(武家諸法度) 공포 이전에 창건된 것은 그 뒤에 재건이나 교체되어도 천수라 부른 예가 많다(小田原城·犬山城·丸岡城·彦根城·備中松山城·伊予松山城·宇和島城 등). 반대로 1615년 이후에 창건된 것은 천수라 부른 것은 적었다.

(2) 천수가 없는 성

에도시대에 명목상 천수가 없었던 성의 예는 많지만, 실질적으로 천수라 할 수 있는 대형 3층야구라를 갖춘 경우가 적지 않았고, 이들을 천수 범주에 포함시키면 근세성곽의 대부분은 천수를 가지고 있었다고 할 수 있다. 그렇지만 상당수의 성곽에는 천수가 없었다고 하지 않을 수 없다.

당초부터 천수 건조의 계획이 없었거나 천수대 축조 이전의 이른 단계에서 천수의 계획을 단념한 성으로는 센다이성(仙台城)·구보다성(久保田城, 秋田県)·도야마성(富山城)·이마바리성(今治城, 愛媛県)·가고시마성(鹿児島城) 등이 천수대를 쌓았지만 천수 건조를 중지한 성으로는 이가우에노성(伊賀上野城)·단바사사야마성(丹波篠山城, 兵庫県)·아카시성(明石城)·아코성(赤穗城)·후쿠오카성(福岡城) 등이 있다. 오래된 천수대가 존재하지만, 한 번도 천수가 세워진 적이 없는 성은 고후성(甲府城)·하마마쓰성(浜松城)·쓰조(津城) 등이 있다. 또는 에도시대에 화재나 지진 등에 의해 천수가 소실되고 이후 재건되지 않았던 성에는 에도성(江戸城)·가나자와성(金沢城)·후쿠이성(福井城)·슨푸성(駿府城)·이조성(二条城)·도쿠가와 재건 오사카성·야마토고오리야마성(大和郡山城)·고쿠라성(小倉城)·사가성(佐賀城)·시마바라성(島原城)·후나이성(府内城, 大分県) 등이 있다. 센다이성(仙台城, 伊達)·가나자와성(金沢城, 前田)·후쿠오카성(福岡城, 黒田) 등과 같은 도자마다이묘(外樣大名)의 성에 천수가 없었거나 재건되지 않았던 것은 막부를 염두에 둔 것이라고 생각된다.

(3) 천수대가 결정하는 천수의 형식

천수는 높은 성벽의 대좌에 세워져 있다. 천수대라는 성벽으로 높이는 5~15m 정도 되는 것이 많다. 천수대는 혼마루의 중앙에 세우는 수도 있지만, 혼마루의 모서리에 세우는 경우가 많다. 혼마루를 방어하는 장벽의 일부가 되고, 또 혼마루 내부를 넓게 사용할 수 있기 때문이다.

그러나 모서리에 세우면 천수대의 성벽은 혼마루 안쪽은 낮은데, 바깥쪽은 우치보리(內堀)의 바닥에서 솟아오르므로 3배 정도의 높이가 된다. 안팎의 높이가 상당히 다르게 되며, 그것이 천수의 형식에 크게 영향을 미친다. 그런데 성벽의 축조 기술이 급격히 발달하는 1610년경에서 그 이후가 되면 높은 천수대도 정확하게 쌓을 수 있게 된다. 그 이전에는 일그러진 성벽밖에 쌓을 수 없었던 것이다. 특히 모서리에 세운 천수대에서는 혼마루 내외의 높이 차가 재앙이 되어 성벽의 축조가 기술적으로 어렵고, 게다가 일그러져 버린다. 평면이 직사각형으로 되는 천수의 1층이 사다리꼴이나 부등변 사각형으로 된다. 아주 옛날에는 처음부터 사각형으로 하려는 생각도 적었던 것 같고, 아즈치성의 부등변 7각형, 오카야마성(岡山城)의 부등변 5각형 등의 예도 있었다. 이 천수대의 일그러짐이 천수의 형식에 영향을 미치고 있다.

천수는 구조의 차이에 의해 구형인 망루형(望樓型)과 신형인 층탑형(層塔型)의 두 종류로 나눌 수 있다. 천수대가 일그러지거나, 7각형이나 5각형이 되거나 가늘고 긴 직사각형이 되면 망루형 천수밖에 세울 수 없다. 신형인 층탑형 천수를 세우려면 일그러지지 않은 정확한 사각형에, 더구나 정사각형에 가까운 천수대를 구축하는 것이 필요 불가결하다.

(4) 아나구라(穴蔵)

천수는 천수대 위에 세우므로 혼마루에서 천수로 올라가기 위해서는 약간의 궁리가 필요하다. 천수대 내부에 지하층을 만들어 혼마루에서 먼

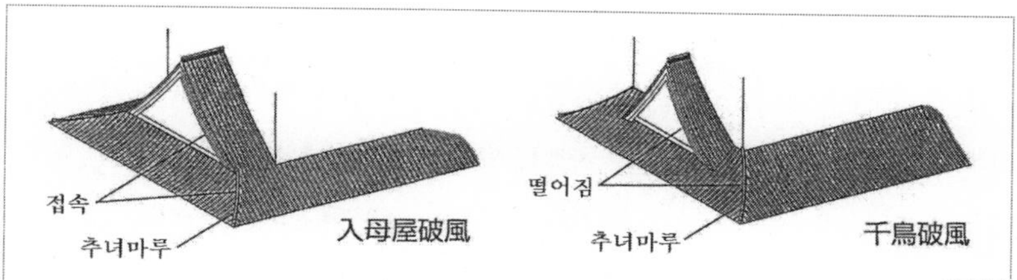

2-104

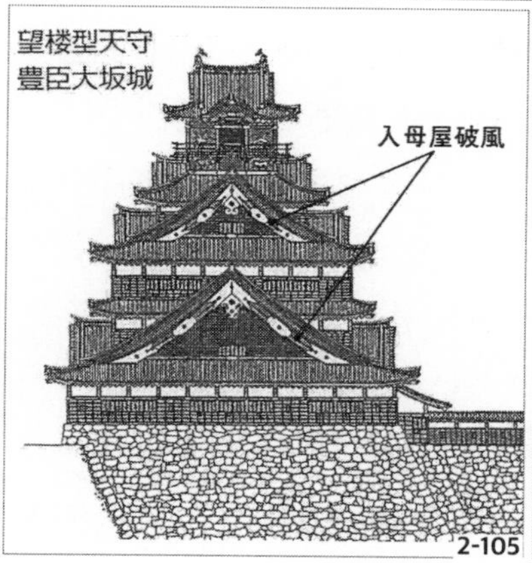

2-105

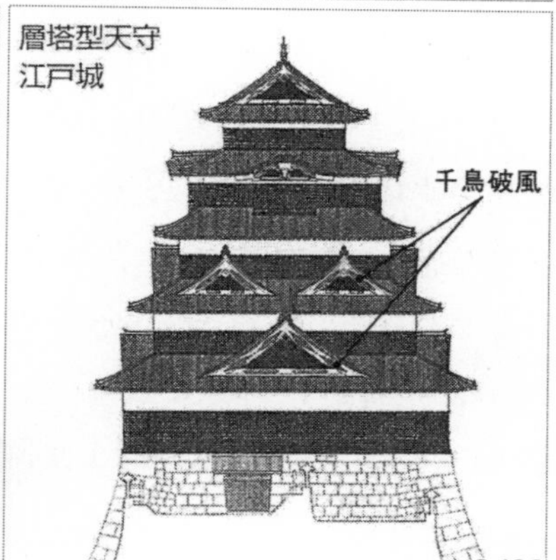

2-106

저 지하층으로 들어가 지하층에서 내부의 목조 계단을 올라가 천수의 1층에 이른다. 지하층을 옛날에는 아나구라(穴蔵)라 불렀고, 사방을 성벽으로 에워싼다. 대부분의 천수는 이 방식을 채용한다.

아나구라를 구축하지 않는 경우에는 천수대 외부에 쓰케야구라(付櫓)를 세워 그 내부의 목조 계단에서 천수대 1층으로 오르는 것이다. 또 일부 천수에서는 아나구라도 쓰케야구라도 설치하지 않고, 천수 1층으로 돌계단으로 직접 올라가지만, 방어성이 떨어진다.

2-104 하후(破風)　**2-105** 망루형 천수　**2-106** 층탑형 천수

(5) 망루형과 층탑형

천수의 형식에는 구식인 망루형과 신식인 층탑형의 두 종류가 있다. 망루형과 층탑형의 구분은 아주 쉽다. 천수의 1층 또는 2층의 지붕에 이리모야하후(入母屋破風)[50]가 있으면 망루형이고, 없으면 층탑형이다.

팔작지붕 박공과 아주 유사한 것으로 지도리하후(千鳥破風)가 있다. 지도리하후는 망루형이나 층탑형 둘 다 사용되므로 구별해 두지 않으면 안 된다. 모두 삼각형을 이루고 있는데, 그 아래쪽을 보면 팔작지붕 박공은 지붕의 추녀마루에 접속하고, 지도리하후는 그 아래 지붕의 추녀마루에 접속하지 않는다.

망루형 천수는 1층 또는 2층의 팔작지붕 건물을 천수대 위에 세우고, 그 지붕 위에 망루를 얹은 형식이다. 망루는 일찍이 「모노미(物見)」라고 하여, 지붕 위에 모노미다이(物見台)를 얹은 것이었다. 망루형 천수의 1층이나 2층에 팔작지붕 박공이 있는 것은 망루를 얹는 기초부분의 지붕 끝부분이 보이기 때문이다.

망루형 천수의 이점은 아무리 일그러진 평면의 천수대에도 세울 수 있는 점이다. 천수대 성벽 축조기술이 낮았던 시기에는 천수대의 평면이 사다리꼴이나 다각형이 되기도 하고 가늘고 길게 되기도 했다. 망루형 천수에서는 어떤 천수대일지라도 그 위에 끝까지 1층을 세운다. 따라서 1층 평면은 일그러진 모양이 된다. 그 중앙부에는 정확한 직사각형 칸잡이를 한다. 칸잡이로 여러 개의 방이 나누어진다. 방을 나누고 나면 주위에는 부정형의 통로 부분이 남는데, 그곳은 무샤바시리(武者走)가 된다. 농성 시에는 활이나 소총을 쏘는 군사 거점이 된다.

1층 평면의 일그러짐은 그 위쪽에 얹히는 팔작지붕까지 전해진다. 그런데 그 지붕 위에 얹히는 망루는 아래 지붕의 모양과는 관계없이 정확한 정사각형 평면으로 할 수 있다. 이렇게 하여 망루형 천수는 아무리 일그러진 천수대에도 세울 수 있는 것이다.

층탑형 천수를 세우기 위해서는 일그러지지 않고 정확한 사각형에, 더구나 정사각형에 가까운 천수대를 구축하는 것이 필요 불가결하다. 물론 층탑형 천수의 1층 평면은 정확한 사각형으로 그 중앙부에 칸잡이를 하여 여러 개의 방으로 나눈다. 그 사방 주위에는 균등한 폭의 무샤바시리가 만들어진다. 그리고 그 위에 위층을 아래층보다 규칙적으로 조금씩 좁히며 쌓아 올린다. 2층은 1층의 사방에서 1~2間씩 좁힌다. 예를 들면 1층이 정면의 폭 9間, 깊이 8間일 때, 사방에서 1間씩 좁히면 2층은 정면의 폭이 7間, 깊이가 6間이 된다. 3층·4층·5층을 마찬가지로 반복하면 층탑형 천수가 완성된다. 또 층탑형의 제일 위층은 모노미(物見)라 불리는 망루이다.

층탑형에서는 각 층에서 정면의 폭과 깊이를 균등하게 좁히므로, 천수대가 일그러져 있으면 그 일그러짐이 점점 위층으로 넘어간다. 작게 체감된 최상층에서는 일그러진 비율이 현저히 늘어나므로 전체적으로 일그러진 천수가 되어 버린다. 망루형 천수와 같은 팔작지붕이 아니므로 도중에서 평면을 수정할 수 없는 것이다.

천수는 본래 망을 본다는 군사적인 목적으로 만들어진 것이다. 실제 전국시대 말기에서 아즈치모모야마시대에 걸쳐 보이는 초기의 천수는 망루가 고텐 위에 얹히는 형태로 지어져 있다. 다만, 망루형 천수는 구조상의 일관성이 없기 때문에 고층으로 세울 수 없었다. 그 때문에 에도시대에는 아래층부터 같은 체감율(遞減率)로 쌓아올리는 형태의 층탑형(層塔型) 천수가 새롭게 등장한다. 층탑형 천수에서는 구조상의 일관성을 가질 수 있으므로 더욱 높은 천수를 세울 수 있었다. 천수의 고층화에 요구되는 것은 무엇보다도 전망이 좋아야 한다는 군사적 요인만이 아니다. 천수에서 멀리 내다볼 수 있다는 것은 멀리서도 천수를 올려다 볼 수 있다는 것이다. 그 때문에 성내에 치솟은 천수는 권위를 상징하는 정치적인 의미도 함께 가지고 있었던 것이다.

도쿠가와 이에야스에 의해 구축된 에도성의 천수는 그 후, 히데타다(秀忠), 이에미쓰(家光)의 3대에 걸쳐 개축된 결과, 천수대의 성벽을 포함해서 높이가 약 60m에 달했다고 한다. 城下에서 올려다보는 천수의 위용은 에도막부의 권위를 고양시킨 것임에는 틀림없다. 그러나 이 5층의 천수도 1657년의 대화재로 소실된 뒤에는 재건되지 않았고, 에도성에서는 3층의 후지미야구라(富士見櫓)를 천수의 대용으로 삼고 있다. 이미 실질적인 권위를 획득한 막부에게 있어서 명목적 상징으로서의 천수는 더 이상 불필요했던 것이다.

(6) 천수의 현재

고산카이야구라(御三階櫓)를 포함한 천수는 막말에는 약 70개가 존재하고 있었다. 그러나 대부분은 메이지정부에 의해 해체되었으므로 천수가 남아 있는 것은 약 20개뿐이다. 그중에 구마모토성(熊本城)이 1877년의 서남전쟁(西南戦争)에서, 오카야마성(岡山城)·히로시마성(広島城)·오가키성(大垣城)·후쿠야마성(福山城)·나고야성(名古屋城)·미토성(水戸城)·와카야마성(和歌山城)이 1945년의 제2차 세계대전에서, 마쓰마에성(松前城, 北海道)이 1949년에 화재로 소실되어 버렸다.

현존하는 천수는 국보로 지정되어 있는 이누야마성(犬山城)·히코네성(彦根城)·히메지성(姫路城)·마쓰모토성(松本城)·마쓰에성(松江城)의 5개와 국가중요문화재로 지정되어 있는 마루오카성(丸岡城)·마루가메성(丸亀城)·우와지마성(宇和島城)·빗츄마쓰야마성(備中松山城)·고치성(高知城)·히로사키성(弘前城)·이요마쓰야마성(伊予松山城) 등 모두 12개에 지나지 않는다. 그 외에 오늘날 볼 수 있는 많은 성의 천수는 후대에 복원된 것이다.

복원은 옛날 그림이나 사진 등을 이용하여 원래대로 재건한 것이다. 옛날에는 철근 콘크리트에 의해 외관만을 복원시킨 경우가 많았지만, 근래에는 목조로 내부까지도 정확하게 복원되고 있는 경향이다. 부흥은 확실한 史料가 없기 때문에 추정에 의해서 재건하는 것이다.

(7) 천수의 높이 표현: 주(重)와 가이(階)

히메지성(姫路城) 천수는 五重六階, 마루가메성(丸亀城) 천수는 三重三階이다. 이와 같이 천수나 야구라는「重」과「階」에 의해 높이를 나타낸다. 외관상의 지붕 수가 重數이고, 내부의 바닥 수가 階數이다. 예를 들어 고주롯

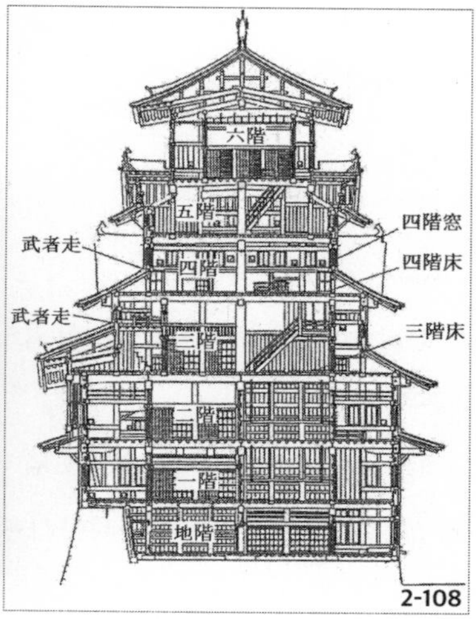

2-107 히메지성 천수 무샤바시리(武者走)　2-108 히메지성 천수 단면도

카이(五重六階)란 바깥에서는 지붕이 다섯 개로 보이고, 내부는 6층으로 되어 있는 것을 나타낸다. 또「層」을「重」대신에 사용하는 수도 있지만, 애매하므로 사용하지 않는 것이 좋다.

천수의 重數와 階數가 일치하지 않는 예는 많은데, 지붕 안에 층을 만들거나 2개의 층 사이에 지붕을 생략하기 때문에 생기는 것이다. 지붕 안쪽의 층은 구식인 망루형 천수에 많고, 지붕의 생략은 신식인 층탑형 천수에 많다.

특히 제일 위층을 아래층보다 크게 만들고 그 사이의 지붕을 생략한 것은 가라즈쿠리(唐造り)라 하고, 고쿠라성(小倉城, 福岡県)이나 다카마쓰성(高松城)의 천수에 응용되어 있다.

또 천수 각층의 바닥 위치와 창의 높이에는 배려하지 않은 것이 있다. 바닥을 아래층 지붕의 처마높이로 뻗어 창을 외벽의 가운데에 만들면 바닥에서 창문까지의 높이가 매우 높아져, 창문에 손이 닿지 않는 수도 있다.

히메지성 천수에서는 그런 결함이 三階와 四階에서 발생되어 있으며, 궁한 나머지 창문을 따라 높은 발판을 만들어「무샤바시리(武者走)」라고 부르고 있다.

(8) 천수의 구성 형식

소천수나 부속 야구라를 설치하는 방법에 따라 천수의 구성은 다음 4종류의 형식으로 나누고 있다.

① 독립식: 천수만이 단독으로 세워진 형식. 丸岡城·宇和島城·高知城·水戶城 등의 예가 있다. 우리나라에 남아 있는 왜성의 경우, 몇 개를 제외하고 대부분 여기에 속한다.

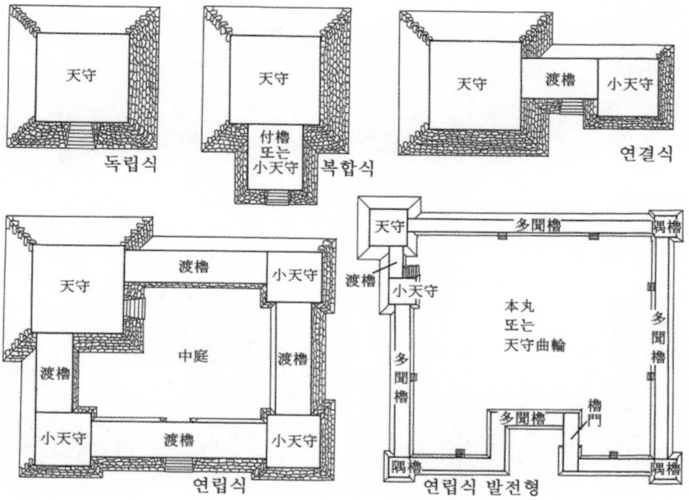

2-109

② 복합식: 천수에 직결하여 小天守 또는 쓰케야구라(付櫓)를 설치한 형식으로, 실례는 많다. 小天守를 설치한 예는 熊本城·福山城(広島県), 쓰케야구라를 설치한 예는 犬山城·彦根城·松江城·岡山城 등이 있다. 왜성의 경우, 죽성리왜성·안골포왜성·남해왜성·순천왜성 등이 여기에 속한다.

③ 연결식: 大天守와 小天守를 와타리야구라(渡櫓)로 연결한 형식. 소천수 一基를 연결한 名古屋城(渡櫓 대신에 土塀를 끼운 橋台로 연결), 小天守 二基를 연결한 広島城(小天守는 明治에 철거) 등의 예가 있다.

④ 연립식: 大天守와 二基 이상의 小天守(또는 隅櫓)로 안뜰을 에워싸듯이 세우고, 그들을 와타리야구라(渡櫓)로 연결한 형식. 3층의 小天守3基를 2층의 와타리야구라로 연결한 장대한 히메지성, 二重의 小天守나 스미야구

2-109 천수의 구성 양식

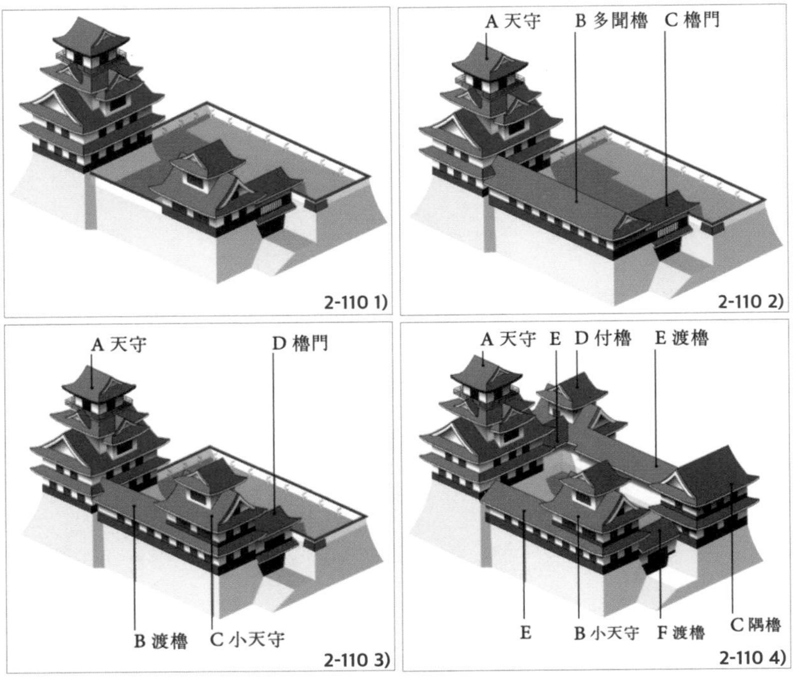

라를 1重의 渡櫓로 연결한 伊豫松山城 등의 예가 있다. 연립식의 안뜰 면적을 확대하면 하나의 구루와가 된다. 덴슈구루와(天守曲輪)나 혼마루 등의 전체를 다몬야구라로 에워싸고, 천수를 그 한 모서리에 세운 것은 연립식의 발전형이라 할 수 있다.

(9) 천수 구성의 변화와 발전

천수 구성은 독립식·복합식·연결식·연립식 순으로 발전해 왔다고 하지만, 바르다고는 할 수 없다. 소천수나 쓰케야구라에는 천수에 오르는

2-110 천수의 양식 1)독립식 2)복합식 3)연결식 4)연립식

①入母屋破風　②千鳥破風　③唐破風　④比翼入母屋破風　⑤三花蕪懸魚
⑥蕪懸魚　⑦梅鉢懸魚　⑧兎毛通　⑨石落　⑩狹間　⑪格子窓　⑫鯱　⑬天守台

2-111

2-111 천수의 각부 명칭

입구로써 요코야가카리(橫矢掛) 등의 방어시설로서의 역할이 있었다. 따라서 초기의 천수에서는 복합식이 주류였고, 일부 천수만 독립식이었다.

게이초(慶長) 축성의 대성황기가 되자, 연결식이 등장하고, 또 연립식으로 발전했다. 천수를 최후의 보루로 삼는 실전에 주안점을 둔 방어 강화가 목적이었다. 도요토미家의 오사카성이 낙성된 1615년 이후가 되면 중요한 천수가 화재로 소실되지 않도록 독립식이 주류가 된다. 에도성이나 도쿠가와가 재건한 오사카성에서는 소천수대를 비워 두고, 천수를 독립시켰다.[51]

(10) 이시오토시(石落)

적병이 성벽이나 담에 바짝 붙어서 접근해 오면 사마(狹間)에서 사격할 수 없는 사각지대에 들어가 버린다. 이 경우 사마와는 다른 방어 장치가 필요하게 된다. 그 때문에 천수나 야구라 및 도베이의 외벽 일부를 성벽이나 담에서 돌출시켜 그 바닥면의 개구부에서 적병의 머리에 돌을 퍼부을 수 있는 장치가 설치되어 있으며, 이시오토시라고 한다. 돌 외에 끓인 분뇨나 오물을 끼얹을 수도 있고, 매우 가까운 거리까지 적병이 성벽을 타고 올라온 경우에는 이시오토시에서 창으로 무찌른다는 대책이었다. 또 이시오토시의 측면에는 뎃포자마(鉄砲狹間)를 설치하는 수가 많고, 성벽을 오르려는 적병에게 측면 사격을 할 수 있어, 중요한 공격진지이기도 했다.

이시오토시 설치 부위는 기어오르기 쉬운 성벽의 모서리가 중점적으로 선정되었고, 성벽의 직선부에서는 5間(약 9m) 이상의 간격을 띄고 비교적 등 간격으로 배치되었다. 따라서 천수나 야구라의 모서리에는 이시오

토시를 설치하는 수가 많다. 특히 세키가하라전투 이후부터 오사카 여름전투 사이의 전국적인 축성 대성황기에 건축된 천수나 야구라에서는 그 모서리부에 이시오토시를 설치하는 것이 당연했다.

이시오토시의 폭은 半間에서 2間(0.9~3.6m)이었고, 일반적으로 폭 1間(1.8m)의 것이 많다. 즉 기둥 하나 사이의 전체 길이를 이시오토시로 하는 것이 일반적이었고, 이시오토시를 지지하는 부재는 기둥에 설치된다. 이시오토시의 개구부 폭은 30cm 정도이고, 최대로 사람 머리만한 돌을 떨어뜨리는 것이었다. 에도시대 후기에 재건되는 오즈성(大洲城)의 스미야구라에서는 태평성대를 반영하여 뼈대만 앙상하게 되어 있으며, 유효 폭은 15cm를 밑돌고 있다.

이시오토시의 외벽면은 판자를 붙이거나 흙을 바른 토벽으로 만들어져 있으며, 이시오토시의 바닥면 개구부에는 두꺼운 판자로 만들어진 뚜껑에 경첩을 붙여 위로 열 수 있도록 한 것이 많다.

성마다 이시오토시의 외관이 달라 각 성의 특색을 보여주고 있다. 우선 흙벽과 판자벽으로 구별되지만, 이시오토시 바깥쪽으로 많이 돌출되어 있기 때문에 비바람에 파손되기 쉽고, 외벽 전체를 흙으로 바른 야구라나

2-112 하카마고시형(高松城) **2-113** 도부쿠로형(伊豫松山城) **2-114** 데마도형(名古屋城)

도베이라도 내구성을 중시하여 판자를 붙인 예가 적지 않았다. 흙으로 바른 이시오토시는 비교적 적고, 현존하는 예로는 姬路城·岡山城·高松城·高知城·府內城 등이 있다.

이시오토시에는 하카마고시형(袴腰型)·도부쿠로형(戸袋型)·데마도형(出窓型)의 3종류가 있다. 마감은 판자벽으로 하거나 회반죽의 흙벽으로 만들어 성마다 개성이 나온다. 야구라몬에서는 외벽에 돌출시키지 않고 문짝 앞의 바로 위에 해당하는 와타리야구라(渡櫓)의 바닥면에 만든다. 도베이에서도 20~30m 간격으로 설치했지만, 현존하는 예는 거의 없다.[52]

(11) 샤치(鯱)

천수 지붕 꼭대기의 용마루 좌우 끝부분을 장식하는 상징물이 샤치(鯱)이다. 머리는 호랑이, 몸통은 물고기 모양이며 등에는 가시가 돋친 상상의 동물로, 샤치호코(鯱)의 줄임말이다. 천수 이외에서도 중요한 스미야구라나 야구라몬에도 사용하고, 성내에서 중요한 건물을 나타내는 것으로 되어 있다. 그러나 단층의 야구라나 성문에는 사용하지 않는다.

천수에 사용되기 이전, 무로마치 시대에는 사원 본당의 내전[內陣]에

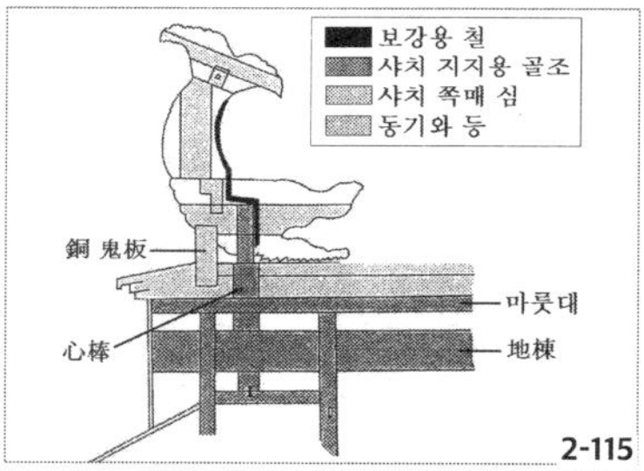

2-115

2-116

2-115 샤치 구조(名古屋城) 2-116 샤치(鯱 - 大阪城)

안치된 감실(龕室)의 지붕을 장식하고 있었다. 그 꼭대기의 샤치는 모두 목조이며, 머리가 유난히 큰 물고기였다. 그것을 천수에 처음으로 적용한 사람은 오다 노부나가이며, 아즈치성 천수의 지붕에는 기와에 금박을 입힌 샤치가 있었을 것이다.

천수에 올리는 샤치는 아즈치성 이후, 기와로 만든 것이 압도적으로 많다. 의외이지만, 기와로 만든 샤치는 속이 비어 있고 두께가 얇아 부서지기 쉬워, 발굴조사에서 출토되는 샤치의 잔해는 모두 작은 파편으로 되어 있다. 물론 속을 비워두지 않으면 너무 무겁고, 기와를 굽기 전에 수축으로 금이 가버려 제작이 불가능해진다. 이 속이 빈 구조는 샤치를 천수의 지붕에 설치할 때 도움이 된다. 천수의 목조 골조 가장 꼭대기에 가로지르고 있는 마룻대라는 부재에 짧은 나무 막대를 위에서 꽂는다. 이 막대기는 기와지붕의 꼭대기에 얹힌 용마루를 가로질러 위쪽으로 돌출된다. 그리고 그 막대기의 끝에 속이 빈 샤치를 끼우는 것이다. 결국, 기와로 만든 샤치 속에 나무의 골조가 지나고 있는 것처럼 된다.[53]

6 | 일본성곽의 나와바리 도면 작성

1) 나와바리 조사 방법

성곽을 연구하는 방법에는 일반적으로 ①문헌사료에 의한 조사, ②지표면 관찰에 의한 나와바리 조사, ③발굴조사 등이 있겠으나, 발굴조사는 여러 가지 제약으로 민간 연구자들에게는 사실상 한계가 있다. 따라서 필자와 같은 일반 연구자들은 지표면 관찰에 의한 나와바리 조사를 기초로, 선행연구자들의 문헌을 조사·참조하는 것이 좋다.

조사 시기는 일년초 등의 풀이 말라 성곽의 유구를 정확하게 볼 수 있는 동절기를 택하여, 12월부터 이듬해 3월 정도가 적당하다. 나와바리의 조사에 있어서는 성곽유구가 파괴되었거나 소멸된 부분은 물론, 가급적 현재의 상태를 사실대로 표현하는 것이 좋다. 거리와 각도의 계측은 나침반, 줄자, 간이거리계[54]를 기본으로 하지만 평지가 아닌 산속에서는 보측(步測)이 제일 무난하다. 또한 현지에서의 작도는 일본 Maruman社의 "CROQUIS Section 10"에 직선자를 이용하는 것이 편리하지만, 여의치 않으면 스케치북에 연필로 작도한 다음, 잉크나 먹물로 정서(淨書)하는 것이 좋다. 원도의 축척은 현지 성역의 크기에 따라 다르지만, 1/1,000이나 1/2,000 정도로 작성하는 것이 좋다.

2) 도면 표기 원칙

일반적으로 도면이란 설계자(제도자)와 생산자(제작자, 이용자)와의 약속이므로 반드시 정해진 원칙에 따라 작도해야 한다. 산업에 있어서는 각 분야별 도면 표기의 원칙이 규격으로 정해져 있지만 성곽의 경우에는 특별히 정해진 표기법이 없다.

일본의 경우, 그 표기법이 성문화된 것은 아니지만, 대부분의 성곽연구자들이 동일한 원칙에 입각하여 도면을 그리고 있어 나름대로의 표기법이 정립된 상태이다. 〈그림 2-117〉과 〈그림 2-118〉은 일본의 성곽연구자들이 사용하고 있는 표기법의 일례이다.

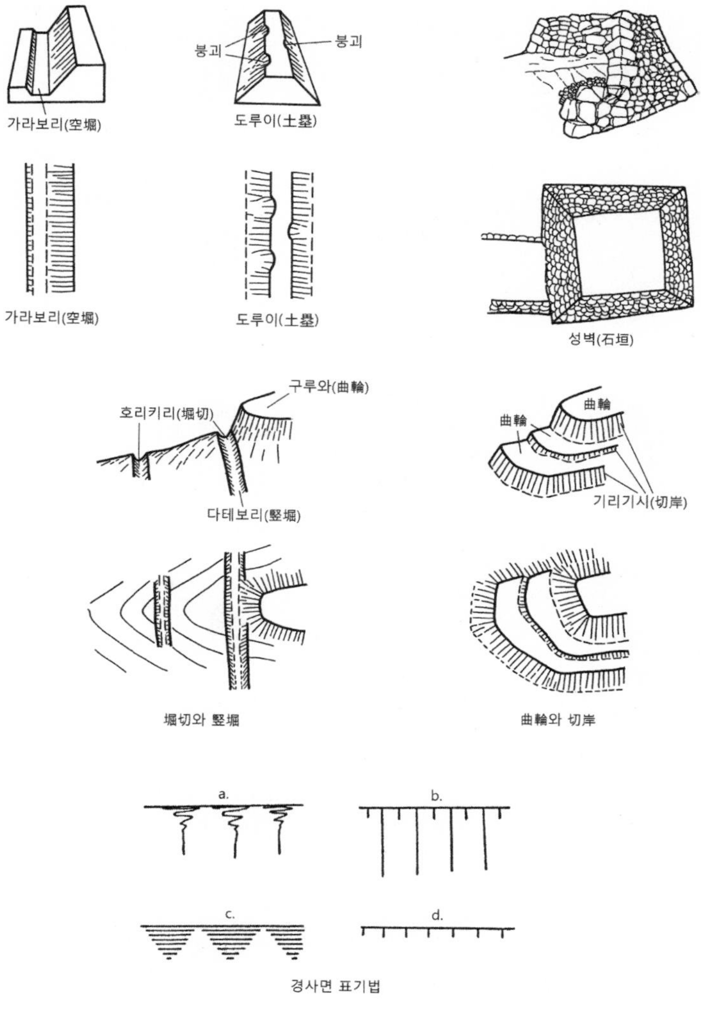

2-117

2-117 성곽 유구 도면 표기법 일례(1)

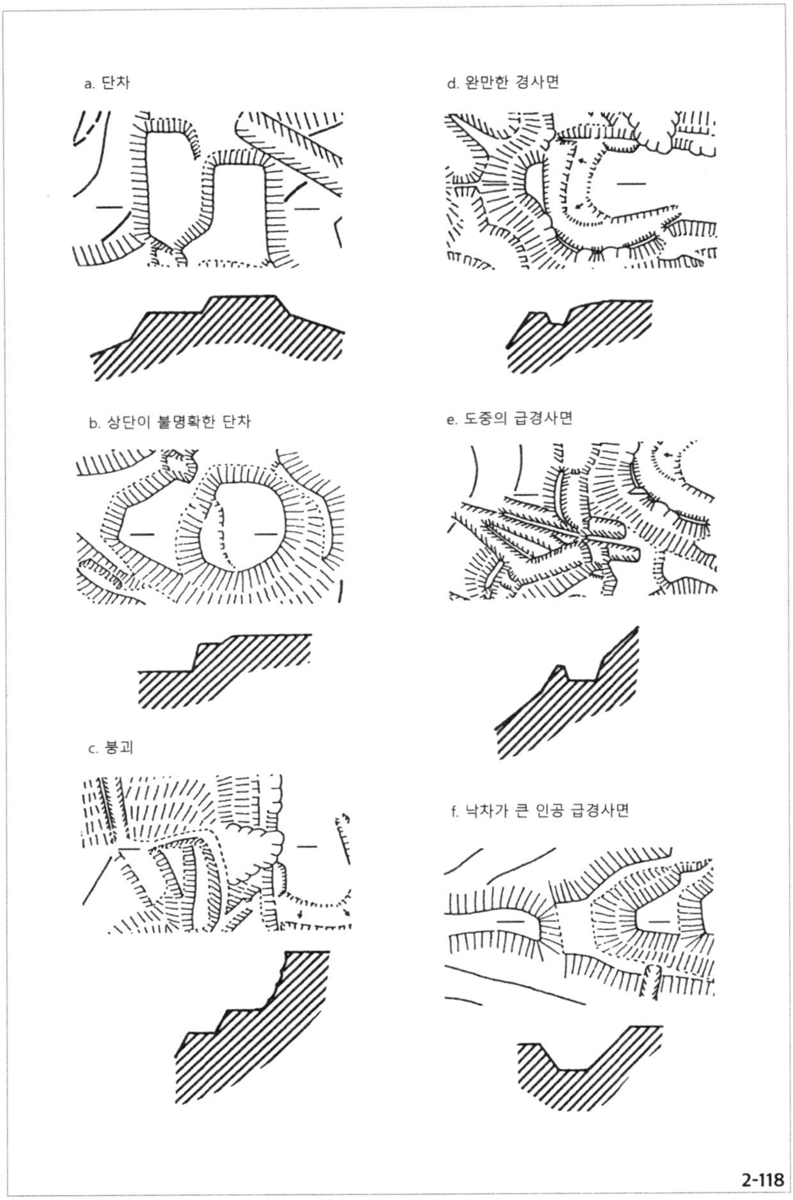

2-118 성곽 유구 도면 표기법 일례(2)

3) 나와바리 도면 작성

현재 일본에는 성곽의 나와바리圖 작성에 있어서 그 작성 방법에 따라 크게 두 개의 유파로 나뉘어져 있는데, 하나는 스케치북파이며, 다른 하나는 바인더파이다.[55] 스케치북파는 주로 1cm 크기의 모눈이 그려진 반투명지로 된 스케치북을 이용하여 현지에서 조사한 내용을 스케치북에 작성한 뒤, 정서(淨書) 시에 지형도를 이용하여 유구를 조정하면서 재작성한다. 그리고 바인더파는 자신이 그리고자 하는 지역의 지형도를 사전에 그리고자 하는 나와바리圖의 축척에 맞춰 조정한 뒤에, 그것을 바인더에 끼우고 그 위에 투명한 용지를 얹어 도면을 작성한다. 각각의 방법에는 나름대로의 장단점이 있지만, 어느 것이나 원도가 완전히 완성되지 않은 상태에서는 정서가 곤란하며, 조정 및 수정작업이 번거롭고 많은 시간이 소요된다.

이 외에 필자가 추천하고 싶은 방법으로 수치지형도를 이용하는 방법이 있다. 이 방법은 초기의 현지조사는 스케치북파와 같은 방법으로 하고, 정서 작업에는 CAD[56]를 이용하는 방법이다. 수치지형도는 국토지리정보원에서 발행한 1/1,000~1/5000 정도의 축척으로 된 것을 다운로드하여 사용할 수 있다. 수치지형도는 등고선은 물론 도로나 주요 건물 등의 복잡한 지형을 손으로 그리는 수고를 덜어주며, 정확도 면에서는 단연 유리하다. 이 방법은 정서 시에 불가피한 수정 및 조정 작업이 비교적 용이하지만, CAD를 다룰 수 있어야 한다는 제약이 있다. 출력은 프린터와 플로터 어느 쪽으로도 무방하다.

제3장

왜성

1 | 왜성이란?

"왜성(倭城)"이란 임진왜란과 정유재란의 전시에 일본군이 대한민국(당시의 조선)에 쌓은 성을 말한다. 이를 일본군이 쌓았다고 하여 단순히 "日本城"이라고 하면 제2장에서 다룬 일본에 있는 성곽과의 구별이 애매하게 되므로 이를 특별히 "왜성"이라고 부르며, 현재 국내는 물론 일본의 학계에서도 대체로 통용되고 있는 명칭이다. 왜성은 그 성격으로 보아 크게 두 가지로 분류할 수 있다.

첫째는 연결성[つなぎの城]으로 도요토미 히데요시의 지령에 의해[57] 부산에서 서울까지, 나중에는 의주까지 히데요시 자신이 명나라로 들어갈 때의 거처[御座所]와 군수물자의 보급로 확보를 목적으로 쌓은 성이다. 이것은 일명 "쓰타이노시로(つたいの城)"라고도 하는데, 군대가 거의 하루에 행군할 수 있는 정도의 거리에 쌓았다. 주로 조선의 읍성을 고쳐서 사용하거나 적당한 읍성이 없는 곳에서는 새로이 간단하게 축성했다고 한다. 오늘날에는 그 유구의 위치가 확실하지 않으며, 함경도의 길주(吉州)와 안변(安邊) 사이 등에도 쌓여져 있었다는[58] 것으로 미루어 보아 당시 일본군이 지나간 길목마다 이 연결성을 쌓았을 것으로 추측된다. 문헌상으로는 약 44개소에 존재했다고 하지만, 오늘날 그 유구가 남아 있는 곳은 거의 없다.

둘째는 통치성[仕置の城]인데, 대한민국 남해안(경상남도와 전라남도 일부) 지

역에 쌓은 城이다. 임진왜란기인 1592년부터 2년간에 걸쳐 일본으로부터의 수송로 확보와 일본군이 내륙에서 후퇴한 뒤 전세를 유리하게 전개하기 위해 쌓은 10여 개의 성과 정유재란기에 신규로 축성한 8개 등 20여 개의 성이 그것이다.

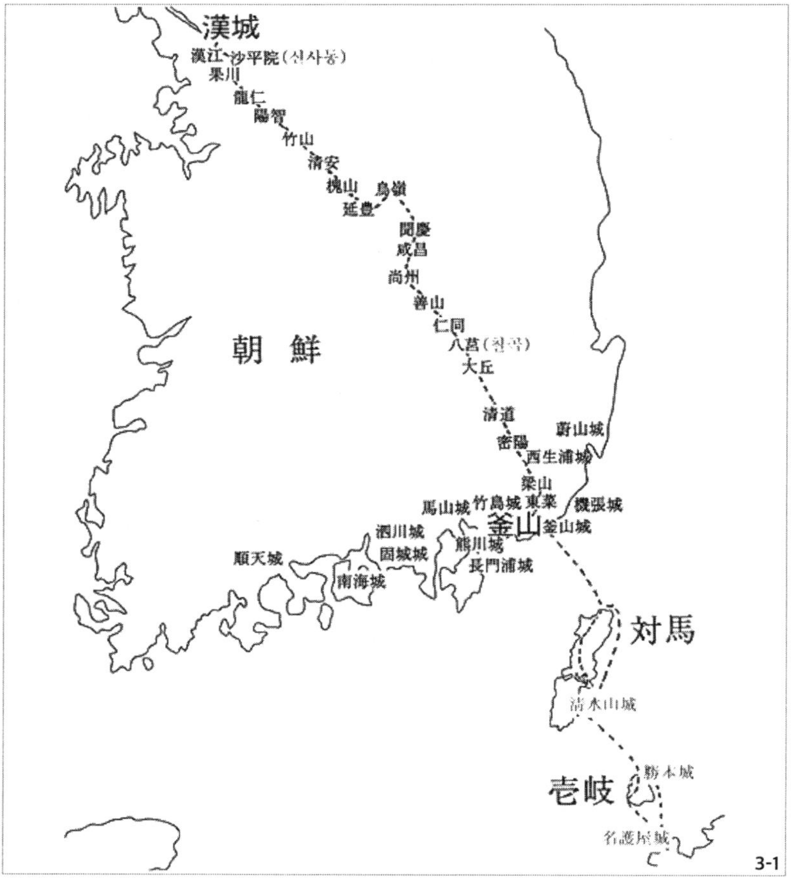

3-1

3-1 도요토미 히데요시 숙소

2 | 왜성의 축성 경위

1) 나고야성(名護屋城)의 축성과 임진왜란의 발발

1591년(宣祖24年, 天正19) 8월 히데요시는 명나라 정복[唐入り]을 내년 봄에 결행한다고 천하에 공포했다. 동시에 그것을 위한 전진기지[大本営]로서 규슈 겐카이나다(玄界灘)의 작은 반도 히가시마쓰우라(東松浦)반도의 끝인 히젠나고야(肥前名護屋)[59]에 나고야성(名護屋城)의 축조를 규슈의 다이묘들에게 명령했다.

그 땅은 벽지로 사람이 살기에 적합하지 않고, 단지 식량뿐만 아니라, 사업[兵站地化]을 수행하는 데 있어서 모든 필수품이 부족하고, 산이 많고 더구나 한쪽은 늪지로써 인적이 드문 황무지였다고[60] 혹평을 하고 있다. 짐작컨대 히젠나고야는 버려진 땅이었는데, 히데요시의 명령 한마디에 대도시로 변모한 것 같다.

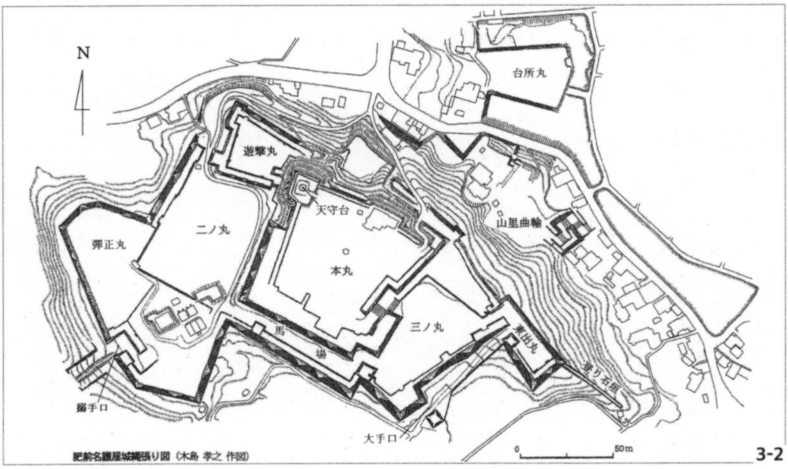

肥前名護屋城縄張り図（木島 孝之 作図）

3-2

3-2 히젠나고야성 평면도

3-3

『黑田家譜』에 의하면 나고야성은 구로다 요시다카(黑田孝高)가 성의 축성계획[縄張り]을 하고, 그의 아들인 나가마사(長政)가 후신소부교(普請惣奉行)로서 여러 장수들에게 공사를 분담하고, 착공은 1591년 10월 10일, 준공은 1592년(文禄元年) 2월이었다고 한다.[61] 또 당시(공사 개시 전)의 나고야 모습을 후로이스[62]는 "그 땅은 벽지로 사람이 살기에 적합하지 않고, 단지 식량뿐만 아니라, 사업(兵站地化)을 수행하는 데 있어서 모든 필수품이 부족하고 산이 많고 더구나 한쪽은 늪지로써 인적이 드문 황무지였다"고 혹평을 하고 있는 것으로 보아 버려진 땅이었는데, 히데요시의 명령 한마디에 나고야는 대도시로 변모한 것 같다.

1592년(宣祖25년, 文禄元年) 1월 히데요시는 조선으로의 출병을 명령하고, 전국의 다이묘들을 나고야성에 집결시켰다. 그리고 3월에 출병 부대의 편제를 정하고, 4월 12일 고니시 유키나가(小西行長)·소 요시토시(宗義智) 등

3-3 히젠나고야성 조감도(名護屋城博物館)

의 1番隊(18,700명)가 이키(壹岐), 쓰시마(対馬)를 거쳐 조선으로 침입했다. 4월 13일 조선수군의 부산진성을 공격하면서 임진왜란[文禄の役]이 시작되었다.

2) 임진왜란기의 축성

앞에서 언급한 연결성과는 별도로 경상남도 남부 연안지대에 왜성[統治城]이 축조되기 시작한 것은 1592년부터 1593년 사이의 일이며, 그 축성 배경에는 이순신 장군을 중심으로 한 조선수군의 활약이 있었다.[63] 일본군은 1592년 5월 이후, 부산포 서쪽 해상에서 이순신 장군이 지휘하는 조선수군에 의해 여러 번 참패를 맛보았고, 그 결과 일본군은 "수군의 원호"와 "보급기지 확보"를 위해 남해 연안부의 항만에 성을 쌓게 되었던 것이다.

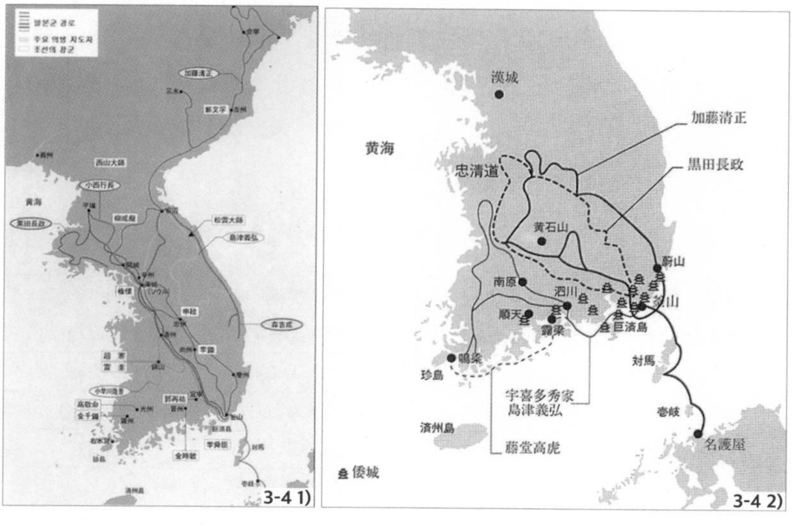

3-4 임진왜란기(左)와 정유재란기(右)의 일본군 진로

그 최초의 지령은 견내량(見乃梁)[64]해전 직후인 1592년 7월 16일에 내려진 것으로 보인다. 축성에서 항만을 택한 이유는 항만을 확보함으로써 일본군의 항만 이용을 원활히 하고 그 방어를 용이하게 하기 위함이며, 다른 하나는 조선수군의 항만 사용을 저지하기 위함이었다. 군대에 있어서 항만은 무기·탄약·병력·식수·식량 등의 보급은 물론, 함대의 집결과 편성 등에 있어 불가결한 존재였다.

경상남도 남부 연안의 축성이 계획된 것은 1593년(宣祖26년, 文禄2) 2월경, 서울에 집결해 있던 왜장들에 의해서였는데, 조선군과 의병들의 활약으로 인해 부산에서 서울로 물자의 보급이 원활히 이루어지지 않아 전세가 악화되고 있었기 때문이었다. 이어서 일본군은 조선 남부 연안으로의 퇴각이 불가피하게 되었고, 이러한 사정이 일본의 히데요시에게 보고되자 남부 연안으로의 퇴각과 왜성의 축성 명령이 하달되었다. 당시 도요토미 히데요시는 장수들만 조선에 파병하고, 일본에서 모든 지령을 슈인조(朱印狀)[65]라는 문서에 의해 하달하였다. 같은 해 5월 1일자 명령서에 의하면 남해 연안의 축성 계획은 최초 18개(本城 11개, 端城[66] 7개)였는데, 이후 몇 차례의 수정을 거쳐 확정되었다. 표 3-1은 실제로 축성된 성과 그 담당자이다.

| 표 3-1 | 椎木島는 影島, 甘筒浦는 龜浦, 唐島는 巨濟島를 가리킴.

倭城의 이름	토목담당	倭城의 이름	토목담당
西生浦(せっかい)	加藤清正	金海 端城(德橋)	鍋島直茂
林浪浦(せいぐわん)	毛利吉成 外	加德(かとく)	毛利秀元
機張(くちゃん)	黑田長政	安骨浦(あんかうらい)	九鬼嘉隆 外
東萊(とくねぎ)	吉川広家 外	熊浦(こもかい, 熊川)	小西行長

釜山浦(ふさんかい)	毛利輝元	同 端城	宗義智
同 端城(椎木島)	同	同 端城	松浦鎮信 外
同 端城(出埼端城)	同	唐島(からいさん)	福島正則 外
甘筒浦(かとかい)	小早川隆景 外	同 端城	島津義弘 外
金海(きんむい, 竹島)	鍋島直茂	同 端城	長宗我部元親 外

본격적으로 왜성이 축성되기 시작한 것은 진주성이 함락된 직후인 1593년 7월경으로 보이며, 왜성을 쌓은 목적은 당초에는 이것을 발판으로 하여 조선의 남부를 완전히 점령하고, 또 북쪽으로 진격하는 것에 있었다.[67] 또한 당시는 강화교섭이 추진되고 있는 중이었는데, 히데요시가 명나라에 요구한 강압적인 7개조 요구[68]를 관철하기 위한 후순이었다. 특히 요구 중에 조선남부 4도의 할양이 있는데, 이것이 관철되면 왜성은 정치의 중추(통치성)로써 활용할 수 있게 되며, 또 강화교섭이 결렬될 경우 이것을 발판으로 곧 바로 전투를 개시할 수 있기 때문이었다. 또한 일단 성을 쌓으면 강화교섭 중에는 수비병을 제외한 병력을 일본으로 철수할 수 있으며, 그만큼 조선으로의 보급도 용이해지기 때문이었다.

3) 정유재란기의 축성

1596년 9월 히데요시는 오사카성에서 명나라 사절을 맞이했는데, 그것이 항표사(降表使)가 아니라 책봉사(冊封使)인 것과, 자신이 요구한 7개조가 무시되었다는 것을 알고 재침을 결의한다. 이로써 3년간을 끌어오던 강화교섭이 무산되고 말았다. 1597년(선조30년, 慶長2) 2월 21일자 히데요

시의 지령(浅野家文書)에 의하면 다음과 같은 5개 성의 수비를 하달하고 있다.[69]

釜山浦	小早川秀秋(고바야카와 히데아키), 太田一吉(오오타 가즈요시)
安骨浦	立花宗茂(다치바나 무네시게)
加德	高橋直次(다카하시 나오쓰구), 筑紫広門(쓰쿠시 히로카도)
竹島	小早川秀包(고바야카와 히데카네)
西生浦	浅野幸長(아사노 요시나가)

또, 먼저 전라도를 점령하고 가능하면 충청도 등에도 진격할 것, 그런 뒤에 각소에 통치성[仕置の城]을 쌓을 것, 토목공사는 귀환 예정 병력이 담당할 것 등을 지령하고 있다. 이리하여 정유재란(慶長の役)이 발발하게 되었다.

정유재란기에는 신규로 8개의 왜성이 축조되었다. 이들 성의 축조는 1597년 9월 16일 전라북도 정읍에 집결하여 회의한 결과로 보이는데,[70] 성의 이름과 축성 및 수비 담당을 정리하면 표 3-2와 같다.

| 표 3-2 | 昌原은 馬山, 唐島瀨戶口는 견내량을 가리킴.

倭城의 이름	토목(普請) 담당	수비(在番) 담당
蔚山(うるさん)	浅野幸長 外	加藤清正
梁山(りゃくさん)	黑田長政	黑田長政
昌原(ちゃわん)	鍋島家	鍋島家
唐島瀨戶口		宗家
固城(こそん,こせい)	吉川広家 外	

泗川(そせん,そてん)	毛利吉成 外	島津義弘
南海(なむはい)	水軍 諸將	宗義智
順天	宇喜多秀家 外	小西行長

3 | 왜성의 축성 목적

왜성의 축성목적은 우선 조선의 항만을 확보함으로써 일본 수군의 원호와 보급기지를 확보하고 그 방어를 용이하게 하는 한편, 조선수군의 항만 사용을 저지하기 위함이었다. 군대에 있어서 항만은 무기·탄약·병력·식수·식량 등의 보급은 물론, 함대의 집결과 편성 등에 있어 불가결한 존재였다. 또한 당시 추진되고 있던 강화교섭이 성사된다면 한반도에 통치거점을 마련할 필요가 있으며, 반대로 실패한 경우 전쟁 재개 시 전초기지로서의 활용 계획 등 치밀하고 장기적인 의도가 깔려 있음을 알 수 있다.

4 | 왜성의 분포 현황

현재까지 알려진 각 왜성의 현황을 정리하면 표 3-3과 같으며, 그 분포 위치는 〈그림 3-5〉에 나타낸다.

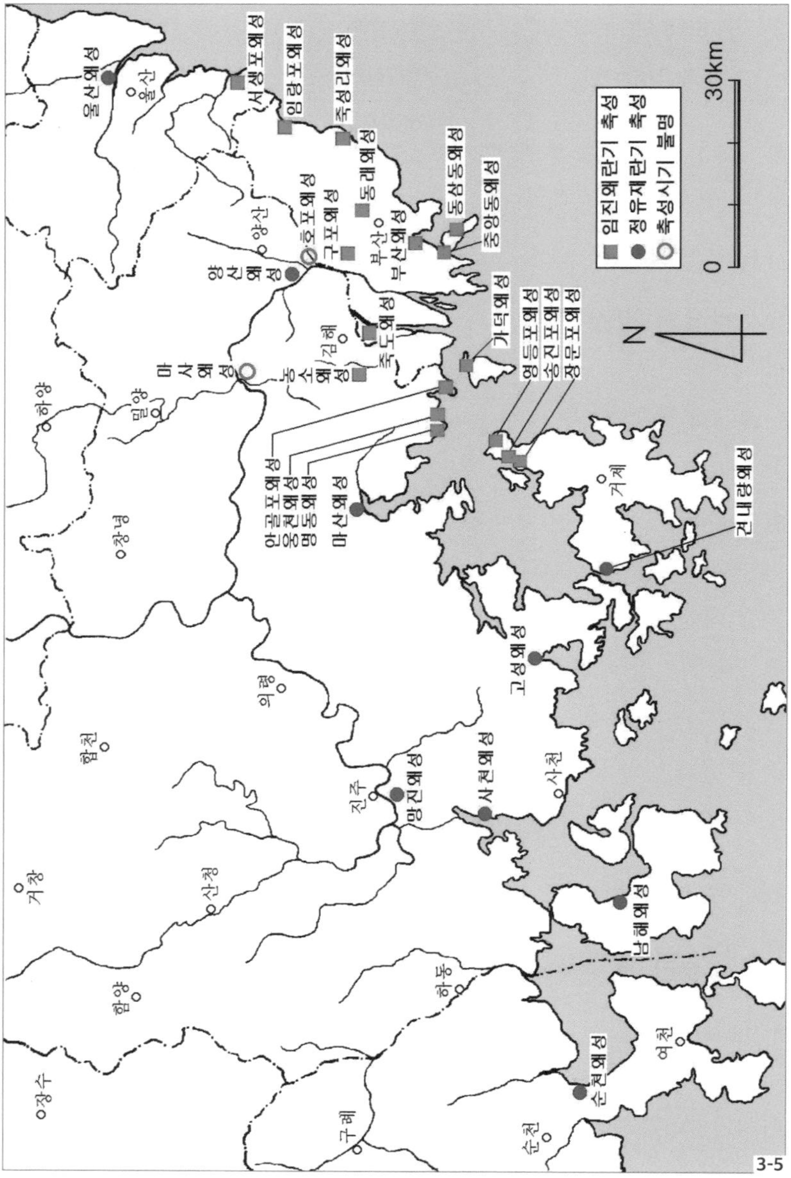
울산왜성
울산
서생포왜성
임랑포왜성
죽성리왜성
동래왜성
호포왜성
구포왜성
양산
양산왜성
부산
부산왜성
동삼동왜성
중앙동왜성
임진왜란기 축성
정유재란기 축성
축성시기 불명
0
30km
N
가덕왜성
영등포왜성
송진포왜성
장문포왜성
김해
죽도왜성
농소왜성
마사왜성
밀양
하양
안골포왜성
웅천왜성
명동왜성
마산왜성
창녕
거제
견내량왜성
고성왜성
의령
합천
진주
망진왜성
사천왜성
사천
거창
산청
남해왜성
하동
함양
장수
구례
순천
순천왜성
여천
3-5

3-5 왜성의 분포 위치

5 | 왜성의 특징

1) 입지

앞에서 설명한 왜성군을 돌아보면 다음과 몇 가지의 공통점이 발견된다. 먼저 입지로서 그 대부분이 독립된 언덕이나 높이가 200m 내외의 비교적 낮은 야산을 이용했다. 독립된 언덕의 이용은 인접한 다른 산의 능선을 타고 침입하는 적을 방어하는데 절대적으로 유리하다. 이들 왜성의 높이를 정리한 것이 표 3-4이다.

표 3-4에 나타난 바와 같이 임진왜란기에 축성된 왜성은 대부분이 100m 내외이며, 영등포왜성 1개소만 200m를 넘고 있다. 또한 정유재란기에 축성된 왜성은 대부분이 50m 내외로 저지대에 위치하고 있음을 알 수 있다.

| 표 3-3 | 왜성 일람표(No의 ○ 표시는 문화재·기념물 등의 지정)

No	倭城名	時期	築城者	所在地	Remarks
①	蔚山倭城	1597년	淺野幸長 외	蔚山市 中區 鶴城洞 100	학성공원
②	西生浦倭城	1593년	加藤清正	蔚山市 蔚州郡 西生面 西生里	
3	林浪浦倭城	1593년	毛利吉成 외	釜山市 機張郡 長安邑 林浪里	
④	竹城里倭城	1593년	黑田長政	釜山市 機張郡 機張邑 竹城里	기장왜성
5	東來倭城	1593년	吉川広家 외	釜山市 東萊區 漆山洞 ?	소멸
6	釜山倭城	1592년	毛利輝元	釜山市 東區 佐川洞	증산체육공원

⑦	子城台倭城	1593년	毛利秀元	釜山市 東區 凡一洞	부산진성공원
8	中央洞倭城	1593년	毛利輝元	釜山市 中區 中央洞	소멸
9	東三洞倭城	1593년	毛利輝元	釜山市 影島區 東三洞	추목왜성 ?
⑩	金海竹島倭城	1593년	鍋島直茂·勝茂	釜山市 江西區 駕洛洞	
11	加德倭城	1592년	毛利輝元	釜山市 江西區 加德島洞	눌차도
12	加德倭城支城	1593년	?	釜山市 江西區 加德島洞	갈마봉
⑬	龜浦倭城	1593년	小早川隆景 외	釜山市 北區 德川洞	감동포성
14	湖浦倭城	?	?	慶南 梁山市 東面 架山里	소멸
⑮	梁山倭城	1597년	黑田長政	慶南 梁山市 勿禁邑 甑山里	증산성
16	馬沙倭城	?	鍋島直茂 외	慶南 金海市 生林面 馬沙里	
17	農所倭城	1593년	鍋島直茂 외	慶南 金海市 酒村面 農所里	신답왜성
⑱	安骨浦倭城	1593년	脇坂安治 외	慶南 昌原市 鎭海區 安骨洞	
⑲	熊川倭城	1593년	小西行長	慶南 昌原市 鎭海區 南門洞	
20	明洞倭城	1593년	宗義智·松浦鎭信	慶南 昌原市 鎭海區 明洞	
21	馬山倭城	1597년	?	慶南 昌原市 馬山合浦區 山湖洞	산호공원
22	固城倭城	1597년	吉川広家 외	慶南 固城郡 固城邑 水南里	
23	見乃梁倭城	1597년	宗家 ?	慶南 巨濟市 沙等面 德湖里	광리왜성
24	長門浦倭城	1593년	蜂須賀家政 외	慶南 巨濟市 長木面 長木里	
25	松眞浦倭城	1593년	福島正則 외	慶南 巨濟市 長木面 松眞浦里	금무정
26	永登浦倭城	1592년	島津義弘 외	慶南 巨濟市 長木面 舊永里	대봉산
27	泗川倭城	1597년	長宗我部元親	慶南 泗川市 龍現面 船津里	선진리성
28	望晋倭城	1597년	島津義弘 외	慶南 晋州市 望京洞	소멸
29	南海倭城	1597년	脇坂安治 외	慶南 南海郡 南海邑 船所里	천남대왜성
30	順天倭城	1597년	宇喜多秀家 외	全南 順天市 海龍面 新城里	

| 표 3-4 | 왜성의 입지(축조된 위치)

해발	임진왜란기	정유재란기	기타
50m 미만	자성대, 중앙동, 김해죽도	울산, 고성, 견내량, 사천, 남해	-
100m 미만	임랑포, 죽성리, 동삼동, 가덕, 구포, 농소, 안골포, 명동, 송진포	마산, 순천	마사
150m 미만	서생포, 동래, 부산, 가덕지성, 장문포	양산	-
200m 미만	웅천	망진	-
200m 이상	영등포	-	-

둘째로, 감시와 경계 등을 고려하여 해안선까지 시야가 충분히 확보되고 있다. 실제로 필자가 답사해 본 결과 대부분의 왜성지가 별장지로도 손색이 없을 정도로 조망이 뛰어났다.

셋째로, 강이나 바다 등의 만을 끼고 있어 선박에 의한 수로 이용이 가능하다. 강이나 바다에 입지한 왜성을 정리하면 표 3-5와 같은데, 대부분이 해안을 끼고 있음을 알 수 있다.

| 표 3-5 | 왜성의 입지(수로 이용 측면)

위치	임진왜란기	정유재란기	기타
하천	김해죽도, 구포	울산, 양산, 망진	호포, 마사
해안	서생포, 임랑포, 죽성리, 부산, 자성대, 중앙동, 동삼동, 가덕, 안골포, 웅천, 명동, 장문포, 송진포	마산, 고성, 견내량, 사천, 남해, 순천	-
기타	동래, 가덕지성, 농소, 영등포		-

넷째로 여타 조건은 구비되었으나, 독립된 언덕이 아닌 경우는 반드시 그 산허리를 잘라 호리키리(堀切)를 설치함으로써 수비를 강화했다.

2) 우리나라 성곽과의 관계

왜성은 고려시대와 조선시대에 축성된 우리나라의 읍성이나 진성과도 많은 관계가 있다. 왜성의 축성 유형을 살펴보면 크게 세 가지로 나눌 수 있다. 즉 우리나라의 성곽과 무관하게 전혀 다른 장소에 축성된 것(A), 우리나라의 성곽에 접하여 축성된 것(B), 그리고 우리나라의 성곽을 허물고 그 자리에 신규 또는 수축(修築)한 것(C) 등이다. 이것을 나타낸 것이 〈그림 3-6〉의 모식도이다.

앞에서 기술한 연결성의 경우는 〈그림 3-6〉의 C에 해당되며, 죽성리왜성, 동래왜성, 고성왜성의 경우는 우리 성의 일부를 이용하여 축성하였으므로 〈그림 3-6〉의 B에 해당되고, 그 외는 우리 성곽과 어느 정도의 거리를 두고 있으므로 A에 해당된다.[71]

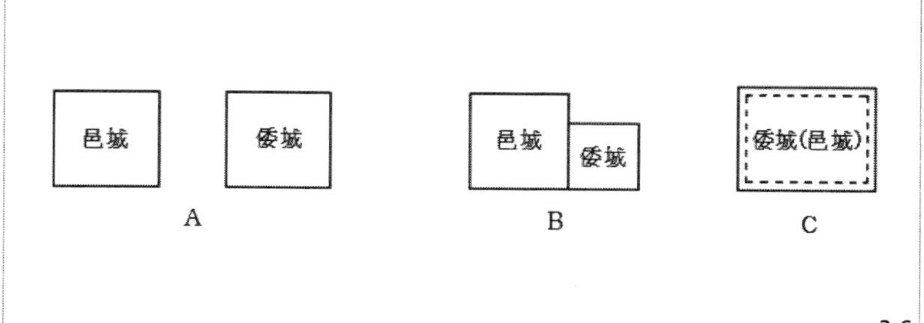

3-6

3-6 우리나라 읍성과 왜성의 관계

3) 왜성의 구조적 특징

왜성은 제2장에서 기술한 일본의 중세성곽과 근세성곽의 구조와 특징을 종합적으로 나타내고 있다. 대부분의 왜성이 낮은 언덕이나 야산에 구축되어 있으므로 평산성의 범주라 할 수 있다. 마사왜성 등 소수의 왜성은 중세성곽과 같은 토성 형태이며, 그 외 대부분은 이시가키(石垣)를 채용한 근세성곽의 형태를 띠고 있다.

성벽의 주위는 해자[空堀]를 두르고, 주곽부에는 2중 또는 3중의 독립된 방어시설인 구루와(曲輪)로 철저히 구획화 하고 있다. 성벽에는 사각(死角)을 없애기 위해 요코야(横矢)를 최대한 도입하였고, 출입구에는 마스가타(枡形), 구이치가이(食違い) 등의 고구치(虎口)를 설치하였다. 성벽의 석축은 자연석이나 할석을 이용하여 돌과 돌의 이음새가 큰 우치코미하기(打込接ぎ)가 대부분이며, 일부에서는 불규칙하게 쌓아올린 란즈미(乱積)와 기리코미하기(切込接ぎ) 구조도 적용되어 있다. 이시가키의 주요부분의 모서리는 쇼쿠호계(織豊系) 성곽의 특징인 산기즈미(算木積)와 소리(反り)도 적용되어 있는데, 그다지 정교하지는 못한 편이며, 성벽은 지면에서 평균 60~70도 정도의 기울기를 가지고 있다.

이 밖에 울산왜성을 비롯한 몇 개의 왜성을 제외하고는 대부분 천수대를 갖추고 있으며, 성벽의 가장자리에 도베이(土塀)의 흔적도 뚜렷이 남아 있다. 왜성지의 주변에는 기와나 도자기의 파편이 곳곳에 산재하고 있어, 도베이를 비롯한 지상 건축물에는 대부분 기와를 얹은 것으로 추정된다. 또한 왜성에는 일본의 근세성곽에서 보이지 않는 노보리이시가키(登り石垣)라는 장대한 성벽도 설치되었다. 이것은 왜성만의 특징적인 구조로, 산상부의 본성과 산기슭부의 지성이나 부속시설을 하나로 연결하여 방어

선을 확고히 하기 위한 목적으로 추측된다. 서생포왜성이나 웅천왜성 등에서는 이 노보리이시가키가 잘 보존되어 있다.

6 | 일본성곽사에서 본 왜성의 의의

일본 근세성곽의 시발점은 전국시대 후기인 1576년에 오다 노부나가(織田信長)가 오미(近江) 지역에 아즈치성(安土城)을 건설하기 시작하면서이다.[72] 오다 노부나가의 뒤를 이어 전국시대를 통일한 도요토미 히데요시(豊臣秀吉) 정권기에는 일본의 전국 각지에 다이묘(大名)들의 거성이 세워지는 등 활발한 성곽문화가 꽃을 피웠는데, 이 시대를 아즈치모모야마시대(安土桃山時代)라고 한다. 히데요시의 뒤를 이은 도쿠가와 이에야스(德川家康)는 노부나가와 히데요시의 성곽을 다시 수축(修築)하게 되는데, 노부나가가 입경한 1568년부터 세키가하라 전투에서 도쿠가와 이에야스가 승리한 1600년까지를 "쇼쿠호시대(織豊時代)"라고도 하며, 일본성곽사에서는 이 시기의 성곽을 특별히 "쇼쿠호계 성곽(織豊系城郭)"이라 부르기도 한다.

왜성은 성곽 편년에 있어서 그 축성 연대가 확실하고 후대에 수리되지 않았기 때문에 당시 일본의 축성법을 그 어느 곳에서보다 명확히 알 수 있는 장점이 있다. 이는 같은 시기 일본 국내에 축조된 성곽은 후대에 계속 사용됨으로써 거듭 개보수(改補修)가 이루어지게 되고, 그에 따라 축성 시기와 축성법을 명확히 가려내는 것이 어렵다는 점과 비교하여 볼 때 매우 중요한 점이다.[73]

오늘날 일본에 남아 있는 대부분의 성곽은 도쿠가와 이에야스 정권기에 개축되었기 때문에 근세성곽을 연구하는 데는 한계를 느낀다고 한다. 그래서 일본의 성곽 연구자들은 일찍이 한국에 남아 있는 왜성의 연구에 많은 열정을 쏟고 있는 것이다. 이들은 왜성을 가리켜 "일본 근세성곽의 박물관" 또는 "일본성곽의 수수께끼를 거머쥔 '표준화석'이라고 해도 좋을 것"이라고 한다.[74] 도바 마사오(島羽正雄)는 "왜성지의 조사 없이는 일본 성곽사의 완성은 없다"고 했으며,[75] 후쿠시마 가쓰히코(福島克彦)는 "16세기의 군사기술을 탐욕으로 추구한 실전적인 성곽유구"라고 한다.[76]

한편 현재 명확한 근거는 없으나, 일본의 구마모토성(熊本城)과 후쿠오카성(福岡城)은 임진왜란에 참전한 주요 무장인 가토 기요마사(加藤清正)와 구로다 나가마사(黑田長政)에 의해 각각 축성된 성이며, 시기도 임진왜란 전후에 착공하여 모두 임진왜란 직후에 완성된 성이다. 그렇다면 이들이 임진왜란 기간의 실전 경험을 충분히 발휘하여 이 성을 축성하였다는 것은 당연하다고 생각되므로[77] 왜성은 일본성곽의 축성법에도 상당한 영향을 끼쳤을 것으로 보인다.

이처럼 왜성은 우리에게 있어서는 조상의 울분이 담긴 치욕의 역사이면서 일본이 조선에 가한 명확한 침략의 증거물이기도 하다. 반면 일본에게 있어서는 전혀 개축되지 않고 살아 있는 근세성곽의 박물관인 셈이다.

제4장

왜성 탐방

1 | 울산왜성(蔚山倭城)

* 소재지 : 울산광역시 중구 학성동 100(학성공원)
* 축성시기 : 1597년(선조30, 萬曆25, 慶長2)
* 축성자 : 가토 기요마사(加藤清正) · 모리 히데모토(毛利秀元) · 아사노 요시나가(淺野幸長) 등
* 해발 : 약 50m
* 주요유구 : 성벽[石垣], 천수대, 출입구(虎口)
* 사적지정 : 울산광역시 문화재자료 제7호
* 별명 : いさん城

울산왜성은 해안으로부터 태화강을 따라 서쪽으로 약 10km 거슬러 올라가, 그 지류인 동천과의 합류점 북서쪽에 위치하는 해발 약 50m의 독립된 언덕 위에 축성되어 있다. 현재는 공원(학성공원)으로 조성되어 있다. 지금은 주변이 모두 간척되어 육지로 되어 있으나, 당시에는 성 바로 밑에까지 바닷물이 들어왔다고 한다.

이 성은 정유재란 때(1597년) 동부전선 최전선의 거점으로 아사노 요시나가(淺野幸長, 1576~1613)·모리 히데모토(毛利秀元, 1579~1650) 등이 축성을 담당했고, 가토 기요마사(加藤清正, 1562~1611)·아사노 요시나가 등이 수비한 것으로 알려져 있으며, 1997년 지방문화재 제7호로 지정되었다.

제일 높은 곳에 석축[總石垣]으로 둘러싸인 혼마루, 북쪽으로 한 단 낮은 곳에 니노마루, 북서쪽으로 돌출된 부분에 산노마루를 배치하는 구조였

4-1 울산왜성 위치도

다. 토목공사를 담당한 아사노 요시나가와 시시도 모토쓰구(宍戸元續, 1563~1631. 毛利秀元의 부하)의 연명으로 작성된 普請目錄(「蔚山之御城出来仕目録」『浅野家文書』)이 남아 있어, 성의 개요를 알 수 있다. 그것에 의하면 「혼마루·니노마루와 산노마루를 에워싼 성벽[總石垣] 1.4km, 크고 작은 성루 12개, 문과 성루에 울타리[塀] 632m, 최외곽 여장[總構塀] 약 2.6km, 혼마루와 최외곽에 목책 3.4km, 니노마루와 산노마루에 가부키문(冠木門) 4개, 성안에 크고 작은 임시 막사 4개」 등으로 되어 있다.

1930년대 초에 하라다 지로(原田二郎, 1894~1989)가 작성한 것으로 추정되는 「蔚山城ノ防禦図」(埼玉県立博物館 소장)에는 성의 산기슭 평야부 동쪽에 西部洞城(지금의 중앙여고 부근), 동천에 면하는 동쪽 끝에 東部洞城(아사노의 데마루)이 그려져 있다. 이 두 성이 최외곽 범위이며, 동쪽 끝 동천강에 면한 표고 약 20m의 작은 언덕 위에 위치하는 東部洞城(지금의 한라그랜드맨션 부근)은 조선군이 내습하는 최전선이자 하천 루트를 이용한 물자의 반입구이며, 하천 루트의 안전 확보를 담당하는 극히 중요한 역할을 한 것으로 생각된다.

1596년 명나라와의 강화교섭이 결렬되자, 도요토미 히데요시(豊臣秀吉)는 조선으로의 재침을 명령한다. 1597년 일본군의 주력을 이끄는 가토 기요마사는 서생포왜성으로 들어가고, 성의 강화·수축을 개시한다. 그 뒤, 기요마사는 손수 축성계획을 세워 아사노 요시나가와 시시도 모토쓰구 등과 공동으로 울산왜성의 축성에 착수한다. 주야를 가리지 않는 돌관공사로 겨우 40일 정도로 완공을 목전에 두게 되었다. 1597년 12월 하순, 수만 명의 조명연합군이 마무리 공사가 한창이던 울산왜성을 포위하고 공격을 개시했다. 이른바 일본 역사에서 말하는 '蔚山籠城戦(울산농성전)'의 발발이다. 수비대장인 아사노 요시나가와 구원하러 서생포왜성에서 달려온 가토 기요마사 등은 아직 농성의 준비도 갖춰지지 않은 상태에서 응전

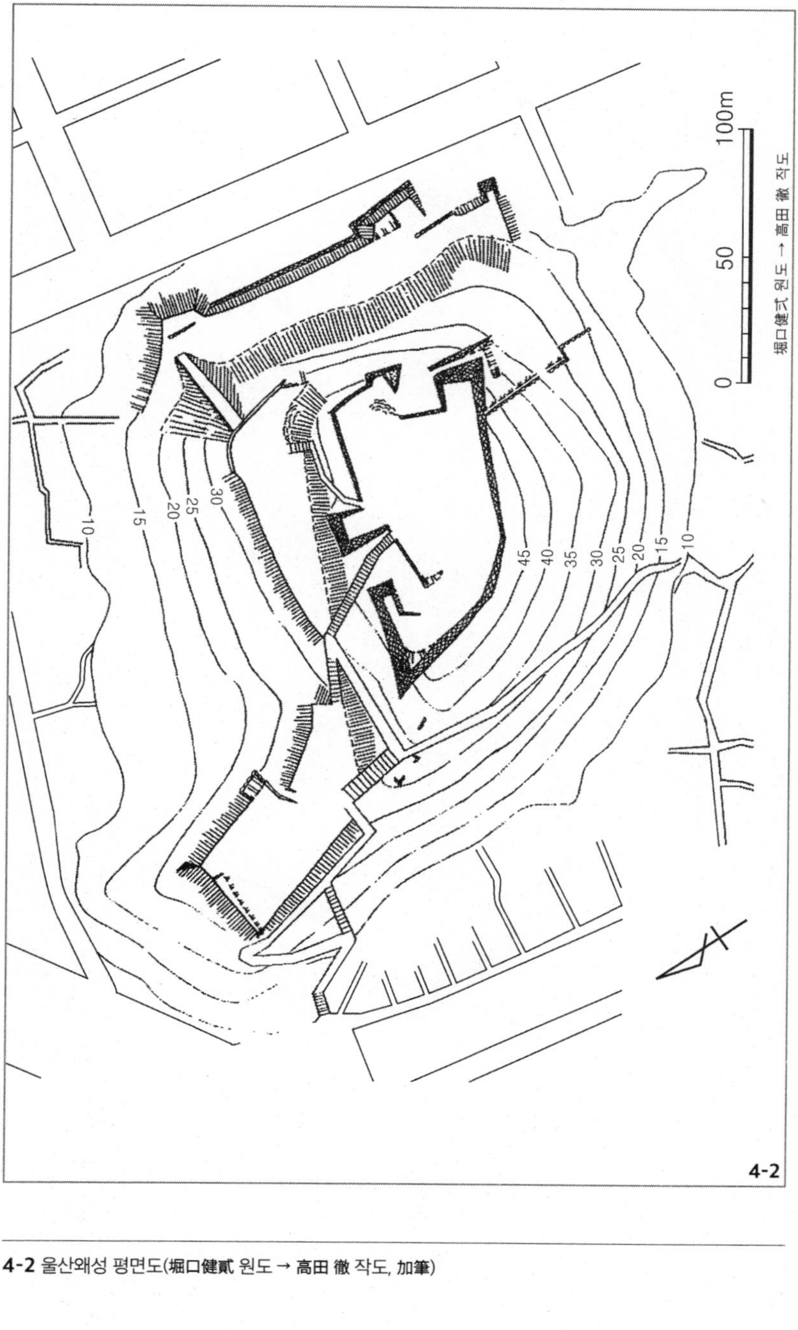

4-2 울산왜성 평면도(**堀口健貳** 원도 → **高田 徹** 작도, **加筆**)

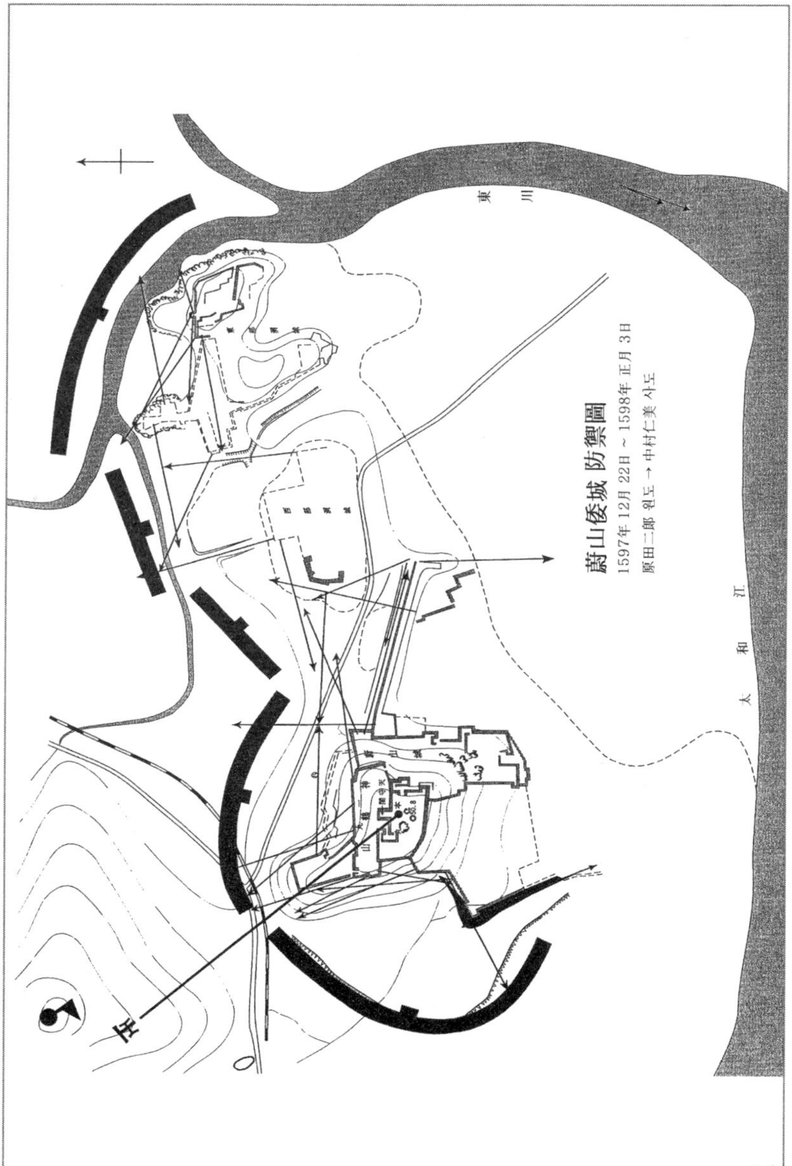

4-3

4-3 울산왜성 방어도(原田二郎 원도 → 中村仁美 사도, 加筆)

했다. 최외곽을 돌파당해 내성으로 퇴각하여 물과 식량이 바닥난 상태에서 연일 아사 직전의 처참한 농성전을 견뎌내던 중, 모리 히데모토(毛利秀元)·구로다 나가마사(黑田長政) 등의 지원군이 도착하면서 농성군은 생기를 되찾기 시작했다. 조명연합군의 격렬한 공격은 계속되었지만 끝내 울산왜성을 함락시키지 못하고 해를 넘겼다.

4-4 울산왜성 농성전 병풍도 부분(鍋島報效会 소장)

1598년 1월, 전열을 가다듬은 조명연합군은 다시 성으로 공격했으나, 가토 기요마사가 지휘하는 농성군의 결사 항전에 제대로 공격을 하지 못하고 막대한 희생만 늘어났다. 때마침 남해안 각 왜성에서 출발한 일본군 대규모 지원군의 본대가 도착하자 조명연합군은 퇴로 차단을 염려하여 어쩔 수 없이 포위망을 풀고 퇴각하게 되었다. 같은 해 귀국 명령에 의해 기요마사는 울산왜성을 폐기하고 귀국의 길에 올랐다.

당시 울산왜성에서의 전투장면을 묘사한 6폭의 병풍도가 일본에 전해졌는데, 원본의 작자는 미상이지만 나베시마 나오시게(鍋島直茂)·가쓰시게(勝茂)의 종군화가로 전해지고 있다. 〈그림 4-4〉는 메이지기인 19세기 후반에 히고(肥後)의 화가 오쿠보 세쓰도(大久保雪堂)가 원본의 복사본을 기초로 그린 그림이다. 그러나 이 그림은 전쟁 당시에 그린 것이 아니라 후대에 전해지는 이야기를 듣고 그린 일종의 상상도이다. 따라서 〈그림 4-2〉에 나타낸 현존하는 성곽 유구의 구조와 비교해 보면 전혀 다르다는 것을 알 수 있다. 메이지기 이 그림의 제작 동기에 대해서는 조선반도로의 출병론(정한론)이나 청나라에 대한 강경론 등의 시대적 배경이 있었다고 지적되고 있다.

현재, 울산왜성의 성터는 학성공원으로 시민들의 쉼터가 되고 있다. 산책로와 운동기구가 배치되어 많은 시민의 휴식처이기도 하다. 공원 입구는 서쪽 기슭의 북단에 위치하고, 거기서 산노마루 터로 올라, 산노마루에서는 구 천수대 서쪽을 빠져 나와 혼마루에 이르는 거의 직선의 길이나 있다. 예전에 성의 웅장함을 전해주는 유구는 혼마루에 남아 있는 일부의 성벽밖에 없다. 근대까지는 외곽의 해자·토루, 두 곳의 데마루(出丸)가 존재했던 것 같다.

혼마루 북쪽 중앙부에 남아 있는 천수대는 모서리를 중심으로 성벽이

4-5 남쪽에서 바라본 울산왜성지(왼쪽 언덕 위는 충의사)
4-6 울산왜성 혼마루 동쪽 성벽(근래 일부 복원)

상당히 붕괴되어 있지만, 그 규모를 판명할 수 있다. 천수대 서쪽의 출입구[虎口] 터, 동쪽 중앙에 위치하는 출입구도 그 원형이 남아 있으며, 성벽으로 둘러친 엄중한 구조를 상상할 수 있다. 북쪽 출입구는 천수대 서쪽 아래가 열려 있고, 서쪽으로 꺾어진 마스가타 공간이 있으며, 직각으로 동쪽으로 꺾어 혼마루에 이르는 복잡한 통로가 된다. 천수대와 마주하고 있는 서쪽 언덕에도 야구라가 존재하고, 두 야구라 사이에 문이 설치되는 아주 튼튼한 출입구가 상정된다.

동쪽 출입구도 엄중한 구조로 남북으로 위치하는 야구라 사이의 통로를 지나 북쪽으로 꺾어서 혼마루로 들어가는 구조가 된다. 구마모토성(熊本城)의 東櫓御門을 너무 많이 닮았다. 혼마루로부터의 조망은 열려 있어 시내를 내려다볼 수 있으며, 가토 기요마사가 여기에 選地한 이유를 납득할 수 있다. 동쪽 남북 방향의 야구라다이가 상정되는 성벽은 잔존 상태가 양호하고, 모서리 부분은 산기즈미는 아니지만 기요마사 단계의 구마모토성과 같은 모양이다.

석축부는 대형 직육면체의 자연석(割石도 포함)을 사용하고, 긴 쪽을 가로 방향으로 쌓는 것을 기본으로 하며, 틈새에는 아이다이시(間石)가 채워진다. 일본 국내에 남아 있는 이 시기의 성벽과 같은 방식으로 쌓은 것으로, 모서리나 석축부만 보면 기요마사의 성벽 쌓는 기술이 이용된 것이 확실하다. 남쪽에서 서쪽에 걸쳐서도 성벽이 확인되며, 혼마루에는 거의 주변을 일주하듯 성벽이 남아 있다. 현 상태를 보면, 성벽 자체는 옛 모습을 간직하고 있고, 상당히 지하에 묻혀 있는 듯하다. 정식적인 조사가 실시되면 혼마루 출입구(虎口)나 성벽(石垣)이 본래의 모습을 되찾을 가능성은 매우 높다. 2004년 한국의 지방 문화재로 지정되어 있다.[78]

2 | 서생포왜성(西生浦倭城)

* 소재지 : 울산광역시 울주군 서생면 서생리 711(성내마을 뒷산)
* 축성시기 : 1593년(선조26, 萬曆21, 文祿2)
* 축성자 : 가토 기요마사(加藤清正)
* 해발 : 133m
* 주요유구 : 천수대, 성벽[石垣], 도루이(土壘), 해자[堀]
* 사적지정 : 울산광역시 문화재자료 제8호
* 별명 : せっかい城

서생포왜성은 울산왜성과 기장 죽성리왜성의 중간에 위치한 동해에 면한 언덕 위에 있다. 회야강(回夜江)이 그 북쪽을 흐르고, 성의 동쪽에 이르러 동해바다에 합류한다. 1593년 가토 기요마사가 축성한 平山城 형태의 石城이며, 1997년 울산시 문화재 제8호로 지정되었다.

문서에 서생포왜성이 최초로 등장하는 것은 1593년(宣祖26年, 文祿2)의 히데요시 명령서[朱印狀]에 의한 축성 명령이며, 같은 해 5월의 히데요시 명령서에 城名을 알 수 없는 성의 수비에 가토 기요마사, 그 하지로(端城)에 사가라 나가쓰네(相良長每)가 명령되어 있는데, 한성(서울)에서 퇴각한 기요마사는 그대로 서생포에 들어가 축성을 개시했을 것으로 추정되므로, 구체적인 일시는 알 수 없지만, 1593년에 본격적인 축성이 이루어졌다고 보아도 좋을 것이다.[79]

4-7 서생포왜성 위치도

같은 해 9월의 히데요시 명령서에는 “강화에 방심하지 말고 성을 견고히 하라”고 명령하고 있는데, 이러한 일련의 명령서로 보아 서생포왜성은 기요마사의 손에 의해 현재 보이는 성의 원형을 만들어 낸 것이라고 추정된다.[80] 1594년에는 평화교섭이 활발히 진전되어 4월에 서생포왜성에서 사명대사[松雲]와 기요마사가 회견을 하였다. 1595년 6월 28일자 히데요시 명령서에 의해 부산왜성, 김해죽도왜성, 가덕왜성 등의 몇 개를 남기고 여러 장수들을 순차 일본으로 귀국시켰는데, 이때 기요마사는 서생포왜성에서 기장의 죽성리왜성으로 옮겼고, 이때부터 한 때 폐성으로 되었다.

1596년 6월 히데요시의 명에 의해 기요마사는 귀국하여 후시미성(伏見城)으로 향했는데, 같은 해 9월 평화교섭이 결렬되자, 1597년 1월 기요마사는 다시 1번대가 되어 약 10,000명의 군사를 이끌고 조선을 침입, 기장과 양산을 거쳐 한때 폐성으로 되어 있던 서생포왜성에 입성했다.[81] 이후 기요마사는 이 방면의 군사적 책임자가 되고, 같은 해 2월 21일자 히데요시의 명령서에 수비 책임자로 아사노 요시나가에게 3,000명으로 수비할 것을 명령하고 있다. 같은 해 3월 기요마사는 서생포왜성에서 사명대사와 회담을 했다. 같은 해 7월 21일경에 요시나가가 서생포왜성에 입성하고, 기요마사는 8월 20일경에 北上작전을 위해 출진하고, 같은 해 9월 요시나가는 혼마루의 토목공사에 착수한 것으로 보인다.[82]

가토는 1597년 11월 10일자 히데요시의 명령서에 의해 아사노 요시나가와 등과 함께 최전선인 울산왜성의 축성에 착수한다. 12월 중순 이후 성의 외곽부분이 거의 완성되었을 무렵, 울산왜성은 갑자기 朝·明연합군의 공격을 받기 시작했다. 그로부터 이듬해인 1598년 1월 4일까지 약 보름동안 비참하고 처절한 농성전을 벌였다. 같은 해 1월 22일자 히데요시의 명령서에 의해 기요마사는 울산왜성의 수비만 전념케 하고, 서생포왜성에는 모리 요시나리(毛利吉成), 시마즈 다다토요(島津忠豊), 이토 스케타카(伊東祐兵), 다카하시 모토타네(高橋元種), 아키즈키 다네나가(秋月種長), 사가라 나가쓰네(相良長每) 등의 여러 장수가 入城하여 수비를 담당하게 되었다.[83]

1598년 5월 22일자 히데요시의 명령서에 의해 그때까지 구포왜성에 있던 구로다 나가마사(黑田長政)가 서생포왜성의 수비담당자가 되어, 이후 폐성까지 나가마사가 지키고 있었다. 같은 해 8월 18일 히데요시의 사망으로 인해 더 이상 이 전쟁이 무의미하게 되었다. 10월 15일자 고다이로(五大老)[84]가 나가마사 앞으로 보낸 명령서에서 "울산이 공격을 당할 때에는 서생포를 단단히 지킬 것, 비상 시에는 서생포성을 버리고 부산성으로 빠져나갈 것"을 명령하고 있다. 10월 27일자 도쿠가와 이에야스(德川家康)의 명령서에는 "기요마사와 협의하여, 서생포성을 퇴각하여 부산성으로 입성하라"고 되어 있다. 11월 24일에 기요마사와 나가마사 등이 부산왜성에서 일본으로의 귀국길에 오르자, 폐성이 된 서생포왜성과 울산왜성에 명나라의 제독 마귀(麻貴)가 입성, 점령했다.[85]

이 성은 標高 133m의 산 정상에 혼마루를 두고, 동북의 경사지에 계단형을 이루어 니노마루, 산노마루가 있으며, 산기슭 부분에서 점점 넓어져 외곽을 이루고 있다. 산 정상부의 성과 산기슭 부분의 성은 마치 띠를 두른 듯한 성벽인 노보리이시가키가 이어져 있다.

성의 범위는 산록거관이 있는 구루와까지 포함하면 남북 400m, 동서 700m나 되는 동서로 길고 광대한 성역으로 된다. 군항은 현재는 매립되어 있는 산록거관 북쪽의 작은 만이었다고 생각되지만, 외양선의 정박은 만보다 더 북쪽인 회야강 하구였다고 추정된다.

현재의 登城路가 일찍이 성내의 길이었을 가능성이 높다. 산허리에 이시가키가 있는 구루와6이 있으며, 그 남쪽 아래에 야구라몬[정문]이 있었다고 추정되는 출입구가 보인다. 여기부터가 산성부의 성역이 된다.

이 정문 출입구를 들어서면 성의 남단을 서쪽으로 올라 마스가타 고구치1이 보인다. 내부에 작은 구루와5가 있으며, 야구라다이가 존재한다. 이 야구라다이에서 남쪽으로 향하여 마스가타 고구치2가 있으며, 남쪽 방향의 성 밖으로 나갈 수 있다. 이 구루와5에서 또 다시 꾸불꾸불한 비탈길을 올라 야구라다이가 있었을 법한 커다란 고구치3에 도달한다. 이 야구라몬의 안쪽이 주곽부가 된다.

혼마루의 내부는 천수대에서 동쪽의 구루와는 시키리 이시가키(仕切り石垣)에 의해 분단되어 있으며, 2개의 구루와를 형성하고 있다. 시키리 이시가키는 구이치가이 고구치(喰違い虎口)4가 있으며, 동쪽 구루와3을 니노마루라고도 한다. 또 천수대 남쪽 아래의 마스가타 고구치를 통과하여 다몬야구라로 둘러싸여 엄중한 방어가 되고 있는 구루와1에 도달하고, 이 구루와가 성의 가장 서쪽이 된다. 천수대 남쪽에는 성 밖으로 나갈 수 있는 마스가타 고구치5가 있다. 이 마스가타 고구치5는 내부의 성벽을 연장한 시기에 출입구를 성벽에 의해 폐쇄한 시기의 개수(改修)라고 추정된다.

천수대 서쪽 아래에도 다몬야구라에 접속한 야구라몬이 있었을 법한 커다란 마스가타 고구치6이 존재하고, 이곳도 성벽으로 폐쇄되어 있는 수리 흔적을 확인할 수 있다. 천수대 북쪽도 확장되어 있으며, 천수대 개축 내지 이 부분에 헤이(塀)나 다몬야구라 등의 시설을 추가한 수리 흔적을 볼 수 있다. 천수대의 출입구도 동쪽에 있었던 것을 남쪽으로 돌출된 이시가키의 동쪽면에 계단을 덧붙여 개조되어 있다.

이와 같이 혼마루에서는 서쪽에서 적이 침입하는 것에 대비한 최소한 두 번의 개조가 있었던 것으로 보인다. 수리 시기에 대해서는 출입구를

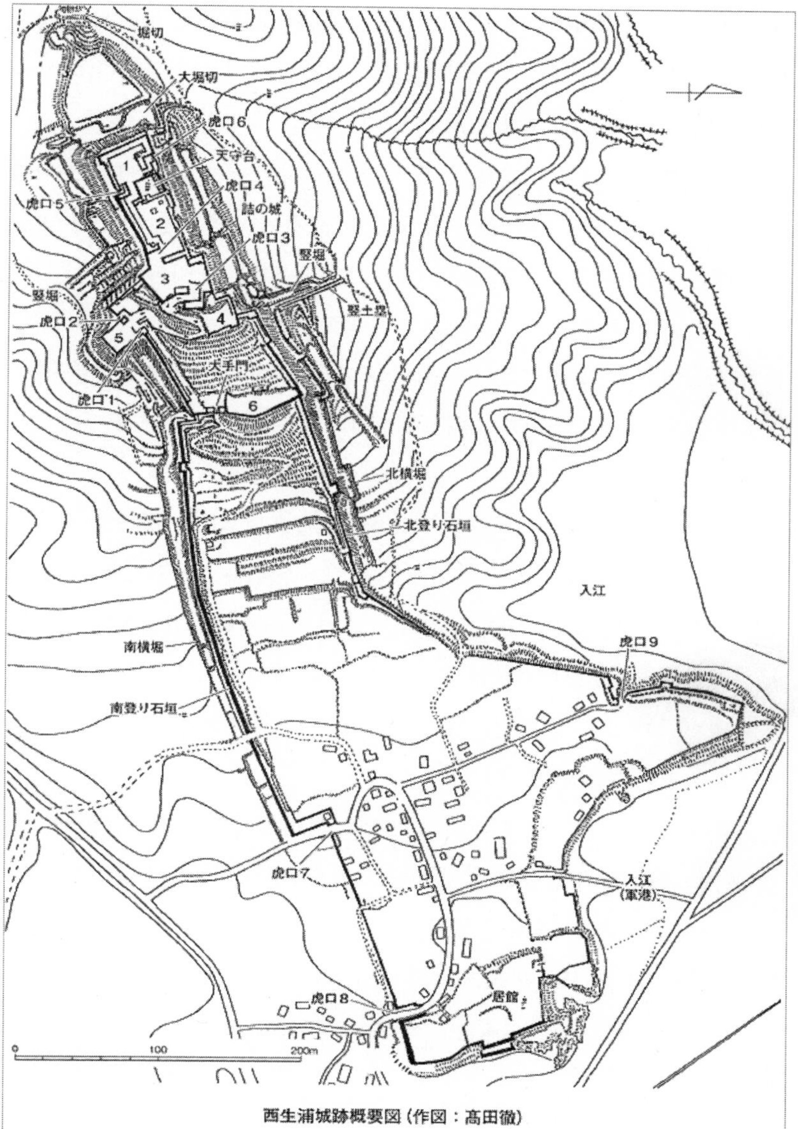

西生浦城跡概要図（作図：高田徹）

4-8

4-8 서생포왜성 평면도(원도: 高田 徹)

폐쇄하면서 방어하려고 한 긴장 관계가 있었던 시기로, 울산왜성 농성전 직후라고 생각된다. 그러면 1598년 모리 요시나리이거나 구로다 나가마사에 의한 수리라고 생각된다.

기와는 성역 전체에서 출토되며, 특히 천수대 부근에서 많이 출토되기 때문에 산성부의 천수를 비롯한 야구라와 문에는 기와를 얹은 건물이 있었던 것은 확실하다. 또 혼마루 이외에서도 야구라몬에 기와 건물이 채용되었을 가능성도 있다.

성의 방어에서 가장 중요한 장소인 혼마루 서쪽 성벽 바깥쪽에는 폭이 30m나 되는 큰 호리키리가 있다. 이 호리키리는 해자 바닥에서 성벽으로 올라갈 수 없도록 흙으로 만든 가라보리이며, 성벽은 해자의 상단으로 보이는 곳에서부터 쌓여져 있다. 일본 내의 쇼쿠호계(織豊系) 성곽의 해자와는 달리, 해자 전체를 성벽으로 보강하는 것은 없다. 이 구축 방법은 성 전체를 둘러싸는 동서면 요코보리와 조합되어 방어시설인 노보리이시가키도 성벽이 해자 바닥에서 쌓여있지 않다. 결국 가라보리 흙의 法面과 구루와의 이시가키 法面을 조합시켜 방어함으로써 단기간에 효율 좋은 방어시설을 구축한 것이라 생각된다.

요코보리의 바닥에 서면 의외로 얕게 느껴지겠지만, 그 바깥쪽에는 요코보리를 팠을 때의 잔토를 쌓아올린 토루가 구축되어 해자의 깊이를 늘리고 있는 의도를 확인할 수 있다. 해자의 바깥쪽에서 공격해 온 적병은 우선 이 토루를 넘어야 한다. 다음으로 호리조코(堀底)에 침입할 수 있어도 성벽을 기어 올라가지 않으면 구루와 내부에 침입할 수 없는 것을 요코보리와 성벽으로 수비된 구루와에서 잘 알 수 있다. 또 서생포왜성에는 왜성으로서는 신기한 밭이랑처럼 생긴 다테보리와 다테도루이(竪土塁)를 확인할 수 있다. 성의 남쪽에서는 구루와5의 서쪽에, 성의 북쪽에서는 구루

4-9 서생포왜성 남쪽 노보리이시가키 **4-10** 서생포왜성 천수대

와4의 북쪽에 다테보리와 다테도루이가 연이어 배치되어 있는데, 이러한 해자를 우네보리(畝堀)라고 한다. 이 다테보리는 남북 거의 같은 위치의 경사면에 있으므로, 서쪽에서 능선으로 공격해 온 적병이 남쪽과 북쪽의 경사면을 또 동쪽으로 침입하는 것을 막기 위한 방어라인 시설이며, 작은 구루와4와 5는 이 다테보리 라인을 방어하기 위한 중요한 구루와였다. 구루와4·5와 오테몬(大手門) 사이는 경사면에서 병력을 투입할 구루와가 없고 남북 경사면에서 공격해 오는 적병에 대한 약점이 되고 있으므로 이중의 요코보리를 배치하여 방어를 강화하고 있는 것을 알 수 있다.

여기까지의 구루와에 서쪽 능선에서 공격해 온다고 예상되는 적병의 침입을 막기 위한 절대적인 방어시설이 몇 겹으로 설치되어 있는 것을 알 수 있다. 여기서 동쪽으로 내려가면 한 가닥의 요코보리와 노보리이시가키의 방어라인이 된다. 산록거관 북쪽의 만 부분에는 요코보리가 없고, 군항으로 추정되는 동쪽 중간 부분에는 성벽조차 없다. 산록거관의 내부는 주택지로 되어 있어 상세한 구조는 알 수 없지만, 3개의 출입구와 성벽이 명료하게 존재하고 있다. 특히 고구치7에는 다몬야구라가 있었다고 생각되는 야구라다이가 있으며, 여기서부터 노보리이시가키가 시작된다. 고구치8은 도로가 생기면서 성벽의 일부가 붕괴되었지만, 우치마스가타(內枡形) 고구치로 되어 있으며, 여기에 거관의 중요한 문이 있었다고 추정된다. 東面의 성벽도 남아 있으며, 일부 돌출된 부분은 외해(外海)에 대한 망을 보는 시설이 존재했을 것이다.

일본 국내의 쇼쿠호계(織豊系) 성곽 구조는 성의 중심에 천수와 고텐이 있는 데 대해, 서생포왜성은 방어의 최전선인 구루와에 고텐이 없이 천수대가 있는 혼마루로 되어 있는 점이 크게 다르다. 산성부의 지역 지배 때문에 보여 주기 위한 성이라기보다 산록거관(御殿)과 군항을 지키기 위한 진성(陣城)적 성격이 강하다고 할 수 있다. 그러면서 천수를 갖추고 있는 점, 흙으로 된 가라보리 뿐만 아니라, 성벽과 조합시킨 점은 일본 국내의 쇼쿠호계 다이묘가 축성한 陣城과는 다른 특징이 있다.[86]

3 | 임랑포왜성(林浪浦倭城)

- 소재지 : 부산광역시 기장군 장안읍 임랑리
- 축성시기 : 1593년(선조26, 萬曆21, 文祿2)
- 축성자 : 모리 요시나리(毛利吉成)
- 해발 : 70m
- 주요유구 : 천수대, 성벽[石垣], 도루이(土壘), 해자[堀]
- 사적지정 : 미지정
- 별명 : せいぐはん城

임랑포왜성지는 서생포왜성과 기장 죽성리왜성의 중간에 위치하고 있으며, 동해안에 면한 방모산 동남쪽 끝단의 산 정상인 해발 약 70m에 위치하고 있다. 1593년, 조·명연합국과의 강화시기에 보급로 확보를 위한 군항 방비를 목적으로 축성한 것으로 생각된다. 축성자는 모리 요시나리(毛利吉成)를 비롯하여 시마즈 도요히사(島津豊久), 이토 스케타케(伊東佑兵), 다카하시 겐쇼(高橋元鍾) 등 규슈의 다이묘들로 알려져 있다.

그 이후의 임랑포왜성에 대한 기록은 없으므로 강화교섭의 결렬에 의해 전쟁이 재개된 뒤, 조선반도 동해안의 거점 성곽은 서생포왜성과 죽성리왜성으로 되어 개수가 진행되고, 최종적으로는 최전선인 울산왜성의 축성과 농성전이 된다. 결국 임랑포왜성의 사용 시기는 1593~1594년의 지극히 단기간이라고 생각된다.

4-11 임랑포왜성 위치도

근년의 산불로 인해 소화를 위한 진입로 조성에 의해 유구의 일부가 파괴되었다. 한때는 해돋이를 보기 위한 장소로 가꾸기도 했지만, 최근에는 산기슭 부분에 과수원을 조성하면서 진입로가 막혀 있는 상태이다. 또한 근년에 남쪽 산기슭인 동해남부선 철도 건너 언덕(기장군 장안읍 효암리) 일대에 기장군이 효암이주단지 조성사업을 하는 과정에서 성곽유구가 발견되었고, 중앙문화재연구원에서 이곳의 발굴조사(2001. 5/2~7/30)를 하였는데, 그것이 이미 소멸된 것으로 되어 있던 임랑포왜성의 지성으로 밝혀졌다.[87]

본성의 형태는 북동쪽으로 "L"字 모양을 하고 있으며, 혼마루에는 천수대로 추정되는 누대(樓臺)의 유구가 존재하고 있다. 성벽은 대부분 훼손되어 극히 일부 남아 있으며, 출입구와 구루와 등은 확인이 가능하다.

성의 범위는 산록거관 부분까지 합하면 남북 500m, 동서 200m 정도 되는 남북으로 기다란 성역이 된다. 산상의 혼마루에서 군항을 가지는 산록거관까지 에워싸는 노보리이시가키·토루, 요코보리는 확인되지 않으므로, 1597년에 개수된 서생포왜성이나 기장왜성과는 달리, 1593년에 축성된 왜성의 모습이라고 생각된다.

산록거관에서의 등성로는 알 수 없지만, 혼마루 남서쪽 구석, 니노구루와(二の曲輪)와 혼마루를 연결하는 虎口2, 산노구루와(三の曲輪) 남서쪽 가장자리에 마스가타 고구치4가 존재하고, 혼마루 출입구가 정문이라고 볼 수 있다.

4-12 임랑포왜성 주곽부 모형도(기장문화원 內)

4-13

4-13 임랑포왜성 평면도(작도: 高田 徹)

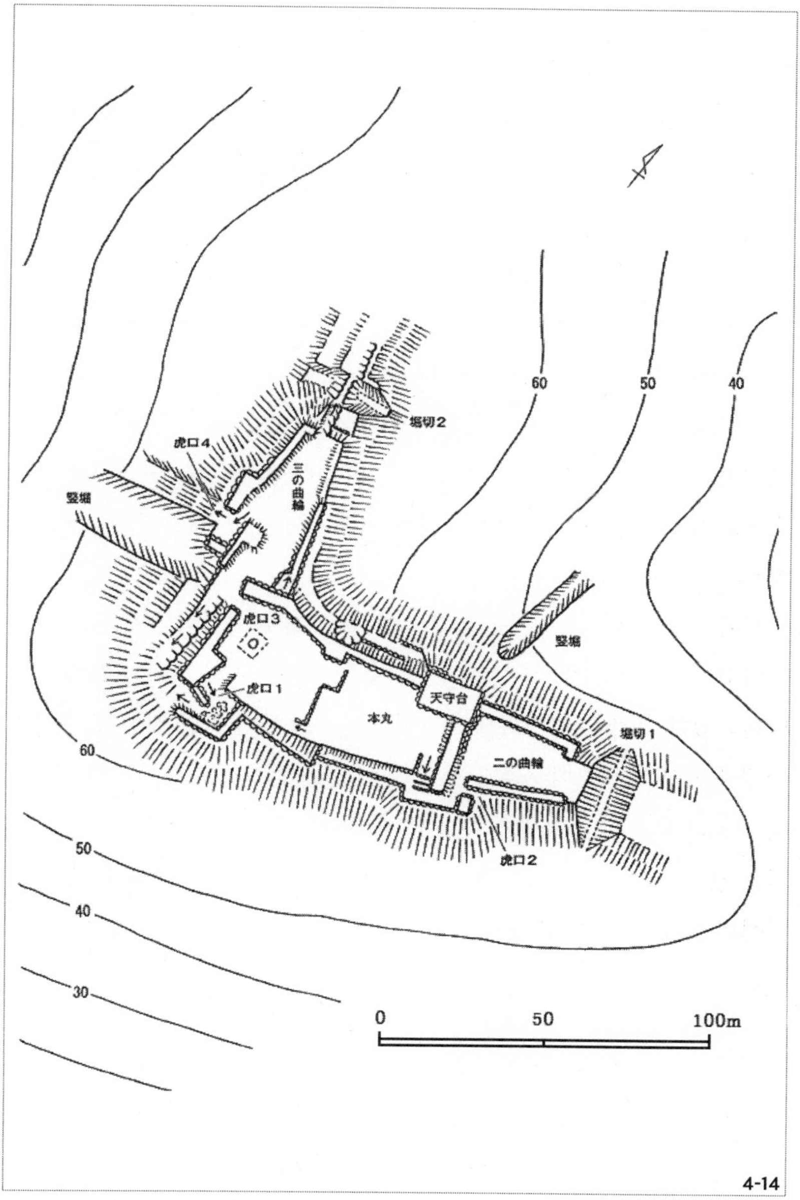

4-14 임랑포왜성 주곽부 평면도(작도: 中井 均)

천수대는 혼마루 북동쪽 구석에 있으며, 산록거관에서 볼 수 있는 천수라기보다 북쪽 산기슭으로부터의 적병 침입에 대비한 위치에 있다. 특히 혼마루 虎口1에는 야구라다이가 있었다고 추정된다. 천수대와 출입구 부근에 기와의 산포는 현상에서는 확인되지 않지만, 산록거관의 발굴조사에서 조선식 기와 가마(瓦窯)가 발견되었으므로, 성에서도 기와건물의 존재가 지적되고 있다.

적의 침입이 예상되는 북쪽과 동쪽 능선에 폭 20m의 대규모의 호리키리가 있다. 혼마루, 니노구루와, 산노구루와의 주위에는 성벽이 있지만, 성벽 바로 밑에 요코보리는 없으므로, 서생포왜성이나 기장왜성의 요코보리 배치와는 다른 구조를 나타내고 있다. 북쪽 능선을 따라 조금 가면 우네보리(밭이랑 모양의 다테보리)의 존재가 지적되고 있지만, 자연지형으로 성곽의 유구라고는 볼 수 없다.

산록부의 발굴조사에서는 낮은 성벽을 가진 계단상의 구루와가 확인되었고, 내부에서 수혈식(竪穴式) 건물, 사각형 수혈, 기와 가마 등의 유적이 발견되었다. 성벽은 구루와의 가장자리를 보호하기 위한 것이며, 항상적인 주춧돌 건물이나 야구라다이, 문 등이 없는 임시로 만들어진 중세성곽의 구조와 별로 다르지 않다. 혼마루에서 산록거관까지 에워싸는 시설이 없는 점으로 보면 1593년, 임시로 축성하여 1597년에 수리를 하지 않은 왜성의 모습이라고 생각된다.[88]

4 | 죽성리왜성(竹城里倭城)

* 소재지 : 부산광역시 기장군 기장읍 죽성리 산 52-1
* 축성시기 : 1593년(선조26, 萬曆21, 文祿2)
* 축성자 : 구로다 나가마사(黑田長政)
* 해발 : 65m
* 주요유구 : 천수대 터, 성벽[石垣], 도루이(土塁), 해자[堀]
* 사적지정 : 부산광역시 기념물 제48호
* 별명 : くちゃん城

죽성리왜성은 죽성리 마을 뒷산의 해발 약 60m 정상부에 위치하고 있으며, 임진왜란 때(1593년) 구로다 나가마사(黑田長政)가 축성했다. 죽성리는 북쪽은 청강천(淸江川), 서쪽과 남쪽은 낮은 언덕, 그리고 동쪽은 바다에 둘러싸여 있으며, 그 중심인 두모포(豆毛浦)의 마을은 남쪽의 작은 강에 접하고 있다. 이 강의 북쪽에 큰 만이 있으며, 당시 일본 수군은 이 만을 항구로 사용했다고 생각된다. 항만을 城內에 포함시킨다는 왜성의 특징이 이 왜성에도 나타나 있다. 성은 항구의 서쪽에 있는 남북 2개의 작은 언덕을 중심으로 하고 있고, 북쪽은 청강천을 자연적인 외곽선으로 하고 있다.[89]

또 부산·동래에서 울산으로의 육상교통 중간지에 해당하는 요충지이기도 하며, 실제 가토 기요마사(加藤淸正) 등이 한성에 이르는 북상작전의 통과점이기도 하다. 또한 서생포왜성과 임랑포왜성의 후방 병참기지로

4-15 기장 죽성리왜성 위치도

서 중요한 역할을 했다.

이 성이 최초로 문헌에 나타나는 것은『島津家文書』의 도요토미 히데요시 명령서[朱印狀]로, 1593년 진주성전투 시, 이 성의 수비를 아마고 가쓰히사(尼子勝久)의 家臣인 가메이 고레노리(亀井玆矩)에게 명령하고 있다. 또『朝鮮都引取朱印狀』이나『黑田家譜』등에 의하면 1593년에 구로다 나가마사가 수비하고 있었다고 기록하고 있으므로, 이 성은 가메이 고레노리가 주둔한 곳에 나가마사가 새로 축성했다고 생각된다. 또 가메이 고레노리의 주둔은 매우 짧은 기간이었다. 또『駒井日記』에 의하면 1594년에는 나가마사의 아버지 구로다 요시타가(黑田孝高)도 이 성에 있었던 것이 확인되고 있어, 이 성의 축성에 요시타카가 관여했을 가능성도 지적되고 있다.

1594년 조·명연합군과의 휴전이 실현되자 나가마사는 귀국하고, 이곳을 수비하고 있던 사가라 나가쓰네(相良長每)나 이토 스케타케(伊東佑兵) 등이 이 성을 수비하고 있었다는 기록이 있다. 그 뒤, 명나라와 강화교섭 중인 1595년에는 서생포왜성, 임랑포왜성을 주성(主城)으로 삼고 있던 가토 기요마사가 이 성에 대규모적인 수리를 시작하여 거의 현재의 모습으로 고쳤다고 생각된다. 그리고 기요마사가 1596년에 귀국하자 이 성도 일시적으로 폐성된 것으로 보인다.

다시 이 성의 중요성이 높아진 것은 강화교섭의 결렬에 의해 전쟁의 실마리가 재개된 1597년이다. 조선반도 남동부를 수비하고 있던 가토 기요마사는 주성이 될 울산왜성의 토목공사를 시작하지만, 완성될 때까지는 이 성이나 서생포왜성에 있었다는 기록이 있다. 그런데 울산왜성이 완성되기 직전인 1597년 12월, 갑자기 조·명연합국이 울산왜성을 포위했기 때문에 기요마사는 급히 서둘러 입성하여 농성전을 전개하였다. 이듬해 1월이 되자 군량이 바닥난 울산왜성의 가토군은 기아 상태가 되어 항복

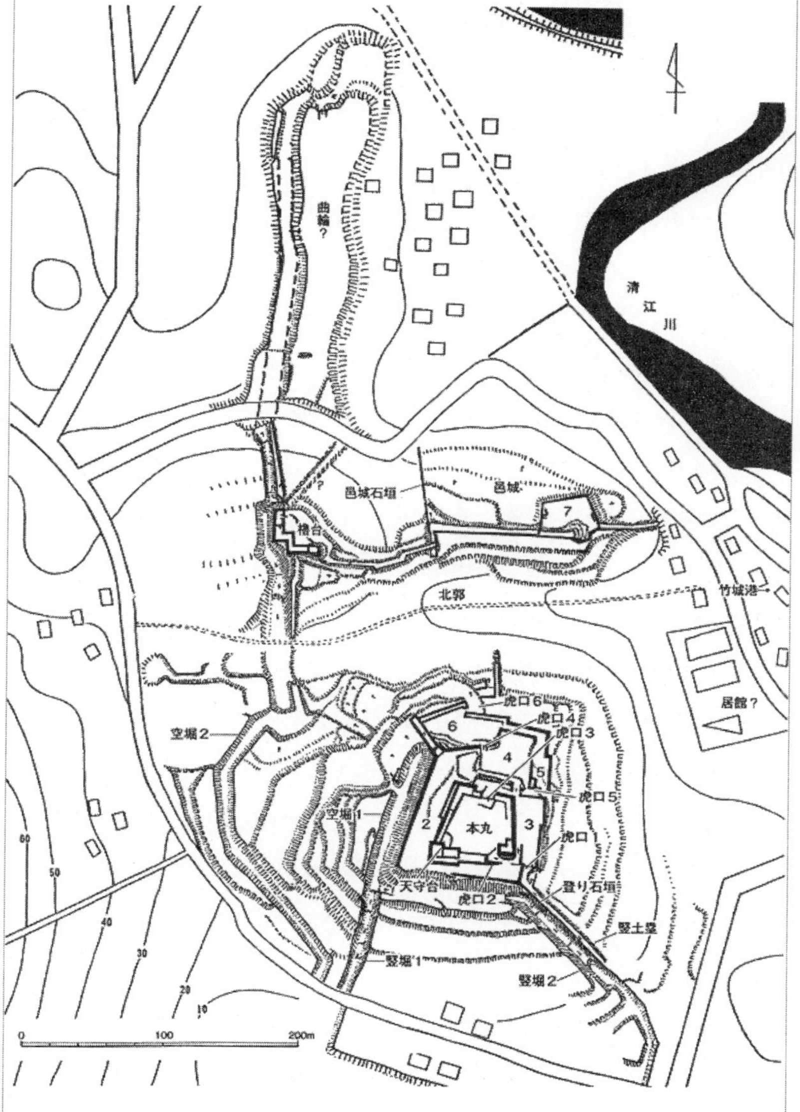

4-16

4-16 기장 죽성리왜성 개요도(작도: 高田 徹)

이 임박했는데, 모리 히데모토(毛利秀元) 등의 지원군이 도착하여 패전을 면했다. 축성자인 구로다 나가마사는 이 시기에 최전선 거점성곽의 하나인 양산왜성의 토목공사를 하고 있었다. 부산에서 멀리 전방으로부터 돌출된 울산왜성은 1598년 11월에 폐성이 되고, 이 성도 이 시기에 같이 폐성되었다고 생각된다.

성의 범위는 남북 700m, 동서 500m나 되는 남북으로 긴 성이다. 청강천 하구의 두모포 군항을 에워싸도록 성역이 설정되어 있는 것은 서생포왜성 등의 대부분의 왜성과 같은 구조이다. 성은 동서 방향의 작은 골짜기를 끼고 남쪽과 북쪽의 언덕 위에 있으며, 주곽은 남쪽의 언덕 위에, 북쪽 성곽은 동서로 뻗은 혀 모양의 언덕 위에 입지한다.

도로에서 견학용 계단이 설치되어 있어서, 쉽게 혼마루까지 오를 수 있다. 이 계단은 주곽부 남동쪽 구석의 노보리이시가키·토루와 그에 부설된 장대한 다테보리와 병행하여 설치되어 있다. 계단을 끝까지 오르면 혼마루 동쪽 구루와3의 남쪽 출입구(虎口)1에 이른다. 이 출입구는 마스가타는 아니지만, 주곽의 밖에서 노보리이시가키 위를 ㄱ자 모양으로 오르게 되고, 오른쪽에 작은 야구라다이를 가진 실전적인 출입구이다.

이 구루와3에서 L자 모양의 노보리 구치(登り口)가 있으며, 그 앞에 혼마루 속에 이르는 구이치가이 출입구2가 있다. 이 출입구2의 양쪽에는 야구라다이가 있고, 야구라몬이 있었을 가능성이 높다. 또 구루와3으로부터는 혼마루 남쪽의 오비구루와(帶曲輪)를 경유하여, 혼마루 서쪽 구루와2에 들어갈 수 있다.

위치 관계로 보면 이 등성로(登城路)는 군항으로부터 먼 성내 루트이기 때문에 정문 등성 루트는 오히려 주곽의 북쪽에 있다고 보아야 할 것이다. 혼마루 북쪽에는 야구라몬이 있을법한 虎口3이 있고, 또 ㄱ자 모양으로 꺾어 굽어진 城內道가 혼마루 북쪽의 구루와4로 내려가고 있다. 이 구루와4에는 또 북쪽의 구루와6에 이르는 虎口4와 동쪽 구루와5에 이르는 두 개의 虎口5가 있으며, 중요한 구루와인 것을 알 수 있다. 단 현 상태에서 볼 때, 구루와4에서는 구루와2로 갈 수 없게 되어 있으므로, 구루와2와 6이 주곽을 지키는 최전선 구루와였다는 것을 알 수 있다.

이들 주곽을 지키는 구루와군은 모두 성벽에 의해 방어를 단단히 하고 있다. 성벽은 자연석에 가까운 할석을 쌓고, 구리이시(栗石)도 많이 채용하고, 모서리는 전형적인 산기즈미가 아니며, 언뜻 보면 오래된 특징을 나타내고 있다. 가공도가 적은 할석을 사용한 이유는 전쟁 중에 쌓은 성이므로, 석축의 정교함보다 단기간에 축성공사를 마무리하는 것이 중요했기 때문이라고 생각된다.

혼마루 내부 남서쪽 구석에는 천수대가 있고, 그 동쪽에는 직사각형의 다몬야구라다이(多聞櫓台)가 붙어 있다. 혼마루 정문의 서쪽, 북서쪽 구석에도 다몬야구라로 생각되는 야구라다이가 있는데, 항구의 반대편에 천수와 주요 야구라를 배치하고 있음을 알 수 있다. 즉 천수대는 산록거관과 병사의 주둔지, 군항에서의 조망보다는 서쪽으로부터 공격해 오는 적병을 대비하여 배치하고 있는 것은 명백하며, 일본 국내의 쇼쿠호계 성곽처럼 보여주기 위한 성이라기보다는 실전적인 천수와 야구라의 배치라는 것을 알 수 있다. 이들 야구라다이와 문, 천수대 바로 아래에서는 조선식 기와가 산포되어 있기 때문에 이들 건물에 기와를 얹었다는 것을 알 수 있다.

주곽의 방위 라인은 서쪽면의 성벽 바로 아래에 폭 20m에 가까운 가라보리1을 경사면까지 두르고 있다. 또 그 바깥쪽에도 같은 규모의 가라보리2를 서쪽으로 돌출되도록 호를 그리며 두르고 있고, 북쪽 성곽의 서쪽

4-17 죽성리왜성 혼마루 동쪽 성벽 **4-18** 죽성리왜성 혼마루 서쪽 가라보리(空堀)

해자에 접속시켜, 서쪽으로부터의 적병에 대한 방어를 단단히 하고 있다. 또 남쪽에서 진입해 오는 적병에 대해서는 최초에 견학한 남동쪽 구석의 다테보리와 노보리이시가키·다테도루이로, 군항이나 거관에 적병이 들어오지 못하도록 이중으로 방어하고 있다.

북쪽 성곽은 동서방향으로 폭이 좁은 혀 모양의 언덕 위에 성벽과 토루를 배치하여 방위 라인을 형성한 거대한 세키루이라고도 할 수 있는 구루와군이다. 가장 중요한 서쪽 끝에는 다몬야구라가 있었다고 생각되는 야구라다이가 있고, 그 바로 밑에는 주곽의 서쪽을 방위한 가라보리2가 이어져 있다. 이 가라보리2는 야구라다이 북쪽부터는 폭이 좁아지지만, 이어져 있기 때문에 북쪽으로 뻗은 혀 모양의 언덕도 방위라인에 포함시킨 구루와군이었을 가능성이 있지만, 현상에서는 성벽과 토루는 확인할 수 없다.

서쪽 야구라다이에서 동쪽으로는 일부에 성벽이 없는 토루가 이어지고, 도중에 성벽이 있는 토루로 변하지만, 이 부분이 당초부터 성벽이 없었는지는 알 수 없다. 동쪽 끝에는 북쪽으로 돌출된 변형된 사각형 구루와7이 있다. 그 밑의 평탄지에도 성벽이 있지만, 이것은 우리나라 읍성(두모포진성)의 성벽으로 보인다. 북쪽면에는 가라보리가 없는데, 북쪽 평탄지가 읍성으로 변경되어 있으므로 당초부터 가라보리가 없었는지는 알 수 없다.

이 성은 구로다 나가마사가 축성자이지만, 구조적으로는 서생포왜성과 많이 닮은 구조이며, 주곽의 대부분, 북쪽 성곽의 구조 등, 가토 기요마사가 개수한 모습이 남아 있는 것으로 보인다. 잡초가 무성한 부분도 있지만, 대체로 보존 상태는 좋은 편이다.[90]

그러나 이 성은 근래 기장군과 지주와의 재산권 분쟁으로 출입이 봉쇄되었다. 2018년부터 인근 신앙촌에서 남쪽 성곽의 주곽부인 혼마루에 대형 비닐하우스 3개 棟을 설치하는가 하면 서쪽으로부터의 진입로를 신설하는 과정에서 성곽 유구의 일부를 훼손하기도 했다. 또한 평탄지인 구루와는 대부분 메밀밭으로 경작을 시작했다. 게다가 남동쪽 노보리이시가키가 끝나는 고구치1 부근에 철조망으로 울타리를 설치하여 혼마루로의 진입로를 완전히 막았고, 남쪽 부분의 외곽에도 철제 울타리를 설치했다. 기장군은 지주 측을 문화재청에 문화재 훼손 혐의로 고발했으며, 지주 측을 상대로 한 소송이 진행 중이라고 한다. 따라서 이 문제가 해결되기까지 당분간 죽성리왜성의 견학은 불가능할 것으로 판단된다.

5 | 동래왜성(東萊倭城)

* 소재지 : 부산광역시 동래구 칠산동·안락동(동장대)
* 축성시기 : 1593년(선조26, 萬曆21, 文祿2)
* 축성자 : 깃카와 히로이에(吉川廣家)
* 해발 : 105m
* 주요유구 : 구루와(曲輪), 호리키리(堀切)
* 사적지정 : 미지정
* 별명 : とくねぎ城

4-19 동래왜성 위치도

동래왜성은 칠산동과 안락동 일대인 충렬사(忠烈祠) 뒷산으로 현재 동장대(東將臺)가 서 있는 해발 105m 정상으로 추정되고 있다. 동장대 위치에서는 당시 동래 시가지는 물론, 해운대, 기장, 구포 등 일본군의 중요 거점을 바라볼 수 있었다.

반 미치오(伴三千雄)는 『曆史地理』1921년 3월호(제37권 제2호)에서 동래왜성의 위치를 수영강 어귀의 포이동(包以洞) 부근이라고 했다.[91] 그러나 앞의 책 1925년 9월호(제46권 제3호)에는 「再び南鮮に於ける文禄慶長の築城に就いて」라는 논문으로 이를 수정 발표했다. 그는 1922년 9월 동래왜성지의 실측조사를 시도했는데, "倭人 築城의 흔적이 府의 동쪽 甑山城에 있고, 이 산의 위에는 將臺가 있으며, 아래에는 城隍祠가 있다"는 『東萊府邑誌』의 내용을 단서로 현지의 나이 많은 노인 2~3명을 불러 그곳을 탐색하였는바, 그곳에는 城隍祠는 있었지만 일본식

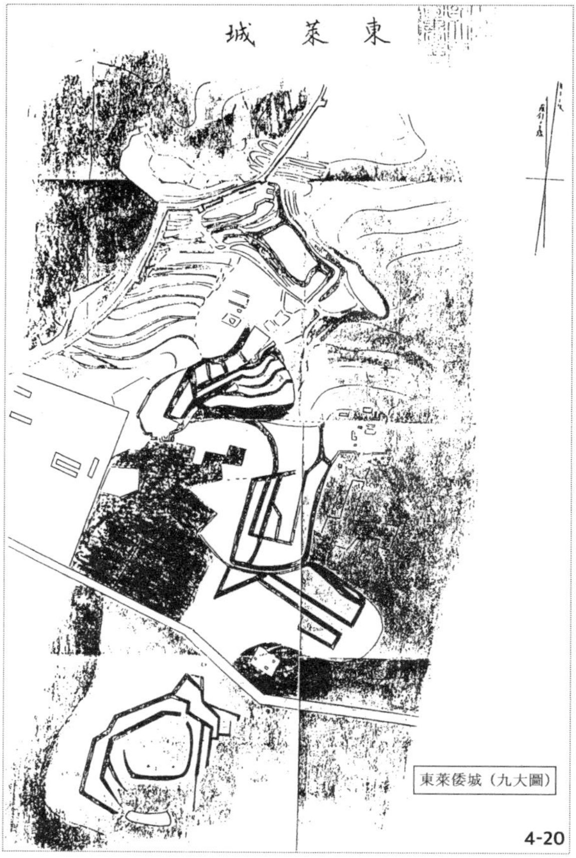

축성 흔적은 발견할 수 없었다고 적고 있다.[92]

현재 동래왜성은 많은 부분이 불명확한 채 잃어버려 좀처럼 상황을 파악하기 어렵지만 동래왜성의 소재를 파악하는데 단서를 제공하는 하나의 자료로 쇼와(昭和) 초기에 조선총독부에서 측량한 도면〈그림 4-20〉이 규슈대학(九州大学)에 남아 있다. 이 도면(이하, 九大図)의 해설판에는 동래왜성의 소재를 동래구 낙민동(樂民洞)으로 적고 있다.[93] 이 도면에는 동래고등

4-20 동래왜성 평면도(九州大学 付属図書館 付設 記録資料館)

학교의 동남쪽에도 성곽 유구가 그려져 있는데, 筆者가 국립지리원이 발행한 1/5,000 지형도(釜山014, 024)를 확대하여 이 「九大図」와 대조해 보니, 이 위치는 현재의 안락교차로와 동해남부선 동래역 사이로, 동래제일교회와 도시아파트 부근이었다.

〈그림 4-21〉은 九大図의 동래왜성 범위에 해당하는 항공사진(국토지리정보원, 1950년)이다. 이 항공사진으로 동래읍성의 위치를 거의 파악할 수 있

4-21 동래왜성(**九大図**) 성역의 항공사진(1950년, 국토지리정보원)

다. 또한 〈그림 4-20〉의 동래왜성 평면도(九大図)를 이 항공사진과 비교하면 주요 건물이나 도로, 등고선 등이 거의 정확하게 일치하고 있음을 알 수 있다. 이 사진은 개발이 거의 이루어지기 전의 상황을 나타내고 있으며, 또 九大図와 작성한 시기도 거의 비슷하므로 동래왜성의 구조나 위치를 추정하기에 충분하다고 판단된다.

〈그림 4-22〉는 筆者가 국토지리정보원의 항공사진을 기초로 추정한 동래읍성과 동래왜성의 위치도이다. 〈그림 4-22〉로 유추해 보면, 당시 동래왜성은 동장대를 중심으로 한 동쪽 고지대의 일부에 산상부 성곽을 구축하고, 그 남쪽에 산록거관부를 구축한 것으로 보인다. 개략적인 성역(城域)은 동쪽으로는 충렬사 부근, 남쪽은 안락교차로와 그 남서쪽 동해남부선 동래역 바로 옆의 도시아파트 부근까지라고 판단된다. 그리고 서쪽은 동장대 남쪽 동래고등학교 바로 옆까지라고 추정된다. 확실한 것은 이를 기초로 정밀한 조사를 해보지 않으면 동래왜성의 수수께끼는 쉽게 풀릴 것 같지는 않다. 현지를 답사해 보면 개발과 도시화가 이루어지면서 대부분의 유구가 사라진 탓인지 九大図에 그려진 성곽유구는 확인되지 않지만, 지형은 거의 비슷하다.

동래읍성은 크게 세 차례의 개수 또는 확장공사가 있었다. 최초의 동래읍성(古邑城)은 1021년(고려 현종12)에 왜구의 노략질로부터 방어하기 위해 현재의 부산병무청(수영구 망미동) 일대에 쌓았던 성이다. 왜구의 침입이 잦아지자 1387년(고려 우왕13)에 고읍성에서 북서쪽으로 약 4km 떨어진 현재의 동래시장 일대에 동래읍성을 새롭게 구축하는데, 이것이 '조선 전기의 동래읍성'이다.

1592년(선조25) 4월 13일, 임진왜란이 발발하자 제1번대로 부산에 상륙한 고니시 유키나가(小西行長)는 조선수군의 부산진성을 함락하고 이어서

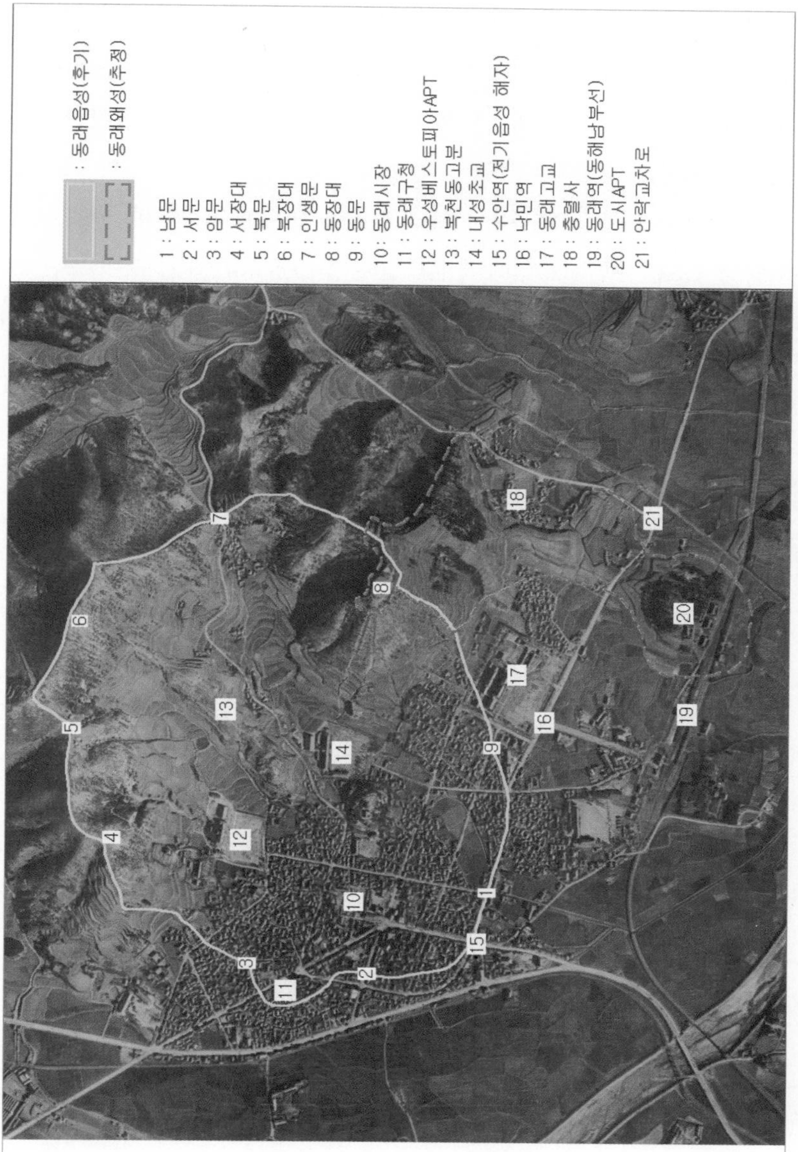

4-22

4-22 항공사진(1950년)으로 추정한 동래왜성지 위치

동래로 향한다. 4월 14일, 경상좌병사 이각(李珏)은 동래부사 송상현(宋象賢, 1551~1592)에게 동래읍성의 방어를 맡기고 북문으로 도망친다. 4월 15일, 일본군은 3면에서 성을 포위하고 조총으로 전면 공격하여 송상현을 비롯한 성내의 주민과 군관 대부분이 전사하고 동래읍성은 함락된다. 오늘날 전해지는 《동래부순절도》는 이때의 항전을 묘사한 그림이며, 현재 부산 지하철 4호선 수안(壽安)역에 복원해 놓은 동래읍성의 해자도 이 조선 전기 동래읍성의 유구였다.

1593년, 깃카와 히로이에(吉川広家) 등은 동래읍성에서 동쪽으로 약 650m 정도 떨어진 동장대를 중심으로 하는 고지대와 그 산기슭에 새로운 성을 구축한다. 이것이 전술한 九大図에 '東萊城'으로 표기된 동래왜성이다. 그 뒤, 1731년(영조7) 동래부사 정언섭(鄭彦燮, 1686~1748)은 이전보다 훨씬 대규모(약 6배)로 동래읍성을 증축한다. 오늘날 남아 있는 동래읍성의 유구는 이때 쌓은 것이며, 이를 '조선 후기의 동래읍성'이라 한다. 이 후기의 읍성을 축성하면서 당시 동장대 부근에 있던 동래왜성의 산상부 대부분이 소멸되었고, 산록부 거관들은 충렬사 건립과 도시화로 인해 소멸되었다고 추정된다.

6 | 부산왜성(釜山倭城)

* 소재지 : 부산광역시 동구 좌천동 뒷산(증산체육공원)
* 축성시기 : 1592년(선조25, 萬曆20, 文祿元年)
* 축성자 : 모리 데루모토(毛利輝元)·모리 히데모토(毛利秀元)
* 해발 : 약 125m
* 주요유구 : 이시가키(石垣), 천수대, 고구치(虎口)
* 별명 : ふさんかい城

부산왜성은 부산광역시 동구 좌천동의 현 증산체육공원과 동구도서관 일대의 해발 130m 산 정상에 있으며, 부산항을 한 눈에 내려다 볼 수 있는 위치이다. 부산은 임진왜란 때 일본군이 최초로 상륙한 땅이며, 전선에 있어서 교두보인 중추적 위치를 차지하고 있었다. 히젠나고야(肥前名護屋) → 이키(壱岐) → 쓰시마(対馬) → 부산으로 이어지는 루트 상에 있어서 항상 전선 부대의 병참기지로서 물자의 보급 및 관리, 또 나고야 히데요시와의 연락 등 그 중요도 면에서 가장 먼저 축성되었으며, 축성 담당은 모리 데루모토(毛利輝元), 고바야카와 히데아키(小早川秀秋) 등이었다. 1592년 4월 13일 고니시 유키나가, 소 요시토시(宗義智), 마쓰우라 시게노부(松浦鎮信) 등이 이끄는 1번대 18,700명의 일본군이 당시 조선 수군의 부산진성을 공격하면서 임진왜란이 시작되었다.

4-23 부산왜성 위치도

일본군은 전쟁 하루 만에 쉽게 함락된 조선수군의 부산진성 터에 왜성(母城)을 쌓지 않고, 별도의 장소(현 위치)에 새롭게 성을 쌓았다. 그 이유는 가장 중요한 병참기지가 너무 쉽게 함락될 수 있는 곳에 위치하면 곤란했기 때문이라고 추측할 수 있다. 현재의 모습은 많은 곳에 보수 흔적이 있지만, 대체로 그 유구는 거의 남아 있는데, 보수 과정에서 돌 대신에 콘크리트를 사용하여 성벽의 원형이 훼손된 상태이다.

부산왜성은 「母城」이라 부르는 곳과 「子城」으로 부르는 곳으로 이루어져 있다. 해발 약 125m, 바다 건너 쓰시마(対馬)가 바라보이는 증산의 산 정상부를 중심으로 축성된 것이 모성으로, 약 900m 서쪽 항만에 면하여 축성된 자성과 함께 임진·정유재란을 통해 왜성군의 중추적인 위치를 차지한 성이다.

4-24 부산왜성 천수대 성벽(시멘트로 돌 사이의 틈새를 메웠다)

1490년, 빈번하게 침입하는 왜구의 방어와 개항지인 왜관의 통제를 목적으로 부산포에 면하여 부산진성이 구축되었다. 1510년, 삼포왜란에 의해 부산포진성이 함락되자, 부산진은 다대포로 옮기고, 부산포(해운포)에는 경상좌수영이 설치되었다. 1592년, 조선을 침략한 일본군은 교두보의 확보와 반도 남단에 위치하는 부산 연안의 제해권을 장악하기 위해 부산본성, 다대진(多大鎭), 서평포(西平浦) 요새를 동시에 공격을 개시했다. 소 요시토시(宗義智)군이 부산, 고니시 유키나가(小西行長)군은 다대진을 습격, 압도적인 화력을 배경으로 조선측의 방위망을 돌파, 첨사 정발(鄭撥, 1553~1592)을 전사로 몰아넣고, 부산 점령에 성공했다. 점령 후, 모리 데루모토(毛利輝元)·모리 히데모토(毛利秀元)에 의해 부산왜성(母城)과 자성대왜성(子城)이 축성되고, 이후 조선에서 철수할 때까지 부산은 일본군의 물자 보급기지가 되어 쓰시마를 통해 물자·병력이 계속 수송되었다.

부산왜성은 해발 약 315m의 수정산(水晶山)에서 파생된 산맥(해발 약 125m)을 이용하여 축성되었다. 주요부가 설치된 산 정상부는 부산항을 내려다보는 요충에 위치하기 때문에 고사포 진지가 설치되기도 하고, 동물원이 설치되기도 했다. 현재는 증산체육공원으로 되어 스포츠 코트를 중심으로 각종 운동기구가 배치되고, 조깅이나 산책을 위한 산책로가 정비되어 있다. 동쪽은 동부도서관의 광대한 부지가 되고, 북쪽에서 서쪽 경사면은 주택이 숲을 이루고, 남쪽은 아파트가 줄지어 늘어서 있다. 산 정상부를 중심으로 성벽이 남아 있고, 또 경사면 곳곳에는 겨우 성벽이 보이는 정도이며, 예전의 장대한 모습을 상상하기는 어려운 상황이다.

증산체육공원으로 되어 있는 중심부를 중심으로 동서 약 160m, 남북 약 310m에 걸쳐 예전 성의 흔적이 확인된다. 혼마루는 제일 높은 곳에 위치하고 동서 약 35m × 남북 약 60m 규모이며, 남서쪽 구석에 사각형 모양의 돌출부가 예전의 천수대이다. 현재는 매립으로 혼마루와 같은 높이가 되어 구루와 옆의 성벽은 볼 수 없지만, 제2차 세계대전 이전에는 8間 × 9間으로 높이 2間 半 규모의 천수대가 있었다고 한다. 『九州大学文学部九州文化史研究施設架蔵倭城地図』(이하, 九大図, 1927년~32년에 걸쳐 작성)에서는 북쪽 구석을 야구라다이로 하고, 다몬(多聞)으로 천수대와 이어져 있다. 혼마루는 사방을 높이 약 3.5m의 성벽으로 둘러싸고, 동쪽과 남쪽에 요코야를 가진다.

현재 북쪽과 남쪽에 계단이 설치되어 있지만, 이것은 공원에 딸린 것으로 당시의 출입구는 아니다. 동쪽 중앙부에 폭 약 7m에 걸쳐 성벽을 폐쇄한 부분이 확인되는데, 이곳이 예전의 출입구라고 추정된다. 혼마루의 성벽은 옛날 모양이 남아 있다고 생각되지만, 석재 사이에 콘크리트가 채워져 있고, 남쪽은 1단 앞쪽으로 새로운 성벽이 설치되어 있다. 석재는 거친 할석과 자연석이 사용되었고, 간혹 야아나(矢穴)도 확인된다. 모서리는 산기즈미를 채용했지만 완전하지는 않다.

혼마루의 바깥을 한 바퀴 두르는 니노마루는 동서 약 70m × 남북 약 200m에 걸쳐 성벽이 남아 있지만, 동쪽면의 변경이 심하여, 본래의 성벽이 부분적으로 확인되는 정도이다. 니노마루는 남북으로 긴 구루와로, 혼마루의 주위는 폭 약 10~15m 정도로 오비구루와 모양을 띄지만, 북쪽에 동서 약 30m × 남북 약 90m, 남동쪽에 동서 약 20m × 남북 약 50m의 넓이를 가진 돌출부가 부설된다. 주위를 에워싸는 성벽은 제일 높은 곳이 약 7m, 나머지는 2~5m 전후이다. 북쪽의 성벽은 비교적 옛날 모양을 지니고 있다. 직사각형 대형 석재를 가로 방향으로 쌓는 것을 기본으로 하고 서쪽면은 시노기즈미(둔각 모서리)를 많이 사용하고, 남동쪽 구석의 요코야 부분은 산기즈미로 되어 있다. 동면은 산기즈미를 지향하고 있지만 산기즈미는 아니다. 출입구는 혼마루 동쪽 중앙에 확인되지만, 역시 공원 조성 시에 폭 약 6m에 걸쳐 폐쇄되어 있다. 현재는 남동쪽 구석에 계단을 만들어 출입구로 쓰고 있다. 혼마루 서쪽 아래의 오비구루와 상의 북쪽과 남서쪽이 사각형으로 돌출되어 있다. 남서쪽 구석에는 야구라가 상정되지만, 북쪽으로 돌출된 남쪽에 인접하고, 폭 약 6m에 걸쳐 성벽이 폐쇄되어 있기 때문에 출입구 유구에 따르는 돌출이라고 추정된다. 남서쪽 구석 모서리는 거석을 네이시(根石)로 하고 거기에 성벽이 서 있다.

남동쪽은 서쪽에서 남쪽의 성벽이 완전히 신설된 것이지만, 아래쪽에 약간 옛날 모양을 가지는 2~3단의 성벽이 존재하고 있다. 중앙부에서 요코야를 가지는 동쪽은 상부에 신설한 성벽도 확인되지만, 하부 및 모서리부를 중심으로 옛날의 모습이 남아 있다. 현재, 남동쪽 구석에 계단이 설치되어 있지만, 그 하부에 모서리의 성벽이 존재하며, 九大図의 출입구 유구로 추정된다.

동쪽은 옛날 모습이 거의 남아 있지 않지만, 九大図에 보이는 출입구를 형성하는 돌출부의 북동쪽 모서리의 성벽이 높이 약 2m 정도로 원 위치에 남아 있다. 1932년에 간행된 육군공병 대령 하라다 지로(原田二郎)의 저작『釜山城』에는 "여기가 성의 정문으로, 폭 4間의 비탈길을 올라간다"고 되어 있다.

니노마루 동쪽 하단에 넓어지는 것이 산노마루이고, 동서 약 50m × 남북 약 70m의 구루와를 둘러싸는 성벽이 부분적으로 남아 있는 것을 확인할 수 있다. 북동쪽 모퉁이의 들어간 부분의 성벽은 九大図에서 보는 바와 같이 상하 2단으로 구성되어 있는 것이 현상에서도 파악된다. 동쪽은 절벽 지형이므로 성벽이 남쪽의 어디까지 뻗어 있는지는 확인되지 않는다. 최하부의 모퉁이는 직사각형의 거석을 사용하고, 산기즈미를 지향하

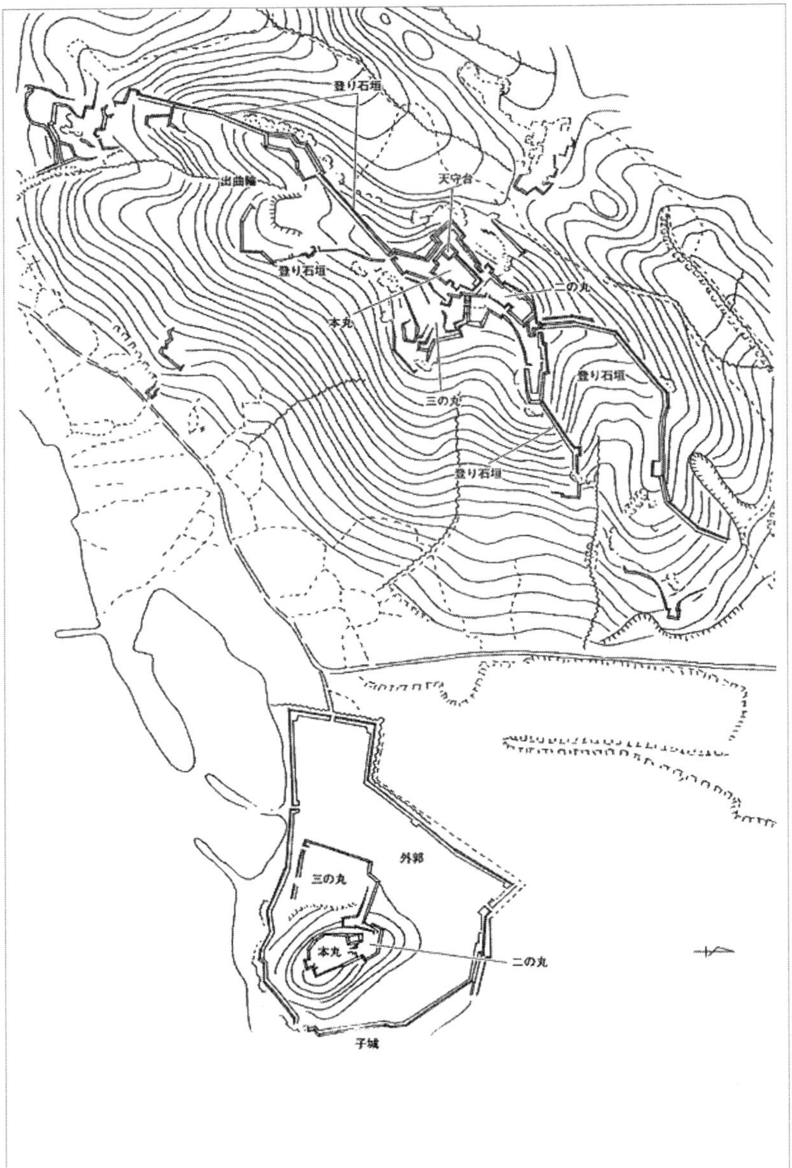

4-25 부산왜성과 자성대왜성 개요도(작도 : 高田 徹)

고 있다. 상단 모서리는 근대의 성벽에 의해 상부와 동쪽으로 뻗어 있어 확실하지 않지만, 상부와 비교하여 석재도 작고 산기즈미는 확인되지 않는다. 산허리를 향해 돌출되듯이 설치된 ㄱ자로 꺾어진 출입구의 성벽도 확인된다. 남쪽으로 돌출하는 성벽의 서쪽 모서리는 사각형의 대형 석재를 쌓아 올렸고, 동쪽 모서리부는 직사각형의 대형 석재를 사용했는데, 둘 다 산기즈미는 아니다. 석축부도 거석을 사용하여 아주 중요한 출입구였다는 것을 전해주고 있다. 성벽의 높이는 제일 높은 곳이 약 10m, 나머지는 3~5m 정도이다.

이상이 현상에서 볼 수 있는 부산왜성의 주요 유구이지만, 경사면 속의 헤치고 들어가지 못한 부분이나 초목이 우거져 관찰이 불가한 개소도 존재한다. 또 니노마루 남동쪽 구석의 구루와 서면 하부의 성벽이 아주 조금 남아 있어 표토를 제거하면 성벽의 기초 부분이 확인될 가능성도 있다. 또 택지화에 의해 모두가 파괴되었다고 보기는 어렵고, 택지에 들어가면 노보리이시가키 등의 흔적을 확인할 수 있을지도 모른다.

잃어버린 유구가 많지만, 현상의 유구만으로 임진·정유재란을 통해 왜성군의 중추적인 위치를 차지한 성을 평가하기에는 부족하다. 그래서 九大図나 전술한 하라다의『釜山城』, 다카다 도루(高田 徹)·堀口健貮의「釜山倭城の縄張りについて」(『倭城の研究』제4호, 2000 城郭談話会) 등을 참고로 잃어버린 부산왜성의 특징에 대하여 정리하고자 한다.

부산왜성 최대의 특징은 산 정상부의 혼마루에서 남북 방향으로 산등성이를 따라 뻗은 각각 두 줄기의 노보리이시가키가 설치되어 있는 점이다. 서생포왜성과 같이 구루와를 만들고 산기슭의 항구와 좌우 두 줄기의 노보리이시가키에 의해 일체화 하는 왜성은 몇 개나 존재하지만, 네 가닥의 노보리이시가키에 의해 이중으로 방어라인을 구축하고 있는 것은 부

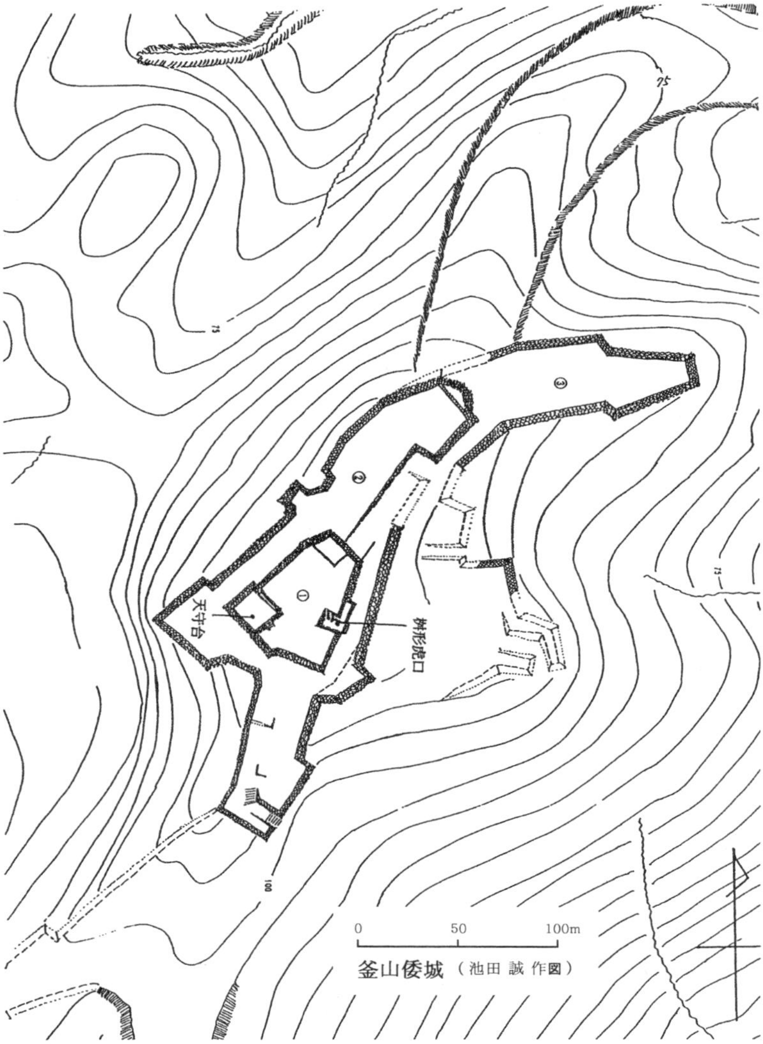

4-26

4-26 부산왜성 평면도(작도: 池田 誠)

산왜성뿐이다. 또 남쪽 능선으로 이어지는 노보리이시가키의 중간점에 L자 모양의 구루와까지 배치되는 엄격함도 있다. 노보리이시가키 남단의 동남쪽 아래에는 성벽으로 둘러싸인 3단의 계단상 구루와가 배치되고, 그 바로 밑이 부산포가 된다. 따라서 이 3단의 구루와가 남동쪽 성의 최전선에 위치하는 것으로 보인다. 남북의 노보리이시가키 바깥쪽 라인은 약 500m, 안쪽 라인이 약 150m이다.

『釜山城』에서는 "산노마루 북쪽 성문에서부터 무샤바시리(武者走り)를 가지는 폭 2間 半의 긴 성벽이 높은 산맥의 능선을 따라 북동쪽으로 달려 고지의 북단에서 끝난다. 전체 길이는 약 268間이며, 중간에 야구라 3개소를 설치한다. 산노마루에서 나오는 곳, 바깥쪽에는 소토보리(外濠)를 설치한다." "니노마루 남단의 성문을 나오면 또 무샤바시리를 가지는 성벽이 남서로 뻗고, 83間으로 이루는 1곽에 이른다. 혼마루의 외면 성벽은 무샤바시리를 가지며 그 폭은 1間이다. 이 구루와에서 또 남쪽으로 무샤바시리를 가지는 성벽이 산의 능선을 따라 연장되고, 73間으로 성곽에 이어진다."라고 되어 있다. 이 기록이 맞는다면 북쪽의 노보리이시가키는 폭이 약 4.5m로 능선을 따라 이어지며, 전장 약 482m로 중간에 약 3개소의 야구라가 배치되었고, 종점 바깥쪽에 해자가 배치되었던 것이 된다. 마주 대하는 남쪽의 노보리이시가키는 산 능선을 따라 약 150m로, 바깥쪽에 약 1.8m의 무샤바시리를 설치한 데마루에 이르고, 또 능선을 따라 약 130m 나아가 동남단 구루와에 접속하게 된다. 九大図 및 『釜山城』의 기록은 대체로 일치하므로, 부산왜성에는 전술한 바와 같이 노보리이시가키가 존재했다고 해도 문제는 없다고 생각된다.

이와 같이 복수 개의 노보리이시가키가 존재하는 이유에 대해서 구축 시기차(나와바리 상의 변천)로 받아들이고, 당초 안쪽 라인이 외곽이었지만,

개수에 의해 바깥쪽 라인이 증축되고, 그에 따라 데구루와(出曲輪)가 잘려 버렸을 가능성이 지적되고 있다. 또 기능차에 의한 구축도 지적된다. 가장 높은 가능성은 바깥쪽 노보리이시가키가 성역 전체를 에워싸는 라인이며, 안쪽 노보리이시가키는 성역 내의 중요 거점을 에워싸는 라인으로 구축되었다는 견해이다. 다카다(高田)가 말하는 "산록부 거관에 상당하는 부분을 둘러싸는 것을 목적으로 하고 있다"라고 보는 것이 타당할 것이다. 이 동쪽 산록부 거관이 존재했을 가능성을 보강하는 것이 산상부의 출입구 배치이다. 고구치는 사방으로 보이지만, 동쪽만 갈고랑이 모양의 성벽으로 에워싼 엄격한 출입구가 연속적으로 배치되어 있다. 또 연속하는 출입구의 안쪽(니노마루 동쪽에 돌출하는 출입구)을 두고 "여기가 성의 정문이며, 폭 4間의 비탈길을 가지고 오른다"라는『釜山城』의 기록도 있다. 동쪽이 정면이었다면 당연히 거관부는 동쪽 산록부에 위치하고 있었을 가능성이 높다.[94]

7 | 자성대왜성(子城臺倭城)

* 소재지 : 부산광역시 동구 범일동(부산진성공원)
* 축성시기 : 1593년(선조26, 萬曆21, 文祿2)
* 축성자 : 모리 데루모토(毛利輝元)·모리 히데모토(毛利秀元)
* 해발 : 약 34m
* 주요유구 : 이시가키(石垣), 천수대, 고구치(虎口), 노보리이시가키(登り石垣)
* 사적지정 : 부산광역시 기념물 제7호

자성대왜성은 부산광역시 동구 범일동 즉 현재의 부산진성공원인 해발 34m에 위치하고 있다. 임진왜란기(1593년)에 부산왜성(母城)의 支城(子城)으로 모리 히데모토(毛利秀元) 등이 축성하였다. 현재는 공원으로 조성되어 있지만, 왜성의 유구는 거의 원형에 가깝게 남아 있으며, 많은 곳에 콘크리트로 성벽을 보수한 흔적이 보인다. 이 성은 1972년 6월 26일 부산시 기념물 제7호로 지정되었다.

당시 조선 수군의 진성 위치는 현 자성대(일본에서는 丸山) 북서쪽이며, 고니시 유키나가 등이 쌓은 진성은 구 진성의 동남쪽이었는데, 그 후 파괴되고, 대신 임진왜란 전에 왜관의 땅이었던 "마루야마(丸山)"를 고쳐 진을 쳤다. 그것이 바로 오늘날의 자성대왜성이며, 일본군이 물러간 뒤, 조선 수군의 진성으로 재이용되었다.[95]

4-27 자성대왜성 위치도

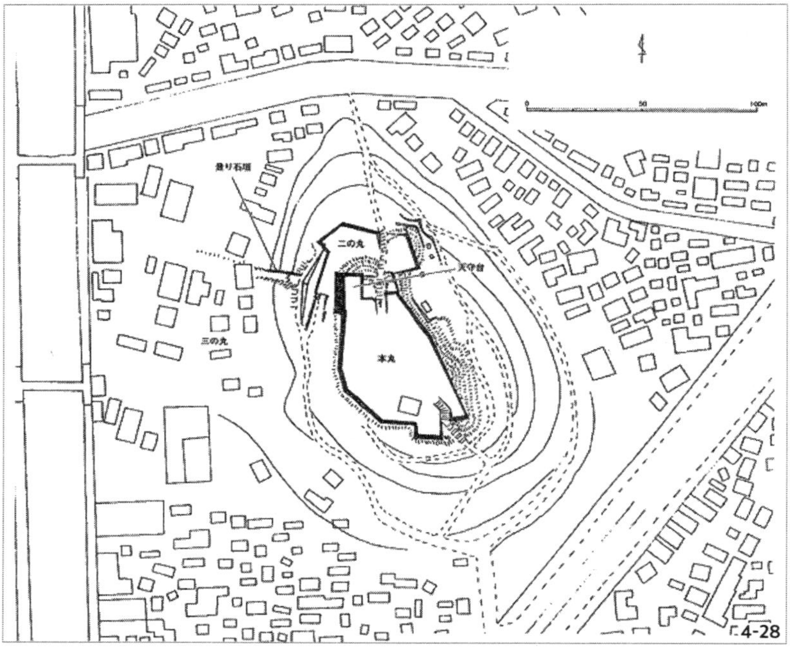

子城은 동천 하구부 서쪽 언덕 해발 약 34m의 독립 언덕 위에 위치하며, 당시는 남쪽으로 부산만이 펼쳐져 있었다. 현재는 구릉 상에만 유구가 남아 있지만, 제2차 세계대전 이전의 모습을 전하는 도면이나 2009년에 실시한 외곽 성벽 부분의 발굴조사에 의해 어느 정도 당시의 모습이 판명되고 있다. 성은 언덕 위에 소이시가키(總石垣)의 혼마루·니노마루, 서쪽 산록에 성벽으로 둘러싼 산노마루(노보리이시가키에 의해 혼마루와 일체화되어 있을 가능성이 높다), 또 한층 더 크게 바깥을 둘러싸듯이 외곽이 배치되어 있다. 이 외곽은『淺野文書』의「惣構ニは結構」라고 기록된 유구로 추정되지만, 외곽 라인은 동쪽과 서쪽이 다른 양상을 나타낸다. 동쪽은 굴절을 많이 채용하고, 요코야를 효과적으로 이용하는 반면, 서쪽은 직선적으로 되

4-28 자성대왜성 평면도(작도: 高田 徹)

어 있다. 서쪽 부분에 대해서는 임진·정유재란 뒤에 「釜山鎭城」으로 재이용될 때 수리가 되었다는 견해도 있다.

현재는 해안이 매립되어 경관이 많이 변했지만, 축성 당시의 부산진포는 자성의 남쪽 기슭까지 바닷물이 들어왔다. 현황은 평야부의 독립 언덕 위에 축성된 모양이다. 성곽 유구는 동서 약 80m, 남북 약 130m에 걸쳐 잔존한다. 혼마루는 해발 약 34m의 가장 높은 곳에 동서 약 40m, 남북 약 80m의 타원형 구루와로, 성벽에 의해 둘러싸여 있다. 성벽의 높이는 5~9m 정도이고, 남북쪽에 야구라다이 모양의 구석부가 존재하고, 동쪽은 거의 직선상의 성벽, 서쪽은 둔각으로 된 굴절부가 보인다. 혼마루 외곽선에서 약간 돌출하는 사각형의 북서쪽 구석부가 천수대라고 생각되며, 성벽은 높이 약 9m로 최대치를 나타낸다. 현황은 혼마루 면과 동일한 레벨을 나타내지만, 九大図에서는 사각형 천수대가 혼마루보다 1단 높게 그려져 있다. 옛날 모습을 남기고 있는 북서쪽 구석부는 능선은 가지런하지만, 히카에(控え)가 짧아 완전한 산기즈미는 되지 않고, 대형 석재를 쌓아 올려 대응하고 있다. 성벽이 휘어진 소리(反り)도 약간 보인다. 남쪽 중앙부에는 돌출된 사각형 야구라다이 모양의 유구도 보인다. 출입구는 남북에 2개소로 모두 천수대·야구라다이에 접한 장소에 있다. 북쪽 출입구는 혼마루에서 1단 낮게 좌우로 성벽을 가진 폭 약 5m의 히라이리(平入り) 虎口이지만, 근대의 계단이 설치되었고, 양쪽 성벽도 다시 쌓은 것이다. 서쪽 야구라다이 모양의 유구가 돌출되고, 가까운 동쪽도 모서리를 가지기 때문에 출입문 전면의 공간은 양옆에서 요코야가 걸리는 구조이다. 옛날 습은 확실하지 않지만, 두 출입구 모두 가로 성벽 선을 6~10m 정도 전방으로 돌출시킨 점과 야구라를 배치함으로써 방어 강화를 도모하려고 한 점은 공통이다.

4-29

니노마루는 북쪽의 1단 낮은 구루와로, 동서 약 50m × 남북 약 40m 규모이다. 주위는 혼마루와 마찬가지로 성벽을 두른 구조이지만, 높이는 2~3m로 그다지 높지 않다. 구루와는 천수대의 서쪽 산기슭을 둘러싸듯이 뻗어 있지만, 확실하지 않다. 현재 북쪽 중앙부 성벽이 열려 통로로 되어 있지만, 본래의 출입구를 통로로 재이용한 것인지, 아니면 근대에 만들어진 것인지는 판단할 수 없다. 九大図에서는 여기에 출입구는 존재하지 않는다. 본래의 출입구는 남쪽 끝에 동쪽으로 돌출된 곳에 있었던 것이 분명하며, 성벽 중에 개구부를 폐쇄한 흔적을 확인할 수 있다. 또 서쪽 산기슭부에 뻗어 있는 구루와의 천수대 서쪽 아래 중앙부 부근에 성벽의 통로가 존재하지만, 이것도 근대에 만들어졌을 가능성이 높다.

천수대 산기슭부 서쪽 아래에 직선거리로 약 25m, 높이 8m 정도의 노보리이시가키가 일부 존재한다. 서쪽 아래 경사부로 뻗기는 했지만, 택지화가 진행되어 그 끝이 어디까지인지는 분명하지 않다. 九大図에 의하면

4-29 자성대왜성 천수대 성벽

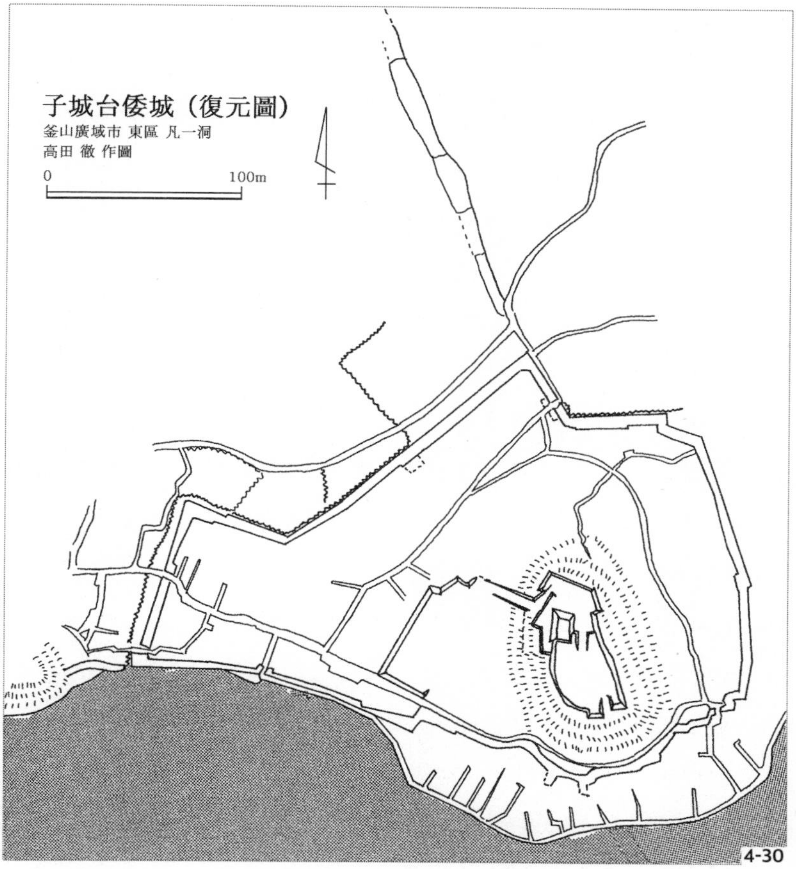

이 성벽이 산노마루 북쪽 성벽에 접속하고, 그 성벽은 그대로 산노마루를 둘러싸는 석축이 된다.

2009년, 자성대공원 산록부 동남쪽 구석의 발굴조사가 실시되었다. 2시기에 걸친 성벽의 유구가 확인되고, 1차 성벽은 해안선을 둘러싸는 석루로 추정되고 있다. 주목되는 것은 2차 성벽으로 등성로를 겸한 노보리이시가키로 추정되며, 검출된 노보리이시가키의 유구를 연장하면 혼마

4-30 자성대왜성 복원도(작도: 高田 徹)

루 남동쪽 구석부에서 만나게 된다. 자성도 항만시설을 둘러쌌을 가능성이 있어 주목된다.

일본군 철수 후는 부산진 첨사영으로 사용되었지만, 일제강점기에 철거되고 동시에 그 일대가 매립되어 옛날의 모습을 잃어버렸다. 현재는 부산진성공원으로써 산책로가 정비되어 1974년에 세워진 진남대(鎭南臺), 최영 장군 사당, 千萬里기념비 등이 소재하는 외에, 운동기구도 설치되어 시민들의 건강 증진, 휴식처가 되고 있다.

모성과 자성은 일련의 성으로서 기능을 했는지, 아니면 1城 別郭으로 보아야 할 것인지는 의견이 나뉜다. 그래서 모성 북동쪽 노보리이시가키가 그대로 자성의 북쪽 외곽선까지 뻗어 있었을 가능성도 있다. 확실히 자성의 외곽선은 모성의 노보리이시가키 동쪽 끝에서 가장 가까운 장소이며, 갑자기 직선으로 변화하여 남서쪽으로 직각으로 접촉하는 부자연스런 배치이다. 그대로 자성의 북서 방향으로 연장하면 그 거리는 약 400m이며, 접속이 가능하다. 가령 접속하고 있다고 하면, 부산왜성은 산상부에서 해안선까지 약 1.5km의 성벽 라인에 의해 둘러싸이게 된다. 그 공간 안에 모성과 자성의 두 성이 구축되는 셈이다. 그러나 모성과 자성 둘 다 천수대라고 생각되는 거대한 야구라다이를 가지고 있다. 가령 접속하고 있다고 해도 별개의 성으로 기능했을 수도 있다.

『釜山城』의 후기에 "부산성(자성)은 임진왜란 때 모리 데루모토(毛利輝元) 및 모리 히데모토(毛利秀元)의 축성과 관련, 도요토미 히데요시 渡海 시의 본영지로서 축성하며, 그 규모가 굉장히 크고 지형을 이용하여 교묘하고 튼튼한 구조로, 축성술의 묘수를 보여준다."고 적고 있으며, 자성을 히데요시의 숙소로 삼을 성이라면, 동일한 부지 내에 2기의 천수가 우뚝 솟아 있다고 해도 아무런 문제가 없다고 생각된다.[96]

8 | 동삼동왜성(東三洞倭城)

* 소재지 : 부산시 영도구 동삼동
* 축성시기 : 1593년(선조26, 萬曆21, 文祿2)
* 축성자 : 모리 데루모토(毛利輝元)
* 해발 : 75m
* 주요유구 :
* 사적지정 :
* 별명 :

동삼동왜성은 1999년 羅東旭씨에 의해 그 존재가 재확인된[97] 왜성으로 그는 이미 소멸되었다고 하는 "추목왜성(椎木倭城)"이 바로 동삼동왜성이라고 주장한다. 지금까지 학계는 물론 일본인 연구자들 사이에서는 부산왜성의 지성 가운데 2개소(일본명: 迫門口城과 椎木嶋城)는 부산시의 중심가에 위치하여 일찍이 소멸된 것으로 생각해 온 것이 사실이다. 그러나 그는 일제강점기에 작성된 1/10000 지도의 絶影島(영도구) 부분에서 일본식 성곽의 석루와 같은 것이 그려진 것을 발견하고, 현지조사를 통하여 이곳이 왜성지라고 판단했다. 絶影島를 임진왜란기에 일본인들이 「추목도(椎木嶋)」라고 불렀다고 생각되므로 이곳을 추목왜성지라는 생각을 굳히게 된 것이다.

그가 주장하는 동삼동왜성은 부산광역시 영도구 동삼동 188번지 해발 75m의 일산봉(日山峰) 정상을 가리킨다. 현지를 답사해 보면, 그곳은 전형

4-31 동삼동왜성 위치도

적인 왜성과는 너무나 다른 구조임을 알 수 있다. 현재 일산봉 정상에는 밭으로 경작되고 있는 평삭지가 있고, 그 주변에는 성벽이 아닌 일반적인 돌 담장이 울타리를 대신하고 있다. 담장에 쓰인 돌의 모양을 보면 대부분 근래에 쪼개어 사용한 것으로 보이며, 전형적인 왜성의 돌들과는 다르다는 것을 알 수 있다. 또 왜성에서 흔히 볼 수 있는 고구치나 해자, 계단식의 구루와, 성벽(石垣) 및 토루 등의 구조는 찾아볼 수 없다. 다만 위치가 독립된 낮은 언덕이며, 항만을 감시하기에 용이한 점은 왜성의 입지조건과 유사하다. 이 성에 대해 일본 城郭談話会의 다카다 도루(高田 徹)도 현지 조사한 결과를 『倭城の研究』第4号에 「東三洞倭城について(동삼동왜성에 대하여)」라는 제목의 논문으로 발표하였다. 그는 이 논문에서 " 現狀만으로 이것이 왜성 遺構인지 망설여지며, 또 성곽유구라고 할 수 있는 결정적인 상황이 결여되어 있다"[98]라는 의견을 제시하고 있다.

또한『倭城Ⅰ』에는 "부산왜성에는 수 개소의 端城을 쌓아 항구를 수비했는데, 그 중 문헌에 나타나는 것은 '椎木島端城'과 '出崎端城'의 2個所라고 하고, 前者는 현재의 絶影島(영도)이며, 後者는 그 해협을 낀 對岸에 입지한다"고 했다.[99] 그렇다면 이 추목왜성 역시 현재의 부산대교 교각 부분으로 중앙동왜성(迫門口城)과 해협을 사이에 두고 마주 보는 곳이 아닌가 생각된다.『倭城Ⅰ』에 표시된 추목왜성의 위치는 〈그림 4-32〉와 같다.

한편 반 미치오는 앞의「南鮮に於ける慶長文祿の築城」라는 논문에서 "해상에서 부산을 향해 왼쪽의 섬을 '椎木島(しいのきじま)'라 부른 것은 확실하다"고 했으며, 당시 絶影島를 椎木島라 부른 이유는 명확하지 않으나, "椎"(모밀잣밤나무)가 많이 우거져 있어서 붙여진 이름이 아닌가 생각된다. 이 성은 임진왜란 때(1593년) 모리 데루모토가 축성한 것으로 알려져 있다.

동삼동왜성은 부산만 서쪽에 떠 있는 영도의 동쪽 언덕에 돌출되어 있

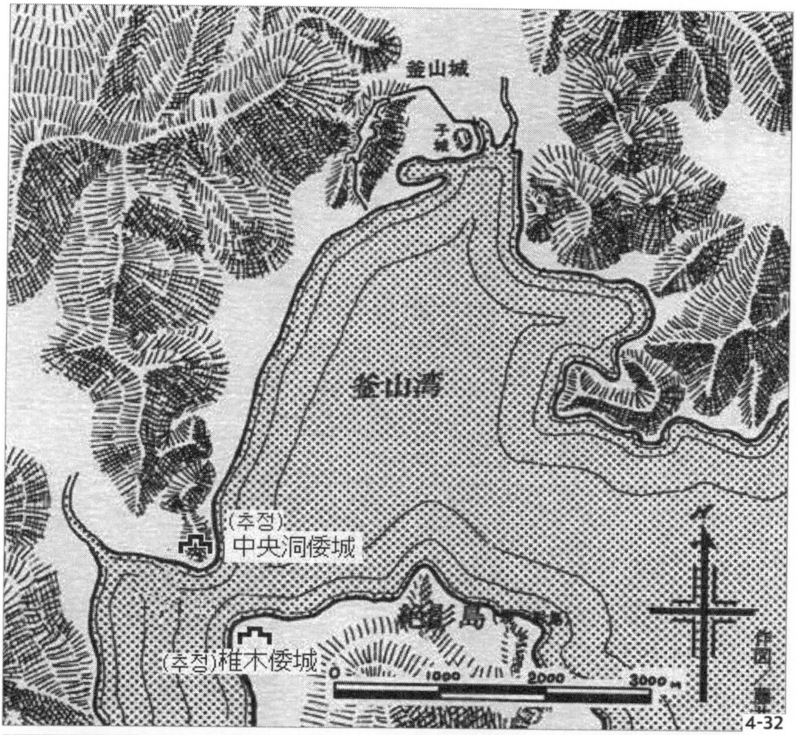

4-32 추목왜성 위치도 **4-33** 동삼동왜성 혼마루 평삭지(밭으로 경작 중)

고, 해발 75m의 일산봉(日山峰) 정상 부근에 위치한다. 산상부에는 동서 약 120m, 남북 약 20m 규모의 가늘고 긴 평탄지가 확인된다. 그 동쪽에는 석루 모양의 구축물이 있지만, 이것은 근래에 만들어진 것으로 생각된다.

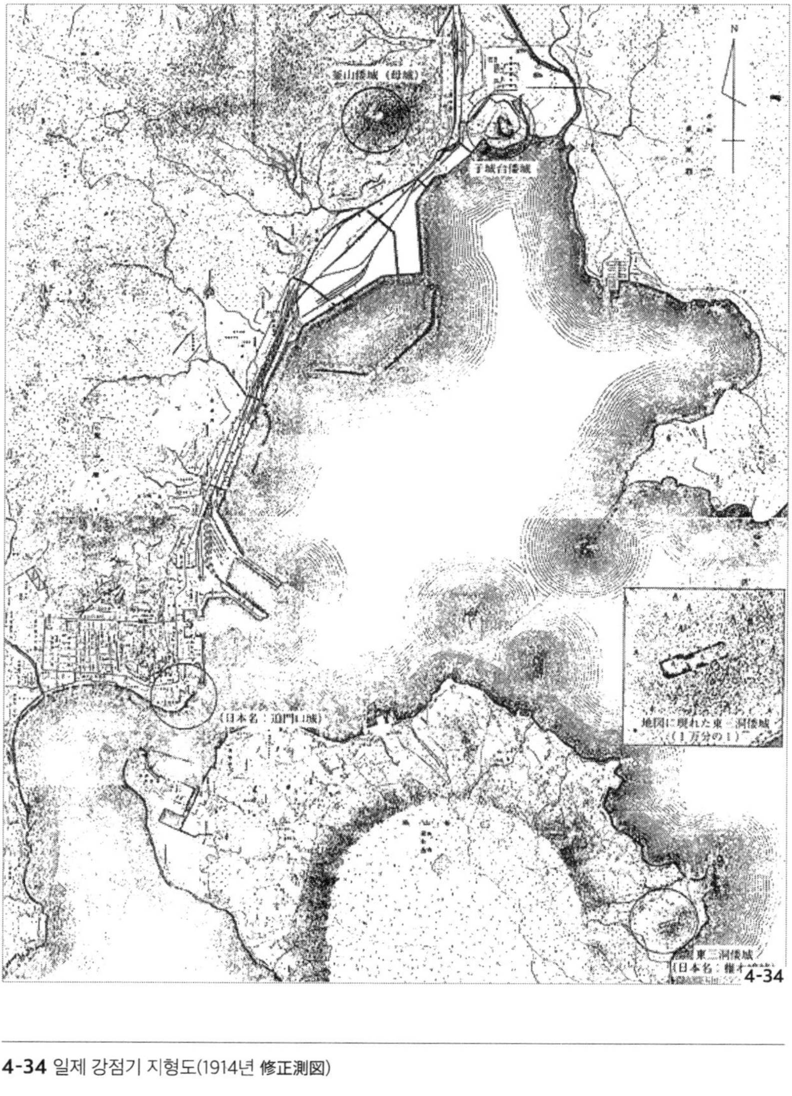

4-34 일제 강점기 지형도(1914년 修正測図)

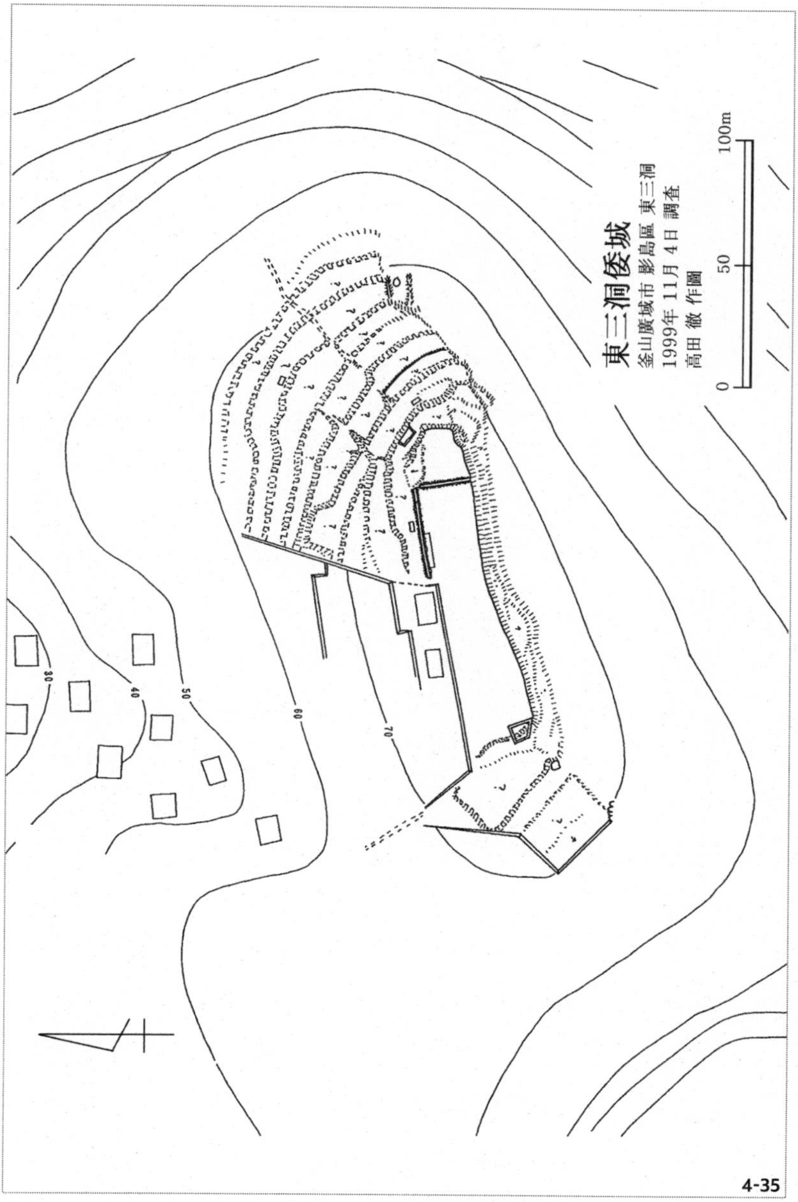

4-35 동삼동왜성 평면도(작도: 高田 徹)

산상부의 북쪽에는 빌라가 들어차 있으며, 그로 인해 산상부가 어느 정도 굴삭되었다고 생각된다. 산상부 동쪽과 남쪽의 가장자리에는 절벽 모양으로 되어 약 2m 전후의 고저차를 나타내고 있다. 특히 남쪽은 그 경향이 뚜렷하다.

〈그림 4-34〉에 나타낸 1914년 修正測図의 지형도에는 일산봉 정상에 동서로 2개가 나란히 가늘고 긴 사각형 모양의 구획이 확인된다. 2개의 구획 중, 서쪽의 것은 약간 남쪽으로 튀어나와 있다. 이들 부분이 현상에서 볼 수 있는 가늘고 긴 평탄지에 상당하는 것은 분명하다. 그러나 현상에서는 2개의 구획이 존재한 흔적은 볼 수 없다. 또 구획이 북쪽으로 돌출되어 있다고 보이는 부분은 빌라에 의해 굴삭된 것으로 보인다. 1914년 修正測図의 지형도에도 다른 부분에 대하여 이 부분만 사각형 구획을 기록하고 있는 점도 그것이 성곽유구를 나타낸 것이었는지는 모르겠지만, 뭔가 분명한 구축물의 존재를 표시했을 가능성은 높다. 현지에 사는 사람들의 이야기에 의하면 여기가 성터일 가능성은 높다. 그러나 문제도 적지 않게 존재하므로, 동삼동왜성이 추목도성과 일치하는지에 대해서는 금후 좀 더 심도 있는 연구를 통해 규명해야 할 것으로 판단된다.

9 | 구포왜성(龜浦倭城)

* 소재지 : 부산광역시 북구 덕천동
* 축성시기 : 1593년(선조26, 萬曆21, 文祿2)
* 축성자 : 고바야카와 다카카게(小早川隆景) 등
* 해발 : 76m
* 주요유구 : 이시가키(石垣), 다테도루이(竪土塁), 다테보리(竪堀)群?
* 사적지정 : 부산지방문화재 기념물 제6호
* 별명 : 甘筒浦城, かとかい城

구포왜성은 부산광역시 북구 구포동 구룡사(九龍寺) 뒷산의 정상인 해발 76m에 위치하고 있는 石城으로, 임진왜란 때(1593년) 고바야카와 다카카게(小早川隆景)·고바야카와 히데카네(小早川秀包)·다치바나 무네시게(立花宗茂)·다치바나 오쓰구(高橋直次)·쓰쿠시 히로카도(筑紫廣門) 등이 축성하였으며, 김해죽도왜성의 지성으로 알려져 있다. 1972년 6월 26일 부산지방문화재 기념물 제6호로 지정되었다.

성곽이 거의 완성되었을 무렵에 고바야카와 다카카게가 귀국하고, 고바야카와 히데카네가 5,000명으로 수비를 맡았다. 1595년에 명나라와 강화교섭이 진전됨에 따라 구포왜성의 수비도 해제되어 잠깐 폐성이 되었다.

이 성의 유구는 비교적 잘 남아 있는데, 현존하는 왜성 가운데서도 그

4-36 구포왜성 위치도

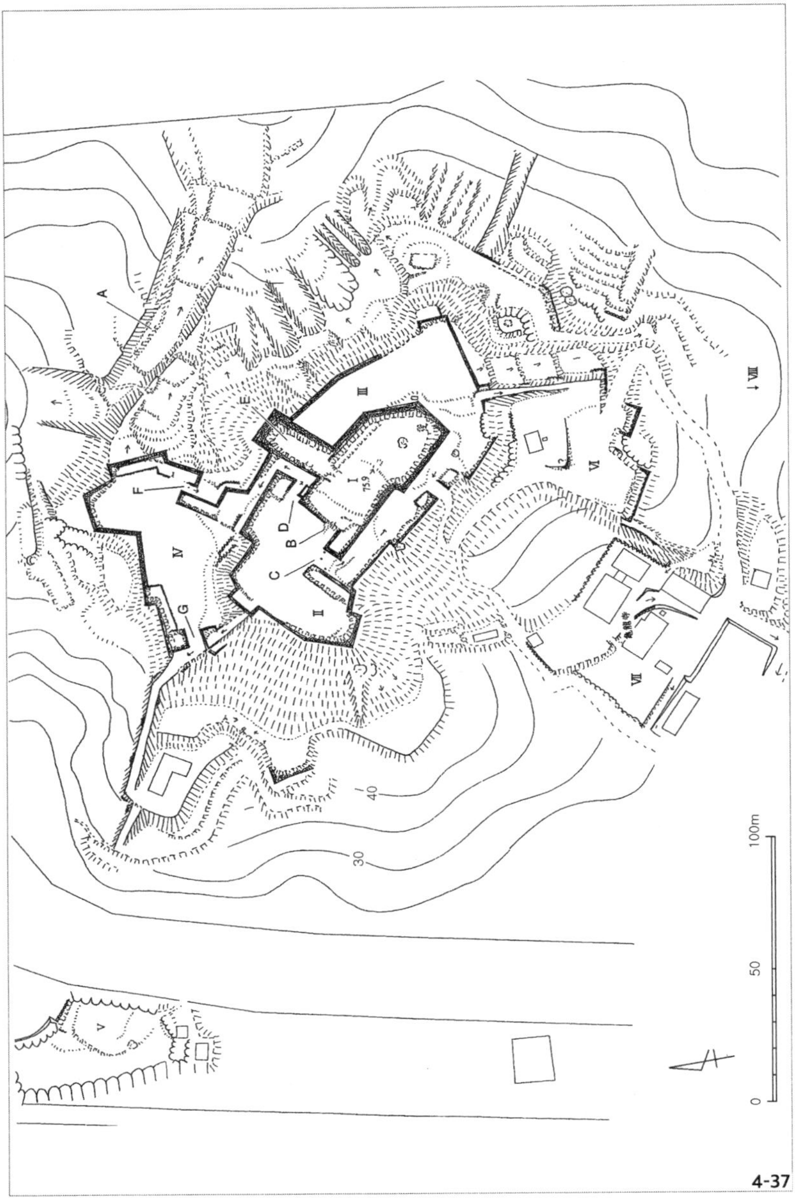

4-37 구포왜성 개요도(작도 : 高田 徹, 堀口建貳 원도를 기초로 작도)

구조면에서 상당히 복잡하고 정교하다. 이 성은 지리적으로 당시 일본군의 본부인 부산왜성에서 북서쪽으로 20리에 위치하고 있다. 부산왜성에서 수송되어 온 兵員物資 및 지령은 육로 및 해로를 거쳐 일단 구포왜성에 집적된다. 그것들은 여기서 북쪽인 양산 방면과 서쪽인 김해 죽도 방면으로 육로나 해로를 거쳐 전달된다.[100]

이러한 관점에서 구포왜성의 기능을 정리해 보면 ①北方 및 西方으로의 연락·兵員物資의 중계기지로서의 기능, ②낙동강 수상교통 장악의 거점으로서의 기능, ③부산포 방위의 외벽으로서의 기능 등을 들 수 있다. 이 3가지 기능상 필요에 의해 구포왜성이 축성된 것이다.[101] 오늘날은 낙동강이 구포왜성과는 상당히 거리가 떨어져 있지만, 당시에는 구포왜성 바로 앞까지 낙동강이 흘렀다고 한다.

강화교섭이 결렬되어 정유재란이 일어나자 일본군은 서쪽의 순천에서 동쪽의 울산에 이르기까지 신규로 8개의 왜성을 구축한다. 그 가운데 모리 히데모토(毛利秀元)가 축성한 양산왜성은 구로다 나가마사(黑田長政)가 수비하고 있었는데, 1598년 3월에 구로다 나가마사는 양산왜성에서 철수하여 구포왜성의 수비를 맡는다. 그런데 그해 5월에 히데요시는 구포왜성의 파각을 명하고, 나가마사는 다시 서생포왜성의 수비로 전환된다.

구포왜성은 붕괴된 석축, 파묻힌 석축도 볼 수 있고, 잃어버린 유구도 적지 않지만 전체적으로는 유구를 잘 간직하고 있다. 시가지 속에 있어서 공원화되어 있다. 성의 북동쪽 2.5km에는 해발 800m의 금정산이 솟아 있다. 구포왜성이 구축된 언덕부는 금정산에서 뻗은 능선의 앞쪽 끝에 위치한다. 그러므로 지형적으로 보면 북동쪽 능선이 이어진 것이 약점이다. 거기에 대처하기 위해 설치된 것이 폭이 약 20m에 이르는 호리키리A이다.

4-38

4-39

또 호리키리A의 서쪽, 경사면 부근에는 다테보리 모양의 유구가 확인된다. 밭이랑 모양의 가라보리[畝堀]가 아닌가 하는 지적도 있지만, 불규칙적인 배치인 점, 상단 부분에 석축을 갖추고 있는 점, 후세의 변혁을 포함

4-38 구포왜성 혼마루 서쪽 성벽 **4-39** 구포왜성 모형도(구포왜성 유물전시관 內)

하고 있는 점, 다른 왜성에서 명료한 밭이랑 모양의 가라보리군을 볼 수 없는 점 등으로 판단에 신중함이 요구된다.

주곽 I 은 동서로 기다랗다. 서쪽에 있는 虎口B는 히라이리 모양이다. 단 주곽 I 은 주위를 둘러싸는 구루와 외곽선과 교묘하게 조합하여 출입구를 설정하고 있다. II곽은 주곽 I 의 전면을 옹호하고 경로를 두 방향으로 나누는 역할을 담당한다. 虎口C는 虎口B에 연속하여 복잡한 경로를 형성한다. 주춧돌이 남아 있고 문이 있었던 위치도 판명된다.

虎口D는 정면에 E가 내밀고 있어서 한층 방어성이 강하다. E는 주곽의 북쪽으로 폭이 약 15m, 길이 약 25m에 걸쳐 돌출되어 있다. I 곽의 구루와 면보다 낮은 위치에 있지만, 虎口D에 이르는 경로에 줄곧 요코야 공격이 효과적인 위치에 자리 잡고 있다. III곽 옆에도 마찬가지로 효과적으로 감시할 수 있고, 또 III곽 외곽선보다도 북쪽으로 튀어나와 있다. E가 튀어나온 것은 분명히 호리키리A, 북동쪽 능선이 이어지는 것을 의식하고 있다. 위치와 형태는 약간 변칙적이지만, 천수 또는 천수에 상응하는 야구라가 세워져 있었을 가능성이 높다.

IV곽은 복잡하게 꺾어진 구루와이다. 虎口는 F·G 2군데에 있다. 虎口 주위는 모두 석루로 되어 있다. 虎口F는 우치마스가타로 되어 있고, 여기서도 虎口 전면을 E의 돌출부가 옹호하고 있다. 虎口G에서는 서로 마주보는 성벽의 외곽선이 각각 사각형으로 펼쳐진다. 야구라몬이 걸쳐져 있었는지도 모른다. 주의해야 할 것은 虎口G에서 나온 길이 노보리이시가키의 상부로 이어지는 점이다. 노보리이시가키는 경사면에 대한 방어에다 아래쪽 구루와로 가는 연결통로를 겸하고 있다. 왜성에서는 종종 노보리이시가키가 쓰이고 있지만, 이처럼 虎口와 명료하게 짜 맞춘 예는 보이지 않는다. 한마디로 노보리이시가키라 해도 실은 왜성 중에서도 구조·기능면에서 일률적이지 않은 점에 주의해야 한다. 虎口G에서 노보리이시가키를 내려가면 도로에 의해 유구가 끊어진다. 단, 도로 건너편 언덕 V에는 구루와의 잔해가 남아 있다. 예전에는 꺾어진 석축으로 둘러싸인 구루와가 있었고, 바로 밑에 낙동강을 내려다보고 있었다.

Ⅲ곽의 남쪽에도 노보리이시가키가 뻗어 있다. 바로 밑에 있는 Ⅵ곽의 동쪽을 둘러싸고 있다. 그 끝단은 현 상태에서 유구가 확인되지 않지만, 예전에는 남해고속도로를 건너 맞은편 위치에 있는 언덕까지 성역이 펼쳐져 있었다. 노보리이시가키는 Ⅷ방향까지 뻗어 있었을 가능성이 있다.

Ⅷ의 맞은편 언덕은 북구빙상센터 건설에 앞서 동아대학교 박물관에서 2002년과 2004년의 두 차례에 걸쳐 발굴조사를 했다. 일부 돌출을 동반한 도랑(폭 약 2m, 깊이 약 1m)과 굴립주(掘立柱) 건물 20동이 검출되었다. 일부에는 성벽의 유구도 발견되었다. 임진왜란 때에 쌓은 유구에 중복하여 정유재란 때 쌓은 유구가 출토되었다. 유물로는 청화백자(靑花白磁)와 숫돌·기와 등, 16세기의 비젠(備前) 스리바치(擂鉢)는 종군한 병사가 일본에서 가져와 현지에서 버린 것으로 생각된다. 조사 후에 Ⅷ 맞은편 언덕의 유구는 파괴 되었지만, 성역 끝부분의 모양이 고고학적으로 해명된 의의는 실로 크다.

주곽 Ⅴ~Ⅶ에 둘러싸인 안쪽은 현재 주택지 등이지만, 예전에 막사나 창고 등이 설치되어 있었다고 생각된다. 그리고 그 한 모퉁이 낙동강에 면한 위치에 선착장도 존재했을 것이다. 주곽 Ⅰ의 남쪽 산기슭 근처에 세워진 구룡사는 거관부로 추정된다. 일부에 왜성시기로 추정되는 석축이 남아 있다.[102]

10 | 양산왜성(梁山倭城)

---

* 소재지 : 경상남도 양산시 물금읍 증산리
* 축성시기 : 1597년(선조30, 萬曆25, 慶長2)
* 축성자 : 모리 히데모토(毛利秀元)·고바야카와 히데아키(小早川秀明)
* 해발 : 133m
* 주요유구 : 이시가키(石垣), 천수대, 노보리이시가키(登り石垣), 고구치(虎口)
* 사적지정 : 경상남도 문화재자료 제276호
* 별명 : りゃくさん城

양산왜성은 경남 양산시 물금읍 증산리 뒷산(甑山)인 해발 133m의 정상부에서 그 남서쪽 약 120m의 산봉우리에 걸쳐 위치하고 있다. 바로 앞을 통과하는 중앙고속도로지선에서 바라보면 이 산의 두 봉우리가 마치 낙타 등 모양을 하고 있다. 낙동강을 건너 남쪽 약 2km에는 각성산(閣城山)이 솟아 있고, 강을 따라 약 3km 내려가면 낙동강의 본류와 양산천의 지류가 합류하는 동쪽 언덕에 현재 소멸된 것으로 추정되는 호포왜성(湖浦倭城)이 위치하고 있었다.

1597년 지역 지배와 조선으로부터의 공격에 대한 방어망의 일익을 담당하는 「통치성(仕置の城)」으로써, 히데요시의 명령에 의해 축성이 개시되었다. 토목공사는 모리 히데모토(毛利秀元)·고바야카와 히데아키(小早川秀明)가 담당하고, 완성 후 구로다 조스이(黑田如水)·나가마사(長政) 부자가 수비했다.

4-40 양산왜성 위치도

처참했던 울산왜성 농성전 뒤, 조선에 출전한 왜장들은 구원군 파견이 어려운 울산·순천·양산왜성 등을 폐기하고 구포왜성으로 옮길 것을 요청했다. 그러나 히데요시의 허가를 얻은 것은 양산왜성뿐이었고, 히데요시의 지시에 따라 1598년 3월에 이곳에 주둔하던 일본군은 부산방면으로 철수하면서 이 성을 방기(放棄)하였다고 한다.[103] 따라서 이 성은 정유재란기에 축성된 성곽 중에서 가장 수명이 짧은 성이 되었다. 양산왜성의 주곽에서 낙동강과 김해평야를 조망할 수 있으며, 현재 산림과 묘지, 황지(荒地)로 되어 있다. 석축·구루와는 무너져 있지만, 대략 옛날 모습을 남기고 있으며, 문화재자료 제276호로 지정되어 있다.

가장 높은 곳에 위치하는 혼마루는 높이 약 2m의 성벽(안쪽은 폭 약 3m의 石塁 모양을 나타낸다.)으로 둘러싸인 동서 약 25m × 남북 약 50m 규모이며, 북동쪽 구석에 동서 약 12m × 남북 약 16m의 천수대가 남아 있다. 천수대는 붕괴가 심하고, 하부만 옛날 모습이 남아 있다. 출입구는 동서 2군데에 설치되고, 동쪽은 천수대 석축과 접속함으로써 마스가타 형태를 이룬다. 서쪽 출입구는 소토마스가타(外枡形)로 되어 있다. 동쪽 능선이 이어져 성내 최대 면적을 가지는 니노마루로, 동서 약 100m × 남북 약 70m, 혼마루와 比高差는 약 4m이다. 동남쪽 면에 소토마스가타 출입구가 있으며, 산기슭 구루와와 연락하기 때문에 여기가 성의 정면이라고 생각된다. 동쪽 출입구는 붕괴가 뚜렷하지만, 소토마스가타이다. 구루와 주위는 높이 약 1m의 성벽으로 둘러싸여 성벽은 거의 직선이 된다. 니노마루에서 연장되는 구루와가 동쪽 구루와[東の丸]이고, 동서 약 50m × 남북 약 18m 규모이다. 높이 약 1m의 북쪽 성벽은 니노마루에서 이어지지만, 남쪽면 성벽은 현황에서는 보이지 않는다. 동쪽 끝의 출입구는 소토마스가타로 되어, 노보리이시가키 안쪽과 이어진다.

4-41

현상의 노보리이시가키는 높이가 약 0.5m 정도 밖에 되지 않고, 동쪽 구루와 동쪽 끝 출입구와 거의 직선으로 동쪽 능선을 따라 약 50m 정도 직선으로 뻗어, 최하단의 동쪽 구루와로 이어진다. 동쪽 데마루(出丸)는 직사각형의 동서 약 30m × 남북 약 8m 규모이며, 서쪽 이외의 3방향에 높이 약 1m의 성벽이 확인된다.

혼마루 서쪽 아래에 사방 약 15m 정도의 구루와가 보인다. 구이치가이 출입구로 되어 있으므로, 혼마루의 방비 강화를 위한 구루와일 것이다. 여기서 서쪽 안부를 향하여 약 80m의 경사면(폭 약 10m) 좌우에 노보리이시가키가 남아 있다. 내부는 완경사면으로 현재는 혼마루로 가는 통로로 되어 있다.

안부에는 사방 25m 정도의 평탄면이 존재하고, 남쪽과 북쪽에 출입구를 설치, 동서쪽 능선에 대해서도 열려 있다. 사방에서 길이 교차하는 중

4-41 양산왜성 산록거관부 동쪽 성벽

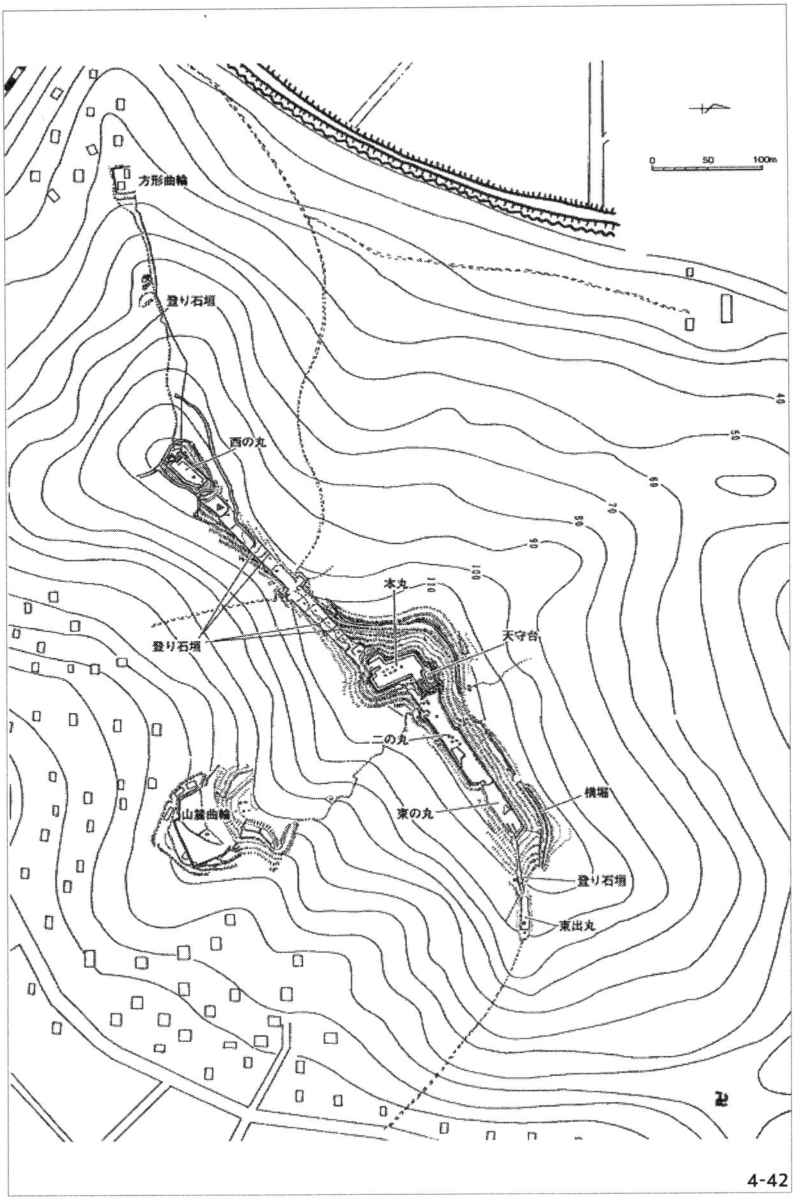

4-42 양산왜성 개요도(작도: 高田 徹)

요 거점으로, 남북 출입구는 각각 바깥쪽으로 돌출되는 소토마스가타 구조이다. 노보리이시가키와 접속시킴으로써 방비를 튼튼히 하고 있다고 추정되지만, 파괴가 뚜렷하여 본래의 구조는 확실하지 않다.

안부에서 서쪽 능선 위로 이어지는 경사면도 동쪽과 마찬가지로 약 100m에 걸쳐 좌우에 노보리이시가키가 남아 있다. 내부는 폭이 약 10m의 완경사면이다. 가장 서쪽 끝은 현재 헬기장으로 되어 있으며, 구루와 모양의 평탄면이지만, 본래는 동쪽 아래 경사면과 이어져 있었을 가능성이 높다.

서쪽 능선 정상부(표고 약 120m)에 위치하는 서쪽 구루와[西の丸]는 높이 1m 정도의 석축으로 둘러싸인 동서 약 35m × 남북 약 17m의 구루와로, 성벽에서 2m 정도 떨어져 石列이 둘러쳐져 있으므로, 석루였다고 생각된다. 동쪽 출입구는 히라이리이지만, 헬기장 및 참호(서쪽 구루와 전체를 둘러싸듯이 파져 있다)를 만들면서 파괴되었다. 서쪽 출입구는 우치마스가타로 되어 있으며, 출입구 양쪽의 석루는 야구라다이 모양의 넓이를 가진다.

서쪽 구루와에서 서쪽 능선을 따라 약 200m에 걸쳐 「〉」모양으로 꺾어진 노보리이시가키가 보이고, 능선 아래 가장 서쪽의 사각형 구루와까지 이어진다. 이 사각형 구루와는 택지화되어 있지만, 성벽도 확인된다. 남쪽 기슭에 남아 있는 동서 약 60m × 40m의 구루와에는 높이 약 7m의 성벽이 남아 있다. 서쪽으로 출입구가 보이지만, 택지화에 의해 옛 모습은 확실하지 않다. 혼마루 북쪽에서 동쪽으로 향하여 도중에 끊어지지만, 폭 약 7m의 요코보리가 400m 정도에 걸쳐 남아 있다. 본래는 모두가 이어져 동쪽 노보리이시가키 아래까지 뻗어 있었다고 추정된다. 이들 구조로부터 북쪽에 대한 방어에 주안점을 두고 구축된 것은 확실하며, 동쪽 능선 정상부의 혼마루와 서쪽 능선 정상부의 서쪽 구루와에 거점적인 시

설이 있었다고 생각된다.[104]

단, 남쪽 산록부의 거관적 구루와는 독립되어 있으며, 다른 왜성에서 보이는 것과 같은 산상부와 일체화되어 있지 않다. 이 산록부 거관이 있었을 것으로 추정되는 구루와는 증산교회의 동쪽에서부터 홍덕암 서쪽까지 동서 약 60m × 남북 약 40m의 규모인데, 현재 밭으로 경작되고 있다. 그 동쪽과 남쪽 가장자리에는 높이 약 5m 정도의 성벽 유구가 그대로 남아 있으며, 성벽의 모서리에는 산기즈미(算木積)와 소리(反り)도 볼 수 있다. 단명으로 끝난 만큼, 증축되지 않은 양산왜성의 모습을 엿볼 수 있는 귀중한 성곽 유구이다.

11 | 호포왜성(湖浦倭城)

* 소재지 : 경상남도 양산시 동면 가산리
* 축성시기 : 불명
* 축성자 : 불명
* 해발 : 약 20m ?
* 주요유구 : 소멸 ?
* 사적지정 : 미지정
* 별명 : **孤浦里城**(원래의 지명 **狐浦**의 한자를 잘못 표기한 것 같다)

호포왜성은 현재 소멸되어 그 유구를 확인할 길은 없으며, 축성연대와 축성자 및 수비자도 미상이다. 원래의 위치는 경남 양산시 동면 가산리 52번지 일대로, 현재 부산지하철의 호포차량기지 위치이다. 북서쪽으로 3km에는 양산왜성이 있고, 낙동강을 따라 남쪽으로 약 8km에는 구포왜성이 자리 잡고 있다.

호포차량기지는 1994년 4월경 벌목작업이 시작되어 1996년 말경 토목공사가 완료되었다. 당시 토목공사에 종사한 L건설 관계자에 따르면 "많은 돌이 여기저기에 있었으나 그것이 왜성의 유구인지는 모른다"고 했다. 또한 부산시립박물관의 羅東旭씨에 의하면 현재의 차량기지 앞 주차장(당산나무 주변)에서 북쪽(양산 방면)으로는 언덕이 끝나는 지점까지, 동쪽(산 쪽)으로는 현재의 호포새마을 아래까지, 그리고 서쪽(최하단)은 육교 건

4-43 호포왜성지 추정 위치도

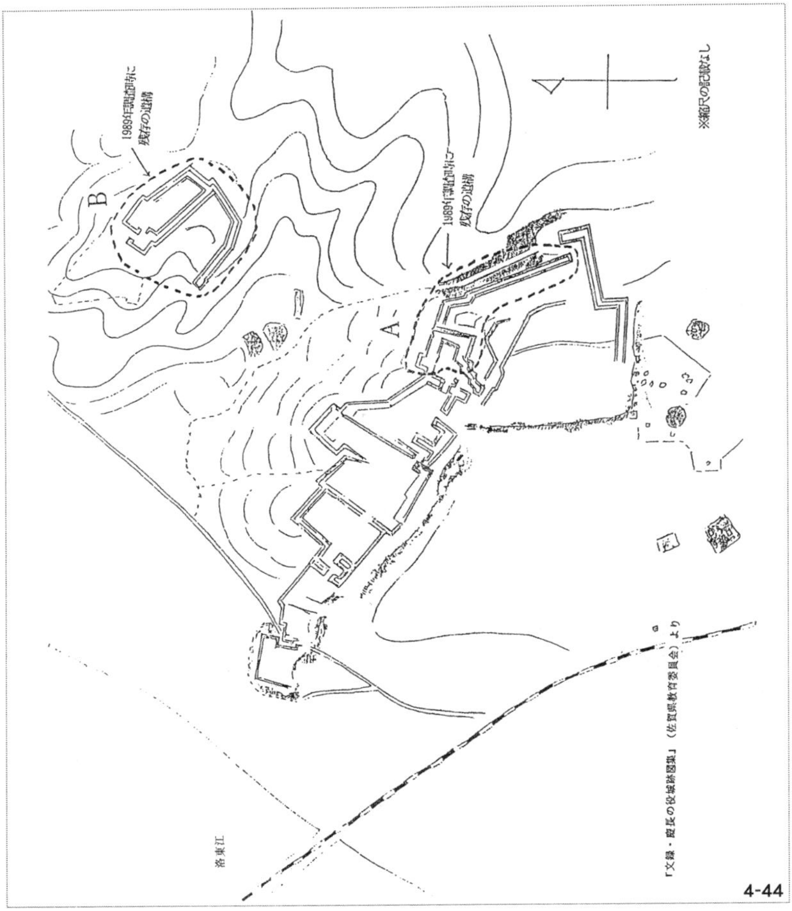

너 마을 어귀까지 왜성의 유구가 존재했다고 한다. 그리고 차량기지 조성공사 시에 부산시박물관에도 연락이 없었고, 발굴조사도 없이 소멸되어 버렸다는 것이다. 당시 한국 내에서는 왜성에 대한 관심이 낮은 시기였으므로, 도면이나 사진도 전혀 남아 있지 않은 상태에서 사라져 버린 셈이다.

4-44 호포왜성 평면도(九大図), A·B : 1989년 야마키(八巻孝夫) 잔존 유구 확인

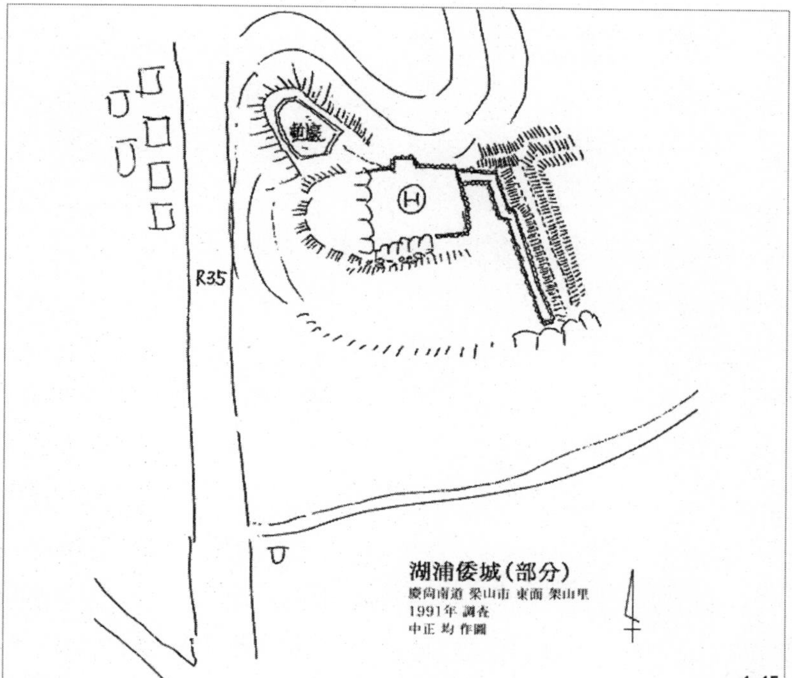

4-45

『韓國의 城郭과 峰燧』에는 “湖浦城址”의 설명에서 “철로에 접한 낮은 언덕에 중형의 석축성을 쌓았다”는 대목이 나오므로[105] 이것이 호포왜성의 기록이라면 이 성의 범위는 훨씬 더 넓어지게 된다.

호포왜성의 평면도는 유일무이하게 전술한 「九大図」(그림 4-44) 중에 포함되어 있다. 1999년 일본 九州大에서 열린 “倭城研究심포지움”에서 야마키 다카오(八巻孝夫)는 1989년에 확인한 이 왜성의 잔존 유구에 대해 2개소(남쪽과 북쪽)가 남아 있다고 발표했는데[106], 야마키가 확인한 시점은 차량기지 토목공사 이전이다.

호포왜성의 잔존 유구를 확인한 또 다른 사람으로 나카이 히토시(中井

4-45 호포왜성 일부 개요도(작도: 中井 均)

4-46 호포왜성지 부근 항공사진(국토지리정보원, 1987년), 加筆

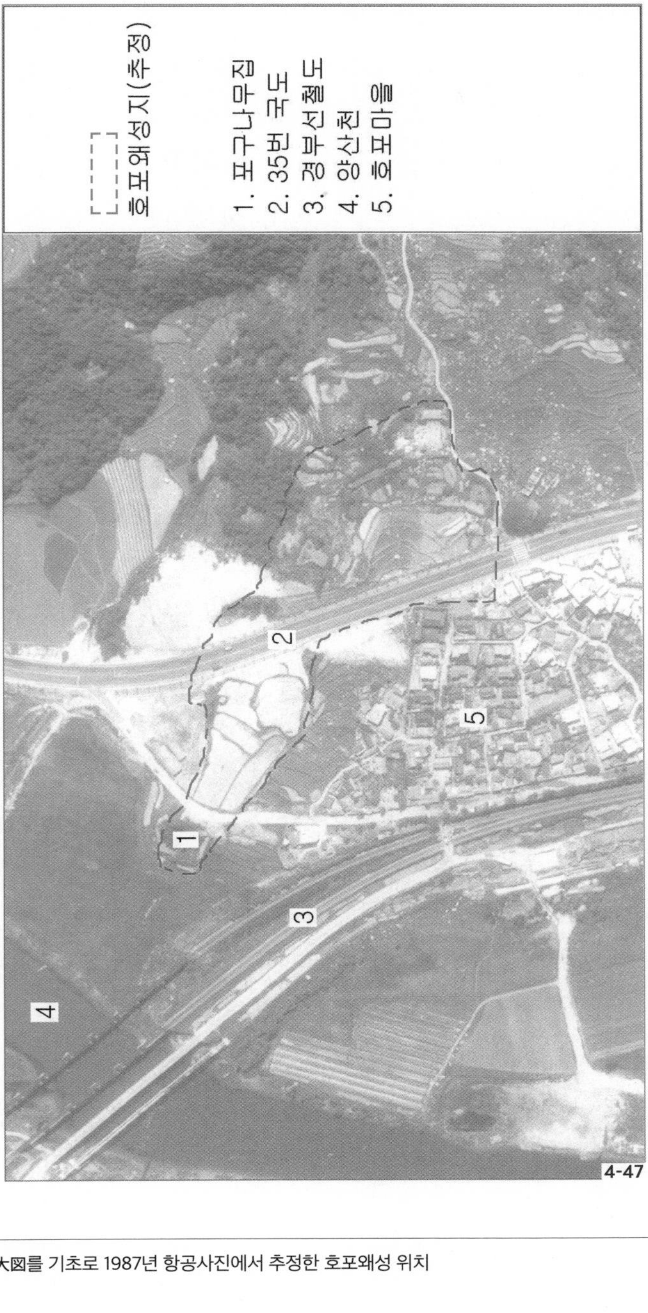

4-47 九大図를 기초로 1987년 항공사진에서 추정한 호포왜성 위치

均, 佐賀県立大学 교수)가 있다. 그는 1991년, 양산왜성을 견학하고 돌아가는 길에 호포왜성지가 남아 있다는 정보를 듣고 현지에 가 보니 실제로 일본식 성벽이 남아 있었다고 한다. 그때는 우연히 들러 시간적으로 제약이 있는 상태에서 조사했기 때문에 성터 전체를 조사할 수는 없었다. 당시 그가 현지에서 그린 평면도가 〈그림 4-45〉인데, 비록 일부분이긴 해도 이 평면도는 1989년 야마키가 잔존 유구로 발표한 九大図의 'A' 부분과 거의 일치하는 것을 알 수 있다. 이 도면 역시 차량기지가 건설되기 전에 그린 것이다. 2012년, 나카이는 옛 기억을 더듬으며 호포왜성지를 조사하러 갔으나, 현지에 도착하니 호포왜성지가 부산지하철의 거대한 차량기지로 변해 있어 깜짝 놀랐고, 이듬해에도 방문하여 차량기지 상부 언덕 어딘가에 극히 일부분이라도 남아 있을 것으로 생각하고 구석구석 찾았지만, 성터의 흔적은 전혀 찾지 못했다고 한다.

나카이는 1991년 당시 급히 작도한 도면이지만, 九大図와 완전히 일치하고 있는 점을 들어, 호포왜성지의 전체도면은 아주 정확히 제작된 것이라고 했다.[107]

필자는 2001년부터 몇 차례 호포왜성지를 찾아다니며, 극히 일부분이 남았을 거라는 신념을 버리지 않았다. 〈그림 4-46〉은 국토지리정보원이 소장하고 있는 호포차량기지 부근의 항공사진이다. 이 사진은 1987년에 촬영된 것으로 차량기지 건설 이전의 호포 부근을 잘 보여준다. 필자는 이 사진을 통해 호포왜성 수수께끼의 단서를 찾아내었다.

이 사진에서 왼쪽에 北西進하는 철도가 경부선이며 오른쪽에 북동진하는 도로가 35번 국도이다. 즉 오늘날의 포구나무집 부근이 당시 호포왜성의 북서쪽 최전방 구루와이며, 거기서 남동쪽으로 성역이 펼쳐진다. 현재의 고메갈비 뒤편에 근래에 와서 새로 쌓은 축대가 있는데, 단언하기는 어렵지만 이 축대의 기초부분이 왜성의 유구가 아닐까 생각된다.

〈그림 4-47〉은 筆者가 호포차량기지 건설 전의 항공사진에다 九大図의 호포왜성 성역을 추정한 것이다. 호포차량기지는 국도 35호선의 동쪽에 위치하고 있다. 따라서 호포왜성은 호포차량기지에 전부 포함되었다고 보기는 어렵고, 〈그림 4-47〉에 나타낸 바와 같이 국도 35호선 왼쪽에 해당하는 부분은 차량기지에 들어가지 않았다고 생각된다. 다만 도시화가 진전되면서 성벽 유구가 사라진 것이다.

실제로 필자가 2015년 무렵에 현지를 조사하러 갔을 때에는 가산수변공원 조성공사가 진행되고 있었지만, 지금의 표구나무집(식당) 뒤편 밭둑의 기초부분에 성벽으로 추정되는 石列이 있었다. 그러나 2019년 1월에 다시 방문했을 때에는 아쉽게도 표구나무집 주변의 밭들이 모두 매립되어 옛 모습을 전혀 찾을 수 없었다.

일본 佐賀県教育委員会의 오사 마사노리(長 正統)는 이 성을 구포왜성의 지성으로 추정하고 있지만[108], 九大図를 통해서 본 호포왜성지는 거대한 성곽이며, 구포왜성의 지성으로 보기는 어렵다고 생각된다.

12 | 김해죽도왜성(金海竹島倭城)

- 소재지 : 부산광역시 강서구 가락동
- 축성시기 : 1593년(선조26, 萬曆21, 文祿2)
- 축성자 : 나베시마 나오시게(鍋島直茂)·다테 마사무네(伊達政宗)
- 해발 : 48m
- 주요유구 : 이시가키(石垣), 천수대, 고구치(虎口), 채석장[石切場]
- 사적지정 : 부산광역시 지정 기념물 제47호
- 별명 : きんむい城

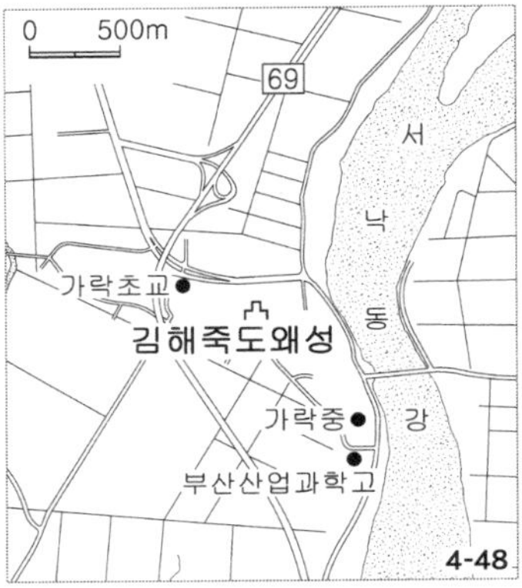

김해죽도왜성은 부산광역시 강서구 가락동 뒷산인 해발 48m의 오봉산(가락산) 정상에 위치하고 있으며, 임진왜란 때(1593년) 나베시마 나오시게(鍋島直茂)·나베시마 가쓰시게(鍋島勝茂) 父子가 축성하고, 나오시게가 5천 명으로 수비했다. 이 성은 낙동강 서쪽 지류의 서쪽 언덕에 위치하여 南西北 3면이 논으로 둘러싸여 있는데, 예로부터 낙동강의 하구에 위치하는 섬 모양의 지형이었다고 생각된다.

현존하는 성곽의 유구는 그다지 양호한 편은 아니지만, 산상부에는 상당히 많이 남아 있으며, 1999년 3월 9일 부산시 기념물 제47호로 지정되었다. 현재 성 내에는 사찰의 경내, 공동묘지, 밭, 택지 및 산림 등으로 되어 있는데, 竹島라는 이름에 걸맞게 대나무 숲이 많다.

『선조실록』乙未(1595년) 二月 癸丑條에는 「三面臨江, 周以木城, 重以土城,

4-48 김해죽도왜성 위치도

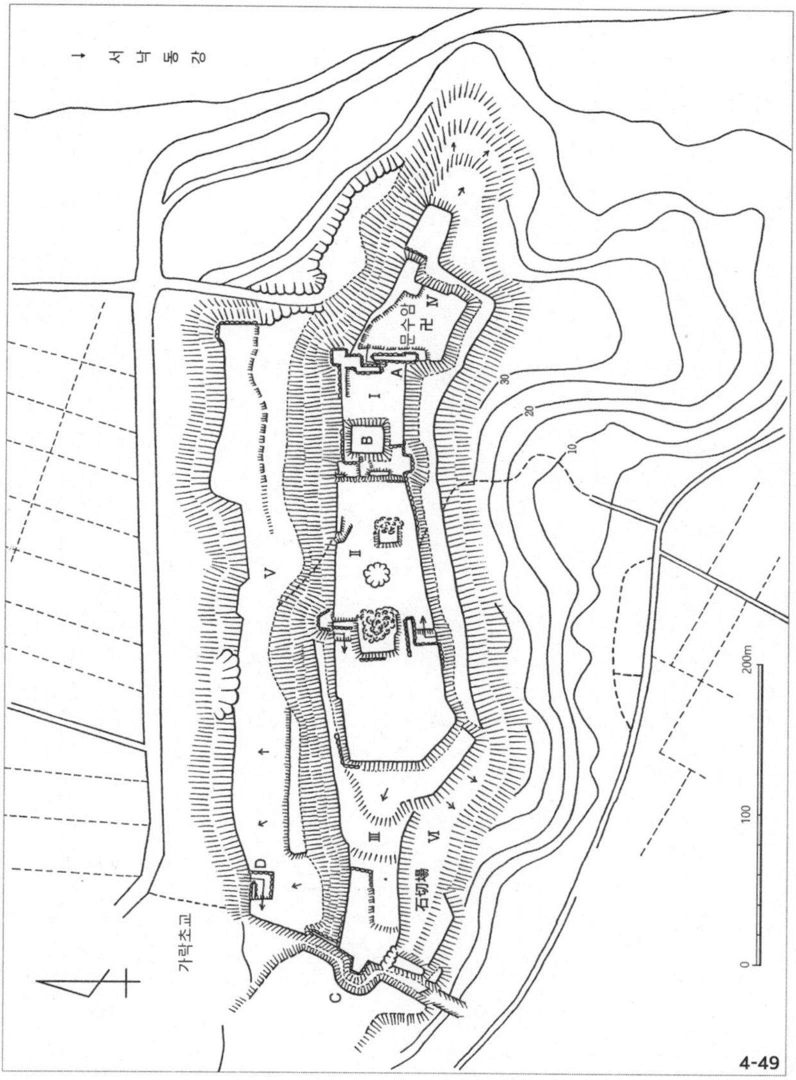

內築石城, 高臺傑閣粉壁絢爛, 大小土宇, 彌滿櫛比, 似無一片空地, 量有萬余兵名接矣, 大小船隻, 列泊城下, 不記其數, 有投付我民結慕城外處處屯結, 捉魚爲

4-49 김해죽도왜성 주곽부 개요도(작도: 中井 均), 加筆

生矣」

"3면이 강에 접해 있으며, 木城으로 둘러싸고 土城으로 거듭 쌓은 다음, 안에는 石城을 쌓았으며, 높고 웅장한 누각은 현란할 정도로 화려하고 크고 작은 土宇가 즐비하게 늘어서 있어 한 치의 빈 땅도 없는 것 같았고, 규모가 만여 명의 군사를 수용할만했다. 크고 작은 선박들이 성 밑에 줄지어 정박하고 있었는데, 그 수를 헤아릴 수 없을 정도였다."라고 김해죽도왜성의 모습을 기록하고 있다.[109] 또 성 밖에는 조선의 민중이 집단으로 거주하고 있었다고 기록하고 있어, 김해죽도왜성에는 조카마치도 형성되어 있었던 것을 엿볼 수 있다.

그런데, 다테 마사무네(伊達政宗)가 고토 노부야스(後藤信康) 앞으로 보낸 1593년 9월 24일자 편지에 "高麗竹島へ參着(김해 죽도에 도착)"라고 되어 있어, 당시 그가 김해죽도왜성에 주둔하고 있었음을 알 수 있다. 이 시기에 마사무네는 성벽 토목공사에 참가하고 있었으며, 그 성벽은 도자마 다이묘(外様大名)들의 성벽에도 뒤떨어지지 않았다고 적고 있다. 지금까지 그가 참가한 토목공사가 양산왜성이라고 알려졌지만, 김해죽도왜성일 가능성이 아주 높다.

정유재란에서는 한때 고바야카와 히데카네(小早川秀包)가 수비하고 있었지만, 그 뒤에 나베시마 나오시게·가쓰시게 부자가 김해죽도왜성과 마산왜성의 수비로 되어 있다. 1598년 8월 18일, 히데요시가 사망하자 여러 장수들의 철수가 시작된다. 10월에는 고다이로(五大老)로부터 마산왜성을 폐기하고, 또 11월에는 부산포에서 철수, 귀환하여 김해죽도왜성도 폐성이 되었다. 그리고 김해죽도왜성에는 2개의 支城이 있었던 것으로 추측된다. 서쪽 약 6km에 위치하는 농소왜성과 북쪽 약 16.5km에 위치하는 마사왜성이 그것이다.

4-50

김해죽도왜성은 동서로 뻗어 있는 언덕 위에 크게 세 군데에 걸쳐 축성되어 있다. 중앙부가 중심이 되는 성곽으로, 거의 직선적인 4개소의 구루

4-50 김해죽도왜성 전체 평면도(작도: 高田 徹)

4-51 김해죽도왜성 혼마루 북쪽 성벽 **4-52** 김해죽도왜성 북쪽 內枡形 출입구 성벽(가락초교 뒤)

와가 배치되어 있다. 주곽 I 은 동쪽에 마스가타 출입구A를 갖추고, 서쪽 끝에는 천수대B를 배치하고 있다. 주곽 I 의 서쪽에는 넓은 부곽 II가 구축되어 있고, 중앙부에서는 칸막이인 L자형 석루가 배치되어 구루와를 두 개로 나누고 있다. 이 부곽 II 에서 더 서쪽으로 약간 평삭이 덜된 구루와 III을 배치하고, 그 서쪽 끝에는 거대한 호리키리C를 설치하여 언덕을 완전히 차단하고 있다. 호리키리는 중앙부에서는 크게 돌출된 부분을 만들어 양쪽을 방어할 수 있는 아이요코야(合横矢)를 걸고 있다.

한편 주곽 I 의 동쪽은 서낙동강을 향하여 계단상으로 구루와를 배치하고 있지만, 주곽 바로 밑의 부곽 IV에는 석축이 적용되어 있지만, 그보다 아랫단에는 석축이 확인되지 않는다.

주곽 I 과 동서쪽 부곽 II · IV는 석축이 구축되어 있지만, 그 최대의 특징은 성벽보다 돌출시킨 마스가타의 존재일 것이다. 장대한 성벽에 요코야를 걸기 위해 설치된 것이지만, 김해죽도왜성에서는 다른 왜성에 비해 이 데마스(出枡)가 많이 적용되어 있다.

또 중심부의 북쪽 산기슭에는 거대한 오비구루와 V가 설치되어 있으며, 서쪽 끝에는 마스가타D와 데마스도 설치되어 있다. 한편 남쪽 경사면에도 오비구루와 VI이 배치되어 있지만, 북쪽에 비하면 평삭은 떨어진다. 주목되는 것은 이 남쪽의 오비구루와 VI으로, 야아나가 들어간 석재가 여러 개 남아 있는데, 여기서 김해죽도왜성의 성벽 토목공사 시 현지에서 석재를 조달했음을 알 수 있다.

또 가락초등학교에서 서쪽으로 69번 지방도를 건너 서쪽 능선 정상부와 주곽의 남동쪽(가락중학교 북쪽) 능선 정상부에도 각각 계단상으로 배치된 평삭지가 확인되지만, 석축은 거의 적용되지 않았다.[110]

13 | 농소왜성(農所倭城)

* 소재지 : 경상남도 김해시 주촌면 농소리
* 축성시기 : 1593년(선조26, 萬曆21, 文祿2)
* 축성자 : 나베시마 나오시게(鍋島直茂) 등
* 해발 : 74m
* 주요유구 : 구루와(曲輪)
* 사적지정 :
* 별명 : 신답왜성(新畓倭城)

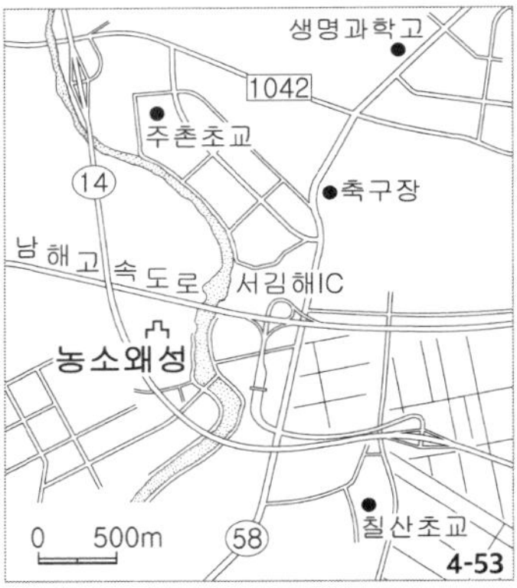

일본측 사료를 통해 김해죽도왜성의 지성[端城]이 있었다는 것을 알 수 있지만, 구체적인 위치 등은 기록되어 있지 않다. 따라서 문헌사료가 말하는 지성이 농소왜성과 마사왜성인지는 확실하지 않다. 다만 후술하는 이들 왜성은 나와바리 측면에서 보면 본성 수준의 성곽은 아니고, 지성 정도에 상당할 가능성은 아주 높다. 따라서 이 책에서는 기존의 연구자들 사이에 전해져 온 것과 마찬가지로 이들 두 왜성을 지성으로 가정하고 기술한다.

농소왜성은 경남 김해시 주촌면 농소리 마을 뒷산 해발 74m에 위치하고 있으며, 임진왜란 때(1593년) 나베시마 나오시게(鍋島直茂) 등이 김해죽도왜성의 지성으로 축성하였다. 동쪽 산기슭에서는 조만강(潮滿江)이 南流하고, 하류에서 서낙동강으로 흘러든다. 이 언덕부의 야산은 신답리의 뒷산이기도 하여 이 성을 "신답왜성(新畓倭城)"이라고도 한다. 그 위치는 본성

4-53 농소왜성 위치도

인 김해 죽도왜성에서 북서쪽으로 직선거리 약 6km에 해당하며, 대부분 초목이 울창한 황무지이고 일부는 밭과 묘지로 되어 있다. 왜성의 유구인 구루와로 추정되는 흔적은 현재도 거의 선명하게 남아 있으나, 석축은 혼마루로 보이는 산 정상부의 주변에 그 기초 부분의 일부가 남아 있을 뿐이다.

혼마루는 동서 약 50m, 남북 약 25m 크기의 직사각형이며, 현재 그 중앙에 묘지가 조성되어 있고 주변의 석축은 묘지의 축대로 기능하고 있다. 다카다 도루(高田徹)씨는 현재의 상태만으로 성역을 확정하는 것은 곤란하다고 했다.[111]

2002년 봄, 筆者가 현지를 답사했을 때에는 혼마루의 남서쪽 끝 부분에서 시작하여 서쪽으로 이어지는 조금 낮은 야산의 정상에 이르기까지

4-54 농소왜성지(남쪽에서 본 원경, 산 정상부가 왜성지임)

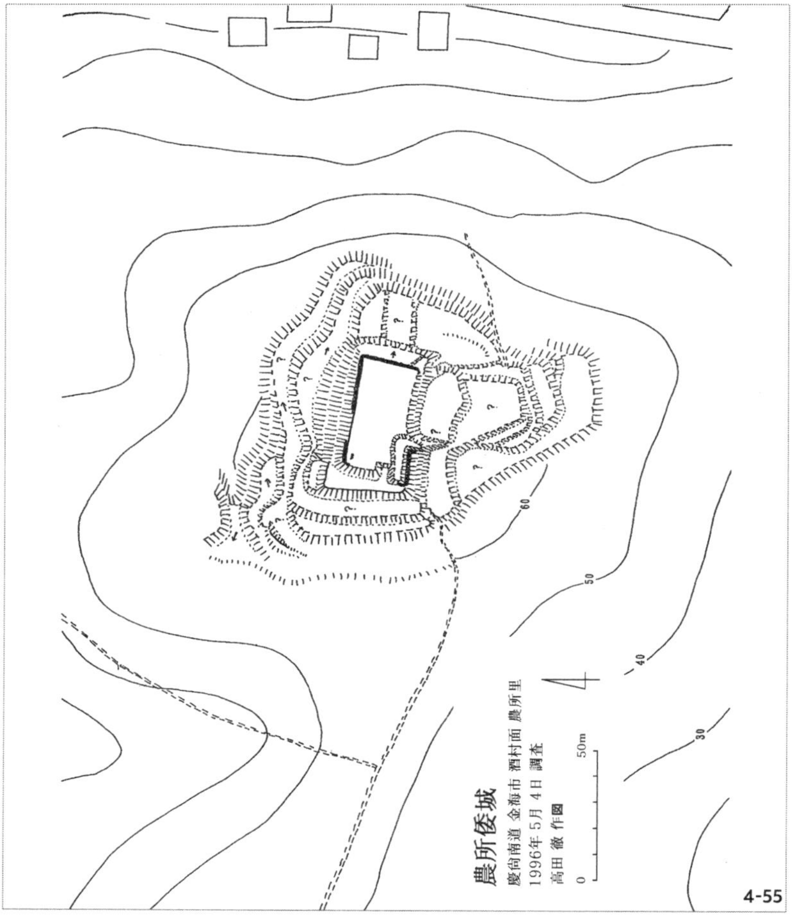

발굴조사가 한창이었다. 그 조사는 국도 제14호선 우회도로(부산-한림) 신설에 따라 농소왜성의 유구가 이곳까지 이어져 있는지를 확인하기 위해 김해시가 경남문화재연구원에 의뢰한 발굴조사였다. 조사 결과 현재의 왜성 유구 이외에 다른 유구는 발견되지 않았다.

4-55 농소왜성 평면도(작도: 高田 徹)

14 | 마사왜성(馬沙倭城)

* 소재지 : 경상남도 김해시 생림면 마사리
* 축성시기 : ?
* 축성자 : 나베시마 나오시게(鍋島直茂) 외
* 해발 : 86m
* 주요유구 : 토성
* 사적지정 : 미지정
* 별명 :

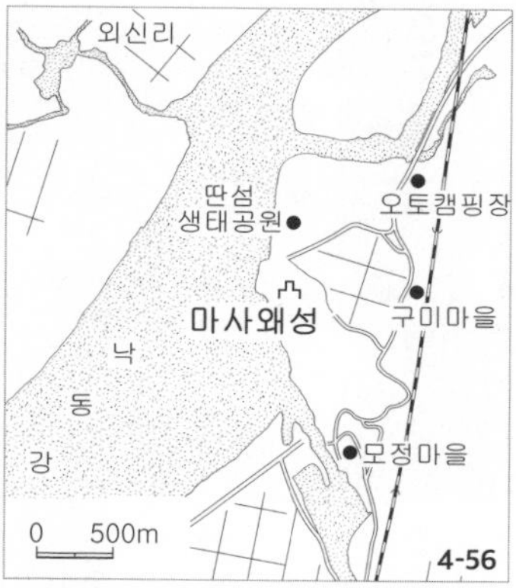

마사왜성은 경남 김해시 생림면 마사리의 밀양강과 낙동강이 합류하는 지점에 인접하는 해발 86m의 산 위에 위치하고 있다. 나베시마 나오시게(鍋島直茂) 등이 임진왜란과 정유재란기에 쌓은 것이라고 하는데, 정확한 축성연대는 미상이다.

이 왜성은 김해죽도왜성의 자성이라고 하는데,[112] 거리상(직선거리로 약 20km)으로 약간의 의문이 생긴다. 낙동강 유역에는 하류로부터 김해죽도왜성, 구포왜성, 호포왜성, 양산왜성이 있으며, 그 가장 상류에 이 마사왜성이 위치하고 있고, 산들이 겹쳐 있어 연락도 불편하고 서로 직접 바라볼 수도 없는 위치이기 때문이다.

이 왜성은 대부분의 다른 왜성과는 달리 토성으로 되어 있어 일본의 중세성곽과 유사하다. 또한 이 왜성은 낙동강을 이용한 水運을 감시하기 위한 반지로(番城)로 추측되고 있다.[113]

4-56 마사왜성 위치도

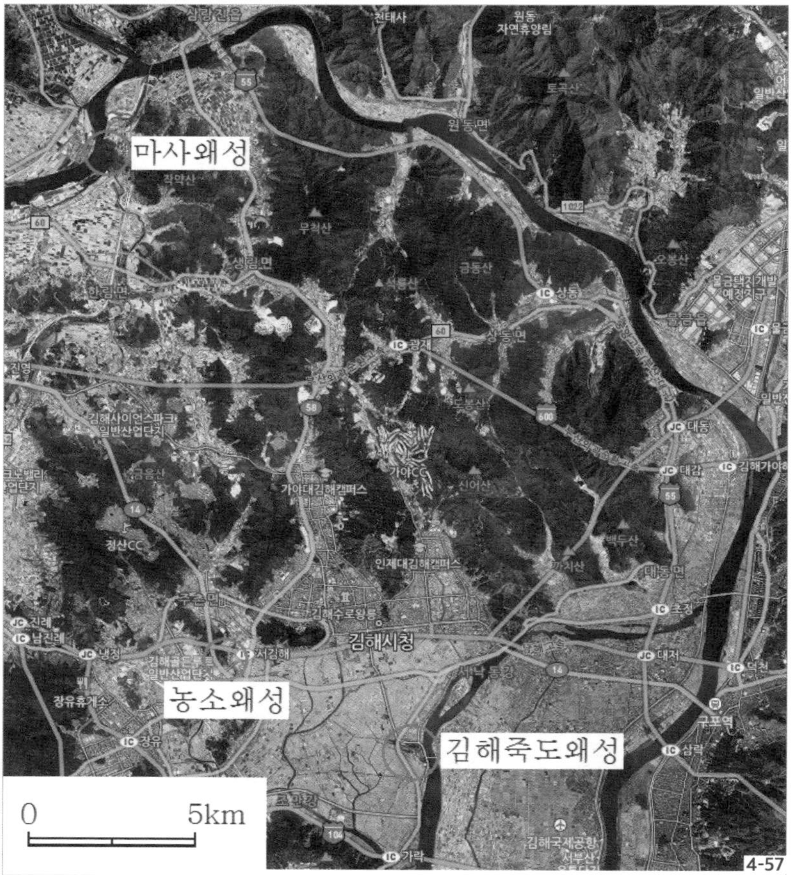

〈그림 4-58〉은 2000년 7월, 오타 히데하루(太田秀春)에 의해 발표된[114] 것으로, 일제강점기에 조선총독부에 의해 작성된 것으로 추정된다. 이 실측도는 「馬沙倭城国有林」이란 제목이 붙은 그림으로, 소재지는 「경상남도 김해군 생림면」, 사적의 종류는 「城址」, 축척은 1/6000로 되어 있다.

산림과의 『古蹟台帳』에는 「馬沙倭城이라 부르고, 임진·정유재란기에

4-57 김해죽도왜성과 지성 위치

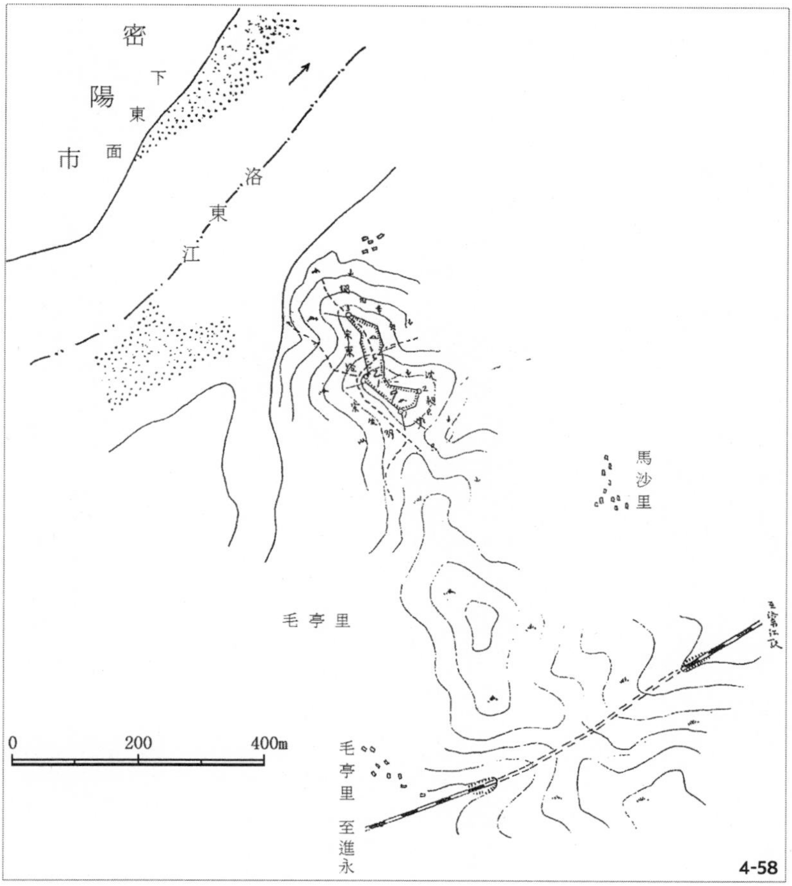

일본군이 쌓은 것으로, 토성이며 내부는 상하 2단으로 되어 있고, 둘레는 약 230間」이라고 기재되어 있다. 마사왜성은 낙동강에 면하는 언덕 위에 구축되어 있다.

성역은 현재 대부분 산림으로 되어 있으며, 그 보존 상태는 대체로 양호하다. 주곽으로 생각되는 구획 I 은 동서 약 50m, 남북 약 15m 규모이

4-58 마사왜성 평면도(서울대도)

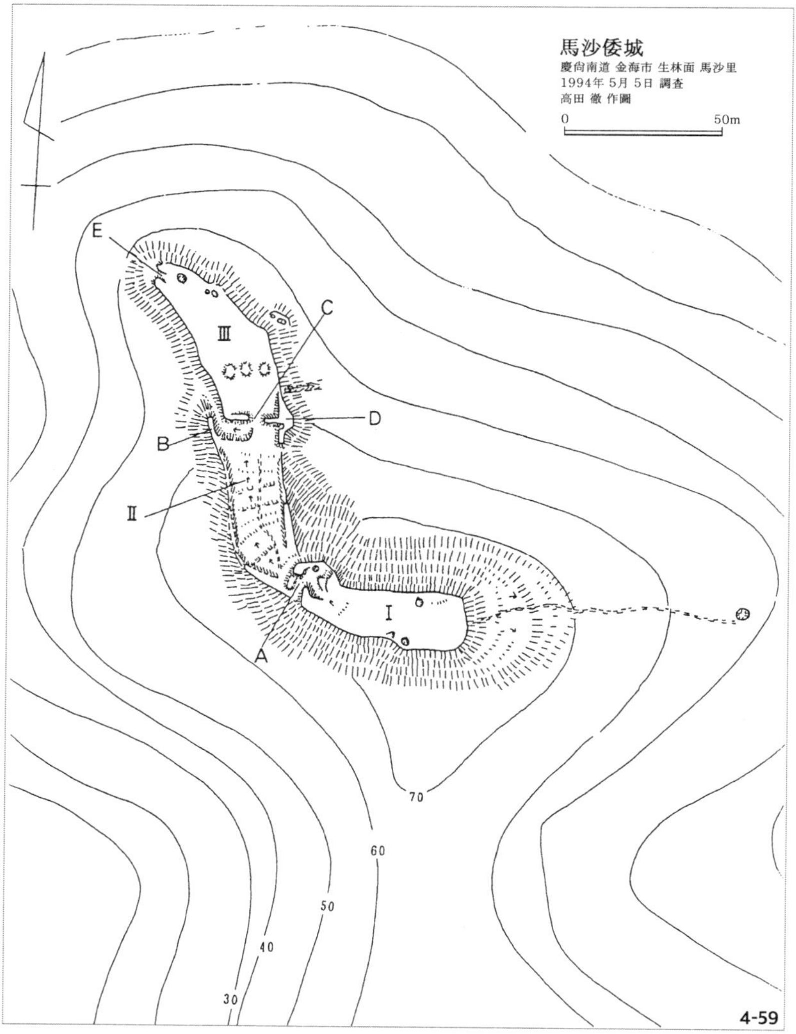

다. 가장자리는 절벽으로 둘러싸여 있다. 그 서족 끝의 虎口A는 구루와의 끝을 움푹 파고 전면에 토루를 돌출시킨 소토마스가타 출입구이다. 통로 부분의 폭은 약 3~5m, 통로를 옹호하는 토루는 폭이 약 2m에 높이는 약

4-59 마사왜성 평면도(作圖 : 高田 徹)

1m이다.

구획Ⅱ는 구획Ⅰ과 Ⅲ 사이에 위치하는 경사면 부분이지만, 그 측면부는 虎口A의 겨드랑이에서 뻗은 2가닥의 다테도루이에 의해 둘러싸여 있다. 2가닥의 토루는 높이가 약 50cm, 폭이 약 1m 규모이며, 토루에 의해 둘러싸인 부분의 폭은 약 15m이다. 구획Ⅲ과의 경계이고, 구획Ⅱ의 가장 낮은 위치에는 출입구B가 확인된다. 이 출입구는 구획 Ⅱ의 서쪽 다테도루이의 외곽선이 마치 구획Ⅲ의 외곽선과 엇물려 형성된 소토마스가타 모양의 출입구이다. 출입구 부분의 통로 폭은 2~4m이다. 구획Ⅲ은 동서 약 20m, 남북 약 50m 규모이다. Ⅱ측은 높이 약 1m, 폭 약 2m의 토루로 구획화되어 있으며, 거의 중앙에 히라이리 모양의 虎口C가 설치되어 있다. 虎口C의 동쪽 D에는 토루의 폭이 약 4m로 넓어지고, 야구라다이 모양을 나타내고 있다. 구획Ⅲ의 북쪽 끝 E에도 구루와의 외곽선이 열려 있으며, 출입구 모양을 하고 있지만, 본래의 유구인지 확실하지는 않다.

마사왜성은 2개의 구루와와 이들을 연결하는 경사부에 설치된 다테도루이로 구성된다. 호리키리라고 할 수는 없지만, 구루와 가장자리의 절벽은 확실하다. 또, 2개의 출입구는 소토마스가타로 아주 특징적이다. 이러한 유구로 보면, 마사왜성은 석축이 사용되지 않은 토성이면서 순수한 일본식 성곽 유구를 남기고 있다고 할 수 있다.

또 거리적인 측면에서 보면, 농소왜성은 김해죽도왜성을 눈으로 볼 수 있는 위치에 있으며, 그 기능의 일부를 담당한다고 하면 불가능하다고는 생각되지 않는다. 단, 마사왜성의 경우, 전술한 바와 같이 김해죽도왜성과 낙동강으로 연결된다고는 하지만, 서로 바라볼 수도 없고, 상당한 거리를 두고 있다. 그런 의미에서 김해죽도왜성의 지성으로 기능했는지는 의문이다. 단, 농소왜성과 마사왜성 모두 1~2개의 구루와만으로 구성되

었고, 이시가키가 낮거나 토성이다. 이러한 점은 김해죽도왜성과 비교하면 방어기능이 아주 떨어지는 것이며, 당연히 이것을 수비하는 병력도 한정되어 있었을 것으로 생각된다.

결국, 유구로부터 추정하면 이들 성곽은 최소한의 방어기능만 갖춘 것으로, 단독으로는 기능하지 못하고 김해죽도왜성과 같은 거점적 성곽에 대하여 그 기능의 일부를 담당했다고 생각된다. 즉 거점성곽에 대한 지성으로의 성격을 생각할 수 있지만, 이들이 문헌사료에서 말하는 그 지성인지는 단정할 수 없다. 도요토미 정권에도 그 존재가 인지되어, 지령이 내려지는 하지로(端城)보다 더 낮은 위치에 있었던 성곽이었을 가능성도 생각할 수 있기 때문이다. 금후 내륙부에 축성된 왜성도 포함하여 이와 같은 성곽의 유례를 연구해 볼 필요가 있다. 또한 마사왜성이 밀양시와의

4-60 마사왜성지(북동쪽에서 바라본 원경, 정상부가 왜성지임)

경계부, 낙동강이 사행(蛇行)하는 산 위에 구축되어 있는 것은 하천을 통한 왕래의 존재와 그에 대한 감시·통제의 기능을 추측하게 한다.[115]

15 | 가덕왜성(加德倭城)

* 소재지 : 부산광역시 강서구 가덕도동(눌차도)
* 축성시기 : 1592년(선조25, 萬曆20, 文祿元年)
* 축성자 : 모리 데루모토(毛利輝元)
* 해발 : 약 70m
* 주요유구 : 이시가키(石垣), 천수대
* 사적지정 : 미지정
* 별명 : かとく城

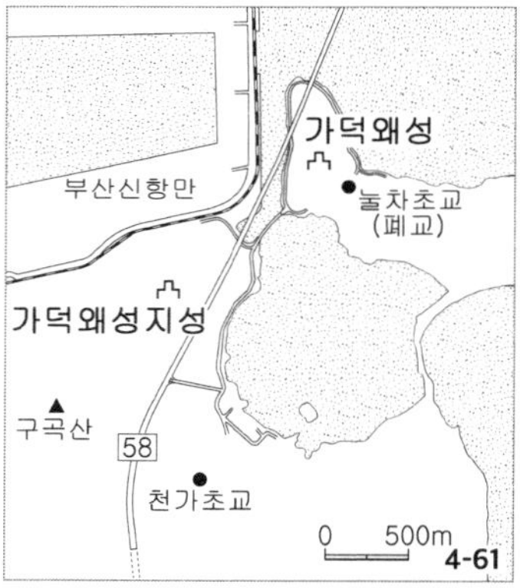

가덕왜성은 부산광역시 강서구 가덕도동 눌차도(訥次島) 구 눌차초등학교의 뒷산인 해발 70m의 정상에 위치하고 있으며, 해안선에서 비교적 가깝다. 임진왜란 때(1592년) 모리 데루모토(毛利輝元) 등이 축성하고, 고바야카와 다카카게(小早川隆景) 등이 수비한 성으로, 현재 대부분의 석축은 붕괴되었거나 훼손되어 있는데, 혼마루로 추정되는 유구가 그나마 왜성임을 알 수 있게 해 준다. 구루와 등은 대체로 잔존하고 있지만, 많은 부분이 밭으로 사용되고 있다. 또한 다테보리 등의 방어시설은 보이지 않고 있으며, 평삭지가 크게 세 군데로 분산되어 있다.

만을 낀 북서쪽 맞은편 언덕(직선거리로 약 4km)에 안골포왜성, 또 웅동만을 끼고 약 4km 서쪽에 이 지역의 거점이 되는 웅천왜성이 위치한다. 이 3개 성의 연대에 의해 웅동만 입구와 가덕수로를 장악함으로써 항만을

4-61 가덕왜성 위치도

포함한 해안부를 수비하고 있다.

『慶南의 倭城趾』에서는 여기서 남서쪽으로 약 1.2km 떨어진 해발 약 156m 갈마봉 정상부를 가덕왜성(본성)으로 하고, 눌차도 정상부를 가덕왜성지성으로 표기하고 있다. 또 조중화(趙重華)는 『다시쓰는 임진왜란사』에서 가덕왜성에 대해 "산의 능선에 성벽을 축성하였는데, 이것은 분명히 일본식 축성법에는 없는 방식이다. 한국식 축성법을 모방하고, 보다 폭을 넓게 한 점은 일본식이다. 지금은 다 허물어지고 돌덩어리만 길게 능선을 따라 널려 있다"라고 적고 있으며,[116] 국립진주박물관에서 펴낸 『새롭게 다시보는 임진왜란』에는 가덕왜성에 대해 "이 성은 일본식에 한국식 축성법을 가미하여 쌓았는데, 〈中略〉 지금은 다 허물어지고 돌덩어리만 길게 능선을 따라 널려 있다"고 적고 있는데,[117] 이 두 가지의 기록은 가덕왜성이 아니라, 후술하는 가덕왜성지성으로 추정되는 성곽유구에 대한 것으로 잘못된 설명이라고 판단된다. 만 입구의 동서 양쪽에 축성된 성 중, 눌차도 정상부의 성벽은 분명히 일본식 성이지만, 갈마봉 정상부의 성벽은 조선식 산성의 성벽이다. 따라서 이 책에서는 눌차도 정상부의 성을 가덕왜성으로 하여 기술한다.

1592년, 도요토미 히데요시는 모리 데루모토에게 가덕왜성의 토목공사를 지시하고 있으며, 완성 후에 고바야카와 다카카게·모리 히데모토(毛利秀元) 등이 수비했다고 한다. 이듬해에는 가덕도에 구키 요시타카(九鬼嘉隆)·와키자카 야스하루(脇坂安治)·도도 다카토라(藤堂高虎) 등의 수군이 배치되고 있다.

가덕왜성은 정유재란기에도 계속 유지되고 있었는데, 파각을 명령받은 기록이 있다. 1597년이나 1598년으로 추정되는 기록이지만, 데라자와 마사시게(寺沢正成)는 시마즈(島津) 父子에게 가덕왜성을 파각하고 웅천왜성

으로 옮길 것을 지령하고 있는데,[118] 이때 많은 부분이 파손되었을 가능성도 있다.

성곽 유구의 현황을 보면, 근대의 개간에 의해 상당한 부분이 옛날 모습을 잃었다. 해발 약 70m의 정상부를 중심으로「>」자 모양으로 뻗은 능선상에 남북 약 500m × 동서 약 150m 범위에 구루와로 이용된 것으로 추정되는 평삭지가 펼쳐진다. 예전의 성 모습을 전해 주는 부분은 제일 높은 곳에 위치하는 주곽으로 추정되는 구루와 주위를 둘러싸는 성벽이 군데군데 보이는 정도이다. 북쪽 능선으로 이어지는 두 군데의 정상부에도 평탄면이 보이고, 또 주위를 해자로 둘러싼 듯한 흔적도 확인되지만, 개간에 의해 밭으로 되어 있어, 옛날 모습은 확실하지 않다. 또 남서쪽으로 뻗은 능선은 가느다란 능선이며 끝부분에 계단상의 구루와 비슷한 흔적과 낮은 석축이 확인되어 여기까지 성이 펼쳐져 있었을 가능성이 높다.

주곽은 주위를 석축으로 둘러싼 소이시가키 구조이지만, 성벽은 주곽 주위의 극히 일부분에서만 확인된다. 동서 약 40m × 남북 약 55m의 규모의

4-62 가덕왜성 천수대 북서쪽 성벽

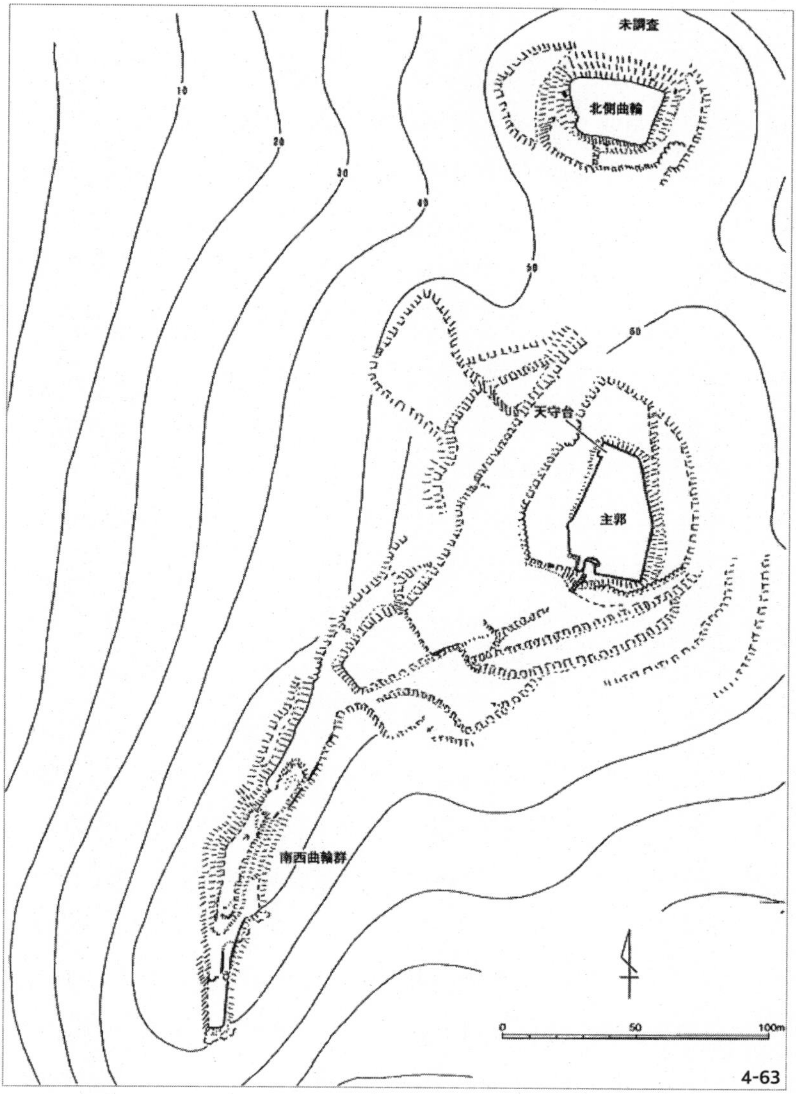

주곽부는 부정형 사다리꼴을 이룬다. 현재 주곽부에는 소나무 묘목을 심어 밭으로 경작하고 있으므로 통행이 어렵고, 가라보리나 토루 등의 흔적에 대

4-63 가덕왜성 개요도(작도: 高田 徹)

해서도 초목이 우거져 있어 전체 모습을 파악하는 것은 곤란하다.

성벽의 높이는 현황에서 약 1~3m이고, 약간 작은 자연석을 가로 방향을 기본으로 하여 쌓아 올린 노즈라즈미(野面積み) 성벽이다. 북서쪽 모서리가 사각형으로 돌출되어 있는데, 이곳이 천수대로 추정되며, 그 규모는 사방 약 8m가 된다. 동쪽과 남쪽이 혼마루와 접속하기 때문에 약간의 야구라 등이 천수에 접속하고 있었을 가능성이 높다. 남서쪽 모서리에 출입구로 추정되는 유구는 현재 사당이 지어져 있고, 돌담에 의해 폐쇄되어 있다. 석축은 남동부를 중심으로 잔존 상황이 양호하지만, 그 외에는 일부 고쳐 쌓은 것 등을 볼 수 있다. 서쪽 성벽을 제외하면 거의 일직선이며, 서쪽만 굴절을 가지고 굴곡이 심하다. 이것이 요코야를 걸기 위한 굴절인지, 근년에 고쳐쌓으면서 생긴 것인지는 판단하기 어렵다. 주곽 내의 평탄면은 개간에 의한 평삭에 의해 파괴되어 있다.

주곽에서 북쪽으로 약 100m 안부(鞍部)를 끼고 남북 약 30m × 동서 약 35m의 거의 사각형 평삭지가 남아 있다. 하단의 요코구루와(横曲輪) 모양의 평탄면에서의 높이는 약 5m로, 서쪽 및 요코구루와에 석축의 일부가 존재하고, 북쪽에도 무너진 석재가 확인되므로 주곽과 마찬가지의 소이시가키 구루와로 추정되지만, 초목이 우거져 성벽을 확인하기 어렵다.

주곽에서 남서쪽 해안으로 내려가는 능선 끝부분의 폭 약 10m × 길이 90m 범위에 계단 모양의 작은 구루와가 연속되고, 각 구루와군은 낮은 석축으로 둘러쳐져 있다. 출입구의 존재도 지적되지만, 초목이 너무 우거져 낮은 석축은 확인했으나 계단상 구루와의 수와 虎口 유구는 확인하지 못했다. 주변 지역의 항만을 장악하는 왜성은 어느 것이나 석축에 의해 각 구루와가 접속하고, 능선 전체를 방어하고 있으므로 근대의 개간에 의해 성벽이 철거되었을 가능성도 높다.[119]

16 | 가덕왜성지성(加德倭城支城)

* 소재지 : 부산광역시 강서구 가덕도동(갈마봉)
* 축성시기 : ?
* 축성자 : ?
* 해발 : 156m
* 주요유구 :
* 사적지정 :

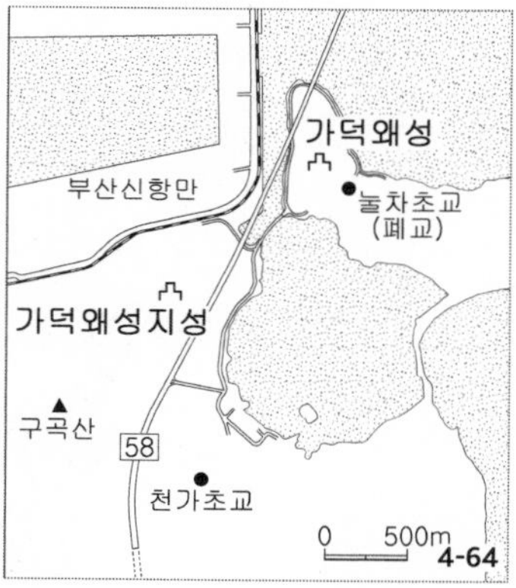

가덕왜성의 지성은 부산광역시 강서구 가덕도동 해발 156m 위치의 갈마봉으로 추정되고 있다. 현재 이곳에는 허물어진 성(갈마성)의 흔적이 남아 있는데, 『慶南의 倭城趾』에서는 눌차부락 위쪽 해발 100m 산 정상에 가덕왜성의 支城이 있다고 적고 있어[120] 전술한 가덕왜성(本城)과 완전히 바꾸어 설명하고 있다. 이 성은 우리나라의 산성이나 읍성과 유사한 형식으로 쌓여져 있으며, 일부에 남아 있는 석축이나 성곽의 유구 등을 보면 왜성이 아니라는 것을 쉽게 확인할 수 있다.

거리 등으로 미루어 보아 앞에서 설명한 눌차동의 3개 구루와는 분명 本城의 유구이다. 그렇다면 성북동의 다른 곳에 지성이 있거나, 아니면 지성을 별도로 쌓지 않고, 우리 성인 갈마성을 점령하여 가덕왜성의 지성으로 이용한 것은 아닌가 하는 의문이 든다. 〈그림 4-66〉의 1948년도에 촬영한

4-64 가덕왜성지성 위치도

국토정보지리원의 항공사진에서 보면 갈마봉성의 평면 형상은 선명하게 직사각형에 가까운 형상을 하고 있다. 그러나 『慶南의 倭城趾』에 수록된 측량도인 〈그림 4-65〉는 항공사진과 상당히 다른 모습을 하고 있다.

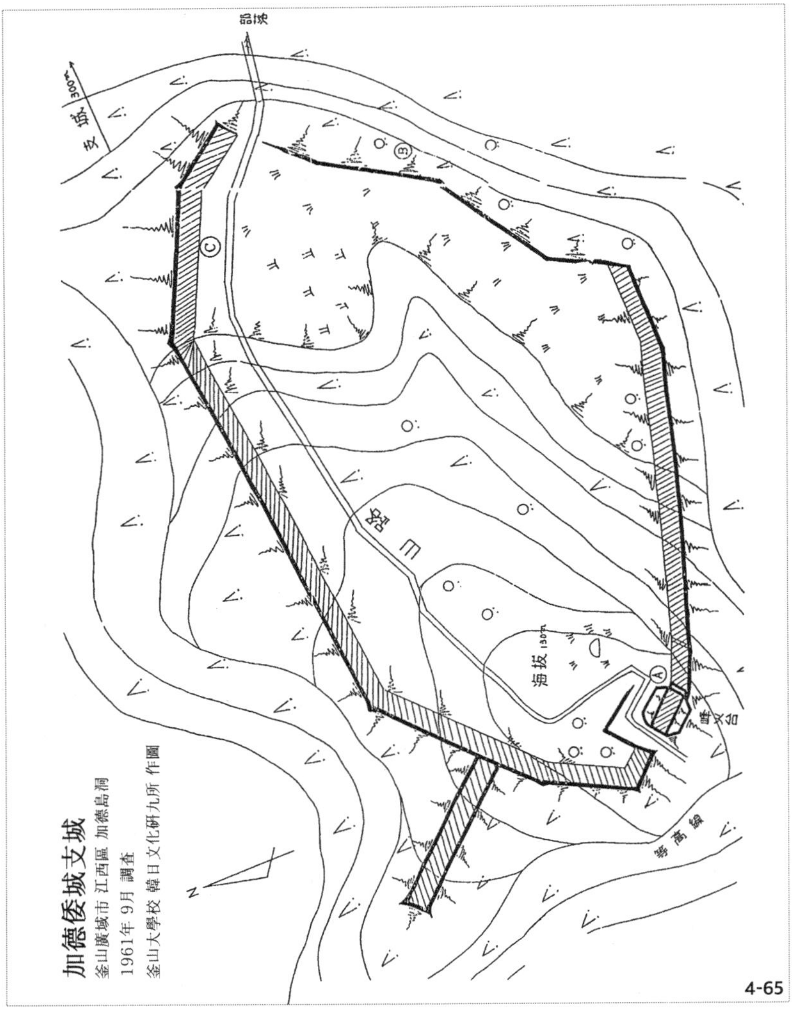

4-65 가덕왜성지성 평면도(작도: 부산대학교 한일문화연구소)]

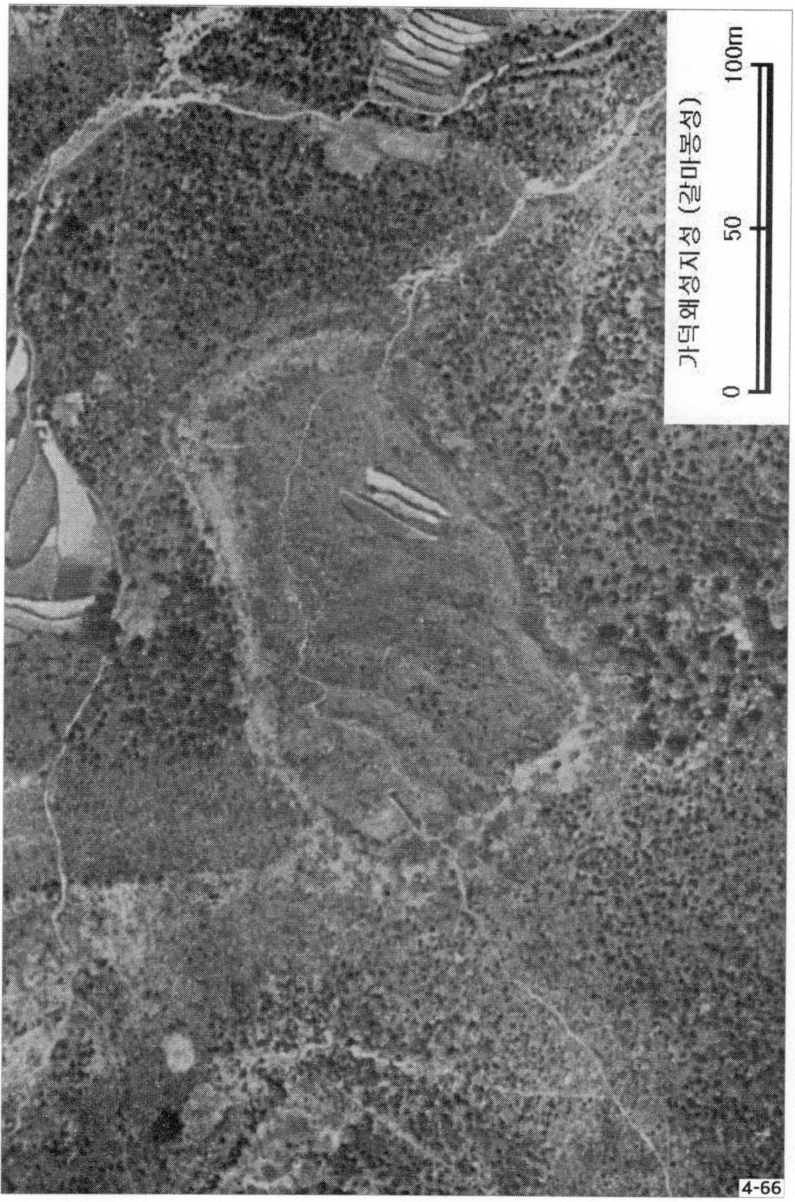

4-66 갈마봉성 항공사진(국토지리정보원, 1948년), 加筆

17 | 웅천왜성(熊川倭城)

* 소재지 : 경상남도 창원시 진해구 남문동
* 축성시기 : 1593년(선조26, 萬曆21, 文祿2)
* 축성자 : 고바야카와 다카카게(小早川隆景)·우에스기 가게카쓰(上杉景勝)·고니시 유키나가(小西行長)
* 해발 : 183m
* 주요유구 : 이시가키(石垣), 천수대, 해자[空堀]
* 사적지정 : 경상남도 기념물 제79호
* 별명 : こもかい城

웅천왜성은 경남 창원시 진해구 남문동 남산의 정상인 해발 183m에 위치하고 있다. 이 성은 임진왜란 때(1593년) 고니시 유키나가가 축성하고 수비한 것으로 알려져 있으며, 경상남도 기념물 제79호로 지정되어 있다. 진해만에 튀어나온 곶의 끝 부분, 당시는 삼면이 바다로 둘러싸인 남산에 구축된 소이시가키 구조의 산성으로, 서생포왜성 다음 가는 규모를 자랑한다. 당시 웅천이 서쪽의 최전선이었으므로 이 성은 지리적으로 중요한 거점이었다.

동쪽에 면하는 웅포만은 성을 따라 북쪽 안쪽까지 돌아 들어가서 숨겨진 선박의 정박지로 되어 있었다. 동쪽에는 안골포왜성이, 서쪽에는 지성인 명동왜성이 자리 잡고 있으며, 가덕도에서 거제도에 이르는 주변의 왜성군 중에서도 규모·구조면에서 특별히 뛰어난 진해만 포구의 중심적인

4-67 웅천왜성 위치도

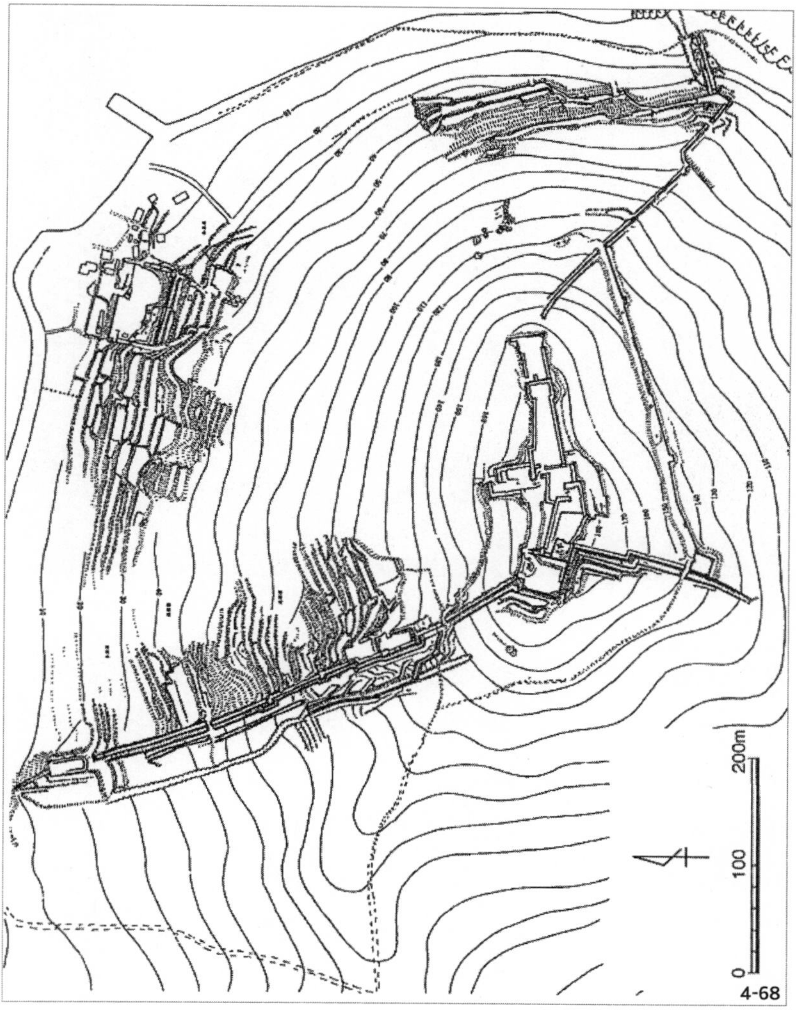

성곽이었다고 생각된다. 그러나 지금은 부산신항만 건설과 웅동경제자유구역 조성으로 바다가 매립되어 내륙의 성으로 변했다.

1593년, 일본군은 전선의 후퇴에 따라 조선 반도의 남부 확보를 위한

4-68 웅천왜성 평면도(작도: 高田 徹)

거점 만들기에 착수했다. 이때 조선 침략 시 선봉을 맡았던 고니시 유키나가(小西行長)와 가토 기요마사(加藤清正)는 수비면에서도 최전선을 담당하게 되었다. 이 때문에 웅천왜성은 가토 기요마사가 쌓은 서생포왜성과 쌍벽을 이루는 고니시 유키나가의 성으로 알려져 있다. 실제로는 이 성에서의 공방은 없었지만, 1593년 말 유키나가의 요구에 따라 바다를 건너온 선교사 그레고리오 데 세스페데스가 여러 장수들에게 전도를 한 성이며, 또 1595년 2월에 유키나가가 일본군의 부산·쓰시마로부터의 철수를 요구하는 명나라 측 대표와 만난 성으로도 알려져 있다.

축성 과정을 더듬어 보면, 우선 1593년 4월 12일에 히데요시로부터 「부산포」와 「웅포」를 비롯한 20여 개 성의 축성 명령이 하달되었고, 이에 따라 5월 20일에는 18개 성의 수비 예정자가 공표되었다. 그러나 이 시점

4-69 웅천왜성 천수대 남쪽 성벽

에「本城」으로 구체적인 성의 이름이 기록되어 있는 것은「부산포」와「웅천」뿐이며, 다른 것은 대부분 축성장소가 정해지지 않았던 것 같다. 이 점에서 웅천은 일찍부터 부산과 함께 중요시 되었던 것을 알 수 있다. 5월 20일 시점에서 축성 명령을 받은 것은 고바야카와 다카카게(小早川隆景) 군대 6,600명이었지만, 그 뒤 우에스기 가게카쓰(上杉景勝)가 6월 21일부터 5,000명을 이끌고 가세했다가 9월 8일에 나고야성(名護屋城)으로 돌아갔다. 그 사이 7월에 고바야카와는 구포왜성으로 옮기고, 그 대신에 고니시 유키나가가 들어왔다. 결국, 웅천왜성의 축성은 고바야카와 → 고바야카와·우에스기 → 우에스기·고니시 → 고니시라는 순서로 이루어졌다고 생각된다.

1595년에 명나라와의 강화교섭 과정에서 일본군은 어쩔 수 없이 왜성

4-70 웅천왜성 남쪽 노보리이시가키(登り石垣)

을 파괴해야만 했다. 히데요시는 5월에서 6월에 걸쳐 부산·웅천 이외의 여러 성을 남길 것을 명하는데, 이로 인해 웅천왜성은 파괴된 다른 성의 장병들을 다수 받아들이게 되었지만 그해 9월에는 파괴된 것 같다.

웅천왜성의 커다란 특징으로써 혼마루에서 남북으로 구축된 다테보리를 갖춘 두 가닥의 노보리이시가키이다. 남쪽 성벽은 천수대 옆에서 진해만 쪽의 깎아지른 듯한 낭떠러지까지의 100m, 북쪽은 웅동만에 이르는 600m나 되는 것으로, 이것에 의해 능선이 이어져 온 남산의 서쪽을 완전히 차단하였다.

산상에는 8개의 구루와가 배치되어 있다. 돌을 세워 쌓은 것이 보이는 정문의 출입구, 여기서 주곽에 이르기까지 출입구가 연속되지만, 출입구가 구루와처럼 된 곳이 보인다. 그중에서도 주곽 바로 앞의 작은 구루와는 사방이 다른 구루와에 의해 둘러싸인 마스가타 공간으로 되어 주곽을 방비하고 있다. 그리고 이 마스가타에는 가쿠시 구루와(隠し曲輪)라고 해야 할 남쪽 구루와가 갖추어져 있다. 주곽의 남쪽 모서리에 있는 천수대는 동서 17m × 남북 15m로 왜성 중에서는 최대 규모를 자랑한다. 이 천수대에서 동쪽 끝 구루와까지 남쪽에 면한 200m 정도 석축이 이어진다. 또 천수대 아래의 노보리이시가키를 110m 정도 내려간 곳에 천수대 규모의 야구라다이가 있으며, 여기서 동쪽으로 300m 정도 석축이 이어져 오비구루와를 형성하고 있다. 결국 2단에 걸쳐 서쪽 끝의 고층 건축에서 동쪽 끝까지 성벽이 길게 이어지는 구조로 되어 있다. 이것은 분명히 해상으로부터의 훌륭한 경관을 의식한 것이며, 실제로 선교사 세스페데스는 「웅천왜성은 난공불락을 자랑하며, (중략) 거대한 성벽, 탑, 성채가 멋지게 구축되어」라고 칭찬하며 그 견고함을 인정하고 있다.

웅포만에 면한 북쪽 산기슭에는 석축으로 둘러싸인 구루와군의 유구가 보인다. 현재는 대부분 밭이 되어 계단상으로 되어 있지만, 자세히 보면 그것들은 석축에 의해 구획되어 있다. 이들이 세스페데스에 의한 "성의 기슭에 모든 고급 무사, 아고스치노(고니시 유키나가)와 그 막료 및 연합군의 병사들이 진을 치고 있다. 그들은 성채, 잘 조성된 넓은 가옥에 살고 있으며, 무장의 집은 석축으로 둘러싸여 있다."라는 보고와 일치하므로, 고니시 유키나가를 비롯한 무장들의 저택이 있었다고 생각된다.[121]

18 | 명동왜성(明洞倭城)

* 소재지 : 경상남도 창원시 진해구 명동
* 축성시기 : 1593년(선조26, 萬曆21, 文祿2)
* 축성자 : 소 요시토시(宗義智)·마쓰우라 시게노부(松浦鎮信)
* 해발 : 155m
* 주요유구 : 구루와(曲輪), 호리키리(堀切)
* 사적지정 : 미지정

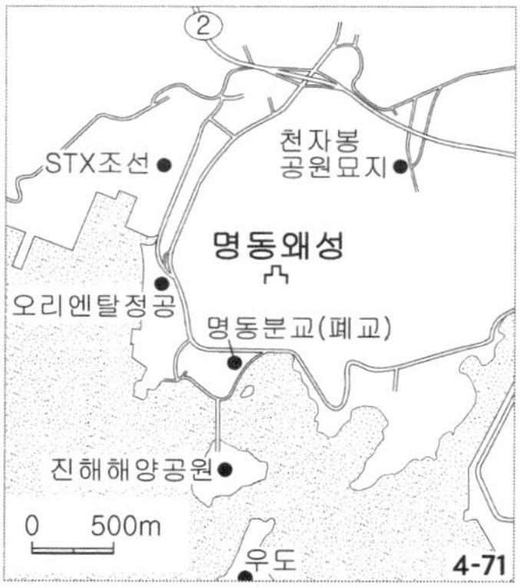

명동왜성은 경남 창원시 진해구 명동 뒷산 해발 155m의 제일 높은 곳을 정점으로 하여 거기서 파생되는 능선 위 혹은 낮은 언덕에 분산 배치하여 각각이 하나의 성곽으로 완결되어 있다.(그림 4-72의 A~D)

오타 히데하루(太田秀春)는 이 성은 임진왜란 때(1593년) 소 요시토시(宗義智)·마쓰우라 시게노부(松浦鎮信) 등이 축성하여 주둔했다고 한다.[122] 또한 『韓國의 城郭과 峰燧』에는 "이 성은 남산왜성(웅천왜성)의 한 支城으로 진해만 동쪽과 거제만의 북쪽을 감시하여 남산왜성을 보호하기 위한 수단으로 축조하였으나, 장기 주둔은 하지 않은 것 같다"고 적고 있다.[123]

산 정상의 구루와군A는 동서 약 70m, 남북 약 25m의 소규모적인 것으로, 전체를 사암(砂岩)이나 역암(礫岩)을 주체로 한 석재에 의한 석축으로 둘러싸고 2~3단으로 구획화 하고 있다. 나누어진 각각의 구루와에는 남쪽

4-71 명동왜성 위치도

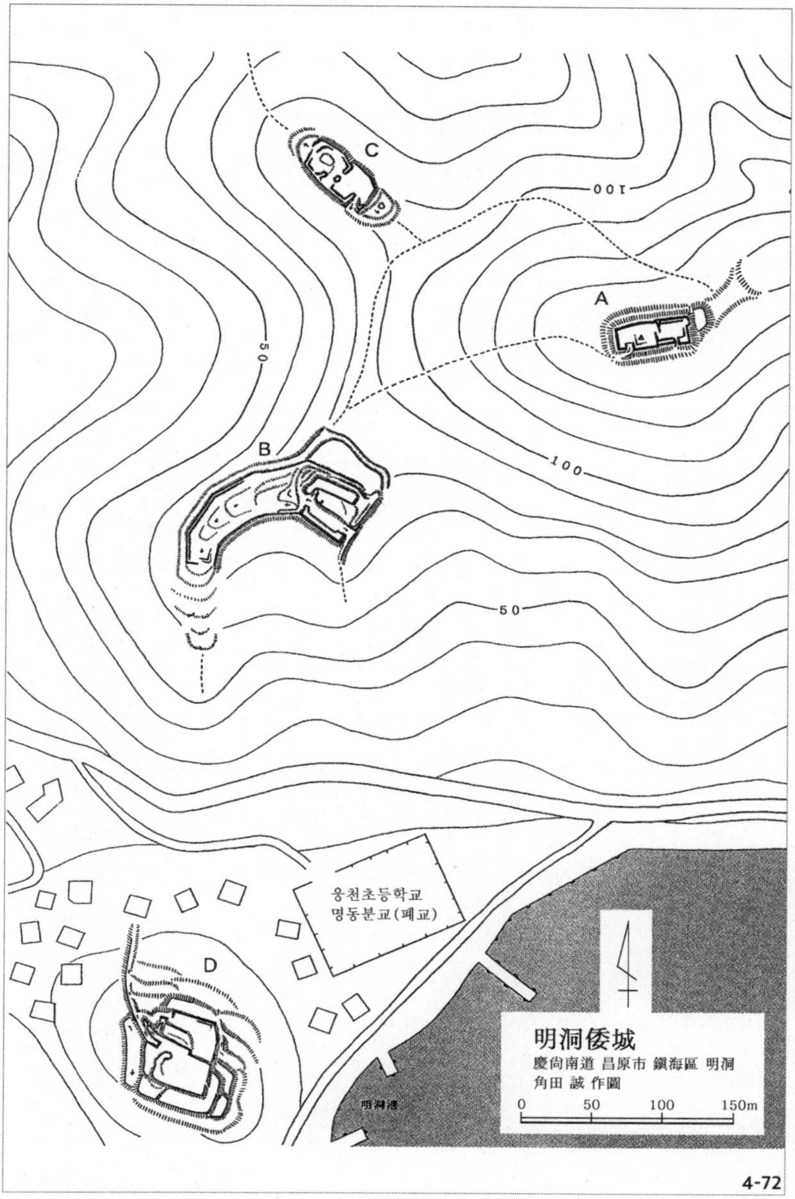

4-72 명동왜성 평면도(작도: 角田 誠)

에 히라이리 구조의 석축으로 된 출입구를 갖춘다. 소형 구루와이지만 석축으로 엄중히 방비하고 있다.

이 구루와A에서 북동쪽으로는 완만한 능선 지형이 이어져 구루와를 조성하기에는 용이한 지형이지만, 조성된 흔적을 전혀 볼 수 없다. A의 서쪽 약 200m 지점에는 능선이 완만한 지형이 있으며, 거기에 B와 C의 구루와가 구축되어 있다.

B는 명동왜성 가운데서 가장 넓은 면적을 가지는 구루와로, 산정상부에는 호리키리를 설치하여 방어하면서 나머지 세 방향을 석축으로 방비하고 있는 모양을 볼 수 있다. 성벽의 방어라인은 확인할 수 있지만, 내부의 평탄면은 견고하게 조성된 것을 아니고 완만한 지형으로 되어 있다. 보다 많은 병사를 안전하게 지키기 위한 주둔지적인 성격이라고 생각된다.

C도 A와 마찬가지의 소형 구루와로, 내부가 2단 정도로 구획화되어 있다. 출입구는 히라이리 혹은 마스가타를 이루는 것으로, 석축으로 방비되어 있는데, 근년의 묘지 조성에 의해 변혁되어 성벽도 상당히 무너져 있어, 유구의 인식도 어렵지만 예전에는 A와 같은 구조였을 것으로 생각된다.

B구루와에서 근년 산을 깎아 넓힌 차도를 건너 바다 쪽의 약간 높은 고지 D에도 구루와를 확인할 수 있다. 이곳은 취락과 가까워 밭으로 경작하고 있으므로 후세의 변혁도 뚜렷하다. 북면을 중심으로 요코야의 굴곡을 가진 성벽이나 출입구를 볼 수 있다.

문헌상 웅천왜성에는 2개소의 지성이 나오는데, 그곳이 정확하게 어디인지 명시된 기록은 찾을 수 없어, 이들 A~D의 성곽 유구는 어느 왜성에 해당되는지 모른다. 다만 주변에 웅천왜성이 있고, 그 부근에 소 요시토시와 마쓰우라 시게노부 등의 웅천왜성의 지성이 있었다고 하여, 이들이 웅천왜성 지성 중의 하나였을 가능성이 지적되고 있다.[124]

4-73 명동왜성 구루와A 남쪽 성벽 **4-74** 명동왜성 구루와D 북쪽 성벽

19 | 안골포왜성(安骨浦倭城)

* 소재지 : 경상남도 창원시 진해구 안골동
* 축성시기 : 1593년(선조26, 萬曆21, 文祿2)
* 축성자 : 구키 요시타카(九鬼嘉隆) · 가토 요시아키(加藤嘉明) ·
* 와키자카 야스하루(脇坂安治)
* 해발 : 70m
* 주요유구 : 이시가키(石垣), 천수대, 고구치(虎口), 구루와(曲輪)
* 사적지정 : 경상남도 문화재자료 제275호
* 별명 : あんかうらい城

안골포왜성은 경남 창원시 진해구 안골동 뒷산(東望山) 해발 70m에 위치하고 있다. 임진왜란 때(1593년) 와키사카 야스하루(脇坂安治)·가토 요시아키(加藤嘉明)·구키 요시타카(九鬼嘉隆) 등이 축성하고, 세 장수가 일 년씩 교대로 수비한 석성이다. 현재 경상남도 문화재자료 제275호로 지정되어 있다. 축성 당시는 남쪽과 북서쪽에 만(灣)을 끼고 있어, 서쪽으로 내해인 웅동만과 남쪽으로 외해인 가덕수로의 이용과 감시가 용이한 입지였으나, 근년의 부산신항만 조성으로 내륙의 성처럼 변했다.

안골포왜성은 그 입지를 감안해도 일본 수군의 거점 성곽인 것은 명백하다. 이 성에는 전술한 3명의 장수 외에 다치바나 무네시게(立花宗茂)·도도 다카토라(藤堂高虎)·아키즈키 다네나가(秋月種長) 등의 이름이 수비부대에 보이고, 그 뒤에도 중요한 전략상의 자리매김이 되었다고 볼 수 있다.

4-75 안골포왜성 위치도

안골포왜성은 낙동강 하구의 서쪽, 복잡하게 얽힌 해안선이 연속하는 웅동만 입구 동쪽 언덕에서 남서쪽으로 향하여 튀어나온 반도에 위치하고, 반도 중앙 해발 70m의 언덕 안부(鞍部)를 중심으로 성역이 전개되어 있다. 웅동만을 낀 서쪽 약 4km의 남산 정상에는 웅천왜성, 또 가덕 수로를 건너 남동쪽 약 4km의 눌차도에는 가덕왜성이 위치한다. 축성에 앞서 1592년 7월에는 구키(九鬼)·가토(加藤)·와키자카(脇坂) 등의 일본 수군이 거제도 남쪽 한산도와 그 북서쪽에 있는 안골포 해전에서 이순신 장군이 이끄는 조선수군에게 대패했다. 이를 통해 안골포왜성 주변의 왜성들은 부산 서쪽의 제해권을 장악할 수 있는 요충지였다는 것을 알 수 있다. 안골포왜성을 포함하여 전술한 3성 외에 남동쪽 지척의 거제도 북부에 구축된 영등포왜성, 송진포왜성, 장문포왜성이 이 수역을 장악하기 위한 성곽 네트워크로 구축되었다고 생각된다.

왜성의 유구는 반도의 기부(基部)와 끝의 언덕을 잇는 능선의 안부(鞍部)를 중심으로 동서 약 800m, 남북 약 400m의 범위에 남아 있다. 능선에 4개의 대규모 구루와를 병렬로 배치하고 구루와군 서쪽에서는 일부 석루로 된 둑, 또 동쪽 구루와군에서는 다테도루이가 산기슭 방향으로 뻗어 있고, 내해인 웅동만 쪽은 장대한 성벽 라인이 취락을 둘러싸는 구조로 되어 있다. 여기에 에워싸인 산기슭의 현 취락에는 주둔 시설이나 수군의 거점이 되는 군선을 정박하는 항만시설 등이 갖추어져 있었을 것으로 추정된다. 유구는 후대의 변혁 등에 의해 일부 파괴된 부분이 있지만, 능선상의 주요 구루와군을 중심으로 대체로 양호한 모습으로 남아 있다.

구루와 I 은 높이 약 3m의 소이시가키로 구축된 동서 약 100m, 남북 약 60m의 규모로, 직사각형 모양의 구루와이다. 성내의 거의 중앙에 구축된 최대 규모의 구루와인 점에서 이 성의 주곽이었을 것으로 생각된다.

구루와의 네 모서리에는 야구라다이가 배치되어 있는데, 특히 남동쪽 야구라다이는 상단이 사방 8m, 높이가 약 5m이다. 북·서쪽에는 나가야구라(長櫓)를 부속시키는 형상을 가짐으로써 남쪽 외해 측에서 눈에 띄는 위치에 있는 점에서 볼 때, 천수에 상당하는 야구라라고 생각된다.

북동쪽 및 남서쪽에는 마스가타 형태의 출입구가 각각 열려 있고, 前者는 구루와Ⅲ 방면, 後者는 서쪽 구루와와 연락하고 있다. 북동쪽 출입구는 북면의 성벽을 구이치가이로 하고 출입구 전면에 북면 성벽에서 북쪽으로 작은 석루를 연장함으로써 다수의 굴절을 가지는 엄중한 구조로 되어 있다. 구루와 주위에는 석축으로 구축된 2단의 오비구루와가 둘러져 있다.

구루와Ⅰ의 서쪽에는 동서 약 50m, 남북 약 90m의 구루와가 있으며, 구루와Ⅰ의 부속적인 구루와로 보인다. 본래는 석축으로 구축되어 있었다고 보이지만, 무너져 내린 것이 뚜렷하며, 남쪽 끝에는 단이 보이지만, 명확하지는 않다. 북쪽 끝에는 야구라다이가 배치되고, 그 서쪽에는 출입구가 열려 있다. 출입구 부근의 석축은 붕괴도 뚜렷하지만, 단면을 보면 일부에 석재의 면을 크게 보이는 소위 가가미이시(鏡石)가 적용되어 있는 것을 알 수 있다.

또 구루와Ⅰ의 오비구루와 남쪽으로 한단 내려간 장소에는 윗면이 평평하고 중앙에 직경 약 20cm의 구멍이 파져 있는 직경 1m 정도의 돌이 놓여 있는데, 이것은「깃대석(旗竿石)」일 가능성이 높다.

구루와Ⅰ 서쪽 구루와에서 서쪽으로 약 40m 장소에는 높이 약 3m의 성벽에 의해 구축된 구루와Ⅱ가 설치되고, 그 사이는 폭 약 10m의 통로로 연락하고 있다. 구루와의 규모는 동서 약 60m, 남북 약 40m 정도이며 직사각형 구조이다. 구루와 주위에는 한단 낮은 오비구루와가 둘러져 있다.

남서쪽 모서리와 북동쪽 모서리에 야구라다이가 배치되고, 남서쪽 모서리의 야구라다이는 구루와Ⅰ의 남동쪽 야구라다이와 마찬가지로 북·동면에 나가야구라(長櫓)가 부속되어 있고 구루와Ⅱ에서 중요한 야구라였다고 생각된다.

출입구는 동쪽과 북서쪽에 설치되고 동쪽 출입구의 정면에는 立石을 사용한 가가미이시가 확인되며, 문의 주춧돌로 보이는 석재도 남아 있다. 북서쪽 출입구는 북쪽으로 크게 튀어 나온 사방 15m 정도의 소토마스가타(外枡形) 공간을 가지며, 고저차가 있는 출입구 내부에는 계단을 설치하고 있다. 출입구 서쪽 전면은 석루에 의해 폐쇄된 것으로 보이지만 개수의 흔적 혹은 후대의 변혁이라고 생각된다. 북쪽 산기슭의 현 취락지역 방면으로 향하는 출입구이며, 그 규모로 보아 중요한 선착장에서 등성로로 이어지는 출입구였을 가능성이 있다.

구루와Ⅱ의 서쪽은 능선을 계단상으로 만든 작은 구루와가 연속되어 있으며, 능선상에는 토루가 서쪽으로 향하여 이어지지만, 부근을 지나는 도로나 개간에 의해 일부가 파괴되어 불명확하다. 토루는 서쪽 약 250m 지점에서 폭이 약 2m 규모이며, 서쪽을 향하는 것이 확인되는 점에서 본래는 토루에 의한 장대한 방어선이 만들어져 있었다고 생각된다. 그 東端 약 80m 지점에서 토루는 북쪽으로 꺾여 산기슭 방향으로 뻗어 있다. 산기슭 방향으로 뻗은 외곽선은 거의 반 정도는 묻혀 있지만, 석재가 확인되는 점에서 중도에서 石塁로 되어 있는 노보리이시가키 모양을 이룬다.

외곽선이 되는 굴곡부 남쪽 면과 노보리이시가키의 서쪽면에는 사방 7~10m 되는「치성(雉城)」과 같은 사각형 돌출부가 설치되어 있다. 굴곡부에서 약 150m 북쪽 산기슭 근처 노보리이시가키 단부 하단에는 사방 30~40m 크기의 평탄지 몇 개가 확인된다. 최하단의 평탄면은 해발 약 10m

이며, 해발 약 50m인 성벽 굴곡부와 고저차가 40m나 된다. 밭으로 이용되어 어느 정도의 변혁이 이루어졌는지는 알 수 없지만, 주변에는 성벽의 흔적도 보이고 있어 당시에는 산록 구루와로 이용되었을 가능성이 높다. 이 부근에서는 많은 기와와 도자기가 산포되어 있는 것을 알 수 있으며, 주둔 혹은 거관이 설치되어 있었다고 생각할 수 있다.

구루와 I 의 북쪽 약 90m 지점에는 높이 약 3m의 석축으로 구축된 구루와Ⅲ이 설치되어 구루와 사이는 역시 폭 10m 정도의 통로로 연락하고 있다. 구루와 평면 모양은 부정형 5각형을 이루고, 동서 약 80m, 남북 약 40m의 규모이다. 북서쪽 모서리와 북동면에 각각 야구라가 설치되고, 특히 북서쪽 야구라는 상단이 사방 약 7m, 구루와 하단에서의 높이는 약 7m 되는 구루와Ⅲ의 천수에 상당하는 주요 야구라이지만, 다른 구루와의 주요 야구라가 남쪽 외해 쪽에서 바라볼 수 있는 위치에 있는데 대해, 북쪽 내해 측에 있는 점에 특색이 있다.

북동쪽 야구라다이 북동쪽 모서리 부근에는 야아나가 적용된 돌도 남

4-76 안골포왜성 Ⅰ곽 남서쪽 성벽

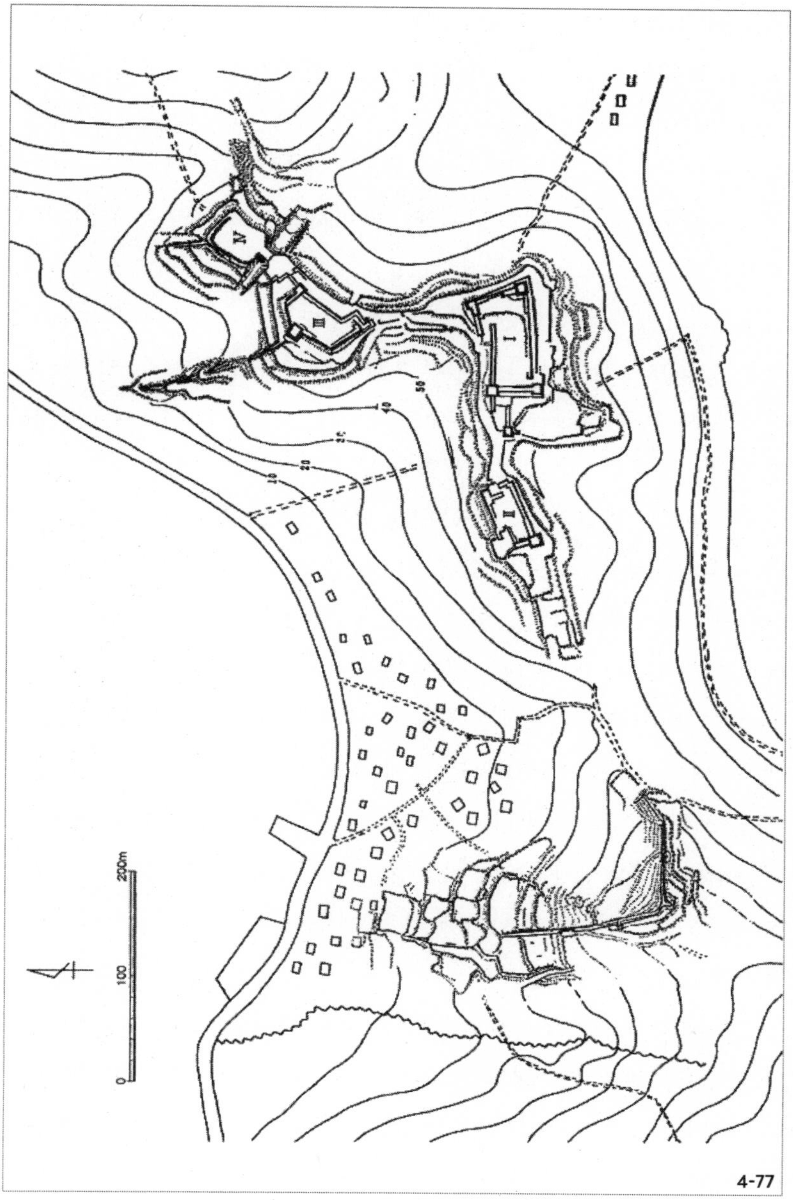

4-77 안골포왜성 개요도(작도: 高田 徹)

아 있지만, 야구라다이의 석축은 붕괴가 진행되고 있는 부분도 있다. 출입구는 남단부에 열려 있으며, 성벽의 양단을 구이치가이 모양으로 굴곡시켜 마스가타 공간을 만들고, 또 서쪽면 석축에서 L자 모양의 석루를 연장하여 다수의 굴절을 만들고 있다. 출입구의 남서쪽 모서리에서는 하단의 오비구루와를 구획화 하기 위한 다테이시가키(竪石垣)가 북서쪽 방향으로 내려가 있다.

구루와Ⅲ의 남동쪽 하단에는 폭 10m 정도의 오비구루와가 석축으로 구축되고, 그 동단에는 석루에 의해 형성된 히라이리 출입구가 열린다. 구루와Ⅳ 방면에서 구루와Ⅲ의 하단이 되는 오비구루와를 지나 구루와Ⅰ에 이르는 통로였던 것으로 생각된다.

구루와Ⅲ의 북동쪽에는 폭 약 15m 되는 대규모의 호리키리가 설치되어, 성역의 東端을 차단하고 있다. 호리키리에는 도바시(土橋)가 걸려 있어 동쪽 구루와Ⅳ로 연락하고 있다. 구루와Ⅳ는 동서 약 40m, 남북 약 30m 규모를 가지고, 평면 형상은 마름모꼴 구루와이지만, 성역을 차단하는 호리키리의 바깥쪽에 위치하는 점에서 데구루와(出曲輪)적인 기능이 아닌가 생각된다. 일부에는 석축이 확인되지만 전체적으로는 불명확하다. 북서면을 중심으로 낮은 위치의 토루가 둘러지고 북서면의 일부가 도중에 끊어짐 점에서 출입구가 있었을 가능성도 있다. 북쪽 모서리에는 폭 약 10m의 다테보리가 설치되어 있지만, 북동쪽의 능선을 차단하는 호리키리는 확인되지 않는다.

능선 상에 배치된 구루와Ⅰ~Ⅲ은 통로를 낀 소이시가키 구조의 구루와가 병렬로 배치된 특징적인 성곽구조로 되어 있다. 각 구루와는 각각 대천수에 상당하는 주요 야구라를 포함하는 복수의 야구라군, 또 복수의 출입구를 설치하고 주위에는 오비구루와를 동반하는 등, 여러 시설을 갖추고 있는 점에서 독립된 구루와 공간이라고도 할 수 있다. 이러한 구조는 축성에 관여한 세 장수의 의사를 반영하고 있다고 하는 견해도 있지만, 성의 성격이나 형상, 또 수비 체제 등에 입각한 검토가 필요할 것이다.

이상과 같이 안골포왜성은 능선상의 소이시가키 구루와군을 중심으로 하여 토루·석루에 의한 장대한 외곽선에 의해 내해인 웅동만에 면한 산기슭의 현 취락을 둘러싸고 있어, 내부의 주둔, 거주, 항만시설을 포괄한 성곽이었음을 알 수 있다. 항만시설을 포함함으로써 수군의 거점적 성곽으로서의 역할을 한 것은 틀림없지만, 장병의 주둔 혹은 병량의 비축 등 부산 서쪽 연안지역의 병참을 담당한 전략적인 중요 거점으로서도 기능했다고 할 수 있을 것이다.[125]

20 | 마산왜성(馬山倭城)

* 소재지 : 경상남도 창원시 마산합포구 산호동
* 축성시기 : 1597년(선조30, 萬曆25, 慶長2)
* 축성자 : 不明
* 해발 : 70m
* 주요유구 : 이시가키(石垣), 다테도루이(竪土塁), 다테보리(竪堀)
* 사적지정 : 미지정
* 별명 : ちゃわん城, 昌原城

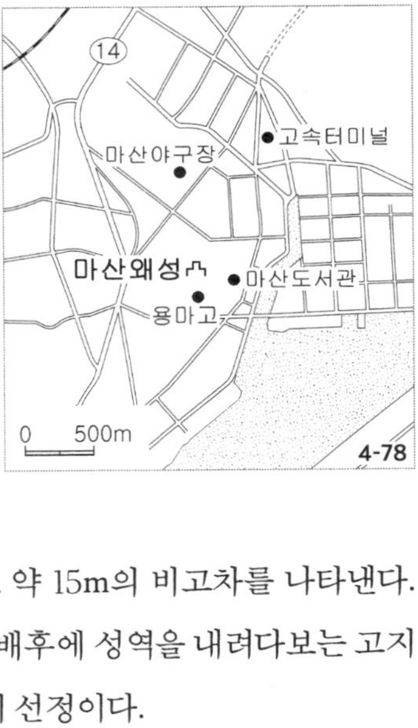

마산왜성은 경남 창원시 마산합포구 산호동 마산시립도서관 뒷산의 정상부인 해발 70m에 위치하고 있으며, 현재는 산호공원으로 단장되어 있다. 마산왜성이 구축된 언덕은 동서로 기다랗지만, 이 중에서 왜성의 유구가 남아 있는 곳은 산기슭에서 충혼탑이 서 있는 곳까지인 동쪽 3분의 1에 지나지 않는다. 서쪽 3분의 2는 자연 지형인데, 왜성이 있는 곳보다 높은 지대로 약 15m의 비고차를 나타낸다. 중앙의 안부로 다소 거리를 두고 있지만, 배후에 성역을 내려다보는 고지대를 방치했다는 점이 의문으로 남는 위치 선정이다.

반 미치오(伴三千雄)의 논문에는 이 왜성의 이름이 "昌原城"으로 되어 있으며, 축성자는 미상으로 되어 있다. 이 왜성은 정유재란 때(1597년) 나베시마 나오시게(鍋島直茂)·가쓰시게(勝茂) 父子가 김해죽도왜성과 함께 수비를

4-78 마산왜성 위치도

담당한 성이다. 당시 나베시마 父子의 병력은 1만 2천명으로 그 주력부대는 김해죽도왜성에 두고, 일부병력을 이 성에 주둔하였는데, 축성을 분담한 諸將의 이름이 전해지지 않는 것이 유감이라고 적고 있다.[126]

한편 『慶南의 倭城趾』에서는 이 왜성의 축성자에 관해 두 군데의 기록이 있는데, 丁酉再亂十城을 소개하는 부분(P.18)에서는 축성자가 알려져 있지 않다고 하고 있는 반면, 각 성의 실태를 소개하는 부분(P.38)에서는 축성자가 나베시마 父子로 되어 있어 모순을 보이고 있다. 또한 『倭城 I 』에는 축성자가 나베시마 父子로 되어 있고, 축성연대는 정확히 알 수 없으며, 마산왜성은 웅천 서쪽의 고성, 사천, 순천 등의 연결성[つなぎの城]으로서 정유재란 때에 축성된 것으로 보고 있다.[127]

구조·입지면적 등으로 보면 김해죽도왜성 쪽이 거점성을 가지며, 마산왜성은 서쪽에 위치하는 고성왜성과 동쪽의 김해죽도왜성을 육로·해로로 연결하는 중계기지로서의 역할을 담당하고 있다고 생각된다. 이는 사천왜성과 순천왜성의 중간에 위치한 남해왜성의 역할과 비슷하다고도 생각할 수 있다.

도요토미 히데요시가 죽고 왜성에 주둔하던 무장을 비밀리에 철수시킬 때, 우선 마산왜성의 병사를 김해죽도왜성으로 합류시키라는 지시가 일본 국내의 고다이로(五大老)에 의해 내려지고 있다. 이처럼 마산왜성은 김해죽도왜성의 지성과 같은 존재였다. 아마도 평소 나베시마의 중신이 배치되어 수비하고 있었다고 생각된다. 뒤에 하치스카 이에마사(蜂須賀家政)가 김해죽도왜성·마산왜성에 들어가 수리를 했다.

성곽 유구가 있는 언덕의 동쪽 끝 부분은 몇 년 전까지 산림으로 되어 있었다. 근년의 공원 정비에 따라 산책로 건설에 의해 유구의 일부가 파괴되었고, 나무를 심으면서 변혁된 부분이 많다. 유구는 동서 약 250m,

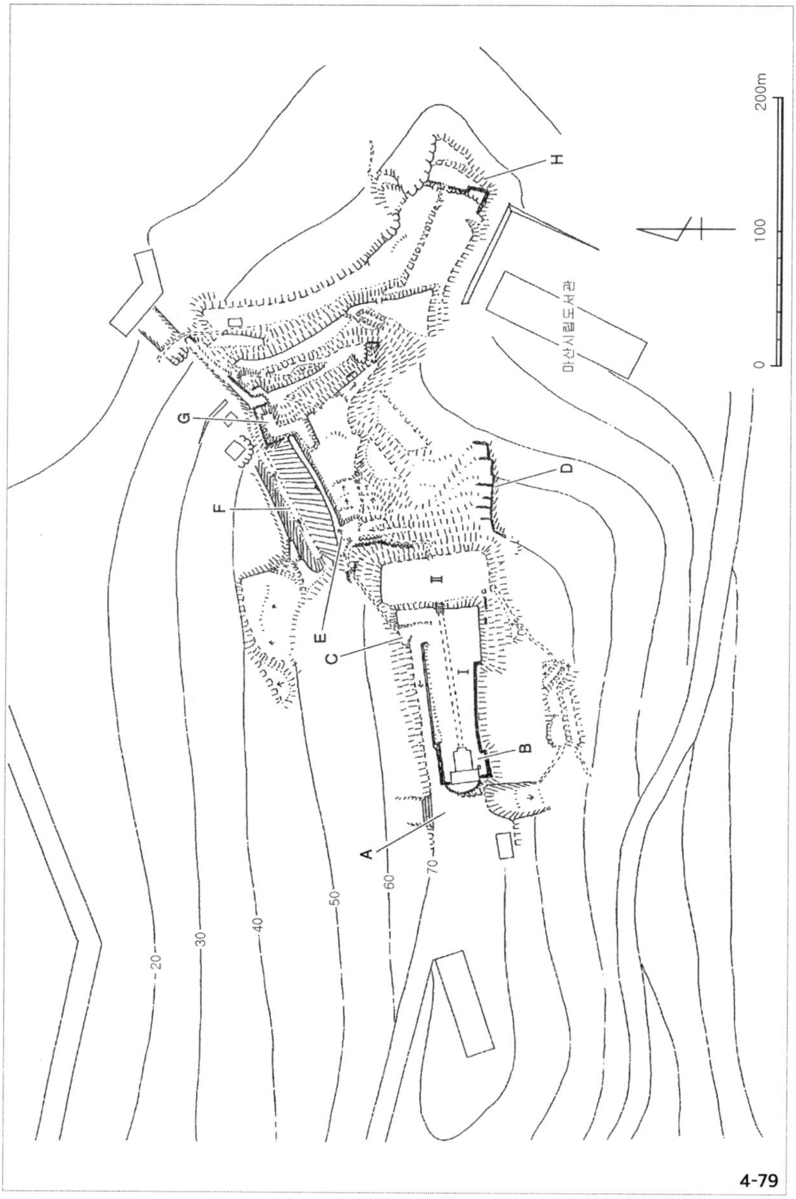

4-79 마산왜성 평면도(작도: 高田 徹)

4-80 마산왜성 Ⅰ곽 남쪽 성벽 **4-81** 마산왜성 Ⅰ곽 북쪽 성벽(후대 改修)

남북 약 120m 범위에 펼쳐져 있다.

성내에서 가장 높은 곳에 해당하는 주곽 I 은 동서 약 100m로 가늘고 길다. I 의 서쪽 기슭A는 매몰되어 있지만, 본래는 호리키리가 설치되어 있었다고 생각된다. A의 경사면에는 다테보리 모양으로 움푹 파인 곳이 보이며, 호리키리의 흔적을 남기고 있다. A의 동쪽은 암반이 드러나고 상부의 견칫돌은 근래에 쌓은 것이며, 그 하부에 쌓여있는 석축이 본래의 유구를 전한다. 성벽은 암반의 북쪽 부근에서는 높이가 약 5m이지만, 남쪽은 2m 전후로 나지막하다. 상부가 무너지기는 해도 그 정도의 높이가 원래부터 있었다고는 생각되지 않는다. B에는 현재 충혼탑이 세워져 있다. 남쪽으로 성벽이 튀어나와 있는데, B는 천수대의 유력한 후보지라고 할 수 있다.

충혼탑의 동쪽 일대에는 본래 성벽이 있었지만, 북쪽은 산책로 건설에 의해 크게 파괴되었다. 석축은 견칫돌을 많이 이용하여 새로운 성벽이 되어 있다.

주곽의 북동쪽 모서리는 약간 높고, 바로 서쪽의 C는 오목하게 들어가 있다. 출입구의 흔적일 가능성이 높다. I 곽의 동쪽에는 II 곽이 있으며, 현상에서는 석축의 흔적은 보이지 않는다.

II 곽의 남동부 기슭에서 동쪽 경사면을 향하여 다테이시가키[登り石垣] D가 설치되어 있다. 계단상으로 작게 나누어 쌓아올린 듯한 다테이시가키(竪石垣)이다. 급경사면에 설치되어 있으므로, 무너지지 않게 하기 위한 처치였을 것이다. 다테이시가키 D는 산책로 설치에 의해 근래 파괴가 진행되었지만, 이전에는 30m 정도로 뻗어 있었다. 일찍이 경사면이 무너져 잃어버린 듯하다.

D와 쌍이 되어 동쪽 경사면을 에워싸고 있는 것이 다테도루이E이다.

일부에 석축이 남아 있으며, 이전에는 상부가 석축으로 둘러싸여 있었다고 생각된다. 다테도루이E의 북쪽에는 세트로 되는 다테보리F가 설치되어 있다. 폭 20m 정도의 다테보리이지만, 다테도루이E와 기점이 거의 같고, 둘 다 경사면 도중 다테도루이에서 뻗어 있는 점도 같다. 다테도루이E는 중간에서 잘리지만, 산기슭 근처까지 연장부를 확인할 수 있다.

G는 다테도루이E 바로 밑에 설치된 야구라다이이다. 다테보리F 쪽으로 돌출되어 있으며, 다테보리 내부에 진입한 적이나 다테보리에 접근한 적에 대한 방비였을 것으로 생각된다. 야구라다이G의 기슭에서도 다테도루이 라인이 북동쪽으로 뻗어 있는 것을 확인할 수 있다. 야구라다이G의 동쪽에는 오비구루와 모양의 평탄지가 3~4단 정도 이어지지만, 불명확한 부분이 눈에 띈다. 자세히 관찰하면 곳곳에 석축을 확인할 수 있다. 특히 H에는 야구라다이로 생각되는 돌출된 성벽이 존재한다.

지금, 성곽의 산기슭은 완전히 도시화되어 버렸다. 제2차 세계대전 이전의 지형도를 참조하면 산기슭과 해안을 연결하듯이 두 가닥의 해자·도루이의 라인이 눈에 띈다. 이 해자·토루는 산허리의 다테이시가키·다테도루이와 일체로 되어 해안선을 둘러싸고 있어, 선착장을 방어하고 있는 것으로 보인다. 단지 구 해안선(현재는 수로)과 산기슭의 거리는 150m 정도에 지나지 않는다. 결국 산상·산허리·산기슭부를 포함해도 작고 아담한 성곽이었다고 생각된다.

성곽 자체의 축소·응축화는 한정된 병사로 최소한의 방비가 당초부터 의도되어 있었기 때문일 것이다. 배후에 있는 높은 지대를 안으면서 호리키리나 이시가키, 그리고 아마도 천수를 배치함으로써 방비는 충분하다고 인식되었을 것으로 생각된다.[128]

21 | 고성왜성(固城倭城)

* 소재지 : 경상남도 고성군 고성읍 수남리
* 축성시기 : 1597년(선조30, 萬曆25, 慶長2)
* 축성자 : 깃카와 히로이에(吉川廣家) 등
* 해발 : 20m
* 주요유구 : 이시가키(石垣), 천수대
* 사적지정 : 미지정
* 별명 : こそん城, こせう城

고성왜성은 경남 고성군 고성읍 수남리에 위치하고 있으며, 정유재란 때(1597년) 깃카와 히로이에(吉川廣家) 등에 의해 축성되고, 다치바나 무네시게(立花宗茂) 등이 수비한 성곽이다. 1598년 도요토미 히데요시의 사망으로 조선반도에서 철수함으로써 폐성이 되었다.

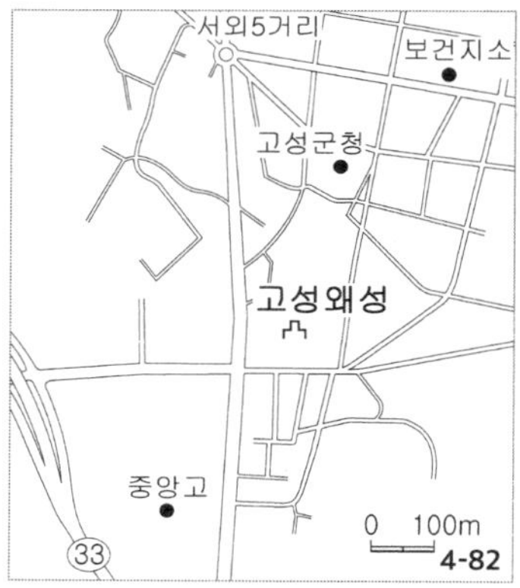

〈그림 4-85〉에 나타낸 九大図를 보면 고성왜성은 왜성 축성 전부터 존재했던 고성읍성을 왜성의 성역에 일부 포함시킨 것으로 추측된다. 현재는 택지화와 개발에 의해 전체 평면도를 파악하기가 곤란하지만, 민가의 축대 등에서 왜성의 성벽 일부가 남아 있는 것을 확인할 수 있다.

〈그림 4-84〉는 이들 잔존 석축을 기초로 작성한 고성왜성의 평면도이다. 비록 최남단의 극히 일부분이긴 하지만 남북으로 전개된 능선 위에 직사각형으로 석축을 배치한 성역이었음을 알 수 있다. 게다가 적어도 2

4-82 고성왜성 위치도

단의 석축을 쌓아 오비구루와를 가지는 구조였던 것 같다. 남동쪽 구석에는 정사각형 모양의 석축이 동쪽 성벽 라인에서 돌출되어 있는데, 이것이 천수대였다고 추정된다.

고성왜성의 성벽은 임진왜란 때 축성된 왜성의 성벽과 비교하면 기울기가 조금 급하고, 성벽 모서리 부분에 대해서는 소리가 적용되지 않았고, 산기즈미의 완성도는 높다고 할 수 있다. 이러한 점에서도 고성왜성이 정유재란 때에 축성된 왜성이라는 것을 뒷받침한다. 또 왜성에 포함된 읍성 성벽의 일부가 발굴조사에서 검출되어, 현재 최남단에 복원되어 있다. 그러나 왜성과 읍성의 접합부분 등은 불확실하다.[129]

인근 주민들의 이야기에 의하면 예전에 수남리 일대에는 만처럼 바닷물이 깊숙이 들어왔다고 하므로, 고성왜성도 다른 왜성과 같이 항만을 이용한 수로 감사와 보급기지 역할이 가능했다고 생각된다.

〈그림 4-83〉은 일제강점기에 촬영한 고성왜성의 사진으로, 왼쪽 높

4-83 일제강점기의 고성왜성 동쪽 성벽(경상문화재연구원)

은 성벽이 돌출되어 있으므로 이곳이 천수대로 추정된다. 따라서 〈그림 4-84〉의 천수대를 동쪽에서 서쪽을 향해 본 모습이라고 판단된다.

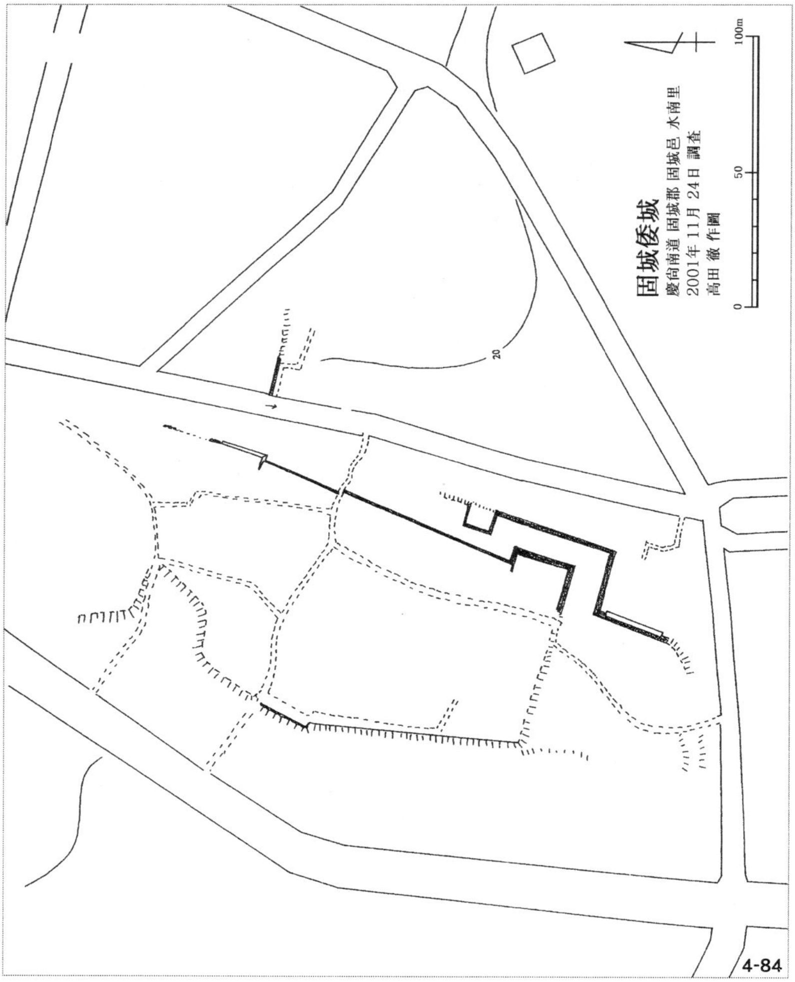

4-84 고성왜성 평면도(작도: 高田 徹)

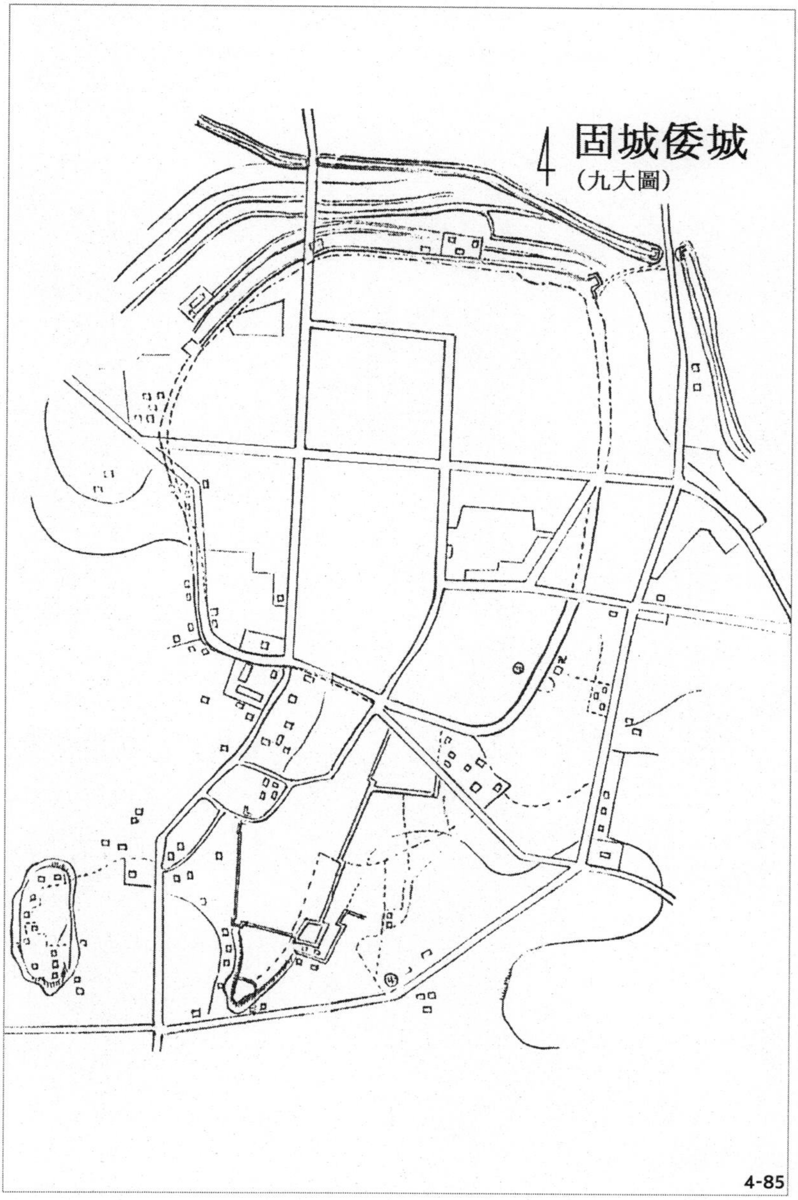

4-85 고성왜성 평면도(九大図), 加筆

4-86

4-87

4-86 고성왜성 동쪽 성벽 **4-87** 고성왜성 동쪽 성벽 굴절부(민가의 축대로 사용)

22 | 견내량왜성(見乃梁倭城)

* 소재지 : 경상남도 거제시 사등면 덕호리
* 축성시기 : 1597년(선조30, 萬曆25, 慶長2)
* 축성자 : 불명
* 해발 : 15m
* 주요유구 : 도루이(土塁), 이시가키(石垣), 요코보리(横堀)
* 사적지정 : 미지정
* 별명 : **廣里倭城, 倭城洞城, 唐島瀨戶口城**

견내량왜성은 경남 거제시 사등면 덕호리의 견내량해협에 면한 거제도 서쪽 끝 해발 15m의 언덕부에 위치하고 있다. 견내량은 통영의 북동반도 장평리와 거제도 덕호리 사이의 폭이 약 500m로 좁은 해협으로 해상을 감시하기에 적합한 군사적 요충지이다. 임진왜란 당시도 중요한 연안 항로였으며, 1592년 7월에는 와키자카 야스하루(脇坂安治)의 일본수군이 조류를 이용한 이순신 장군에게 패배를 맛본 곳이다. 거제대교에서 남쪽으로 약 2km 정도의 거리에 있으며, 거제도의 다른 3왜성은 모두 산성인데 비해 이 왜성만은 평성이다.

이 성의 축성에 대해서는 분명하지 않지만, 소 요시토시(宗義智)의 가신(柳川調信?)이 수비한 것으로 보인다. 부산과 사천·남해·순천 등 일본군의 서쪽 거점을 연결하는 수상교통의 요충지를 육지 쪽에서 제압하는 역할

4-88 견내량왜성 위치도

을 담당했다고 생각된다.

반 미치오는 임진왜란기에 축성된 18城 중의 하나로 보고 있다.[130] 그는 18城 중에서 3개가 거제도(일본에서는 唐島)에 있는데, 그 중 2개는 거제도의 북쪽에 있는 영등포왜성과 장문포왜성이며, 다른 하나는 서쪽에 있는 견내량왜성이라고 하여 견내량왜성을 임진왜란기의 축성으로 보고 있다. 이 기록으로 보면 송진포왜성이 누락되는 셈인데, 송진포왜성은 장문포왜성과 장목만을 끼고 가까이 마주보고 있으므로 이 2개의 성을 하나로 보았을 가능성도 있다.『慶南의 倭城趾』에서는 미상(일설에는 소 요시토시 부하)이라고 하고, 소 요시토시가 수비했다고 적고 있다.[131] 또한 후지모토 마사유키(藤本正行)는 소(宗)氏에 의해 정유재란 때(1597년) 축성되었다고 하며,[132] 다카다 도루는『島津家文書』의 내용에 근거하여 소氏가 수비한 것은 확실하다고 한다.[133]

유구는 성의 북동쪽에 광리 취락이 위치하고 있어서 성역 전체에 걸쳐 경작 등에 의한 파괴가 진행되고 있다. 취락과 가까운 북·동부의 구루와 Ⅲ은 기본적으로는 흙으로 된 외곽 부분으로, 언덕이 이어지는 것을 요코보리·토루에 의해 차단하고 그 개구부에 구이치가이 모양의 출입구가 있었던 것으로 보인다.

성의 중심부는 요코보리와 자연적인 절벽으로 둘러싸인 남서부의 구루와 Ⅰ·Ⅱ이며, 최남단인 구루와 Ⅰ은 성내에서 가장 높은 곳에 해당되어 주곽으로 생각된다. 1단 밑의 구루와 Ⅱ 방향을 제외한 3방향을 토루로 둘러싸고 북서쪽 구석이 구루와 내에서 어긋나 있는 것으로 보아 마스가타 모양의 출입구였다고 생각된다.

구루와 Ⅱ는 거의 네모반듯한 평면을 이루고, 세 방향을 토루가 둘러싸고, 각 변의 중앙에는 출입구가 설치되어 있다. 토루 자락에는 석축이 남

아 있는 점에서 당시는 석루였다고 생각된다. 또 북·동쪽에는 요코보리가 설치되어 있고, 바닷가인 서쪽을 포함하여 석루와의 사이에는 이누바시리(犬走り) 모양의 공간을 끼고 있다. 구루와Ⅱ의 출입구는 현상에서는 모두 히라이리 형태의 평면을 보이고, 지형에 의한 제약이 적은 토루와

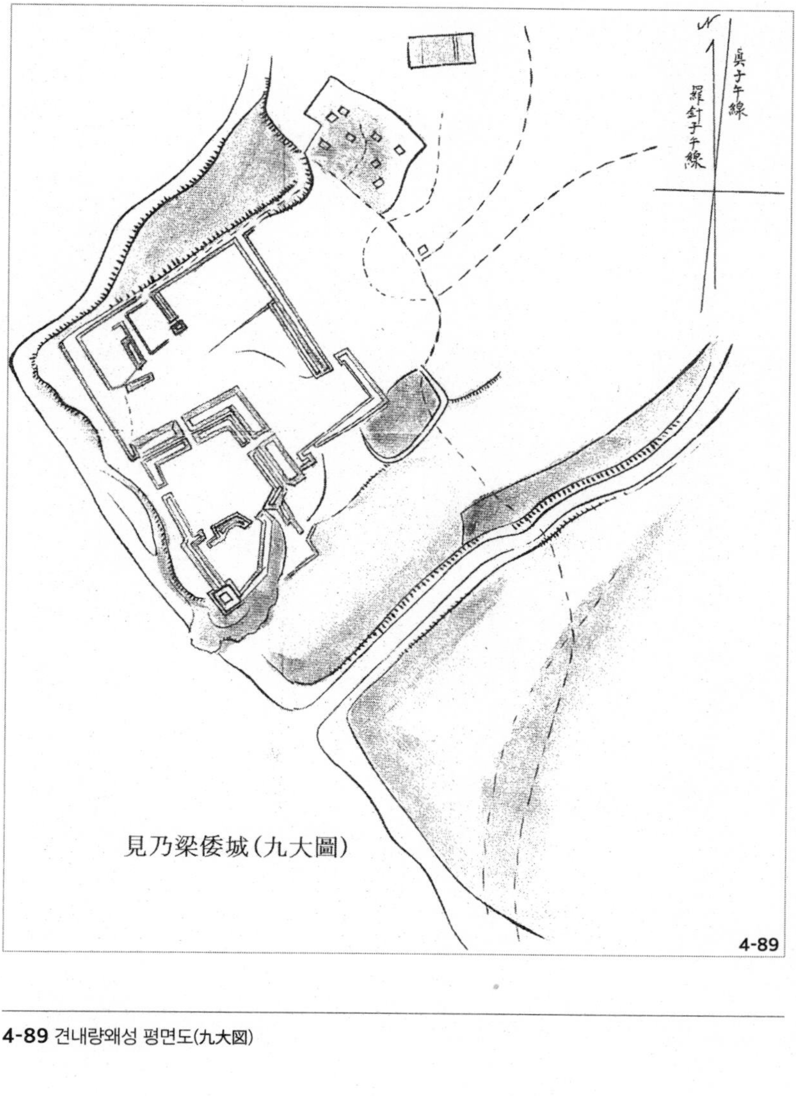

4-89 견내량왜성 평면도(九大図)

요코보리에 의한 나와바리의 단순한 구조에 그치고 있다. 또 구루와 I·II를 중심으로 기와가 산포되어 있는 점에서 주곽부의 건축은 기와를 얹었다고 생각된다. 2000년대 초에는 현재의 방파제에서 남서쪽 해안에도 石列이 있었지만, 그 뒤의 방파제 축조로 인해 소멸되었다. 현재 구루와II

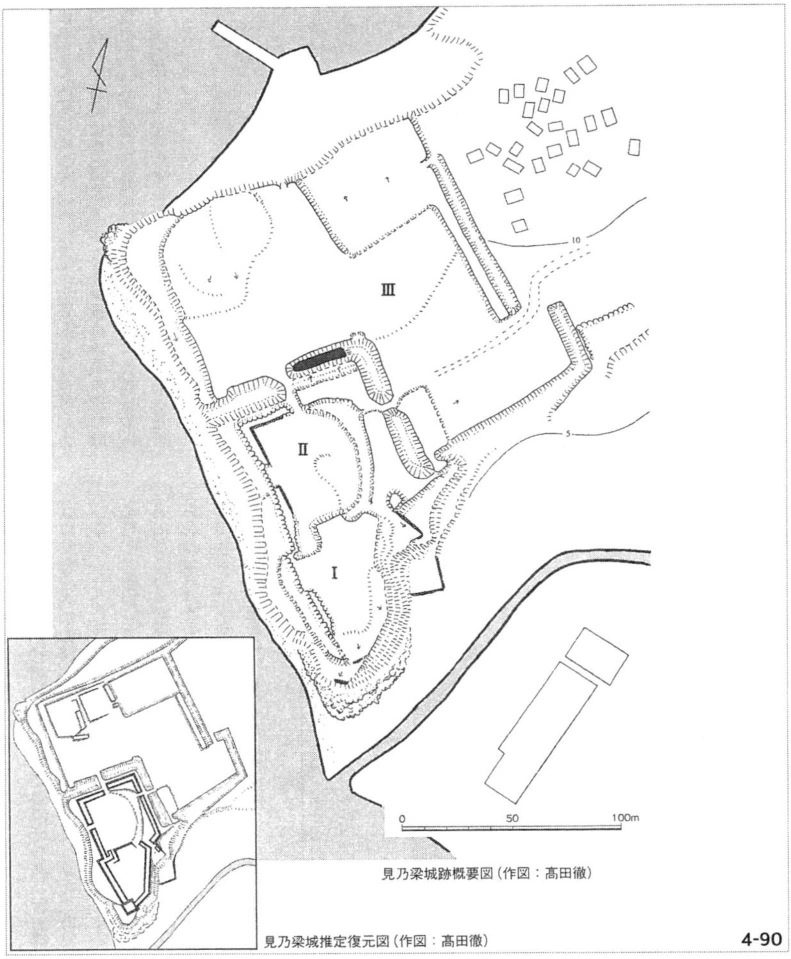

見乃梁城跡概要図（作図：高田徹）

見乃梁城推定復元図（作図：高田徹） 4-90

4-90 견내량왜성 평면도 및 복원도(작도: 高田 徹)

4-91

4-92

4-91 견내량왜성 II곽 서쪽 해안 성벽 기초 부분(2001년 6월)
4-92 견내량왜성 II곽 북서쪽 해자[空堀](2009년 5월)

의 서쪽 해안에는 성벽의 기초부분 石列이 일부 확인되지만, 점점 소멸되어 가고 있다.[134]

이와 같이 현재 유구의 보존 상황은 양호하지는 않지만, 규슈대학에서 소장하고 있는 왜성지도(九大図)에 의해 파괴가 진행되기 이전의 모습을 엿볼 수 있다. 이 도면을 기준으로 작성한 추정 복원도에 의하면 구루와 Ⅰ·Ⅱ는 석루로 둘러싸고, 구루와 Ⅰ의 남단에는 해협에 면하여 천수대가 있다.

23 | 장문포왜성(長門浦倭城)

* 소재지 : 경상남도 거제시 장목면 장목리
* 축성시기 : 1593년(선조26, 萬曆21, 文祿2)
* 축성자 : 하치스카 이에마사(蜂須賀家政) 외
* 해발 : 107m(남) / 70m(북)
* 주요유구 : 이시가키(石垣), 고구치(虎口), 다테도루이(竪土塁)
* 사적지정 : 경상남도 문화재자료 제273호

장문포왜성은 경남 거제시 장목면 장목리의 한국해양과학기술원(남해연구소)의 뒷산인 해발 107m 정상부와 그 북쪽인 해발 약 70m 정상부의 2곳에 위치하고 있으며, 경상남도 문화재자료 제273호로 지정되어 있다. 만의 북동쪽 맞은편 언덕 약 500m 지점에 송진포왜성이 축성되어, 이 두 성에 의해 장목만 입구의 감시와 봉쇄를 담당하고 있었다고 생각된다.

이 성은 임진왜란 때(1593년) 축성된 것으로, 축성자는 명확하지 않다. 하치스카 이에마사(蜂須賀家政)·이코마 지카마사(生駒親正)가 축성하여 교대로 수비했다는 설, 후쿠시마 마사노리(福島正則)·도다 가쓰시게(戶田勝重)·조소카베 모토치카(長宗我部元親)가 축성하고 교대로 수비했다는 설, 후쿠시마 마사노리·도다 가쓰시게가 축성하고 이코마 지카마사·조소카베 모토치카 등이 수비했다고 하는 설 등이 있다.

4-93 장문포왜성 위치도

한편『慶南의 倭城趾』에서는 후쿠시마 마사노리, 도다 가쓰타카, 조소카베 모토치카 등이 축성하여 교대로 수비했다고 하다가,[135] 후쿠시마 마사노리·도다 가쓰타카가 축성하고, 이코마 치카마사, 조소카베 모토치카 등이 수비했다[136]는 2가지 설로 혼돈을 보이고 있다. 또한 거제시의 성지 조사보고서에는 임진왜란 후 1594년 5월부터 하치스카 이에마사, 이코마 치카마사가 축조하여 교대로 수비했다고 되어 있으며,[137] 구로다 게이이치(黑田慶一)는 하치스카 이에마사·이코마 치카마사가 축성·수비했다고 한다.[138]

성곽 유구의 현상은 산림·황무지·묘지로 되어 있으며, 석축의 천단부가 대부분 붕괴되고, 도로에 의해 일부의 유구가 파괴되어 있지만, 성곽의 유구는 비교적 양호한 상태로 남아 있다. 남쪽을 제외한 세 방면이 바다로 둘러싸인 요충지이며, 성역은 정상에서 반도상으로 뻗은 언덕의 끝에 전개된다. 성역은 정상부를 중심으로 한 남쪽의 산상 구루와군과 언덕 끝에 위치한 북쪽의 산허리 구루와군으로 되어 있다. 남쪽의 성곽군은 평삭된 정상부에 'L'字 모양, 북쪽의 성곽군은 남북으로 길게 'I'字 모양의 구조이며, 두 곳 모두 천수대가 존재한다. 남쪽 성의 혼마루에서 북서쪽, 북동쪽과 남동쪽으로 3가닥의 다테도루이가 산기슭으로 길게 이어져 있다.

산상 구루와군은 정상부에 있는 구루와 Ⅰ에서 갈고랑이 모양으로 뻗은 능선상에 구루와 Ⅰ~Ⅳ가 이어지고, 모든 구루와는 직사각형을 이루고 주위에는 석축을 둘렀다. 주곽으로 생각되는 구루와 Ⅰ은 동서 약 25m, 남북 약 80m나 되고, 주위에는 높이 2m의 성벽, 안쪽에는 폭 3m 정도의 석루를 둘렀다. 구루와 북단에는 북쪽으로 돌출되듯이 주위보다 2m 정도 높은 천수대가 구축되어 있으며, 주곽으로서의 위용을 엿볼 수 있다.

구루와 내부에는 석루에 의해 남북으로 구분되고, 남북 어느 쪽이나 소토마스가타 출입구가 설치되어 있으며, 특히 북쪽의 구루와Ⅱ에 접속하는 출입구는 석루에 의해 장벽을 설치한 기교적인 출입구로 되어 있다. 천수대 북서쪽 바로 밑에는 폭 3m, 높이 2m, 길이 8m 정도의 석루가 뻗어 있으며, 거기서 그 끝까지 약 230m에 이르는 능선 상에는 폭 2m, 높이 50cm 정도의 다테도루이가 구축되어 있다.

구루와Ⅱ는 구루와Ⅰ과 구루와Ⅲ을 잇는 안부에 있는 동서 약 60m, 남북 약 15m이며, 노보리이시가키로 둘러싸여 있다. 남북 양쪽 면에는 동서로 비켜서 어긋나게 소토마스가타 출입구가 설치되어 있어 안부라고는 해도 기교의 묘가 보인다.

구루와Ⅱ의 동쪽에 있는 구루와Ⅲ은 동서 약 40m, 남북 약 20m 정도의 다각형을 나타내고, 구루와Ⅰ과 마찬가지로 성벽과 석루로 에워쌌다. 구루와Ⅱ 쪽에는 히라이리 출입구, 구루와Ⅳ 쪽에는 견고한 소토마스가타 출입구가 설치되어 있다. 구루와 북쪽 바로 밑에서 폭 3m, 높이 50cm 정도의 다테도루이가 뻗어 있으며, 측면에 석축이 보이는 부분이 있는 점에서 양쪽 면이 石列로 되어 있었다고 생각된다.

구루와Ⅲ에서 이어지는 구루와Ⅳ는 동서 약 40m, 남북 20m 정도의 사각형이며, 주위에는 높이 2~3m 정도의 성벽이 둘러쌌다. 동단의 출입구는 야구라다이 모양의 돌출부가 설치되어 출입구를 견고히 지키고 있다. 남동쪽으로 돌출된 부분의 바로 밑에서 폭 약 3m, 높이 50cm 정도의 다테도루이가 뻗어 있다.

구루와Ⅳ의 출입구에서 경사면을 지나 끝 부분에는 凸자 모양의 석축으로 구획된 2단으로 된 구루와Ⅴ가 있다. 높이 1m 정도의 석축을 두르고, 끝에는 우치마스가타 출입구가 설치되어 있다.

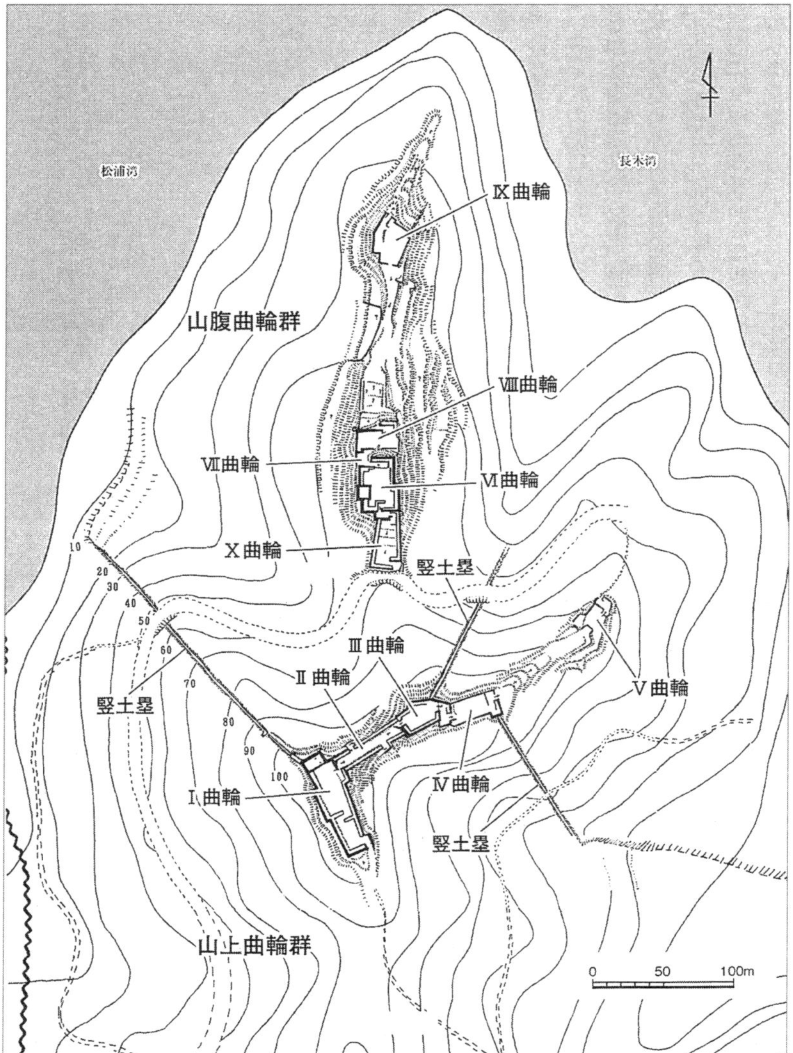

4-94 장문포왜성 평면도(작도: 高田 徹)

산허리 구루와군은 남쪽 배후를 산상 구루와군, 동서 경사면을 산상 구루와군에서 뻗은 다테도루이에 의해 방어되듯이 위치한다. 주곽으로 생각되는 구루와Ⅵ은 동서 25m, 남북 약 40m 정도의 사각형으로 주위를 높이 3m 정도의 석축과 안쪽에는 석루로 둘러쌌다. 서쪽 면에는 동서 8m, 남북 10m, 높이 1.5m 정도의 야구라다이가 설치되어 있어 중추적인 구루와임을 알 수 있다. 남쪽과 북쪽에 있는 두 출입구는 둘 다 소토마스가타이지만, 남쪽 출입구는 양쪽으로 갈고리 모양이 튀어나와 우치마스가타와 소토마스가타를 결합시켜 중후한 구조로 되어 있다.

구루와Ⅵ의 북쪽에 위치하는 구루와Ⅶ은 구루와Ⅵ의 소토마스가타 출입구를 가진 작은 구루와이지만, 또 북쪽에 있는 구루와Ⅷ의 완충적인 구루와로 보인다. 구루와Ⅷ은 동서 30m, 남북 20m 정도의 사각형을 이루고, 북쪽 경사면의 출입구는 소토마스가타로 되어 있다. 구루와Ⅷ에서 100m 정도의 안부를 건너 북단에 구루와Ⅸ가 있다. 동서 25m, 남북 30m의 다각형을 이루고, 주위에는 높이 1.5m 정도의 석축이 둘러싸고 있다. 남북 양쪽에 출입구가 있으며, 남쪽 출입구는 옛날 모습이 불확실하지만, 북쪽 출입구는 부리 모양으로 돌출시킨 출입구로 되어 있다.

구루와Ⅵ의 남쪽 배후에 위치하는 구루와Ⅹ은 완만한 경사면에 있으며, 동서쪽 좌우에 폭 3m, 높이 50cm 정도의 노보리이시가키로 둘러싸고 있다. 남쪽 끝에는 석루를 엇갈리게 만든 소토마스가타 출입구가 구축되어 있다.

장문포왜성의 최대 특징은 일성별곽(一城別郭)이라고도 할 수 있는 독립성 높은 그 구조에 있다. 산허리 구루와군은 배후의 산상 구루와군과 산상 구루와군에서 뻗어 나온 긴 다테도루이에 의해 동서 경사면이 방어되고 있지만, 두 구루와군은 노보리이시가키와 다테도루이 등에 의해 직결

4-95 장문포왜성 북쪽 구루와 동쪽 성벽 **4-96** 장문포왜성 남쪽 구루와 서쪽 성벽

시키지 않고 동서 경사면에 길게 뻗은 다테도루이는 어디까지나 외곽선의 형성에 그치고 있다.

장문포왜성에서 보이는 독립성이 높은 구조적 특징은 一城別郭이라고도 할 수 있는 구루와군 뿐만 아니라, 석축에 의해 견고하게 수비된 각 구루와에도 독립성이 높은 것을 볼 수 있다. 산상 구루와군에서는 안부인 구루와Ⅱ를 낀 구루와Ⅰ과 Ⅲ의 두 구루와 모두 구루와 Ⅱ를 향해 견고한 출입구를 갖추고 있다. 산허리 구루와군에서도 야구라다이를 갖춘 구루와Ⅵ의 상대적인 우위성을 알 수 있고, 남북으로 이어지는 구루와에 대해서 각각 마스가타 출입구가 구축되어 있으며, 각 구루와의 독립성은 높다고 할 수 있다. 이와 같은 견고한 출입구에 의해 각 구루와를 단단히 지키는 독립성이 강한 구조에 대해서는 일본의 근세성곽에서 보편적으로 보이는 주곽을 구심점으로 한 각 구루와를 계층적으로 연결한 구조와의 차이가 지적되고 있다. 또 구루와Ⅰ과 같이 석루에 의해 구루와 내를 분할하고 있는 것을 포함한 각 구루와는 어느 것이나 소규모라는 점도 간과할 수 없다.

기교와 견고한 출입구에 의한 동선 규제를 가진 소규모 구루와군에 의한 높은 독립성이란 개별 구루와가 점령당해도 남은 구루와에서 반격하여 농성을 유지하는 등의 전략적인 면을 크게 고려한 것이라고 생각된다. 또 그것을 뒷받침하는 것으로 산상·산허리 구루와군과 함께 장목만과는 반대쪽에 천수대·야구라다이가 설치되어 있는 점에도 주목해야 한다. 이것은 천수가 성곽 내의 공방에서 가장 중요한 부분에 위치하고, 군사상 최종 라인에 있었다는 것을 시사하는 것이며, 일본의 근세성곽과는 다른 축성 사상을 알 수 있다.

장문포왜성의 부분적인 특징을 나타내는 유구로써 산상 구루와군에서 동서로 뻗은 다테도루이도 간과할 수 없다. 언덕 위에서 해안 부근까지 뻗어 있는 것을 감안하면 단순히 산허리 구루와에 대한 방어라인에 그치지 않고 긴 다테도루이에 의해 광범위한 공간을 에워싸듯이 하는 의도와 함께 해안과의 결속을 시사하는 전략적 유구라고 생각된다.[139]

24 | 송진포왜성(松眞浦倭城)

* 소재지 : 경상남도 거제시 장목면 송진포리
* 축성시기 : 1593년(선조 26, 萬曆21, 文祿2)
* 축성자 : 후쿠시마 마사노리(福島正則)·도다 가쓰타카(戶田勝隆)·조소카베 모토치카(長宗我部元親)·시마즈 요시히로(島津義弘)·시마즈 다다쓰네(島津忠恒)
* 해발 : 약 90m(서) / 약 60m(동)
* 주요유구 : 이시가키(石垣), 다테이시가키(竪石垣), 고구치(虎口), 구루와(曲輪)
* 사적지정 : 미지정

송진포왜성은 경남 거제시 장목면 송진포리의 장목만 오른쪽 반도 끝 언덕 위에 위치하고 있다. 성역은 서쪽의 "금무정(錦武亭)" 뒷산인 해발 90m 정상부에 주곽부, 그리고 안부를 지나 그 동쪽의 해발 60m 정상부에 동쪽 구루와가 구축되어 있다.

이 성은 임진왜란 때(1593년) 축성된 것으로, 반 미치오는 후쿠시마 마사노리(福島正則), 도다 가쓰타카(戶田勝隆)와 조소카베 모토치카(長宗我部元親) 등이 교대로 수비했다고 한다.[140] 한편 『慶南의 倭城趾』에서는 시마즈 요시히로(島津義弘)·다다쓰네(忠恒) 父子가 축성한 것으로 되어 있다.[141] 축성과 수비에는 여러 설이 있지만, 거제도의 여러 성과 교대로 수비하는 체제였다고 생각된다.

송진포왜성에서 서쪽으로 장목만 해협을 건너 맞은 편 언덕 약 500m 지점에는 장문포왜성이 있어, 두 성으로 장목만을 감시하고 방어했다는

4-97 송진포왜성 위치도

것을 엿볼 수 있다. 거제도 주변에서는 1592년부터 조선 수군에 의한 공세가 이어지고, 거제도의 남쪽 한산도해전에서 일본 수군이 참패하는 등, 제해권이 위협받고 있었기에 거제도에는 일찍이 수군 거점의 축성 명령이 하달되어 있었다. 거제도 주위의 해안선은 복잡하여 군선의 정박에 적지라고 할 수 있으며, 송진포왜성과 장문포왜성은 일본 수군의 거점뿐만 아니라, 주변 해역에 왕래하는 조선 수군의 정박을 저지하는 기능을 기대한 축성으로 생각된다.

서쪽 구루와군은 산상 구루와Ⅴ~Ⅶ, 해안측 산기슭 구루와Ⅷ~Ⅻ로 되어 있고, 그것을 장대한 노보리이시가키에 의해 둘러싸고 있다. 주곽이 되는 구루와Ⅴ는 동서 약 10m, 남북 약 15m 규모이며, 동쪽 성벽에 굴절이 있다. 내부는 평탄하며 남쪽과 서쪽에 소토마스가타 출입구를 가지고 있다.

남쪽 출입구는 L자 모양의 석루에 의해 복잡한 굴절을 만들어 하단인 구루와Ⅵ으로 연락한다. 서쪽 출입구는 북쪽으로 뻗어난 통로를 따라 구루와Ⅶ에 접속하고, 구루와Ⅶ에서는 반전하여 서쪽으로 난 출입구에서 산록 구루와군 쪽의 경사면으로 접속하는 복잡한 마스가타 출입구 공간이 만들어져 있다.

구루와Ⅵ의 동·서쪽에는 석축으로 된 오비구루와가 이어지고, 서쪽으로는 산록 구루와군, 동쪽으로는 동쪽 구루와군 방향의 경사부까지 노보리이시가키로 접속하여 장대한 외곽선을 형성하고 있다. 이 동·서쪽의 노보리이시가키는 둘 다 북쪽에 대응하는 석축을 설치하고 있으며, 그 내부에는 남쪽 노보리이시가키를 따라 통로가 설정되어 있다.

해안측 산록 구루와Ⅷ은 동서 약 40m, 남북 약 20m 규모를 가지고, 북서쪽은 높이 약 4m의 석축이지만, 동쪽은 붕괴가 뚜렷하다. 현존하는 북

서쪽 성벽 거의 중앙부에는 성벽을 덧붙여 쌓은 것이 확인되며, 축성 중의 설계 변경이거나 나중의 개수가 이루어졌을 가능성이 있다. 구루와Ⅷ의 남서쪽에는 노보리이시가키를 따라 산상의 구루와군에서 통로에 접속하는 출입구가 설치되고, 또 그 북서쪽에는 석루로 만들어진 폭 약 8m의 우치마스가타 출입구가 구루와Ⅸ로 이어진다. 내부에는 돌계단이 남아 있고, 다른 출입구에 비해 규모가 크고, 해안선 정면을 향하는 점에서 소위「보여주기 위한 출입구」였을 가능성이 있다.

구루와Ⅷ의 하단에는 구루와Ⅸ·Ⅹ이 배치되고, 두 구루와의 북동쪽에는 연장 약 35m의 다테도루이가 뻗어 있다. 구루와Ⅹ은 전면이 굴절을 동반하는 석축이며, 북동쪽 끝에는 출입구가 열려 있다. 출입구는 야구라다이 모양의 다테도루이 말단에 의해 보호되어 해안선으로 내려간다. 현

4-98 송진포왜성 서쪽 구루와 북서쪽 성벽

상에서는 명확하지 않지만, 선박의 계류시설과 연락하고 있었을 가능성이 높다.

구루와Ⅷ의 남서쪽에는 구루와 외에, 북동쪽에도 낮은 석축에 의해 구축된 오비구루와가 있다. 이들 해안측 산록 구루와군 주변에서는 기와가 다수 산포되고 있어, 복수의 건물을 갖춘 시설이 있었다고 추정된다. 또 해안선 일대는 바위가 많은데, 석재의 채석장이었던 것으로 보이며, 야아나가 남아 있는 석재가 곳곳에 흩어져 있다.

동쪽 구루와군은 정상부 구루와 I 과 그 하단에 부속하는 구루와Ⅱ~Ⅳ로 이루어져 있다. 안부로 되는 서쪽 구루와군과의 접속 부분은 현재 궁도장과 주차장 등의 조성으로 평삭되어 명확하지는 않지만 서쪽 구루와군에서 노보리이시가키가 연결되어 있었을 가능성이 높다.

구루와 I 은 동서 약 25m, 남북 약 40m의 직사각형이며, 서쪽 구루와군의 산상 구루와군보다 면적이 넓다. 북쪽과 서쪽에 돌출부를 설치하여 성벽에 요코야와 같은 굴절을 만들지만, 내부는 평탄하여 야구라다이 등은 없다. 남서쪽과 남동쪽에 출입구가 열려 있다. 남서쪽 출입구는 남북의 성벽을 구이치가이 모양으로 하고, 그 전면에 석축으로 둘러싼 소토마스가타를 이루는 엄중한 구조이며, 서쪽 구루와군 방면의 통로와 이어진다. 남동쪽 출입구는 전면의 L자형 석축에 의해 소토마스가타를 이루고, 남쪽에서 서쪽으로 꺾어 동쪽 하단 구루와로 연락하고 있다.

송진포왜성은 주곽인 서쪽 구루와군(산상 구루와군)을 중심으로 선박의 계류시설과 해상 방비를 담당하는 해안 쪽 산록 구루와군, 동쪽으로부터의 공격에 대비한 동쪽 구루와군이 기능을 분화한 형태로 되어 장대한 노보리이시가키에 의해 일체화된 구조를 가지고 있는 것으로 보인다. 또 전술한 바와 같이 장목만 맞은편 언덕의 장문포왜성과는 밀접한 관계를 가

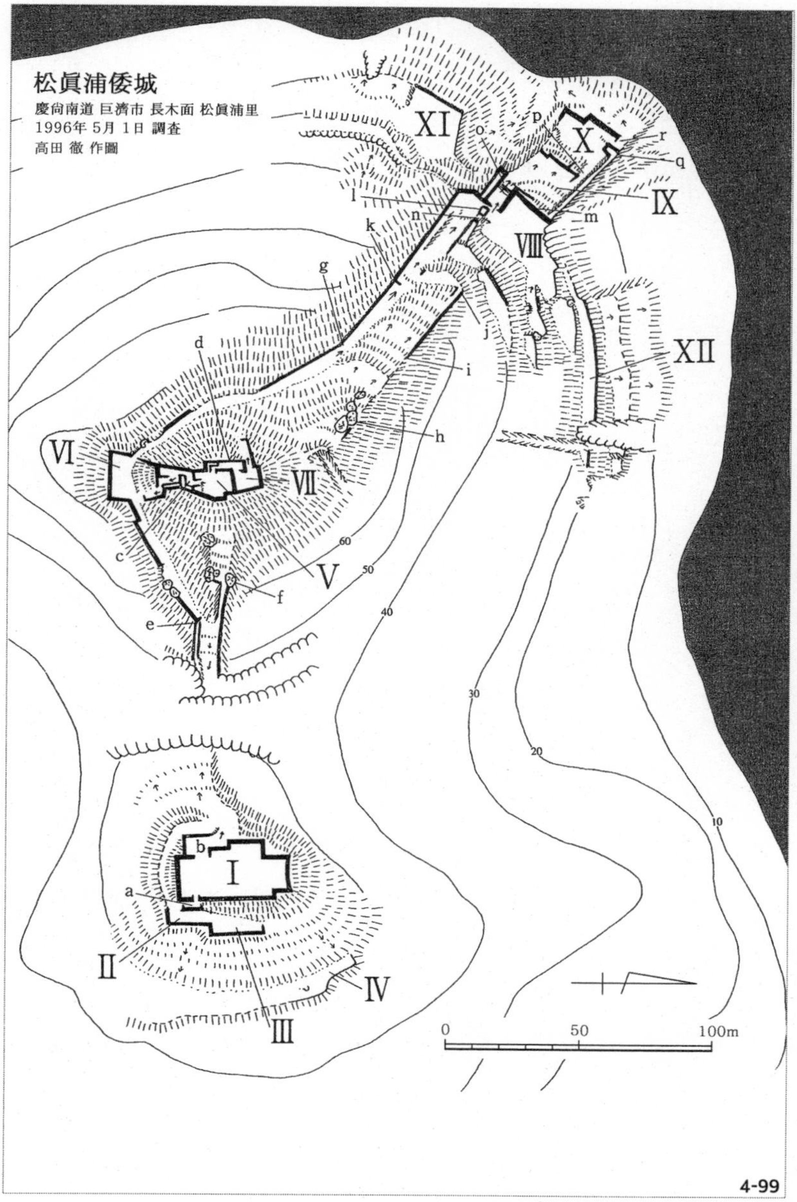

4-99 송진포왜성 평면도(作圖: 高田 徹)

지고 있지만, 구조와 기능의 차이를 알 수 있는 점에서 각각이 역할을 서로 보완하면서 주변 연안부의 방위 확보에 기여했던 것 같다. 死角이 많은 복잡한 해안선을 장악하기 위해 기능을 분화한 성곽, 게다가 그것을 구성하는 구루와군에 의해 중층적으로 서로 보완하는 성곽 구조가 필요했다고 생각된다.[142]

25 | 영등포왜성(永登浦倭城)

* 소재지 : 경상남도 거제시 장목면 구영리
* 축성시기 : 1592년(선조25, 萬曆20, 文祿元年)
* 축성자 : 시마즈 요시히로(島津義弘)·다다쓰네(忠恒)
* 해발 : 234m
* 주요유구 : 이시가키(石垣), 천수대, 고구치(虎口), 구루와(曲輪), 다테도루이(竪土塁), 호리키리(堀切)
* 사적지정 : 미지정

영등포왜성은 거제도 최북단인 경남 거제시 장목면 구영리의 대봉산(大峰山, 257m) 정상에서 북쪽으로 조금 내려간 해발 234m 일대의 남북 방향 능선 상에 위치하고 있으며, 임진왜란 때(1592년) 시마즈 요시히로(島津義弘)가 축성·수비한 성으로 알려져 있다. 이 성의 축성에 대해『慶南의 倭城趾』에서는 15쪽에 시마즈 요시히로가 축성·수비했다고 적고 있고, 40쪽에는 후쿠시마 마사노리(福島正則)·도다 가쓰타카(戶田勝隆) 등이 축성·수비했다는 2가지 설을 제시하고 있다. 반 미치오는 앞의 논문에서 영등포왜성은 시마즈 요시히로 父子가 수비하고, 장문포왜성은 후쿠시마 마사노리, 도다 가쓰타카·조소카베 모토치카(長宗我部元親) 등이 교대로 수비했다고 적고 있어[143] 시마즈 축성설이 타당하다고 생각된다.『선조실록』1595년 11월 2일 庚午條에 "今則永登浦倭將義弘來陣, 留數二千餘名云。(지금 영등포에 왜장 義弘이 와

4-100 영등포왜성 위치도

서 진을 치고, 2천여 명이 머물고 있다.)"라고 기술하고 있는 점에서 규슈 사쓰마(薩摩)로부터 출병한 시마즈 요시히로가 수비하고 있었던 것은 거의 틀림없다고 생각된다.

이 성은 한국에 남아 있는 왜성 중에서 가장 높은 위치에 있는 산성으로써, 거제도 내의 다른 왜성은 물론, 바다 건너 진해 해역에 구축된 웅천왜성이나 안골포왜성 등도 눈으로 확인할 수 있는 위치에 있다. 전체적으로 동남쪽을 향해 L자 모양으로 뻗은 능선 상에 약간의 평삭을 하여 구축된 성으로, 유구의 모양도 가늘고 길게 펼쳐져 있어 마치 뱀이 기어가는 듯한 형상을 하고 있다.

능선의 가장 넓은 공간에 주곽부를 두고 그 서쪽 중앙부에 천수대를 배치했다. 주곽부의 가장자리에는 석축으로 둘러싸고 있다. 성벽은 소리가 없고, 완만한 경사로 쌓여진 쓰키이시(築石, 성에 쌓은 돌), 마즈메이시(間詰石, 큰 돌 사이에 채운 작은 돌)도 일정량 사용되고 있다. 천수대는 동서 8m × 남북 12m 정도의 정사각형이며, 서쪽 면에 굴절을 가지는 구조이다. 이것은 요코야 기능을 의식한 구조라고 생각된다.

또 천수대에는 주곽 측으로 향한 돌계단을 확인할 수 있는데, 천수대로의 등성로로 만든 것이다. 천수대 전면에는 쉽게 등성로에 접근할 수 없도록 석루에 의해 마스가타 출입구를 설치한 것이 특징이다. 주곽에는 남·북에 1개소씩 구이치가이 출입구를 배치하고 있으며, 주곽 중앙부에는 천수대 전면 출입구에 따른 석루와는 별개의 석루를 설치하여 구루와를 두 개의 공간으로 나누어 이용하려고 한 의도를 읽을 수 있다.

주곽의 북쪽에서 서쪽으로는 천수대에서 내려다보이는 오비구루와가 배치되어 있다. 전체가 석축은 아니지만, 서쪽면의 골짜기 모양의 지형에만 석축을 배치하고 있다. 이 석축은 골짜기 모양의 지형을 따른 형태로 구부러져 있는 것이 특징적이다. 이 구루와의 서쪽에는 1단 내려간 곳에 석축이 없는 구루와가 배치되어 있으며, 다시 서쪽으로 1단 더 내려간 곳에 성역에서 가장 서쪽의 구루와를 배치하고 있다. 이 구루와는 모두 높은 성벽으로 구축되어 있으며, 요코야를 의식한 구조로 되어 있다. 이 구루와의 남서쪽 모서리의 성벽 기저부에서 남쪽으로 전개되는 골짜기를 향하여 거대한 다테보리와 다테도루이가 세트로 구축되어 있다.

한편 주곽의 남쪽에는 가늘고 긴 능선 상에 복수 개의 구루와를 배치하고 있다. 그러나 그 구루와군은 단순한 계단 모양의 구루와 배치는 아니고, 능선을 차단하는 배치로 복수 개의 석루로 된 구루와이다. 특이한 것은 능선을 차단하는 석루의 배치가 동일한 방향이 아니고 좌우로 엇물리게 배치되어 있어 구이치가이 출입구와 같은 기능을 하고 있다.

또 주곽에서 남쪽으로 2번째 구루와에 이르면 성벽과 돌계단으로 출입구를 설치하고, 서쪽 경사면으로 내려가, 능선과 평행한 모양으로 오비구루와를 만들어, 성내의 길이 된다. 이것은 침입자에 대하여 단순히 능선상을 통과시키는 것이 아니라, 방어 시에 고저차를 이용하려는 계산이라고 생각된다. 이 오비구루와 상의 성내 길은 다시 남쪽 능선 상에 배치된 구루와로 이어진다. 여기서도 서쪽 경사면에 다테보리와 다테도루이의 세트를 확인할 수 있고, 전술한 제일 서쪽 구루와에서 뻗어 내린 것과 연동하여 주곽 남서쪽에 있는 골짜기를 에워싸는 형태로 설치되어 있다. 이것은 이 골짜기의 수원을 확보하기 위해 쌓은 방어시설이라고 생각된다.

이 성은 또 남쪽 능선 상에 성내 길 역할을 하는 오비구루와와 능선을 차단하기 위한 호리키리를 배치하는 등의 방어시설을 확인할 수 있으며, 가장 남쪽 능선상의 넓은 장소에는 소이시가키의 구루와를 확인할 수 있다. 여기가 산기슭에서 성곽 주요부로 입성할 때의 산상부의 정문이라고 생각할 수 있다. 혼마루에서 동남쪽인 해발 180m 부근에 있는 이 구루와의 남쪽 성벽은 이동통신 중계탑 신설을 위한 도로를 만들면서 일부가 잘려 나간 것이 확인되는데, 이곳에도 출입구가 있었을 것으로 추정된다.

또한 이 성의 북쪽 산기슭에는 취락이 있으며, 그 취락 속에 영등포왜성 축성 이전부터 조선시대의 읍성인 구영등성(舊永登城)이 구축되어 있었다. 〈그림4-104〉에서 보는 바와 같이 구영등성의 중앙에 왜성의 성벽과 같은 특징을 지닌 유구A가 남아 있다. 다다 노부히사(多田暢久)는 이것이 영등포왜성의 산록거관이었을 것으로 추정하고 있다.[144]

당시 시마즈 군대의 병력 규모로 볼 때, 산상부에만 주둔하기에는 영등포왜성의 공간이 너무 협소하기 때문에, 산록부 거관의 존재를 충분히 생각해 볼 수 있다. 영등포왜성 축성 시 물자보급을 목적으로 한 항만과 해안선 확보를 위해, 구영등성을 점령하여 그 중심부를 일본식으로 고쳐서 거점화를 도모한 것이 아닌가 생각된다.[145]

근년에 이곳에 주택을 개축하면서 북쪽의 성벽과 계단을 허물고 그 부분에 직선으로 통로와 출입문을 만들었고, 동쪽의 성벽도 상부를 높게 고쳐 쌓았다. 또한 성벽의 돌과 돌 사이의 틈새를 콘크리트로 매워 옛 모습이 많이 훼손된 상태이다. 참고로 산록거관부로 추정되는 유구의 변천 모

4-101

4-102

4-101 구영등성 內 산록거관부 수리 전(2002년, 南→北)
4-102 구영등성 內 산록거관부 수리 후(2018년, 北→南)

습을 〈그림 4-101〉과 〈그림 4-102〉에 나타낸다.

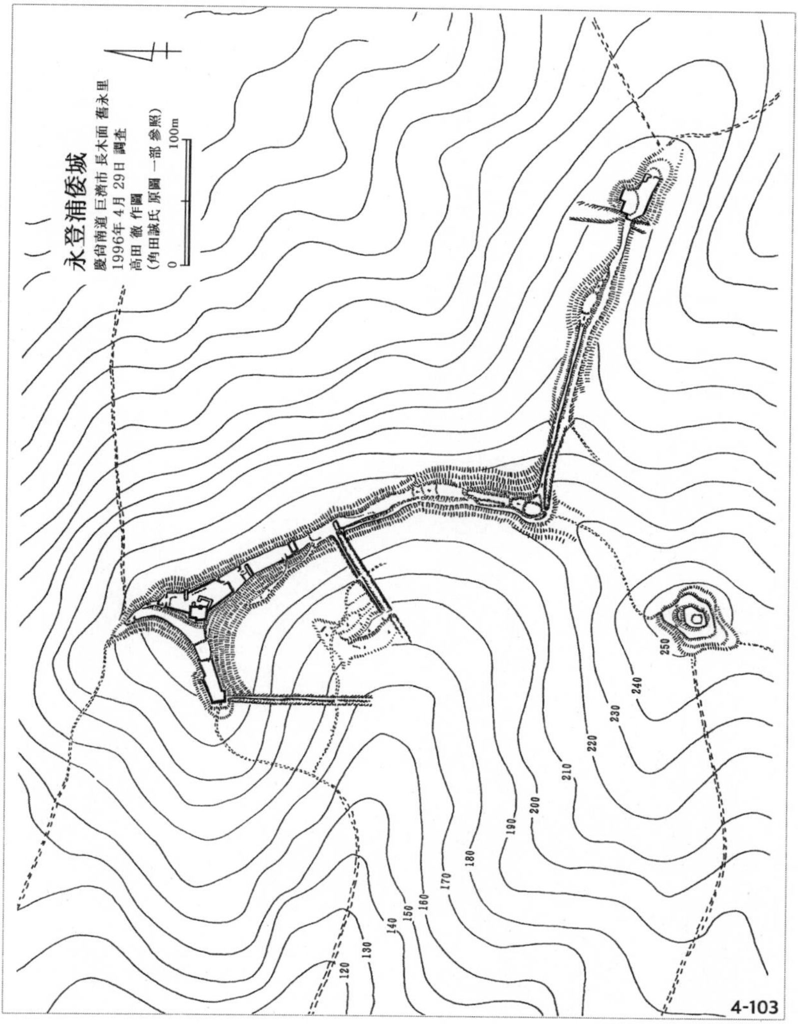

4-103 영등포왜성 평면도(작도: 高田 徹)

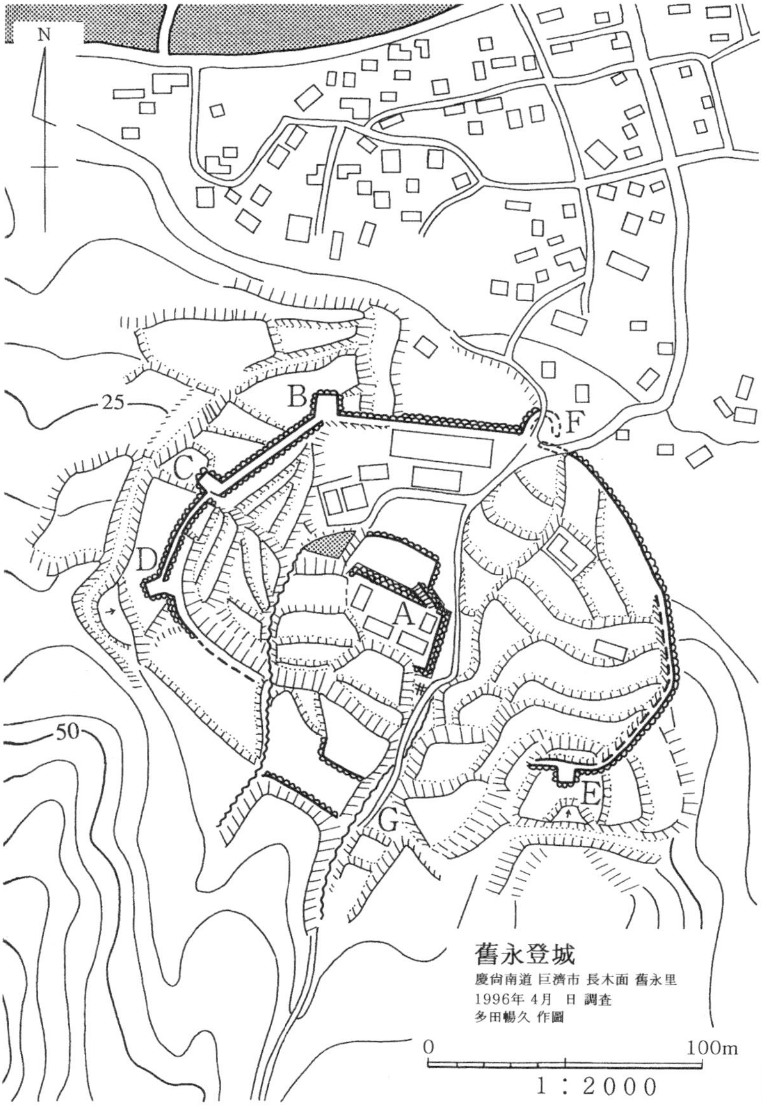

4-104

4-104 구영등성 평면도(작도: 多田暢久)

4-105 영등포왜성 북서쪽 성벽 **4-106** 영등포왜성 북서쪽 성벽

26 | 사천왜성(泗川倭城)

* 소재지 : 경상남도 사천시 용현면 선진리
* 축성시기 : 1597년(선조30, 萬曆25, 慶長2)
* 축성자 : 조소카베 모토치카(長宗我部元親)·모리 요시마사(毛利吉政) 등
* 해발 : 34m
* 주요유구 : 천수대, 도루이(土塁), 해자[堀]
* 사적지정 : 경상남도 문화재자료 제274호
* 별명 : そせん城, そてん城, 船津里城

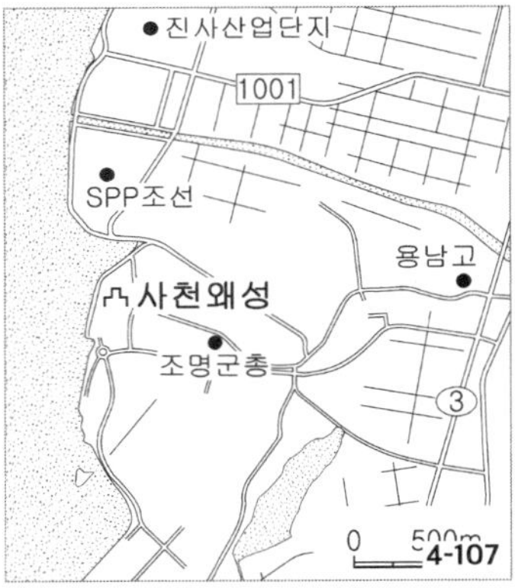

사천왜성은 경남 사천시 용현면 선진리의 사천만을 서쪽으로 면한 해발 34m의 언덕 끝에 위치하고 있다. 정유재란 때(1597년) 축성된 성이며, 경상남도 문화재자료 제274호로 지정되어 있다. 사천만은 1592년 5월 29일, 이순신 장군이 이끄는 조선수군이 최초로 거북선을 활용하여 대승을 거둔 사천해전의 전장이었다.

반 미치오는 조소카베 모토치카(長宗我部元親), 나카가와 히데시게(中川秀成), 이케다 히데우지(池田秀氏), 모리 요시나리(毛利吉成), 이토 스케타카(伊東祐兵), 아키즈키 타네나가(秋月種長), 다카하시 모토타네(高橋元種), 사가라 요리후사(相良頼房), 시마즈와 시치로 도요히사(七郎豊久) 등 10명의 장수가 축성했다고 한다.[146]

이 성은 한 면만 육지에 닿았고 3면이 모두 바다에 접하여 성 바로 밑에

4-107 사천왜성 위치도

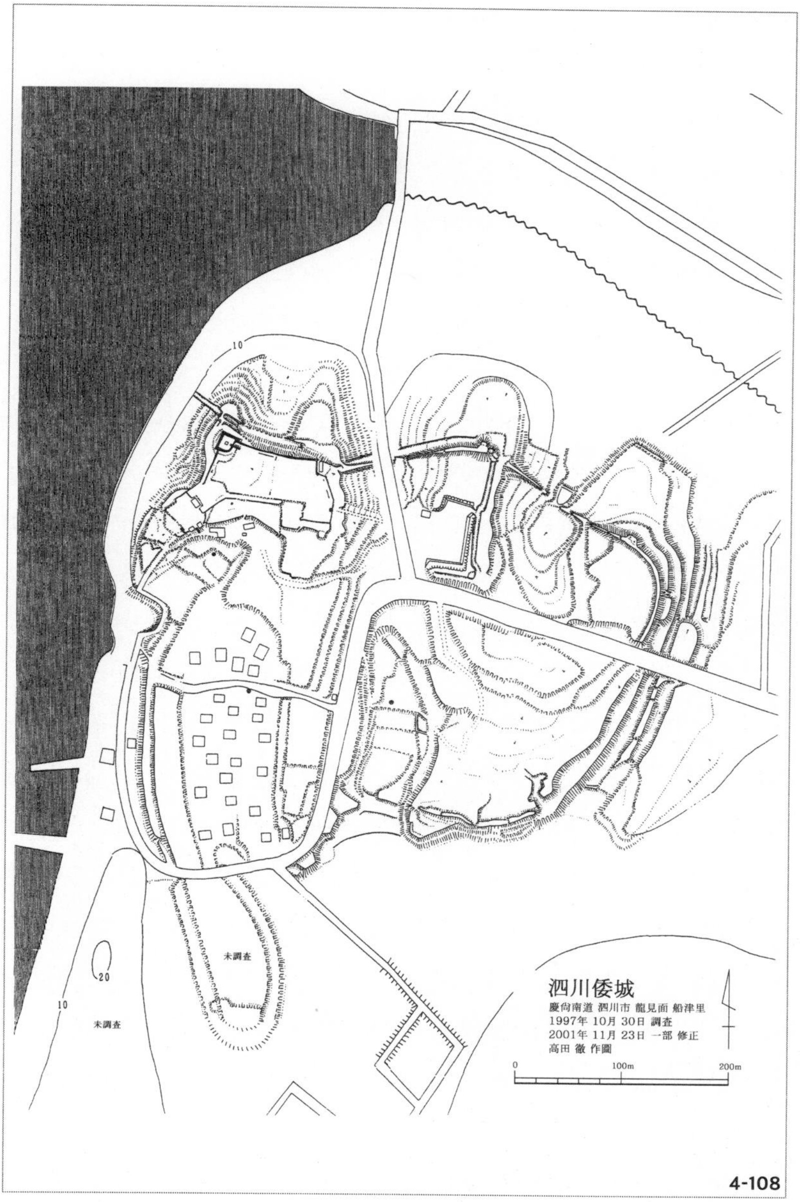

4-108 사천왜성 전체 평면도(작도: **高田 徹**)

까지 배가 출입하였으며, 시마즈 요시히로(島津義弘)와 그의 아들 다다쓰네(忠恒)가 수비했다고 한다.[147]

그간 사천왜성지는 왜성의 진위 여부에 대한 논란이 있었는데, 사천시가 경남문화재연구원에 의뢰하여 2002년 1월부터 약 6개월에 걸쳐 언덕부(혼마루에 해당)에 대해 성곽 실체 규명을 위한 부분적인 발굴조사를 실시했다. 그 결과, 고려 초에 "東洋倉"이 있던 자리로 당시 토성을 축조했었는데, 정유재란 때 일본군이 그 자리에 왜성을 축조한 것으로 밝혀졌다.

1597년 전라도를 침공한 시마즈 다다쓰네(島津忠恒)는 아버지 요시히로(義弘)가 기다리는 사천에 10월 28일에 도착했다. 그 다음날부터 사천왜성의 토목공사가 개시된다. 이 토목공사에 종사한 것은 조소카베 모토치카·이케다 히데오(池田秀雄)·나카가와 히데시게·모리 요시마사(毛利吉政)·가키미 가즈나오(垣見一直) 등이었다. 같은 해 12월 27일에는 거의 완성된 것 같고, 수비자로 요시히로가 입성하고 축하연이 베풀어진다.

사천왜성의 성역은 동서 약 500m, 남북 약 500m로 방대한 면적이다. 주곽은 언덕의 북서쪽 끝 가까이에 위치하고, 동서 약 120m, 남북 약 50~60m 전후의 구루와이다. 그 북서쪽 구석의 천수대는 동서 약 18m, 남북 약 19m 규모이며, 2006년 전까지는 북서쪽에 정유재란 당시의 모습이 남아 있었다. 그러나 천수대 위의 「충혼탑」과 성벽 "복원작업" 으로 인해 정유재란 당시 일본군이 쌓은 성벽은 완전히 사라지고, 지금은 전혀 다른 모습으로 변해버렸다. 즉 '왜성과 비슷한 모양으로 한국인이 새로 쌓은 일본식 성'이라는 표현이 맞을 것 같다. 성벽에 사용된 석재도 원래의 돌이 아닌 신규로 채석한 것이며, 더 나아가 일본 히메지성(姫路城)의 성문을 모방하여 성문까지 설치했다.

주곽의 남쪽에는 평탄지가 펼쳐져 있으며, 밭이나 취락으로 되어 있다.

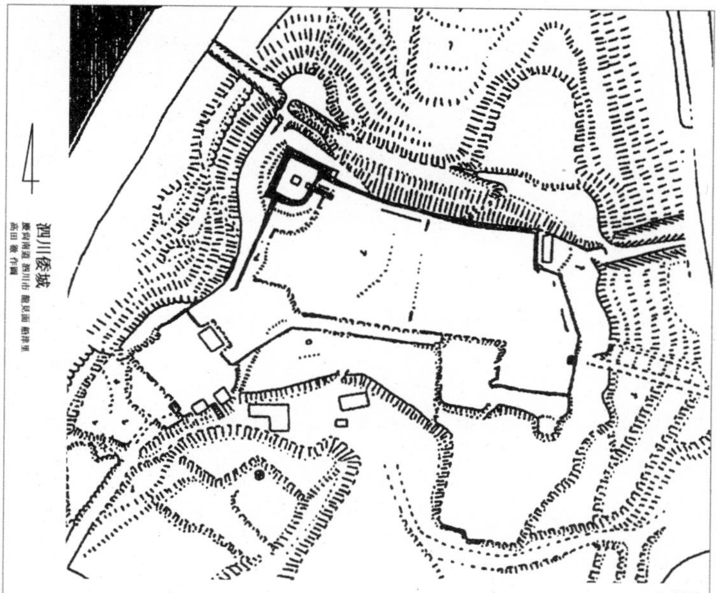

4-109

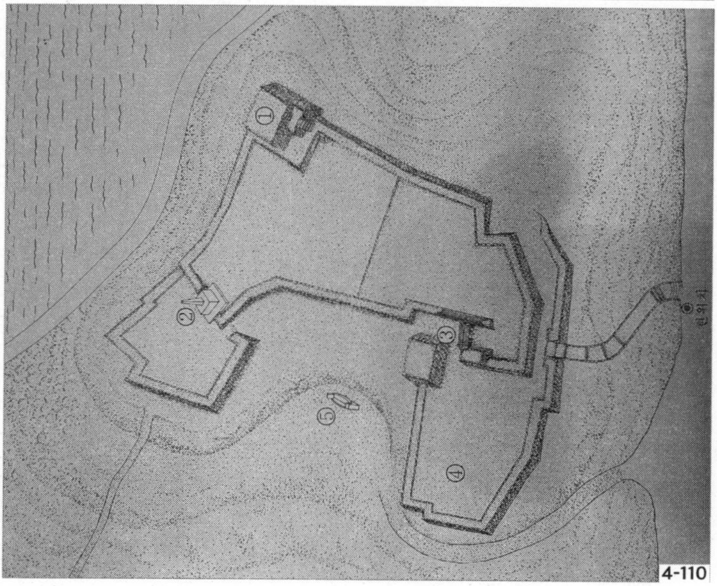

4-110

4-109 사천왜성 주곽부 평면 확대도(작도: 高田 徹)
4-110 복원한 사천왜성 조감도(사천 선진리성 안내도)

이 평탄지의 서쪽 사천만에 면하는 해안에는 현재 항구가 있으며, 예전에도 선착장이 존재했을 것으로 추정된다. 주곽의 동쪽에는 동서를 골짜기로 사이에 끼고 남북으로 가늘고 긴 언덕부가 있다. 이 동쪽에는 원호 모양의 토루에 둘러싸인 평탄지가 있다. 이 토루의 동쪽에는 해자가 있으며, 동서로 달리는 도로를 건너서 두 가닥의 해자가 평행하게 남북으로 뻗어 있다. 이들 해자와 도로가 만나는 부근이 당시의 정문으로 추정된다.

사천왜성의 선착장은 울산왜성 전투 시에 한몫을 하고 있었다. 전술한 축하연이 열리던 날, 조명연합군에 의한 울산왜성 전투의 급보가 사천왜성에 전달된다. 구원에 나선 장수들 중 조소카베(長宗我部)·이케다(池田)의 두 군대는 수군이었다. 이들은 사천만에서 출격했다고 보아야 할 것이다. 사천왜성은 군선이 정박할 수 있는 선착장을 바로 밑의 해안에 배치하고, 사천만을 감시하고 있었다.[148]

사천왜성의 방어력은 사천왜성전투에서 유감없이 발휘되었다. 1598년 10월 1일, 조명연합군이 사천왜성을 공격했지만, 정문 왼쪽의 야구라에서 응전한 시마즈 다다쓰네(島津忠恒) 등의 시마즈 군대에 의해 참패를 당하고 패주했다. 일본군이 이 싸움의 전과를 일본에 보고하기 위해 전사한 아군의 시체에서 코와 귀를 베어 일본으로 보낸 뒤, 남은 시체를 한데 모아 무덤을 만들었다. 이 무덤이 사천왜성 입구의 왼쪽에 있는 사방 36m 크기의 '조·명군총(朝·明軍塚)' 일명 '당병무덤'이다. 1984년에 그곳에 위령비를 세우고, 그때 죽은 영혼들을 달래기 위해 매년 음력 10월 1일에 제사를 지내고 있다.

사천왜성의 端城으로는 晋州邑城, 望晋倭城, 永春倭城, 昆陽倭城 등 4개가 있었다는[149] 기록으로 보아 진주읍성도 일본군에게 함락된 뒤 한때 왜성으로 이용된 것으로 보인다.

4-111 사천왜성 천수대 북쪽 성벽(수리 전, 2006년 5월)
4-112 사천왜성 천수대 남쪽(수리 후, 2018년 12월)

27 | 망진왜성(望晉倭城)

---

* 소재지 : 경상남도 진주시 망경동(망진산)
* 축성시기 : ?
* 축성자 : 시마즈 요시히로(島津義弘)
* 해발 : 172m
* 주요유구 : 소멸
* 사적지정 :
* 별명 : 사천왜성의 지성

망진왜성은 경남 진주시 망경동의 해발 172m 망진산(望晋山) 정상에 위치하고 있으며, 정유재란 때(1597년) 사천왜성의 수비를 담당한 시마즈 요시히로(島津義弘) 등이 사천왜성의 지성의 하나로 축성한 것이다.[150] 이 왜성은 최근에 오오타 히데하루(太田秀春)에 의해 「서울대圖」가 소개되면서 일반에게 알려진 왜성이다.

이 성은 남강을 해자로 삼고, 깎아지른 듯한 절벽을 성벽으로 한 천연의 요새였고, 200명의 수비대로 수만 명의 明軍의 공격을 잘 방어하였다. 또한 망진산의 동북쪽 기슭 남강 연안에 소형의 성곽이 있었다고 한다.[151]

망진왜성에 대한 또 다른 기록으로 『韓國의 城郭과 峰燧』에는 "이 성은 임진왜란 때 축성된 토성으로 일본군이 주둔한 성"이라고 되어 있다.[152]

현재 이곳에는 성곽의 유구는 아무것도 남아 있지 않고, 이동통신 중계

4-113 망진왜성 위치도

탑이 서 있다.

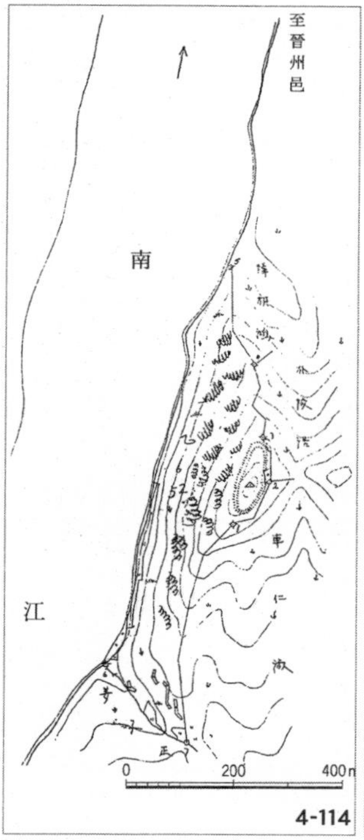

4-114

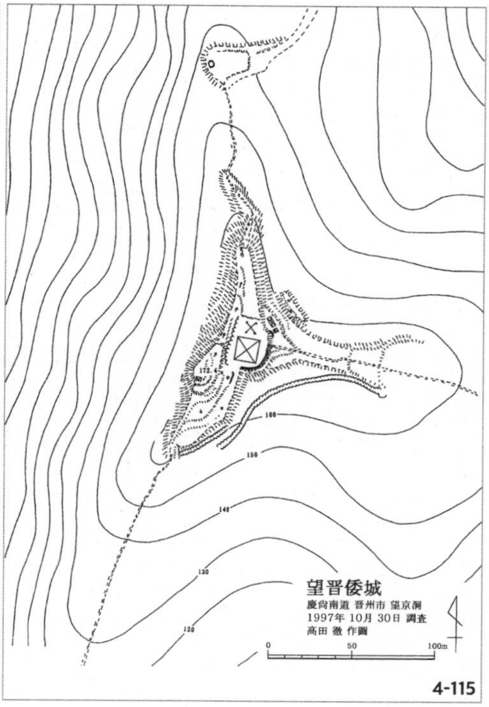

4-115

4-116

4-117

그림 **4-114** 망진왜성 평면도(서울대도), **加筆** **4-115** 망진왜성 평면도(작도: 高田 徹) **4-116** 진주성에서 바라본 망진왜성지(통신탑 위치) **4-117** 망진왜성지에서 내려다 본 진주성 서쪽(천수교 뒤의 언덕부)

28 | 남해왜성(南海倭城)

* 소재지 : 경상남도 남해군 남해읍 선소리
* 축성시기 : 1597년(선조30, 萬曆25, 慶長2)
* 축성자 : 와키자카 야스하루(脇坂安治) 등 ?
* 해발 : 45m
* 주요유구 : 천수대, 이시가키(石垣), 해자[堀], 다테이시가키(竪石垣)
* 사적지정 : 미지정
* 별명 : なむはい城

남해왜성은 경남 남해군 남해읍 선소리 뒷산인 해발 45m의 정상부에 주곽을 두고, 남쪽으로 취락을 건너서 해발 약 20m의 언덕 위에 데구루와(出曲輪)가 구축되어 있다. 서쪽을 제외한 3면이 바다에 접하고 있으며, 성역은 동서 약 400m, 남북 약 500m에 이른다. 이 성은 정유재란 때(1597년) 와키자카 야스하루(脇坂安治) 등의 水軍 장수들이 축성하고, 소 요시토시(宗義智)가 수비한 성으로 알려져 있다. 그러나 반 미치오는 앞의 논문에서 축성자는 불명이고, 수군 여러 장수가 축성을 담당했으며, 소 요시토시가 수비했다고 한다.[153]

이 성은 서쪽에 위치한 순천왜성, 동쪽에 위치한 사천왜성과 연락하고, 그 사이의 해역을 방어하는 역할을 담당했다고 생각된다.

1598년 울산왜성 농성전 후, 왜성에 수비하고 있던 여러 장수들은 수

4-118 남해왜성 위치도

비 범위의 축소안을 결정한다. 즉 서쪽에서는 순천왜성을 퇴거하여 사천왜성으로 이동한다는 안이었다. 이 안은 도요토미 히데요시의 분노를 사 실현되지 않았다. 남해왜성은 남쪽 최전선의 위치를 차지하는 것도 아니어서, 그에 따른 나와바리·규모에 그쳤을 가능성이 높다. 대체로 성벽이 낮고 구루와 배치도 약간 단조로운 편이다.

정유재란 종반, 조명연합군에 포위된 순천왜성의 고니시 유키나가(小西行長) 등을 구출해야 하는 소 요시토시는 시마즈 요시히로(島津義弘) 등과 함께 남해왜성을 출진한다. 남해도와 조선반도 사이의 해협, 노량진에서 격렬한 전투가 전개되고 양측 모두 큰 피해를 입었다. 배를 잃은 시마즈군대의 가바야마 히사타카(樺山久高) 등 500명은 宗氏가 퇴거하여 비어 있는 남해왜성에 일시적으로 입성하여 난을 피했다.

남해왜성은 유구의 잔존 상태가 대체로 나쁘고, 취락과 가깝기 때문에 밭으로 이용된 부분이 많으며, 출입구도 대부분이 확실하지 않다. 제2차 세계대전 이전 단계에서도 상당한 유구가 사라졌고, 소재가 확인된 것도 1920년대의 일이다.

언덕 정상부의 주곽 I 은 사방 약 60m의 규모를 가진다. 높이가 1~2m의 석축으로 둘러싸여 있지만 상당히 붕괴되었다. 예전에는 석축으로 둘러싸여 복수의 구획으로 구성되어 있었던 것 같다. 현상에서는 흔적을 확인할 수 없지만 예전의 구루와 주위는 석루 모양으로 된 부분이 많았던 것 같다.

주곽의 서쪽 중앙 부근에는 천수대A가 구축되어 있다. 천수대는 초목에 뒤덮여 있으며, 전모를 확인하기 어렵다. 동서 약 10m, 남북 약 13m, 서쪽에서의 높이는 약 4m, 동쪽에서의 높이는 약 2.5m이다. 남쪽에는 쓰케야구라다이(付櫓台) B가 부속되어 있으며, 그곳을 경유하여 천수대로 오르

4-119 남해왜성 평면도(작도: 高田 徹)

내렸다고 생각된다.

주곽부의 남쪽 해발 약 20m의 언덕에 있는 구루와 II는 동서로 가늘고 길게 밭·황무지·묘지 등으로 되어 있다. 서쪽 끝 부분의 G 이외는 얼핏 보면 성곽유구라고는 생각되지 않을 정도이다. 그러나 자세히 관찰하면 곳곳에 석축이 남아 있다. 아마 언덕 전체가 거의 구루와로 이용되었을 것으로 생각된다.

II곽의 서쪽 끝에 있는 G에는 성벽이 비교적 잘 남아 있다. 성벽의 안쪽에는 거의 평행하는 石列이 확인된다. 石塁의 흔적이며, 예전에는 다몬(多聞)이나 도베이가 설치되어 있었을 것이다.

그런데 제2차 세계대전 이전에 작성된『九大図』에 의하면, 주곽부에서 남쪽으로, II곽에서는 북쪽으로 각각 노보리이시가키가 뻗어 있다. 주곽부 쪽의 경사면C에는 지금도 다테이시가키(竪石垣)의 흔적이 약간 남아 있다. 양쪽에서 뻗어 나온 다테이시가키의 끝 부분은 출입구가 되고, 거기에 성내와 성외를 연결하는 길이 나 있다. 출입구의 동쪽이 성내에 해당되고, 그것은 현재 취락의 범위와 거의 겹쳐진다. 취락 내에 있는 항구는 당시에도 배가 드나들었을 것이다.

그 외, 주곽부의 북쪽 경사면에는 다테보리 모양의 지형, 주곽부에서 북쪽으로 내려간 해안부에는 석축D, 북서쪽에는 토루 모양의 약간 높은 E가 확인된다.

현재 소재가 확인되지 않는『정왜기공도권(征倭紀功図巻)』에는 순천왜성과 함께 남해왜성도 그려져 있다. 아치형의 石門 상부에 야구라몬을 얹은 성문이 그려져 있다. 이것은 중국식의 문을 기초로 한 묘사라고 생각되며, 화가의 창작으로 생각된다. 단 천수는 3층(三層三階), 벽의 아래에 판자를 붙인 구조이고, 2층은 팔작지붕 구조를 하고, 상부에 망루를 얹은 모습

4-120

4-121

4-120 남해왜성 천수대 동쪽 성벽 **4-121** 남해왜성 남쪽 구루와 서쪽 성벽

으로 그려져 있다. 현상의 천수대를 보면 3층 정도의 천수를 상정할 수 있다. 적어도 천수의 묘사는 실제와 가까운 것은 아닐까 생각된다. 멀리서도 볼 수 있고 관찰하기 쉬운 천수에 대해 출입구는 접근하기 어려운 상황이다.

주곽의 동쪽, 해안에 면한 F에는 「장상량동정마애비(張良相東征磨崖碑)」가 있다. 자연의 바위에 새겨진 비는 명나라 군에 의한 정유재란 전승을 기념한 것으로, 1599년에 독행정왜유격장군(督行征倭遊擊將軍)·장상량에 의해 세워졌다. 1599년은 정유재란이 종결된 다음 해이다. 이것은 정유재란 종결 후에도 남해왜성 일대에 명나라 군대가 주둔하고 있었음을 나타내고 있다.[154]

29 | 순천왜성(順天倭城)

* 소재지 : 전라남도 순천시 해룡면 신성리
* 축성시기 : 1597년(선조30, 萬曆25, 慶長2)
* 축성자 : 고니시 유키나가(小西行長) · 우키다 히데이에(宇喜多秀家) · 도도 다카토라(藤堂高虎)
* 해발 : 52m
* 주요유구 : 천수대, 이시가키(石垣), 도루이(土壘), 해자[堀]
* 사적지정 : 전라남도 기념물 제171호

순천왜성은 전남 순천시 해룡면 신성리의 광양만에 돌출된 반도 끝 해발 52m 언덕과 그 일대에 구축되어 있다. 예전에는 서쪽이 육지에 이어져 3면이 바다에 둘러싸여 있었지만, 지금은 매립되어 성의 동쪽 끝에 설치된 인공 용수로가 예전의 해안선의 흔적으로 남아 있을 뿐이다. 매립지에는 공업단지가 추진되어 공장이 들어서 있다.

이 성은 정유재란기인 1597년 11월, 우키다 히데이에(宇喜多秀家), 고니시 유키나가(小西行長), 도도 다카토라(藤堂高虎) 등에 의해 겨우 2개월 정도의 단기간에 완성되었고, 고니시 유키나가(小西行長) 등이 수비를 담당했다. 이 성은 당시 우리나라 남해안의 왜성 중 서쪽 최전선에 축성된 전남 유일의 왜성으로, 현존하는 왜성 중 최대 규모를 자랑하고 있으며, 1997년 전라남도 기념물 제171호로 지정되었다.

4-122 순천왜성 위치도

벼락치기 공사가 된 것은 이 시기에 미완성의 울산왜성이 조명연합군에게 포위된 농성전에서 하마터면 함락될 뻔한 사태가 되어 순천왜성도 다음 공격목표로 예정되었기 때문일 것이다.

1598년 8월 18일, 도요토미 히데요시가 사망하자, 10월에는 일본으로부터의 철수 명령이 내려졌다. 조명연합군은 철수하는 일본군을 추격하는 것으로 전략이 바뀌었다. 9월부터 이른바 '사로병진작전(四路竝進作戰)'[155]을 펼치며 남해안 일대의 적군에 대한 일제소탕전에 돌입한다. 이때 순천왜성에서는 조명연합군과 일본군(小西行長)의 치열한 왜교성(倭橋城)전투가 벌어진다. 싸움은 성 주변의 바다 수심이 얕았기 때문에 조명연합군의 군선이 썰물에 좌초되어 치명적인 타격을 입는 등, 일본군 우위의 상

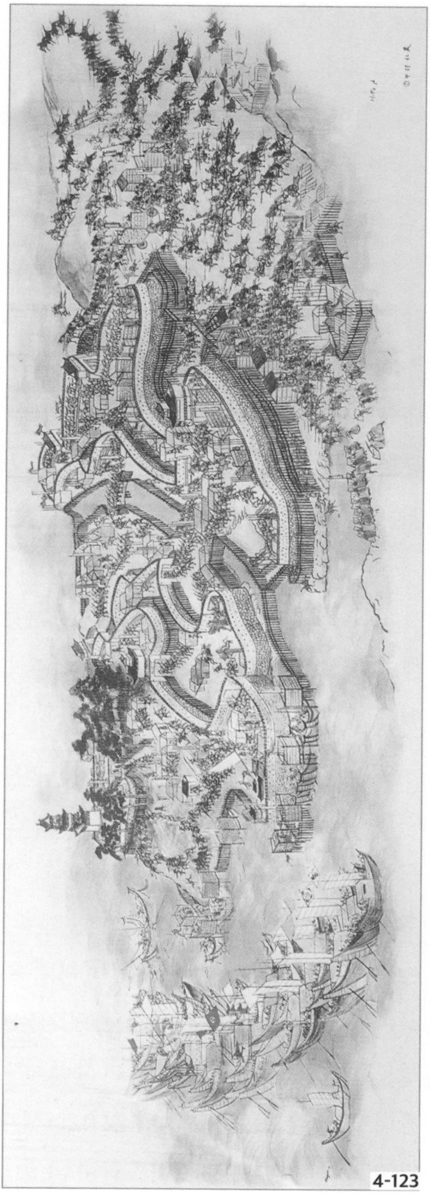
4-123

4-123 『征倭紀功図卷』 순천왜성 전투도(순천왜성 안내판)

황으로 이어져 결국 성을 함락하지 못하고 이 작전은 실패하고 만다. 11월 19일, 철수하는 일본군을 추격하는 과정에서 임진왜란 최후의 전투인 노량해전이 벌어지고 여기서 이순신 장군이 전사한다. 고니시 유키나가는 시마즈 요시히로(島津義弘) 등, 일본 수군의 구원에 의해 무사히 탈출하였고, 그 뒤 순천왜성은 폐성이 되었다.

현재 성곽의 주곽부는 공원으로 정비되고 외곽 라인은 밭으로 되어 있다. 토루의 일부가 평삭되어 있지만, 외곽 라인까지 포함해도 전체의 보존 상황은 좋은 편이다. 그러나 사천왜성의 경우와 같이 순천시에서 천수대를 포함한 주곽부의 성벽 일부를 복원하는 과정에서 기존의 성벽을 허물고 새로운 석재를 이용하여 완전히 새로운 일본식 성을 쌓아 비난을 받기도 했다.

성의 범위는 외곽 라인까지 포함하면 남북 700m, 동서 800m나 되는 광대한 성역이 된다. 반도 끝에 설치된 주곽부의 성에서 외곽 라인까지 해자와 토루가 이중으로 배치되어 있는 모습을 볼 수 있으며, 광대한 성역을 실감할 수 있다.

성의 구조는 반도에 위치한 평산성이며 외곽 라인 성역을 가진 죽성리왜성과 유사하지만 외곽 라인 영역은 순천왜성 쪽이 훨씬 넓어 비교가 되지 않는다. 외곽 라인에 의한 광대한 성역을 가진 사천왜성도 1597년 축성으로, 순천왜성과 같이 1597년에 조명연합군 中路軍의 공격을 받은 성이다. 대규모 병력이 주둔하기 위해 외곽 라인을 가진 성으로써 축성되었다고 생각된다. 마찬가지로 東路軍의 침공이 동해안 최전선인 울산왜성도 같은 시기에 가토 기요마사에 의해 대규모의 병력을 투입할 수 있는 광대한 성역으로써 축성된 것으로 생각되지만, 현재는 주곽부 밖에 남아 있지 않아, 순천왜성과 비교할 수가 없다.

순천왜성에는 명나라군의 종군화가가 그렸다고 하는『정왜기공도권(征倭紀功図卷)』(이하 図卷이라 칭함)이 전해진다. 1978년 미국 콜롬비아대학 Gari K. Ledyard 교수가『新東亞』12월호에 순천왜성에서의 전투장면을 그린 두루마리 그림인『征倭紀功図卷』에 대한 논문을 발표하여 왜성 및 정유재란 연구에 큰 반향을 불러일으키기도 했다. 순천왜성 주차장에는 이 図卷을 복사해서 만든 안내비가 서 있는데, 이 그림은 정유재란 당시 순천왜성에서의 전투 상황을 구체적으로 그리고 있으며, 성의 구조를 알 수 있는 귀중한 史料이다.

주차장에서 주곽부로 향해 들어가면 먼저 미즈보리(水堀)로 추정되는 폭 약 30m나 되는 큰 가라보리가 있으며, 중앙에 도바시를 가진 출입구(虎口)1이 나온다. 주곽부 성곽으로 들어가는 초입의 출입구는 구이치가이 출입구로 근년에 복원된 성벽이다. 여기서 남동쪽으로 조금 가면 폭 약 20m의 두 번째 가라보리 虎口2에 도달한다. 이 출입구도 구이치가이 출입구로 되어 있으며, 외곽에서 주곽부로 가는 정문으로 추측된다. 虎口2에서 가라보리가 2중으로 되어 있는데, 남쪽은 두 개가 나란하지만, 북쪽은 바깥쪽 가라보리가 북서쪽 방향으로 굽어 있다. 안쪽 가라보리에 토루는 있지만, 석축은 보이지 않는다. 또 주곽부에는 가라보리가 없기 때문에 이 두 가닥의 가라보리가 주곽부 최후의 방어라인으로 설정된 것 같다.

虎口2에서 남동쪽 방향으로 낮은 언덕 경사면을 오르는 등성로가 있으며, 다테보리를 따라 성의 중추부로 들어가기 위한 정문이 있는 虎口4에 도착한다. 虎口4는 성벽으로 된 마스가타문이며,『図卷』에서도 야구라몬으로 그려져 있다. 이 문에서 북쪽을 보면 소이시가키의 주곽부 서쪽 성벽이 솟아 있다. 주곽부의 성 중에서는 가장 볼 만한 성벽으로, 요코야가

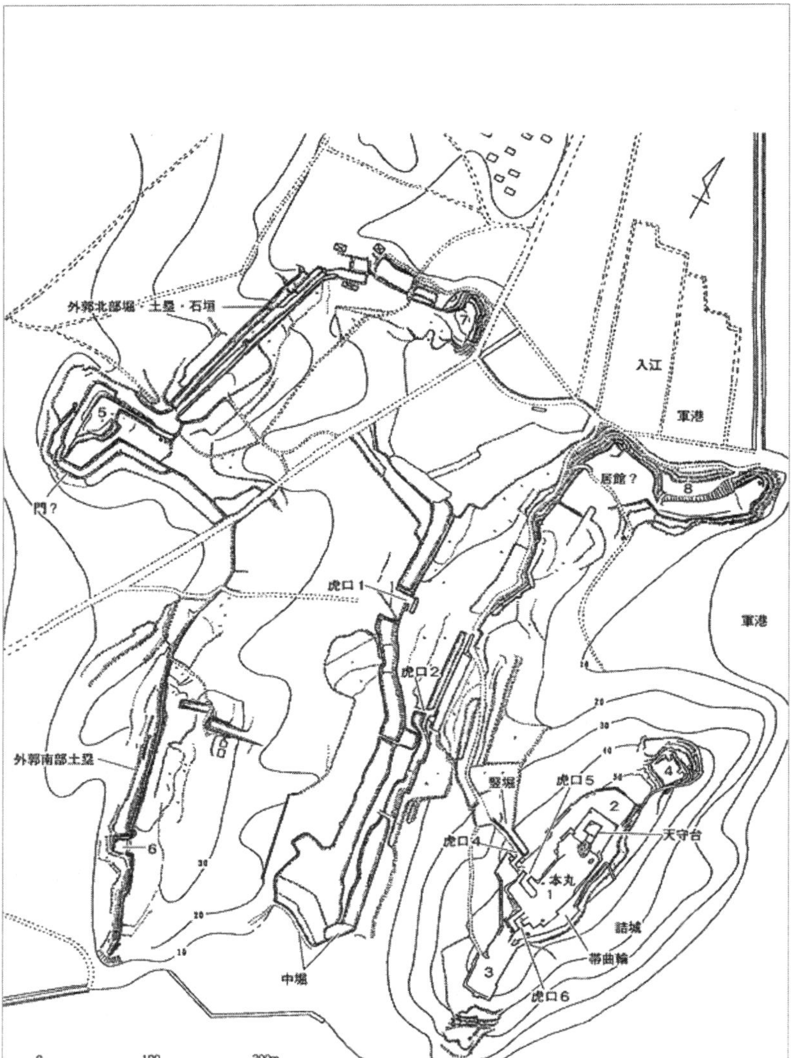

4-124 순천왜성 평면도(작도: 高田 徹)

걸리는 굴절이 한 군데 보인다. 그러나 성벽 바로 아래에 가라보리가 없어 방어력이 반감된다고 생각되지만, 『図巻』에서는 성벽 바로 밑에 책열(柵列)이 그려져 있다. 가라보리를 대신하는 방어시설임을 알 수 있다.

虎口4를 빠져 나와 유턴하면 바로 마스가타 虎口5가 있다. 이 虎口5도

4-125 순천왜성 천수대(수리 전, 2001년) **4-126** 순천왜성 천수대(수리 후, 2018년)

성벽으로 만든 출입구로, 야구라몬이었을 가능성이 있다. 이 문을 들어가면 혼마루에 해당되는 넓은 구루와1에 들어간다. 북쪽에 돌계단과 쓰케야구라(付櫓)를 가진 천수대가 눈에 들어온다. 이 천수대는 그다지 높은 것은 아니지만, 혼마루의 중앙에 솟아 있으며, 해상에서 보면 위용을 나타내는 위치에 있다. 발굴조사에서 천수대의 주춧돌이 발견되었으며, 『図巻』에서는 3층의 망루식 천수가 그려져 있다.

혼마루에서 구루와3에 들어가기 위한 虎口6도 석축 구조의 소토마스가타 출입구로, 야구라몬이었을 가능성이 있다. 출입구의 규모로 보면, 격조 높은 문이었다는 것은 확실하다.

구루와3에서 북쪽으로 혼마루 동쪽 바로 밑의 오비구루와를 통과하면 구루와2에 도달한다. 이 구루와에서는 군항이 잘 보인다. 또 이 구루와에서 북쪽 경사면을 내려가면 구루와4에 들어갈 수 있다. 구루와4는 주곽부 성의 가장 북쪽에 있는 구루와로, 북쪽 바로 밑에 있었던 군항 방비를 위한 구루와인지도 모른다.

군항의 위치는 『図巻』에 의하면 주곽부 북쪽 만에 일본군의 군선이 그려져 있다. 또 군항에 접하여 성벽은 확인할 수 없지만, 기와를 얹은 건물이나 야구라의 존재도 그려져 있는 구루와가 있으며, 여기에 거관이 존재했을 가능성이 있다. 이 구루와의 동쪽에는 선착장에 내려가기 위한 구루와8이 존재한다. 『図巻』에서는 군항 내의 해상에 세워진 천장이 없는 삼면을 판자로 지은 가설 야구라가 그려져 있는데, 이들이 군항을 지키고 있었던 것을 알 수 있다. 외곽라인 남쪽은 토루 밖의 방어시설은 없지만, 북서쪽에서는 성벽과 토루, 폭 10~20m의 가라보리로 엄중하게 방어되고 있다. 서쪽에는 외곽 라인 방어의 중추가 되는 구루와5가 있지만, 현황에서는 남쪽에 야구라다이 정도 되는 규모의 구루와6만 있다. 『図巻』

4-127

4-128

에 의하면 구루와5에 정문 규모의 야구라몬, 외곽라인의 남쪽 끝에도 야구라몬이 그려져 있지만, 현황에서는 마스가타 출입구는 확인할 수 없다. 『図巻』을 믿는다면 구루와5의 남쪽에 존재하고 있었던 것은 아닐까 생각

4-127 순천왜성 혼마루 서쪽 성벽(원래의 성벽) **4-128** 순천왜성 혼마루 서쪽 출입구 부근 성벽(수리 후)

된다. 또 외곽 라인 바깥쪽에 가라보리는 그려져 있지 않지만, 『図巻』에서는 이중으로 된 성책의 존재가 보이고, 가라보리를 대신하는 방어시설이 있었던 것을 알 수 있다. 또 군항에 있었던 것과 같은 구조의 가설 야구라와 전면이 판자만으로 된 간소한 가설 야구라가 외곽 라인에 다수 그려져 있으며, 높은 위치에서 소총을 발사하기 위한 일본군의 방어시설로써 주목된다. 단기간에 조명연합군에 대비하기 위한 고육책의 방어시설이었지만, 활과 창이 주력 병기인 조명연합군에 대해서는 유효한 시설이었을 것이다.[156]

30 | 그 밖의 왜성

1) 中央洞倭城

중앙동왜성은 현재 소멸되어 그 유구를 확인할 길이 없다. 일본에서는 "세토구치노시로(迫門口城)" 또는 "데사키 하지로(出崎端城)"이라고 불렀다. 원래의 위치로 추정되는 곳은 부산광역시 중구 중앙동의 현재 부산대교(붉은 아치교)의 교각 부근으로, 구 부산시청의 터에 일제강점기에는 박문구성(迫門口城)의 토대가 남아 있었다고 한다.[157] 세토구치(瀨戶口)는 좁은 해협의 입구를 지칭하는 말이며, 지형적으로 보아도 이 부근이 확실하다고 생각된다. 이 성은 임진왜란 때(1593년) 부산왜성의 端城으로서 모리 데루모토(毛利輝元) 등에 의해 축성되었다.

2) 永春倭城

『韓國의 城郭과 峰燧』에 경남 진주시 호탄동 소재로 된 "호탄동성지(虎歎洞城址)"가 있는데, 이 책에서는 임진왜란 때 왜장이 명나라 대군이 남강을 도강하는 것을 저지하기 위해 일본군 300여 명을 동원하여 임시로 축성한 것이라고 한다.[158] 현 단계에서 단언하기는 어렵지만, 이곳이 구로다 게이이치(黑田慶一)가 언급하고 있는[159] 영춘왜성의 유구가 아닌가 생각되므로 이곳 또한 정밀한 조사가 요망된다.

3) 昆陽倭城

이 왜성의 소재지는 경남 사천시 곤양면 성내리라는 설이 있으나, 확실하지 않다. 사천시지편찬위원회에 따르면 조선 세종 때 "곤양읍성"이 축조되었으나, 지금은 다 허물어지고 그 흔적조차 알 수 없다고 한다. 정유재란 때는 "곤양채"로 불리기도 하였는데, 일본군이 곤양채를 사천왜성의 지성으로 사용한 것이 아닌가 생각된다.

미주

그림 목록

참고문헌

부록

용어해설

제1장 총론

1 主郭. 2개 이상의 구루와(郭, 曲輪: 방어된 평삭지)에 의해 하나의 城이 구성되어 있는 경우, 그 중심이 되는 구루와를 혼마루라고 한다. 혼마루는 하나의 성에서 가장 안쪽에 있는 하나의 구역으로, 外郭에 대한 內城에 해당하므로 이것을 "本城"이라고도 한다. 그 바깥을 니노마루(二の丸), 산노마루(三の丸)라 한다.

2 활을 쏘는 건물. 옛날에는 '矢倉' '矢藏'으로 쓰였다. 성문의 위에 설치된 것과 루이(壘)의 위에 올리는 것이 있다. 前者는 야구라몬(櫓門)이라고 부르고, 後者는 스미야구라(隅櫓)라 총칭한다.

3 허경진,『한국의 읍성』, 대원사, 2001, p.8.

4 孟洪奎,「朝鮮時代 城門의 建築形式에 關한 硏究」, 홍익대학교 대학원 석사논문, 1988, p.4.

5 반영환,『한국의 성곽』교양국사총서30, 세종대왕기념사업회, 2000, p.25.

6 井上宗和,『日本城の基礎知識』, 雄山閣, 1991, pp.15~16.

7 孟洪奎, 앞의 논문, p.10.

8 반영환, 앞의 책, pp.197~198.

9 김석원,『韓國의 城郭과 峰燧』(上), 한국보이스카우트연맹, 1989, pp.67~69.

제2장 일본성곽

10 7세기 중엽에 일본에서 중국의 율령제를 본떠 천황을 정점으로 한 중앙집권적 정치기구를 만들려고 시작한 정치개혁.

11 794년 간무(桓武)천황이 헤이안쿄(平安京: 京都)로 천도한 때부터 미나모토노 요리토모(源賴朝)가 가마쿠라(鎌倉) 막부를 개설한 1185년까지의 일본 정권.

12 미나모토노 요리토모(源賴朝)가 헤이시(平氏)를 멸망시키고 일본 최초의

무사정권인 가마쿠라 막부를 창립한 1180년대부터 가마쿠라 막부가 멸망한 1333년까지의 약 150년간.

13 1333년 고다이고(後醍醐)천황이 가마쿠라 막부를 타도하고 실현시킨 왕 친정(親政)의 전제정치. 아시카가 다카우지(足利尊氏)와 대립, 2년 반 만에 붕괴.

14 1336년 아시카가 다카우지(足利尊氏)가 겐무정권(建武政權)을 쓰러뜨리고 정권을 잡은 때부터 1573년 아시카가 막부가 오다 노부나가(織田信長)에게 멸망될 때까지 약 240년간의 시대.

15 도쿠가와 이에야스(德川家康)가 세이이다이쇼군(征夷大將軍)에 임명되어 막부를 개설한 1603년부터 5대 쇼군 요시노부(慶喜)가 정권을 조정에 반환한 1867년까지의 봉건시대.

16 1869년7월 25일, 일본의 메이지(明治) 시대 초기에 행해진 조치로, 다이묘(大名)들이 천황에게 자신들의 '영지(領地)'와 '영민(領民)', 즉 '판적'을 반환하였던 일.

17 三浦正幸,『城の鑑賞基礎知識』, 至文堂, 1999, p.8.

18 『城の鑑賞基礎知識』, p.234.

19 『城の鑑賞基礎知識』, pp.234~235.

20 각각의 역할이나 기능에 따라 城內에 구획된 하나의 소구역을 말하며, "郭"으로도 쓴다. 성의 경계를 정하는 나와바리(縄張り)는 "둥굴고 작게" 하는 것이 이상적이라 한 것에서 戦国시대에는 "曲輪"이라는 문자가 붙여졌지만, 에도(江戶)시대에 들어와서 "혼마루(本丸)", "니노마루(二の丸)", "산노마루(三の丸)"와 같이 "丸"字가 쓰이게 되었다. 『日本の名城·古城もの知り事典』, p.321.

21 일본 중부지방 중에서 岡山·広島県 및 山口県 세토나이카이(瀨戶內海) 측을 가리킨다.

22 『城の鑑賞基礎知識』, p.235.

23 『城の鑑賞基礎知識』, p.235.

24 당시는 城이나 柵 모두 'き'로 읽은 것 같다.

25 도베이(土塀)의 일종으로, 기초부의 두께는 2~3m.

26 『城の鑑賞基礎知識』, pp.235~236.

27 주로 지토(地頭) 계통의 무사.
28 『城の鑑賞基礎知識』, pp.236~240.
29 1600년(慶長5) 도요토미 히데요시의 은혜를 입은 다이묘들이 결집하여 도쿠가와 이에야스를 제거하기 위해 궐기한 전투. 이시다 미쓰나리(石田三成)가 지휘하는 西軍과 도쿠가와 이에야스가 지휘하는 東軍이 미노(美濃)의 세키가하라(関ヶ原)에서 싸워 東軍의 승리로 끝났다.
30 『城の鑑賞基礎知識』, pp.240~241.
31 세키가하라 전투 이후에 도쿠가와 이에야스(徳川家康)에게 복종한 다이묘.
32 『城の鑑賞基礎知識』, pp.241~243.
33 에도시대 도쿠가와 쇼군의 일족인 오와리(尾張)·기이(紀伊)·미토(水戸)의 세 집안.
34 『城の鑑賞基礎知識』, pp.243~244.
35 에도시대 세키가하라 전투 이전부터 도쿠가와 이에야스를 섬겨 온 다이묘.
36 『城の鑑賞基礎知識』, pp.244~246.
37 성벽·요새의 돌출부. 16~18세기 유럽에서 대포에 의한 공격에 대비하여 발달. 성 전체는 별 모양을 이룬다.
38 『城の鑑賞基礎知識』, p.246.
39 『城の鑑賞基礎知識』, pp.246~247.
40 三浦正幸, 『城のつくり方図典』, 小学館, 2005, pp.24~26.
41 『城のつくり方図典』, p.26.
42 『城のつくり方図典』, pp.146~149.
43 활을 쏘는 창. 矢窓(さま)이라고도 쓴다. 성의 헤이(塀)·건축물에서 화살이나 탄환을 발사하거나 창(槍)을 내밀어 찌르기 등을 하기 위해 만든 소형 창.
44 흙과 기와로 쌓고, 그 위에 기와를 인 토담.
45 흙을 단단히 다져서 쌓은 담.
46 흙을 반죽할 때 기름을 섞어 굳힌 담.
47 『城のつくり方図典』, pp.162~165.
48 『城のつくり方図典』, pp.130~133.

49 『城のつくり方図典』, pp.170~173.

50 팔작지붕 모양의 박공(膊栱).

51 『城のつくり方図典』, pp.82~122.

52 『城の鑑賞基礎知識』, pp.49~53.

53 『城のつくり方図典』, p.118.

54 미국 RANGING社 제품인 TLR75 휴대형 간이거리계로 측정 범위는 10~75m.

55 千田嘉博(센다 요시히로)·小島道裕(고지마 미치히로)·前川 要(마에카와 가나메), 『城館調査ハンドブック』, 新人物往来社, 1993, pp.151~152.

56 Computer Aided Design의 약자로, 컴퓨터를 이용한 설계·제도.

제3장 왜성

57 1592년(선조25, 文祿元年) 5월에서 6월에 걸쳐 지시. 倭城址研究会, 1979, p.24.

58 『倭城 I』, p.25.

59 현재의 사가(佐賀)県 히가시마쓰우라(東松浦)郡 진제(鎭西)町.

60 笠谷和比古·黑田慶一, 『秀吉の野望と誤算』, 文英堂, 2000. p.36.

61 笠谷和比古·黑田慶一, 앞의 책. p.35.

62 루이스 후로이스(Luis Frois : 1532~1597). 포르투갈 예수회 신부. 그의 책 『Historia do Japam』에서 한국에 대해 10장에 걸쳐 썼다. 이 장들은 이상하게도 후에 일본어로 번역되지 않았다. 한국에 관한 (70장에서 79장까지의) 장에는 임진왜란의 첫 해 동안에 일어난 일들을 기록하고 있으며, 이는 한국에 대해 서양인이 기술한 최초의 역사자료로 매우 소상하면서도 전반적으로 한국을 묘사했다. 주한포르투갈문화원 인터넷 홈사이트(http://portugal.or.kr/html/korporhis.-html)에서 引用.

63 倭城址研究会, 『倭城 I』, 1979. pp.26~27.

64 경남 거제시 사등면 덕호리와 광리 일대. 통영반도와 거제도 사이의 해협으로 폭은 560m 정도.

65 武家시대에 쇼군(将軍)의 朱印을 찍은 공문서. 문서에 붉은 도장을 찍었다고 해서 붙여진 이름. 이하 이 책에서는 "명령서"로 표기함.

66 하지로. 本城에 부속하여 영토수비의 일익을 담당하는 城. 音이 같으므로 羽城으로 쓴 적도 있다. 이것도 本城에 부속하여 이것을 보좌하는 의미의 문자이다. 『日本城郭辞典』, 1998. p.252.

67 『倭城 I 』, p.30.

68 ①명 황녀의 천황비 책봉, ②감합무역 재개, ③명·일 대신의 통호(通好) 서지(誓紙) 교환, ④조선의 남부 4개 道 할양, ⑤조선 왕자 1명의 인질, ⑥기요마사가 체포한 두 왕자의 송환, ⑦조선 대신의 일본에 대한 순종 맹세 등 7개항. 이영·김동철·이근우, 『전근대한일관계사』, 한국방송대학교출판부, 2001. p.296.

69 『倭城 I 』, p.33.

70 『倭城 I 』, p.33.

71 高田 徹, 「倭城の遺構-その構造と評價を中心に-」, 『倭城』, 倭城研究シンポジウム委員会, 1999, p.14.

72 구태훈·조명철, 『일본근세근현대사』, 한국방송통신대학교출판부, 2001, p.1.

73 柳在春, 『近世 韓日城郭의 比較研究』, 國學資料院, 1999, pp.207~208.

74 『倭城 I 』, p.5.

75 『倭城 I 』, p.2.

76 福島克彦, 「戦前の倭城研究について」, 『倭城の研究』創刊号, 城郭談話会, 1997, p.117.

77 柳在春, 앞의 책, p.206.

제4장 왜성 탐방

78 織豊期城郭研究会/加藤理文, 『倭城を歩く』, サンライズ出版(株), 2014, pp.36~38.

79 『倭城 I 』, p.100.

80 『倭城 I 』, pp.100~101.
81 『倭城 I 』, p.101.
82 『倭城 I 』, p.101.
83 『倭城 I 』, p.102.
84 히데요시가 고부교(五奉行)의 위에 두었던 정권의 최고 기관. 도쿠가와 이에야스(德川家康) · 마에다 도시이에(前田利家) · 모리 데루모토(毛利輝元) · 우에스기 가게카쓰(上杉景勝) · 우키다 히데이에(宇喜多秀家).
85 『倭城 I 』, pp.102~103.
86 松井一明, 『倭城を歩く』, pp.41~46.
87 中央文化財硏究院, 『機張 孝岩移住團地 內 埋藏文化財 發掘調査』현장설명회자료 2001-3호, 2001, p.1.
88 松井一明, 『倭城を歩く』, pp.48~50.
89 『倭城 I 』, p.91.
90 松井一明, 『倭城を歩く』, pp.52~56.
91 伴三千雄, 「南鮮に於ける文禄慶長の築城」,『曆史地理』第37巻 第二号, 1921, p.143.
92 伴三千雄, 「再び南鮮に於ける文禄慶長の築城に就いて」, 『曆史地理』第46巻 第三号, 1925, p.219.
93 中村 質·長 正統·長 節子, 『文祿 · 慶長の役城跡図集』解説篇, 佐賀県教育委員会, 1985, p.35.
94 加藤理文, 『倭城を歩く』, pp.64~70.
95 『倭城 I 』, p.45.
96 加藤理文, 『倭城を歩く』, pp.70~75.
97 羅東旭, 「釜山市域新發見の倭城遺構」, 『倭城の硏究』第3号, 城郭談話会, 1999, pp.87~89.
98 高田 徹, 「東三洞倭城について」, 『倭城の硏究』第4号, 城郭談話会, 2000, p.134.
99 『倭城 I 』, p.46.
100 『倭城 I 』, p.58.
101 『倭城 I 』, p.59.

102 訓原重保,『倭城を歩く』, pp.76~80.

103 太田秀春,「朝鮮城址實測圖와 倭城 -朝鮮總督府의 植民地 支配와 관련하여-」, (이하 a논문으로 약칭함),『 韓國文化』25, 서울대학교 한국문화연구소, 2000, p.160.

104 加藤理文,『倭城を歩く』, pp.82~84.

105 김석원,『韓國의 城郭과 烽燧(下)』, 한국보이스카우트연맹, 1989, p.437.

106 八巻孝夫,「失われた倭城の遺構について」,『倭城』-城郭遺跡が語る朝鮮出兵の実像-, 倭城研究シンポジウム実行委員会, 1999, p.30.

107 中井 均,『倭城を歩く』, pp.61~63.

108 中村 質·長 正統·長 節子, 앞의 자료, p.45.

109 『선조실록』, 乙未 二月 癸丑條

110 中井 均,『倭城を歩く』, pp.86~88.

111 高田 徹,「金海竹島倭城の遺構と遺物」,『倭城の研究』第3号, 城郭談話会, 1999, p.108.

112 井上秀雄,「朝鮮城郭一覽 -慶尙南道編-」, 高田 徹,「金海竹島倭城の遺構と遺物」,『倭城の研究』第3号, 1999, p.108에서 再引用.

113 太田秀春, 앞의 a논문, p.173.

114 太田秀春,「ソウル大学校所蔵の倭城図について」,『倭城の研究』第4号, 2000. p.59.

115 高田 徹,「金海竹島倭城の遺構と遺物」,『倭城の研究』第3号, 城郭談話会, 1999, pp.108~110.

116 조중화,『다시쓰는 임진왜란사』, 학민사, 1996, p.365.

117 유기정,『새롭게 다시보는 임진왜란』, 국립진주박물관, 1999, p.112.

118 「旧記雜錄後篇」2 巻39, 福島克彦,「加德城と安骨浦城の構造」,『韓国慶尙南道倭城趾の調査研究』, 神戸大学文学部, 1998, p.2에서 再引用.

119 加藤理文,『倭城を歩く』, pp.110~112.

120 『慶南의 倭城趾』, p.39.

121 前田利久,『倭城を歩く』, pp.97~100.

122 太田秀春, 앞의 a논문, p.175.

123 김석원, 앞의 책(下), p.381.

124 岡寺 良,『倭城を歩く』, pp.102~104.

125 溝口彰啓,『倭城を歩く』, pp.90~96.

126 伴三千雄, 앞의 논문,『曆史地理』第37巻 第五号, 1921, pp.362~363.

127 『倭城Ⅰ』, pp.68~69.

128 訓原重保,『倭城を歩く』, pp.114~118.

129 下高大輔,『倭城を歩く』, pp.137~138.

130 伴三千雄, 앞의 논문,『曆史地理』第37巻 第五号, 1921, p.355.

131 『慶南의 倭城趾』, p.41.

132 『倭城Ⅰ』, 高田 徹,「巨濟島4倭城の縄張り」,『倭城の研究』創刊号, 1997, p.33에서 再引用.

133 高田 徹,「巨濟島4倭城の縄張り」,『倭城の研究』創刊号, 1997, p.3.

134 早川 圭,『倭城を歩く』, pp.134~135.

135 『慶南의 倭城趾』, p.15.

136 『慶南의 倭城趾』, p.41.

137 東亞大學校 博物館,『巨濟市 城址 調査報告書』, 학연문화사, 1995, p.103.

138 笠谷和比古·黑田慶一, 앞의 책, p.173.

139 戸塚和美,『倭城を歩く』, pp.129~132.

140 伴三千雄,「南鮮に於ける文祿慶長の築城」,『歷史地理』第37巻 第5号, 1921, p.355.

141 『慶南의 倭城趾』, p.40.

142 溝口彰啓,『倭城を歩く』, pp.124~127.

143 伴三千雄,「南鮮に於ける文祿慶長の築城」,『歷史地理』第37巻 第5号, 1921, p.355.

144 多田暢久,「旧永邑城内の日本式石垣」,『倭城の研究』創刊号, 城郭談話会, 1997, p.38.

145 下高大輔,『倭城を歩く』, pp.120~122.

146 伴三千雄, 앞의 논문,『歷史地理』第37巻 第6号, 1921, p.457.

147 吳弼根,「丁酉再亂과 사천성 전투」,『慶南鄉土史論叢Ⅶ』, 慶尙南道鄉土史研究協議會, 1998, p.83.

148 津野倫明,『倭城を歩く』, pp.140~142.

149 笠谷和比古·黑田慶一, 앞의 책, p.156.
150 太田秀春, 앞의 a논문, p.174.
151 太田秀春, 앞의 a논문, p.174.
152 김석원, 앞의 책(下), p.366.
153 伴三千雄, 앞의 논문, 『歴史地理』第37巻 第6号, 1921, p.463.
154 訓原重保, 『倭城を歩く』, pp.144~148.
155 정유재란 말기인 1598년 明軍의 최선임자이던 병부상서 총독군무 형개(邢玠, 1540~1612)가 입안한 일본군에 대한 공세대전략. 육군을 전라도 방면의 서로(西路: 유정), 경상우도 방면의 중로(中路: 동일원), 경상좌도 방면의 동로(東路: 마귀)로 나누고, 해군이 맡은 수로(水路: 진린)를 더하여 네 갈래로 총공격을 가하는 것을 그 목적으로 했다.
156 松井一明, 『倭城を歩く』, pp.150~155.
157 笠谷和比古·黑田慶一, 앞의 책, p.198.
158 김석원, 앞의 책(下), p.371.
159 笠谷和比古·黑田慶一, 앞의 책, pp.156~157.

제1장 총론

제2장 일본성곽

2-93 무나몬(棟門 - 姫路城)(출처: mrchildrenakinabi.blog.jp/archives/2548649.html)
2-94 우즈미몬(埋門 - 二条城)(출처: shirobito.jp/article/1168)
2-95 도베이 구조(출처:『城のつくり方図典』, p.163, 加筆)
2-96 도베이 외부(姫路城)(출처:『城のつくり方図典』, p.167)
2-97 도베이 기초 부분(서생포왜성)
2-98 사마(狭間 - 姫路城)(출처: ja.wikipedia.org)
2-99 언양읍성 남쪽 성벽의 여장(女墻)과 총안(銃眼)
2-100 스미야구라(名古屋城)(출처: ja.wikipedia.org)
2-101 다몬야구라(姫路城)(출처:『城のつくり方図典』, p.135)
2-102 이조성 니노마루고텐(국보)(출처 1:『城のつくり方図典』, p.174)
2-103 구마모토성 혼마루고텐(1: 昭君の間, 2: 천장, 3: 大広間)
2-104 하후(破風)(출처:『城のつくり方図典』, p.107, 加筆)
2-105 망루형 천수(출처:『城のつくり方図典』, p.87, 加筆)
2-106 층탑형 천수(출처:『城のつくり方図典』, p.87, 加筆)
2-107 히메지성 천수 무샤바시리(출처:『城のつくり方図典』, p.93)
2-108 히메지성 천수 단면도(출처:『城のつくり方図典』, p.93, 加筆)
2-109 천수의 구성 양식(출처:『城の鑑賞基礎知識』, p.102, 加筆)
2-110 천수의 양식 1)독립식 2)복합식 3)연결식 4)연립식(출처: kknews.cc, 加筆)
2-111 천수의 각부 명칭(출처:『城のつくり方図典』, p.104, 加筆)
2-112 하카마고시형(高松城)(출처:『城のつくり方図典』, p.95)
2-113 도부쿠로형(伊予松山城)(출처:『城のつくり方図典』, p.95)
2-114 데마도형(名古屋城)(출처:『城のつくり方図典』, p.95)
2-115 샤치 구조(名古屋城)(출처:『城のつくり方図典』, p.117, 加筆)
2-116 샤치(鯱 - 大阪城)
2-117 성곽 유구 도면 표기법 일례(1)(출처:『倭城の研究』創刊号 p.iv, 加筆)
2-118 성곽 유구 도면 표기법 일례(2)(출처:『織豊系城郭の形成』, p.59, 加筆)

제3장 왜성

3-1 도요토미 히데요시 숙소(출처:『名護屋城跡』, p.185)
3-2 히젠나고야성 평면도(출처:『国際シンポジウム 韓国の倭城と大坂城 資料集』,

제4장 왜성탐방

가의 축대로 사용)
4-88 견내량왜성 위치도
4-89 견내량왜성 평면도(九大図) (출처:『倭城の研究』創刊号, p.36, 加筆)
4-90 견내량왜성 평면도 및 복원도(작도: 高田 徹) (출처: 『倭城を歩く』, p.136)
4-91 견내량왜성 II곽 서쪽 해안 성벽 기초 부분(2001년 6월)
4-92 견내량왜성 II곽 북서쪽 해자[空堀](2009년 5월)
4-93 장문포왜성 위치도
4-94 장문포왜성 평면도(작도: 高田 徹) (출처: 『倭城を歩く』, p.133)
4-95 장문포왜성 북쪽 구루와 동쪽 성벽
4-96 장문포왜성 남쪽 구루와 서쪽 성벽
4-97 송진포왜성 위치도
4-98 송진포왜성 서쪽 구루와 북서쪽 성벽
4-99 송진포왜성 평면도(作圖: 高田 徹) (출처:『倭城の研究』創刊号, p.26)
4-100 영등포왜성 위치도
4-101 구영등성 內 산록거관부 수리 전(2002년, 南→北)
4-102 구영등성 內 산록거관부 수리 후(2018년, 北→南)
4-103 영등포왜성 평면도(작도: 高田 徹) (출처: 『16世紀末 全国城郭縄張図集成(下)』, p.279, 加筆)
4-104 구영등성 평면도(작도: 多田暢久) (출처:『倭城の研究』創刊号, p.39, 加筆)
4-105 영등포왜성 북서쪽 성벽
4-106 영등포왜성 북서쪽 성벽
4-107 사천왜성 위치도
4-108 사천왜성 전체 평면도(작도: 高田 徹) (출처: 『倭城を歩く』, p.143, 加筆)
4-109 사천왜성 주곽부 평면 확대도(작도: 高田 徹)
4-110 복원한 사천왜성 조감도(사천 선진리성 안내도)
4-111 사천왜성 천수대 북쪽 성벽(수리 전, 2006년 5월)
4-112 사천왜성 천수대 남쪽(수리 후, 2018년 12월)
4-113 망진왜성 위치도
4-114 망진왜성 평면도(서울대도) (출처: 『倭城の研究』第4号, p.60, 加筆)
4-115 망진왜성 평면도(작도: 高田 徹) (출처: 『16世紀末 全国城郭縄張図集成(下)』, p.289, 加筆)
4-116 진주성에서 바라본 망진왜성지(통신탑 위치)
4-117 망진왜성지에서 내려다 본 진주성 서쪽(천수교 뒤의 언덕부)
4-118 남해왜성 위치도
4-119 남해왜성 평면도(작도: 高田 徹) (출처: 『倭城を歩く』, p.149)
4-120 남해왜성 천수대 동쪽 성벽

1. 구태훈 조명철,『일본근세근현대사』, 한국방송통신대학교출판부, 2001.
2. 김석원,『韓國의 城郭과 峰燧(上)』, 한국보이스카우트연맹, 1989.
3. 김석원,『韓國의 城郭과 烽燧(下)』, 한국보이스카우트연맹, 1989.
4. 金英植,「韓國 南海 沿岸의 倭城址 考察 - 西生浦倭城을 中心으로」, 韓國放送通信大學校 日本學科 卒業論文, 2002.
5. 羅東旭,「釜山市域新發見の倭城遺構」,『倭城の研究』第3号, 城郭談話会, 1999.
6. 孟洪奎,「朝鮮時代 城門의 建築形式에 關한 研究」, 홍익대학교 대학원 석사논문, 1988.
7. 반영환,『한국의 성곽』교양국사총서30, 세종대왕기념사업회, 2000.
8. 부산대학교 한일문화연구소,『慶南의 倭城趾』, 1961.
9. 吳弼根,「丁酉再亂과 사천성 전투」,『慶南鄉土史論叢Ⅶ』, 慶尙南道鄉土史研究協議會, 1998.
10. 유기정,『새롭게 다시보는 임진왜란』, 국립진주박물관, 1999.
11. 柳在春,『近世 韓日城郭의 比較研究』, 國學資料院, 1999.
12. 이영·김동철·이근우,『전근대한일관계사』, 한국방송대학교출판부, 2001.
13. 조중화,『다시쓰는 임진왜란사』, 학민사, 1996.
14. 中央文化財研究院,『機張 孝岩移住團地 內 埋藏文化財 發掘調査』현장설명회자료 2001-3호, 2001.
15. 허경진,『한국의 읍성』, 대원사, 2001.
16. 高瀨哲郎,『名護屋城跡』, 同成社, 2008.
17. 高田 徹,「巨済島4倭城の縄張り」,『倭城の研究』創刊号, 城郭談話会, 1997.
18. 高田 徹,「金海竹島倭城の遺構と遺物」,『倭城の研究』第3号, 城郭談話会, 1999.
19. 高田 徹,「東三洞倭城について」,『倭城の研究』第4号, 城郭談話会, 2000.
20. 高田 徹,「倭城の遺構-その構造と評価を中心に-」,『倭城』, 倭城研究シンポジウム委員会, 1999.
21. 多田暢久,「旧永邑城内の日本式石垣」,『倭城の研究』創刊号, 城郭談話会, 1997.
22. 大山邦興,『名城をゆく〈49〉佐賀城·名護屋城』, 小学館, 2005.
23. 笠谷和比古·黑田慶一,『秀吉の野望と誤算』, 文英堂, 2000.
24. 伴三千雄,「南鮮に於ける文禄慶長の築城」,『曆史地理』第37巻 第二号, 1921.
25. 伴三千雄,「南鮮に於ける文祿慶長の築城」,『曆史地理』第37巻 第五号, 1921.
26. 伴三千雄,「南鮮に於ける文祿慶長の築城」,『歴史地理』第37巻 第6号, 1921.
27. 伴三千雄,「再び南鮮に於ける文禄慶長の築城に就いて」,『曆史地理』第46巻 第三号, 1925.

28. 福島克彦,「加德城と安骨浦城の構造」,『韓国慶尚南道倭城趾の調査研究』, 神戸大学文学部, 1998.
29. 寺田昭一,『名城を歩く〈1〉姫路城』, PHP研究所, 2002.
30. 寺田昭一,『名城を歩く〈7〉松本城』, PHP研究所, 2003.
31. 寺田昭一,『名城を歩く〈9〉松江城』, PHP研究所, 2003.
32. 寺田昭一,『名城を歩く〈11〉大坂城』, PHP研究所, 2003.
33. 寺田昭一,『名城を歩く〈13〉安土城』, PHP研究所, 2004.
34. 寺田昭一,『名城を歩く〈23〉五稜郭』, PHP研究所, 2004.
35. 三浦正幸,『城の鑑賞基礎知識』, 至文堂, 1999.
36. 三浦正幸,『城のつくり方図典』, 小学館, 2005.
37. 城郭談話会,『倭城の研究』, 創刊号, 1997.
38. 城郭談話会,『倭城の研究』, 第3号, 1999.
39. 城郭談話会,『倭城の研究』, 第4号, 2000.
40. 城郭談話会,『倭城の研究』, 第5号, 2002.
41. 城郭談話会,『倭城の研究』, 第6号, 2010.
42. 小和田哲男 監修,『日本の名城·古城もの知り事典』, 主婦と生活社, 2001.
43. 倭城研究シンポジウム実行委員会,『倭城』-城郭遺跡が語る朝鮮出兵の実像-, 1999.
44. 倭城址研究会,『倭城 I 』, 1979.
45. 井上宗和,『日本の城の基礎知識』, 雄山閣出版, 1991.
46. 鳥羽正雄.『日本城郭辞典』, 東京堂出版, 1998.
47. 佐々木 信四郎,『城 ー 戦略と築城』, 原書房, 1990.
48.『佐賀県立名護屋城博物館 總合案内』, 佐賀県立名護屋城博物館, 2009.
49. 酒井直行,『戦国の城 近世の城』, 新人物往来社, 1995.
50. 中井 均 監修,『城の攻め方·つくり方』, 宝島社, 2020.
51. 中村 質·長 正統·長 節子,『文祿·慶長の役城跡図集』解説篇, 佐賀県教育委員会, 1985.
52.「持ち歩き城の見みどころ手帖」,『名城をゆく』通巻3号, 小学館, 2004.
53. 織豊期城郭研究会,『倭城を歩く』, サンライズ出版, 2014.
54. 千田嘉博,『織豊系城郭の形成』, 東京大学出版会, 2001.
55. 千田嘉博·小島道裕·前川 要,『城館調査ハンドブック』, 新人物往来社, 1993.
56. 太田秀春,「ソウル大学校所蔵の倭城図について」,『倭城の研究』第4号, 城郭談話会, 2000.

57. 太田秀春,「朝鮮城址實測圖와 倭城 -朝鮮總督府의 植民地 支配와 관련하여-」,『韓國文化』25, 서울대학교 한국문화연구소, 2000.
58. 八巻孝夫,「失われた倭城の遺構について」,『倭城』-城郭遺跡が語る朝鮮出兵の実像-, 倭城研究シンポジウム実行委員会, 1999.
59. 香川元太郎,『日本の城』, 学研プラス, 2018.
60. 黒田慶一,『国際シンポジウム 韓国の倭城と大坂城 資料集』, 倭城·大坂城シンポ実行委員会, 2005.
61. 黒田慶一·高田 徹,『16世紀末 全国城郭縄張図集成(下)』, 2008.
62. 국토지리정보원 (www.ngii.go.kr)
63. 경상문화재연구원 (www.fgsicp.or.kr)
64. 조선왕조실록 (sillok.history.go.kr)
65. 주한포르투갈문화원 (http://portugal.or.kr)
66. Wikipedia Japan (https://ja.wikipedia.org)

1. 日本 城郭 關係 略年表

	西紀	元号	역사적 주요 사건	주요 築城 · 攻城
鎌倉	1333	元弘3	鎌倉 막부 멸망	合戦의 형태가 野戦에서 籠城戦으로
南北朝—室町	1334	建武1	建武 新政 시작	1346, 赤松貞範, 姬路城 축성 발표
	1338	建元3	足利尊氏 征夷大將軍이 되다	
	1392	元中9	南北朝 合一	
	1399	応永6	応永의 난	
	1438	永亨10	永亨의 난(足利持氏의 난)	
	1467	応仁1	応仁의 난 시작	1457, 太田道灌, 江戸城 축성
	1477	文明9	応仁의 난 진정	
	1491	延德3	北条早雲, 堀越公方 공격, 伊豆를 제압	1495, 北条早雲, 小田原城 攻略
	1542	天文11	今川義元, 織田와 싸움(小豆坂合戦)	1524, 江戸城 전투
	1543	天文12	포르투갈 선박 種子島 漂着, 鉄砲 전래	1548, 上杉謙信, 春日山城 入城
	1553	天文22	川中島 전투 시작(~1564)	1555, 織田信長, 清洲에 入城
	1559	永祿2	織田信長, 尾張를 통일	
	1560	永祿3	信長, 桶狭間전투에서 今川義元 격파	多聞櫓 건축 시작
	1568	永祿11	信長, 足利義昭를 수용하고 上洛	城下町가 형성되기 시작
	1569	永祿12	今川, 德川家康의 遠江侵攻으로 멸망	1570, 德川家康, 岡崎城에서 浜松城으로 이주
	1570	元龜1	石山合戦 시작(~1580)	1571, 明智光秀, 坂本城 축성
	1571	元龜2	信長, 比叡山 延曆寺 火攻	1574, 豊臣秀吉, 長浜城 축성
	1573	天正1	信長, 쇼군 義昭를 추방, 室町막부 멸망	1576, 信長, 安土城 축성
	1573	天正1	信長, 浅井를 멸망	
安土桃山	1575	天正3	信長, 長篠전투에서 武田勝頼를 격파	1580, 秀吉, 三木城 落城, 姬路城을 居城으로
	1582	天正10	天目山전투에서 武田 멸망	
	"	"	秀吉, 備中松山城을 水攻	1581, 秀吉에 의해 姬路城 大改修 완료
	"	"	혼노지(本能寺) 사건	1582, 安土城 멸망
	"	"	秀吉, 山崎전투에서 明智光秀 격파	이 무렵부터 山城에서 平城, 平山城으로
	1585	天正13	秀吉, 關白 취임. 四国 공격	1583, 秀吉, 大坂城으로 이주
	1583	天正14,	秀吉, 太政大臣이 되어, 豊臣성을 하사	
	1587	天正15	秀吉, 九州 공격, 島津 항복	1587, 秀吉, 聚楽第를 완성하여 이주
	"	"	バテレン추방령 발포	
	1588	天正16	刀狩令 발포, 天正大判 주조	
	1590	天正18	秀吉, 小田原와 奧州 평정, 천하통일	1590, 小田原城 落城. 家康, 江戸城 입성
	1591	天正19	秀吉, 신분통제령 발포	1591, 名護屋城 축성 개시
	1592	文祿1	임진왜란(文祿の役) 개시	1592, 伏見城 축성 개시
	1597	慶長2	정유재란(慶長の役) 개시	1595, 秀吉, 聚楽第 破却
	1598	慶長3	豊臣秀吉 사망, 정유재란 종식	1599, 毛利輝元, 広島城 완성
	1600	慶長5	関ヶ原전투에서 東軍이 西軍에게 승리	1602, 家康, 二条城 축성 개시

	西紀	元号	역사적 주요 사건	주요 築城 · 攻城
江戶	1603	慶長8	家康, 征夷大将軍이 되어 江戸에 막부 개설	1607, 加藤清正, 熊本城 완성
	1613	慶長18	伊達政宗, 支倉常長을 欧州에 파견	1609, 池田輝政, 姫路城 완성
	1614	慶長19	大坂冬の陣	1610 名古屋城 축성 개시
	1615	元和1	大坂夏の陣에서 豊臣 멸망	1615, 大坂城 落城
	"	"	一国一城令 발포, 武家諸法度 제정	一国一城令에 의해 번주의 居城 이외 破却
	1633	寛永10	쇄국령 발포(~1639년 쇄국 완성)	1623, 伏見城 폐성, 유구는 각지로 移築
	1637	寛永14	天草·島原의 난 발발, 이듬해 평정	武家諸法度 개정으로 성의 신축 금지
	1643	寛永20	전답의 매매 금지령 발포	1644, 막부, 전국 大名에게 正保城絵図 요구
	1657	明暦3	明暦의 화재로 江戸城 本丸·二の丸 소실	1659, 江戸城 천수대 재건.
	1673	延宝1	分地制限令 발포	1665, 大坂城 천수 소실.
	1687	貞享4	최초의 生類憐れみの令 발포	1683, 水谷勝宗, 備中松山城 완성
	1709	宝永6	新井白石을 등용, 生類憐れみの令 폐지	1704, 宝永 대지진에 의해 각지의 성곽 파손
	1716	享保1	享保改革 시작	1750, 二条城 천수 소실
	1787	天明7	松平定信, 老中이 되다	1784, 伊予松山城 천수 소실
	1816	文化13	伊能忠敬, 전국 측량 완료	
	1825	文政8	異国船打払令 발포	
	1828	文政11	시볼트사건	1837, 小倉城 천수 소실
	1841	天保12	天保개혁 시작	1846, 和歌山城 천수 소실
	1853	嘉永6	페리, 浦賀에 来航	1853, 막부, 品川에 台場 구축
	1854	安政1	日米화친조약 체결	
	1858	安政5	日米수호통상조약 체결	이 무렵부터 서양식 축성술 도입, 시도
	1862	文久2	坂下門外の変. 生麥사건	1857, 막부, 箱館에 五稜郭 축성 개시
	1864	元治1	池田屋사건. 禁門の変. 제1차 幕長전쟁	
	1866	慶應2	薩長연합. 제2차 幕長전쟁	長州藩에 의해 小倉城 落城
	1867	慶應3	二条城에서 大政奉還	
明治	1868	明治1	鳥羽·伏見 전투. 5개조 誓文	江戸城 開城
	1869	明治2	東京 천도. 版籍奉還	1869, 고료카쿠(五稜郭) 開城
	1871	明治4	廃藩置県, 이와쿠라사절단 欧美방문(~1873)	
	1873	明治6	廃城令 발포. 징병령 제정.	廃城令에 의해 약 2/3의 성이 破却
	1874	明治7	佐賀의 난. 대만 출병.	佐賀城 소실
	1876	明治9	神風連·秋月·萩의 난 발발	
	1877	明治10	西南戦争, 西鄕隆盛 자결	熊本城, 西鄕軍의 공격 받음, 천수 소실

2. 왜성지 수치지형도(1/5,000) 도엽 목록(국토지리정보원에서 발췌)

No	왜성지	도엽 번호	제작	도자각(°)	Remarks
1	울산	35906074	2018	-7.57907	
2	서생포	35910044	2018	-7.52345	남창
3	임랑포	35910071	2018	-7.47466	월내
4	죽성리	35913010	2018	-7.33702	기장
5	동래	35913014+3015 + 35913024+3025	2018	-7.25953	
6	부산	35913042 + 35913043	2018	-7.22265	1/1000 있음
7	자성대	35913042 + 35913043	2018	-7.22265	
8	중앙동		-	-	소멸
9	동삼동	35913063 + 35913064	2018	-7.22265	부산
10	김해죽도	35816026 + 35816027	2018	-7.18393	
11	가덕	35816074	2018	-8.03691	
12	가덕지성	35816074	2018	-8.03691	
13	구포	35913011	2018	-7.22265	부산
14	호포	35919081	2018	-7.30455	양산
15	양산	35812080 + 35909071	2018	-7.30455	
16	마사	35812053	2018	-7.19595	밀양
17	농소	35816014	2018	-7.18393	김해
18	안골포	35816062 + 35816063	2018	-7.02059	진해
19	웅천	35816051 + 35816061	2018	-7.02059	
20	명동	35815059+5060 + 35815069+5070	2018	-7.02059	2016, 2017
21	마산	35815014	2018	-6.949	
22	고성	34802013 + 34802014	2018	-6.71505	
23	견내량	34802059	2018	-6.77708	통영
24	장문포	35803007 + 35803008	2018	-6.84981	거제
25	송진포	35815097+5098 + 34803007+3008	2018	-6.84981	
26	영등포	35815088 + 35815098	2018	-6.84981	
27	사천	35813082	2018	-6.6108	
28	망진	35813023+3024 + 35813033+3034	2018	-6.6533	진주
29	남해	34704057 + 34704067	2018	-7.61329	
30	순천	34703033 + 34703034	2018	-7.35727	34 : 2016

※본 자료는 우리나라 남해연안에 남아있는 임진왜란·정유재란기에 일본군에 의해 축조된 倭城이나, 일본성곽을 연구할 때 자주 등장하는 필수용어들을 가나다순으로 정리한 것이다. 日本성곽의 용어는 우리말처럼 그 의미가 표준화되어 있는 것이 아니므로 학자에 따라 다소 의미의 차이가 생길 수도 있다. 또한 일본성곽의 구조가 우리나라의 성곽과는 상당한 거리가 있으므로, 용어 또한 정확히 우리말에 일치되는 단어가 드물어 이 경우에는 일본의 원음을 그대로 썼다. 또한 일본어의 한글 표기는 교육부의 '외래어 표기 기본원칙'을 따랐다.

(참고문헌:『日本城郭辞典』,『城の攻め方·つくり方』,『城のつくり方図典』,『戦国の城 近世の城』)

ㄱ

가가미이시(鏡石, かがみいし) : 거석(巨石). 오이시(大石). 성벽에 쌓은 돌의 표면적이 거울처럼 넓어 붙여진 이름이다. 성벽을 쌓을 때 돌의 넓은 면을 성벽의 표면에 배치하는 방식으로 두께가 얇기 때문에 구조적으로는 위험한 축조 방식이다. 주로 성의 출입구나 눈에 띄기 쉬운 곳의 성벽에 배치함으로써 침입하는 적병에게 위압감을 느끼게 하고, 성주의 권위를 나타내기도 한다. 모모야마(桃山)시대에 출현한 전통적인 축성 기술의 하나이다.

가라메데(搦手·搦め手, からめて) : 성의 뒤쪽. 뒤쪽 출입구. 원래 야전의 경우에 아군 측에서 적의 한 군대의 背面을 가라메데(搦手)라고 했다. 적을 정면으로부터 격파하고, 별대는 그 배후로 돌아 도망치는 적의 패잔병을 붙잡아 결박한다는 구상에서 나온 말이다. 가라메데구치(搦手口)라고도 한다.

가라메데몬(搦手門, からめてもん) : 후문. 중세 이후 성곽의 뒷문.

가라보리(空堀, からぼり) : 내부에 물이 없는 해자(垓字). 山城이나 왜성의 해자는 대부분 가라보리이다. 平城은 저습지에 근거하여 쌓는 것이 보통이므로 가라보리는 매우 적다.

가라하후(唐破風, からはふ) : 처마 끝의 지붕 전체를 둥글게 구부린 하후(破風).

가부라게교(蕪懸魚, かぶらげぎょ) : 야채의 순무 모양을 닮아서 이름이 붙여진 게교(懸魚).

가사나리자카(重なり坂, かさなりざか) : 무샤바시리(武者走)의 일종. 城內에서 도루이(土塁) 위에 오르기 위해 비스듬히 만든 비탈길인 간기(雁木)가 2가닥 이상 평행하게 설치된 것. 가사네자카(重ね坂)라고도 한다.

가부키몬(冠木門, かぶきもん) : 2개의 기둥 위에 가부키(冠木)라 불리는 가로 부재를 건너지른 지붕 없는 문. 즉 야쿠이몬(薬医門)에서 지붕을 얹지 않은 형태가 된다.

가카쿠시키(渦郭式, かかくしき) : 와곽식. 구루와(曲輪)를 나선형으로 배치한 형식의 나와바리. 라센시키(螺旋式)라고도 한다.

가쿠시구루와(隠曲輪, かくしぐるわ) : 성내에 침입한 적병을 배후에서 사격할 목적으로 적의 눈에 띄지 않게 만든 구루와. 주로 성문 근처의 성내에 만든다.

가타야겐보리(片薬研堀, かたやげんぼり) : 단면 형상이 한쪽으로 기울어진 V字(レ, ⌵) 모양의 해자.

각인(刻印, こくいん) : 성벽의 석재에 새긴 기호. 공사를 분담한 구역이나 돌의 주인 등을 나타내기 위해 새긴 것으로 생각된다.

간기(雁木, がんぎ) : 세키루이(石塁)에 오르기 위해 성 안쪽에 만든 계단 모양의 길. 무샤바시리(武者走)의 일종. 간기자카(雁木坂)라고도 한다.

게교(懸魚, げぎょ) : 사원 건축에서 마룻대나 도리의 끝을 가리기 위해 사용되어 온 장식용 부재로, 이리모야하후(入母屋破風)나 지도리하후(千鳥破風)에 설치된 장식. 원래 화재를 피하기 위한 방편으로 물과 관련이 있는 물고기 모양의 장식을 붙였는데, 나중에는 구름모양 등을 이용했다. 천수에 사용되는 것은 우메바치게교(梅鉢懸魚), 가부라게교(蕪懸魚), 미쓰바나카부라게교(三花蕪懸魚)의 세 종류이다. 어떤 게교를 쓸 것인지는 하후의 크기에 따라 결정된다. 작은 하후에는 우메바치게교, 통상의 하후에는 가부라게교, 이리모야하후에는 미쓰바나카부라게교, 가라하후에는 우노케도시(兎毛通)라는 게교를 각각 붙인다.

게누키보리(毛抜堀, けぬきぼり) : 단면 형상이 족집게[毛抜]의 끝부분(U字) 모양의 곡선형인 해자. 주로 가라보리(空堀)에 사용한다.

게바(毛羽, けば) : 성의 인공적인 경사면을 표현하는 방법의 하나. 지도에서 산의 모양이나 경사를 나타내는 데 사용하는 짧은 선. 고저나 기복을 나타내며, 선의 간격이 좁으면 급경사를, 넓으면 완경사를, 또 선의 길이가 짧으면 급경사를, 길면 완경사를 각각 나타낸다.

고고이시(神籠石, こうごいし) : 규슈(九州)지방에서 세토나이(瀬戸内)지방에 있는 성벽으로 구획된 列石 유적. 지쿠고(筑後)国 三井郡[후쿠오카현 구루메시] 고라산(高良山)에 있는 열을 지어 늘어섰던 직육면체의 큰 돌을 그 지역에서 '고고이시(神籠石)'라고 불렀던 것에서 비롯되었다. 이 列石들이 둘러싸고 있는 지역이 신이 내려왔던 신령한 장소라는 해석에 의해, 신이 지킨 돌로 만든 경계표시라는 표현방법을 쓰게 되었기 때문이다. 일본의 上世시대는 자연적으로 巨石이 존재하는 주변에 돌을 늘어놓아 구역을 표시하고, 이것을 이와사카(磐境)라고 하며, 신을 제사지내는 장소로 지정하는 풍습이 있었다. 역사적 문헌에 기록되어 있는 국방적 성곽이라고 인정되고 있는 것은 현재 고고이시라 부르지 않고 있다.

고구치(虎口·小口, こぐち) : 城·城館의 출입구. 출입을 위한 공간과 건축물로서의 문으

로 이루어지며, 다양한 방어 전략이 궁리되어 있다. 虎口는 小口의 아테지(宛字)* 로, 원래는 '작은 출입구(小口)' 라는 의미이다. 小口는 성내에 출입하기 위한 필요에서, 원래 봉쇄를 목적으로 하는 도이(土居)를 잘라 통로를 만든 것이므로, 되도록 소형이 바람직하다. 따라서 작은 출입구라는 의미에서, "小口"라 칭한 것이라 생각된다. 성곽은 守勢뿐만 아니라, 임기응변으로 출격하여 攻勢로 전환할 필요가 있었으므로, 성의 출입구는 호랑이가 쳐들어온 적을 달려들어 물어뜯는 것과 같은 용도에서 "虎口"라 부르게 되었다.

고라이몬(高麗門, こうらいもん) : 야쿠이몬(薬医門)을 간략화한 성문. 가부키몬(冠木門) 위에 박공(切妻)** 을 붙이고, 양쪽 문의 기둥 뒤에 히카에바시라(控柱)*** 를 설치하고, 히카에바시라와 문짝(扉)을 비나 이슬로부터 지키기 위해 박공의 작은 지붕을 붙인 문. 임진왜란·정유재란기에 만들어지기 시작되었다고 한다. 성문에서는 주로 마스가타몬(枡形門)의 바깥쪽 문에 사용되었다.

고시구루와(腰曲輪, こしぐるわ) : 중요한 구루와(曲輪)의 주위에 설치된 보조적인 구루와. 산성의 중단(中段)에 기다랗게 설치된 구루와. 평성에서 고의로 적을 유인하기 위해 구루와 바깥쪽을 따라 폭이 좁고 기다랗게 구루와를 설치하기도 한다.

고텐(御殿, ごてん) : 신분이 높은 사람의 저택. 성주나 다이묘(大名) 또는 그 가족들이 거주하는 공간. 설치된 위치에 따라 혼마루고텐(本丸御殿), 니노마루고텐(二の丸御殿) 등 몇 가지 명칭이 있다.

교칸(居館, きょかん) : 영주 등의 주거용 저택으로, 숙소의 의미이다. 야카타(館)라고도 한다.

---

* 한자 본래의 뜻과는 관계없이, 그 음이나 훈을 빌려서 어떤 말을 표기하는 한자.

** 맞배지붕 양끝의 삼각형모양의 부분. 합각머리.

*** 문설주가 넘어지지 않도록 지지해주는 보조 기둥.

구루와(郭·曲輪, くるわ) : 성곽·성관(城館)을 구성하는 공간의 기본적인 단위로, 방어 시설로 둘러싸인 평탄한 하나의 구역. 각각의 역할이나 기능에 따라 城內에 구획된 하나의 소구역을 말하는 것으로, 중세의 山城에서는 대부분은 지형의 높은 면을 깎고, 그 흙을 낮은 면에 쌓아 올려 수평으로 만든다. 중세·전국시대에는「曲輪」이라는 문자가 붙여졌지만, 에도(江戶)시대의 근세성곽에서는「혼마루(本丸)」「니노마루(二の丸)」「산노마루(三の丸)」와 같이 "마루(丸)"가 일반적으로 쓰이게 되었다. 이것은 에도시대의 군학(軍學)에서 구루와는 둥글게 만드는 것이 이상적이라 하여「~마루(丸)」라 이름 붙였다고 한다.

구리이시(栗石, くりいし) : ☞ 우라고메이시(裏込石)

구이치가이고구치(食違い虎口, くいちがいこぐち) : 성의 출입구[虎口]의 한 종류로, 좌우 도이(土居)가 끝단에서 서로 어긋나 있는 것을 말한다. 적의 직진을 저지하기 위해 고구치의 도루이나 가라보리를 엇물리게 설치한 형태의 출입구.

기리기시(切岸, きりぎし) : 산성 등에서 경사면을 파서 인공적으로 만든 절벽.

기리코미하기(切込接ぎ, きりこみはぎ) : 성벽 축조 방식의 하나. 돌의 각 면을 정으로 섬세하게 가공해서 이음매가 아주 정교하게 밀착시켜 쌓은 것. 많은 노동력과 시간, 경비를 들인 방법으로 전시가 긴박하지 않을 때, 시간적 여유를 가지고 노임을 많이 지출해서 공을 들인 것을 나타내 보이도록(과시하듯이) 쌓은 것. 근세의 태평성대에 막부나 큰 번의 성 표면에 많이 사용되고 있다.

기리즈마하후(切妻破風, きりづまはふ) : 처마 끝까지 삼각형 지붕 端部를 돌출시킨 것. 주로 1층의 데마도(出窓) 위에 설치한다.

깃대석(旗竿石, はたざおいし) : 깃발의 깃대를 세우기 위해 둥근 구멍을 판 돌.

깃코즈미(亀甲積み, きっこうづみ) : 석재를 육각형으로 가공하여 쌓아올리는 기리코미하기(切込接ぎ) 방식의 일종으로, 쌓은 돌의 이음매 모양이 마치 거북의 등껍질처럼 보인다.

ㄴ

나가야구라(長櫓, ながやぐら) : ☞ 다몬야구라(多聞櫓)

나와바리(繩張り, なわばり) : 축성설계·계획. 사전적인 의미로는 ①새끼줄을 쳐서 경계를 정함, ②폭력단 등의 세력권이나 구역, ③건축부지에 새끼줄을 쳐서 건물의 위치를 정함. 등으로 되어 있는데, 성곽용어로서는 성곽의 축성 설계 계획인 루이(塁)·해자(濠) 등의 평면적 형태를 말한다. 즉 줄(繩)을 치고 城地의 경계를 정하는 작업이다.

나와바리즈(繩張り図, なわばりず) : 성의 평면도. 나와바리를 그린 그림.

네이시(根石, ねいし) : 성벽을 축조할 때, 제일 밑에 쌓는 기초석. 여기서부터 성벽의 기울기가 시작된다.

노보리이시가키(登り石垣, のぼりいしがき) : 왜성에서 성의 방어를 굳게 위해 산의 경사면을 따라 오르듯이 쌓은 성벽. 평산성에서 주곽부인 산성부와 산기슭의 산록거관부를 연결하여 전체 성역을 하나의 구역으로 일체화함으로써 방어성을 높인 성벽. 일본 근세성곽에서는 거의 볼 수 없는 구조. 다테이시가키(竪石垣)라고도 한다.

노즈라(野面) : 노즈라즈미(野面積み, のづらづみ)의 약칭. 성벽의 축조 시, 대개 가공하지 않은 상태의 자연적인 석재를 그대로 사용하는 성벽 축조 방식.

노키카라하후(軒唐破風, のきからはふ) : 처마의 일부를 둥글게 구부린 하후(破風).

농성(籠城, ろうじょう) : 적에게 성이 포위당했을 때 성문을 굳게 닫고, 전투 물자를 비축하여 아군의 지원병이 도착할 때까지 버티며 성을 지키는 것. 농성전(籠城

戰)이라고도 한다.

누노즈미(布積み, ぬのづみ) : 성벽 축조 시, 사각형으로 다듬은 비교적 큰 돌을 마치 천을 짜듯이 가로세로 질서정연하게 쌓아올리는 방법.

니노마루(二の丸, にのまる) : 하나의 성에서 그 중추적 구루와(曲輪, 郭)인 혼마루(本丸)의 바깥쪽에서 혼마루를 수비하기 위한 제2의 구획. 에도(江戶)시대의 漢學者는 한자 본래의 의미를 살려「니노구루와(二の郭)」라 했다. 혼마루를 에워싸듯이 설치된 것, 혼마루와 나란히 제2의 거점으로 구축된 것이 있다.

니시노마루(西の丸, にしのまる) : 전투를 의식하지 않은 구루와. 도쿠가와 이에야스의 에도성(江戶城) 내의 은거소를 니시노마루(西の丸)라 부른 데에서 비롯되었다. 오카야마성(岡山城), 구마모토성(熊本城) 등 독립된 언덕에 위치하는 경우도 있다.

ㄷ

다니즈미(谷積み, たにづみ) : 平石의 모서리를 세워서 쌓아올리는 방법. 직육면체 平石을 이용하는 예도 있다.

다몬야구라(多聞櫓, たもんやぐら) : 둑이나 성벽 위에 기다랗게 지은 나가야(長屋) 형식의 야구라. 나가야(長屋).

다테도루이(竪土塁, たてどるい) : 등고선에 직교하는 방향으로 산의 경사면에 쌓은 토루.

다테보리(竪堀, たてぼり) : 산의 등고선에 직교하는 방향으로 경사면에 판 해자. 경사면을 따라 침입하는 적이 옆으로 이동하는 것을 막고, 위에서 공격을 용이하게 하려고 설치한다. 山城에서 경사를 따라 세로로 판 호리(堀)를 말한다. 그 모양은 한 쪽을 깎은 듯이(급경사로) 파고, 다른 쪽은 완만한 경사로 판다.

다테이시가키(竪石垣, たていしがき) : ☞ 노보리이시가키(登り石垣)

데마도(出窓, でまど) : 건물의 벽면에서 밖으로 돌출된 창. 천수의 장식성을 주는 외에, 바닥에 이시오토시(石落)를 설치하는 등 방어성도 고려한 창.

데마루(出丸, でまる) : 성의 본체에서 밖으로 돌출되어 설치된 구루와(曲輪). 데구루와(出谷輪)라고도 한다.

데마스(出枡, でます) : ☞ 소토마스가타코구치(外枡形虎口)

데즈미(出角, でずみ) : 성벽을 구부려 만들어진 모서리 중에서 성의 바깥쪽으로 볼록하게 튀어나온 부분의 모서리.

데지로(出城, でじろ) : 本城의 방어라인을 보다 튼튼하게 하기 위해 부속되어 있는 구루와. 직접적으로 방어에 관여하는 지성(支城)을 일컫는 경우도 있다.

데카쿠시키(梯郭式, ていかくしき) : 제곽식. 성곽 부지의 모서리부 제일 높은 곳에 혼마루를 두고, 내려오면서 니노마루, 산노마루를 배치하는 나와바리. 주로 배후에 강이나 절벽을 낀 경우에 이런 방식을 채용한다.

덴카부신(天下普請, てんかぶしん) : 에도막부가 전국의 여러 다이묘(大名)들에게 명령하여 행해진 대규모 토목공사. 성곽 건축으로 유명하지만, 도로나 하천 정비 등의 공사도 포함되었다.

뎃포(鉄砲, てっぽう) : 총, 화승총, 소총.

뎃포자마(鉄砲狭間, てっぽうさま) : 총안(銃眼). 총을 쏘기 위해 성벽 위의 헤이(塀)나 야구라의 벽에 설치한 작은 구멍. 주로 원형, 사각형, 삼각형 모양이다.

도로타보리(泥田堀, どろたぼり) : 해자의 한 종류로, 물이 매우 얕고 진흙이 깊은 호리

(堀). 사람이나 말의 통행을 저지하기 위해 해자 밑바닥에 진흙을 채워 넣은 것.

도루이(土塁, どるい) : 토루. 흙으로 만든 둑. 성이나 야카타(館)의 주위에 쌓은 둑을 말하며, 울타리(담장)의 일종이다. 구루와의 가장자리나 출입구, 또는 해자의 주변에 흙을 쌓아 올려 만든 방어용 장벽. 도루이의 표면에 돌을 붙여 쌓으면 세키루이(石塁)가 된다. 도이(土居)라고도 한다. 도루이는 해자나 구루와(曲輪)를 만들 때 나온 배토(排土)를 성 안쪽에 쌓아 굳힌 것으로, 해자와 더불어 성을 지키기 위한 가장 기본적인 방어시설이다.

도바시(土橋, どばし) : 성의 출입구[虎口] 앞을 통로만 남기고 그 좌우에 해자를 판 경우, 그 통로를 말한다. 그 일부를 얕게 파서 가케하시(掛橋)를 걸친 곳도 있다.

도베이(土塀, どべい) : 흙담. 성벽의 최상부 가장자리에 쌓아 올려 활이나 총을 쏘기 위해 원형, 삼각형, 사각형 등의 구멍을 뚫은 담장. 여장(女墻). 이 구멍을 사마(狭間)라 한다. 기둥을 세우고 뼈대가 되는 구조를 만들어 흙을 바르거나 칠을 하여 굳힌 헤이(塀).

도이(土居, どい) : ☞ 도루이(土塁)

ㄹ

란즈미(乱積み, らんづみ) : 크기가 다른 자연석의 平石, 가공한 平石을 다양한 방향으로 조합시켜 쌓아올리는 방법. 석재의 이음매가 무질서하게 보인다.

렌카쿠시키(連郭式, れんかくしき) : 연곽식. 가로나 세로 방향으로 이어서 구루와를 배치하는 방식의 나와바리.

렛세키(列石, れっせき) : 유구의 일종으로, 표면이 매끈한 비교적 큰 돌을 열 지어 쌓은 것. 석열

루이(塁, るい) : 둑. 흙을 쌓아 올린 둑으로, 군사적 방비에 쓰인 것을 말한다. 원래는 암석이 겹쳐 쌓여 있는 것에서 겹쳐 쌓아 만들어진 구축물을 가리키게 되었다. 흙으로 쌓으면 도루이(土塁), 돌로 쌓으면 세키루이(石塁)가 된다.

루이헤키(塁壁, るいへき) : 누벽. 급경사의 성벽.

린카쿠시키(輪郭式, りんかくしき) : 윤곽식. 제일 중앙에 혼마루를 두고 그 바깥으로 니노마루, 산노마루를 배치하는 형식의 나와바리.

ㅁ

마루(丸, まる) : 구루와(曲輪, 郭)와 같은 의미로 사용된다. 즉 방어시설이 갖추어진 평탄지. 방위에 따라 성의 동쪽에 있는 것을 히가시마루(東丸), 서쪽에 있는 것을 니시마루(西丸) 등으로 부른다.

마루우마다시(丸馬出, まるうまだし) : 출입구[虎口]를 엄호하기 위한 시설인 우마다시(馬出)의 형태가 반원형인 것.

마스가타(枡形, ますがた) : 성문의 안쪽 또는 바깥쪽에 적의 직진을 방해할 목적으로 설치한 사각형의 공간. 성의 출입구 모양을 곡식·액체 등 물질의 양을 재는 용기인 '되'와 같은 형상에 비유한 것으로, 정면과 좌우 어느 쪽에 성문이 설치되어 성내에는 한 번 꺾지 않으면 진입할 수 없다. 이 구조는 성문을 닫으면 그 공간 내에 동시에 출입할 수 있는 인원이 결정되므로, 출입하는 사람 수를 헤아리기 위한 것이라는 설도 있다. 또한 성문 위에 야구라를 설치한 야구라몬에서는 이 공간 내의 출입자에 대한 피아 식별도 가능해진다. 마스가타의 근본적인 목적은 적이 쉽게 성내로 진입하지 못하도록 방어성을 높이는 데 있다.

마스가타코구치(枡形虎口, ますがたこぐち) : 성벽이 꺾어진 통로와 성문 전후에 광장을 조합시킨 마스가타 구조로 된 출입구. 적이 성내로 쉽게 진입하지 못하게 되어 있다. 성벽을 기준으로 광장이 성의 안쪽으로 들어와 있는 것을 우치마스가타

코구치(内枡形虎口), 반대로 성의 바깥으로 돌출된 것을 소토마스가타코구치(外枡形虎口)라고 한다.

마즈메이시(間詰石, まづめいし) : 노즈라즈미(野面積み)의 성벽에서 돌과 돌 사이의 이음매 부분을 메꾸는 작은 돌. 자연석을 이용하여 성벽을 쌓으면 돌 사이의 틈새가 많이 발생한다. 이 틈새는 적군이 성벽을 타고 오르는 경우 발판이 되기 때문에 이를 없애는 것이 좋다.

망루형천수(望樓型天守, ぼうろうがたてんしゅ) : 1층 또는 2층의 팔작지붕 구조의 건물 위에 망루가 되는 소규모의 야구라를 얹은 형식의 천수. 아즈치성(安土城) 천수 이후, 게이초기(慶長期)까지 망루형천수가 주류였다.

모노미야구라(物見櫓, ものみやぐら) : 성의 망루 중에서 내외의 정세를 관망하기에 좋은 조망이 특히 좋은 야구라.

무나몬(棟門, むなもん) : 야쿠이몬(薬医門)에서 보조 기둥인 히카에바시라(控柱)를 생략하고 기본 기둥인 가가미바시라(鏡柱) 2개만으로 작은 맞배지붕을 얹은 성문.

무샤가에시(武者返し, むしゃがえし) : ☞ 소리(反り)

무샤다마리(武者溜·武者屯, むしゃだまり) : 성내의 일부에 병사를 일시 집결시켜 두기 위해 성문 근처에 설치한 광장.

무샤바시리(武者走, むしゃばしり) : 성내에서 도이(土居)나 세키루이(石塁) 위에 오르기 위해 성 안쪽에 설치한 통로상의 비탈길 또는 도루이 위의 평지. 간키자카(雁木坂)·가사나리자카(重なり坂)·아이자카(合坂)의 3가지를 무샤바시리산단(武者走り三段)이라 한다.

미쓰바나카부라게교(三花蕪懸魚, みつばなげぎょ) : 가부라게교(蕪懸魚)의 변형. 순무 3개의 도안을 하나로 합친 형태의 게교(懸魚).

미즈보리(水堀·濠, みずぼり) : 내부에 물을 채운 해자. 근세의 평성이나 평산성에 많이 적용되었다.

ㅂ

반지로(番城, ばんじろ) : 감시를 위한 城. 지성(支城)을 여러 개 가진 대규모 영주가 어떤 특수한 이유에 의해 가신에게 나누어주지 않고 직할로 하여 교대로 사무라이다이쇼(士大将)를 우두머리로 파견하여 수비한 城.

뵤뷰오리(屛風折, びょうぶおり) : 성벽을 병풍처럼 연속적으로 굴곡 시킨 요코야(横矢).

ㅅ

사마(狭間·矢窓, さま) : 총안(銃眼). 성내에서 적을 공격하기 위해 도베이(土塀)에 뚫은 사격용 작은 창. 야자마(矢狭間), 뎃포자마(鉄砲狭間) 등으로 나눈다. 세로로 긴 직사각형은 활을 쏘기 위한 것이며, 그 외(△, □, ○)는 총을 쏘기 위한 구멍이다.

사쿠지(作事, さくじ) : 천수나 야구라, 성문 등 성의 구조물을 세우는 건축공사.

산기즈미(算木積, さんぎづみ) : 성벽 모서리 부분을 쌓는 방법의 하나로, 직 육면체 돌의 긴 변과 짧은 변을 단마다 서로 엇물리게 조합시켜 쌓는 방법. 모서리 부분에 걸리는 성벽의 전체 중량을 좌우로 분산시켜 지탱하는 구조이다. 산기(算木)란 주판이 나오기 전, 셈을 할 때 사용한 직육면체 모양의 나무 막대를 말한다.

산노마루(三の丸, さんのまる) : 성의 중앙에서 바깥 방향으로 헤아려 세 번째에 해당하는 구역. 산노구루와(三の郭)라고도 한다. 니노마루를 직접적으로 수비하고, 혼마루를 간접적으로 수비하기 위한 구루와. 중신들의 저택이나 바바(馬場)·마구간이 배치되는 경우가 많고, 성 본래의 군사적 기능에서 벗어난 부분이다.

샤치(鯱, しゃち) : 샤치호코(しゃちほこ)의 준말. 범고래. 근세성곽의 天守·야구라(櫓)·

야구라몬(櫓門) 등의 용마루 양 끝이나 하후(破風)의 끝단부 등에 기와·돌·나무·금속제 혹은 금속판을 붙인 물고기 모양의 조형물. 머리는 호랑이, 등에는 가시가 돋친 상상의 물고기 모양. 단순한 장식에 그치지 않고, 재난이나 화재를 막는다는 신앙을 가진 일종의 주술적 의미가 있으며, 게다가 황금 등으로 된 것은 城主의 권위를 나타내는 정치적인 의미도 있었다. 성곽 건축의 부속품으로 사용되게 된 것은 근세성곽에 거대 장엄한 영구적 건축물이 나오게 된 이후의 일로, 성곽의 상징이 되었다.

세키루이(石塁, せきるい) : 석루. 돌로 쌓은 담. 구루와 등의 도루이(土塁) 양쪽에 돌을 쌓아 만든 둑.

소가마에(総構·惣構え, そうがまえ) : 여러 겹으로 된 성의 구루와에서 가장 바깥쪽에 설치된 방어라인. 도루이(土塁)나 세키루이(石塁)·해자를 두르고 城뿐만 아니라 조카마치(城下町)까지 에워싸는 외곽선.

소리(反り, そり) : 성벽을 쌓을 때, 하부에서는 완만한 기울기로 출발하여 위로 갈수록 활처럼 휘어지게 쌓아 거의 수직에 가깝게 된다. 이때 천단부의 끝에서 휘어지기 전 성벽 연장선과의 거리를 말한다. 무샤가에시(武者返し, むしゃがえし)라고도 한다.

소이시가키(總石垣, そういしがき) : 소가마에 구조에서 그 외곽선을 석축으로 축조한 것.

소토구루와(外曲輪, そとぐるわ) : 근세성곽에서 가장 바깥쪽의 구루와.

소토마스가타코구치(外枡形虎口, そとますがたこぐち) : 출입구의 바깥쪽에 마스가타(枡形)를 설치한 성문. 우리나라 읍성의 옹성(甕城)과 비슷한 개념이다.

소토보리(外堀, そとぼり) : 성곽의 혼마루를 중심으로 그 바깥쪽에 설치한 해자.

쇼지보리(障子堀, しょうじぼり) : 바닥에 문살 모양의 칸막이를 설치한 해자. 해자 속에 들어간 적의 움직임을 저지하기 위한 장치.

쇼쿠호계 성곽(織豊系城郭, しょくほうけいじょうかく) : 아즈치·모모야마(安土·桃山)시대에 발전한 성곽 형식. 天守·總石垣·枡形虎口 등을 구사한 것이 나와바리의 특징이다. 쇼쿠호(織豊)란 오다 노부나가(織田信長)와 도요토미 히데요시(豊臣秀吉)의 이름 머리글자에서 따온 것으로, 근세 초기의 성곽이 여기에 해당한다.

수성(水城 : みずしろ·すいじょう) : 하천이나 호수, 바다를 해자[堀]로 이용한 성. 水運이 편리한데다 "물의 요새"이므로 적의 침입이 쉽지 않았다. 산과 산 사이의 저지대에 둑을 만들고 물을 가두어 커다란 해자 모양으로 만든 城도 水城에 포함된다. 단 "미즈키(水城)"로 읽는 경우는 규슈(九州) 다자이후(太宰府)에 축성된 고대의 토성을 의미한다.

스미야구라(隅櫓, すみやぐら) : 구루와의 모서리에 있는 야구라.

시조(支城, しじょう) : 지성. 本城을 지키기 위해 보조적 역할을 가진 出城.

시토미(蔀, しとみ) : 바깥에서 성의 내부를 볼 수 없도록 헤이·土居·식물·야구라·구루와 등을 성 안쪽에 설치한 것. 적의 침입을 막기 위해 출입구[虎口]의 안쪽에 쌓은 도루이.

쓰메지로(詰城, つめじろ) : 유사시에 들어가 대처하기 위해 산 위에 설치한 성을 말하며, 평소에는 평지나 산기슭에 위치한 居館에서 생활을 하는 형태의 전국시대 성.

쓰케야구라(付櫓, つけやぐら) : 천수각이나 그 외의 큰 야구라 곁에 붙인 작은 부속 야구라. 천수의 입구를 옆에서 방어하는 역할을 한다.

쓰케야구라다이(付櫓台, つけやぐらだい) : 쓰케야구라를 세운 기초 부분 토대.

쓰케지로(付城, つけじろ) : 장기에 걸친 攻城戰에서 적의 감시 등을 위해 임시로 쌓은 성.

쓰키이시(築石, つきいし) : 이시가키(石垣)를 쌓기 위해 사용하는 석재.

ㅇ

아나구라(穴蔵, あなぐら) : 천수대 내부에 만들어진 지하실 공간. 천수로의 출입구가 설치되는 수가 많다. 이시구라(石蔵)라고도 한다.

아노슈(穴太衆, あのうしゅう) : 돌을 쌓는 일을 전문으로 하는 프로 石工 집단.

아이사카(合坂, あいさか·あうさか) : 무샤바시리(武者走り)의 일종. 오르내리기 위해 세키루이(石塁) 안쪽에 설치한 계단으로, 세키루이의 위나 아래에서 서로 만나는 것. 두 개가 八字 또는 逆八字 모양으로 이루어진다. 오르내릴 때 많은 사람이 서둘러 행동하면 서로 충돌하거나 혼잡할 우려가 있으므로 그다지 바람직하지 않다고 한다.

아이요코야(合横矢, あいよこや) : 하나의 공간을 상대하여 2가닥으로 뻗어나 양쪽에서 요코야로 수비하도록 만든 것.

야겐보리(薬研堀, やげんぼり) : 해자의 밑바닥 단면 모양이 가루약을 부수는 야겐(薬研)과 같이 뾰족하게 역삼각형(V字) 모양으로 되어 있는 것.

야구라(櫓, やぐら) : 망루. 기본적으로는 창고이지만, 전투 시 병사가 들어가 망을 보거나 공격과 방어의 거점, 지휘소가 되는 건물. 야구라의 語義는 "활을 쏘는 건물"이며, 옛날에는「矢倉」「矢蔵」으로 쓰였다. 성문의 위에 설치된 것과 루이(塁)의 위에 올리는 것이 있다. 야구라는 건물의 층수, 세워진 방위, 목적 등에 따라 그 명칭도 다양하다.

야구라다이(櫓台, やぐらだい) : 야구라(망루)를 세우기 위한 기초 토대.

야구라몬(櫓門, やぐらもん) : 방어성을 높이기 위해 성문 위에 망루를 설치한 경우, 그

성문을 말한다. 즉 1층은 출입문, 2층은 망루인 셈이다.

야마자토쿠루와(山里曲輪, やまざとくるわ) : 전투와 관계없이 정원·연못·다실 등을 세워 풍류를 즐긴 구루와. 일본의 3대 정원인「가이라쿠엔(偕楽園)」·「고라쿠엔(後楽園)」·「겐로쿠엔(兼六園)」도 여기에 속한다.

야마지로(山城, やまじろ) : 산성. 산의 지형을 이용하여 독립된 산 또는 산맥의 일부에 쌓은 성이다. 산악 성곽을 전국적으로 볼 수 있게 된 것은 남북조 전쟁기에 농성전(籠城戰)用으로 산에 성이 축성되게 되었다. 무로마치(室町)시대가 되면 比高(산기슭에서의 높이) 100~200m급의 산성이 슈고(守護)의 居城으로서 일반화되기 시작한다. 戰国시대가 되면 居城은 점점 대규모로 되며, 家臣들을 집중 거주시키는 산성도 생겨난다. 오다 노부나가(織田信長)의 기후성(岐阜城)이나 아즈치성(安土城)은 다수의 家臣团 저택을 구루와(曲輪)마다 배치한 전형적인 산성이다.

야아나(矢穴, やあな) : 쐐기를 이용하여 커다란 돌을 쪼갤 때 그 돌에 뚫은 작은 구멍. 쪼개려는 선을 따라 정으로 작은 구멍을 판 뒤, 그 구멍에 화살촉 모양(V자)의 쐐기를 넣고, 물을 부은 뒤 망치로 때리면 돌을 쪼갤 수 있다. 이때 사용하는 쐐기의 모양에 따라 야아나의 모양이 달라진다. 이 방식은 현재도 사용 가능하다.

야자마(矢狭間, やざま) : 활을 쏘기 위해 도베이(土塀)에 설치한 작은 창. 보통 세로가 긴 직사각형으로 되어 있다.

야카타(屋形·館, やかた) : ☞ 고칸(居館).

야쿠이몬(薬医門, やくいもん) : 본 기둥인 가가미바시라(鏡柱) 2개와 보조 기둥인 히카에바시라(控柱) 2개를 합쳐서 하나의 맞배지붕 구조로 덮은 문.

연결성[つなぎの城] : 쓰나기노시로. 도요토미 히에요시가 명나라로 들어갈 때의 숙소 및 군수물자 보급로로 활용할 목적으로 쌓은 넓은 의미의 왜성. 주로 우리나라의 읍성을 점령하여 사용하고, 적당한 성이 없는 곳에 간단한 축성을 한 것으로 전해지지만, 오늘날 그 유구는 보기 어렵다. 일명 쓰타이노시로(つたいの城)라고도 한다.

오비구루와(帯曲輪, おびぐるわ) : 중요한 구루와 바깥쪽 한 단 낮은 곳에 설치된 가늘고 긴 보조적 구루와. 2개의 구루와를 연락하기 위해 그 사이에 기다랗게 만든 띠 모양의 구루와.

오테(大手, おおて) : 성의 정면. 정면 출입구. 오테구치(大手口).

오테몬(大手門, おおてもん) : 중세 이후 성곽의 정문.

왜성(倭城, わじょう) : 임진왜란·정유재란 기에 일본의 도요토미 히데요시 군대가 조선 반도에 쌓은 일본식 성곽. 우리나라 남부 해안을 따라 다수의 성벽 흔적이 남아 있다.

요코구루와(横曲輪, よこぐるわ) : 우마다시(馬出) 옆에 위치하여 이를 엄호하도록 만든 구루와. 고구치의 성벽보다 약간 돌출된 것을 원칙으로 한다.

요코보리(横堀, よこぼり) : 산성에서 구루와의 주위를 둘러싸듯이 등고선 방향으로 판 해자. 적이 경사면에 침입하는 것을 막기 위해 만든 것으로 생각된다.

요코야(横矢, よこや) : 출입구나 성벽에 접근해 온 적을 여러 방향에서 공격하기 위해 성벽을 요철·굴절시켜 사격의 사각지대를 최소화하기 위한 목적으로 설치하는 나와바리 기법. 요코야가카리(横矢掛)라고도 하며, 측방에서 사격하는 것을 '요코야를 건다'고 한다.

요코야마스가타(横矢枡形, よこやますがた) : 측방을 위해 구루와의 모서리를 사각형으로 돌출시키고 이에 접속하고 있는 성벽 면을 사격할 수 있도록 한 것.

우네보리(畝堀, うねぼり) : 여러 가닥의 다테보리(竪堀)를 연이어 밭이랑처럼 만든 해

자. 주로 중세 산성에서 볼 수 있으며, 경사면에 다테보리를 연속적으로 설치하여 방어성을 높인 것. 서생포왜성 등에서 볼 수 있다.

우노케도시(兎毛通, うのけどおし) : 가라하후(唐破風)에 붙이는 게교(懸魚).

우라고메이시(裏込石, うあごめいし) : 이시가키(石垣)의 축조 시 뒤쪽에 채우는 작은 돌. 물 빠짐을 좋게 하고, 붕괴를 막기 위한 것. 구리이시(栗石)라고도 한다. 돌의 크기에 특별한 제약이 없으며, 보통은 손에 쥘 만한 주먹만 한 크기의 돌을 사용한다.

우마다시(馬出, うまだし) : 적을 공격하기 위해 출입구[虎口] 바깥쪽에 둑, 둑과 해자[堀], 해자 등을 갖추고, 城兵의 출입을 보호함과 동시에 적병의 진퇴(進退)를 막는 설비. 가쿠우마다시(角馬出), 마루우마다시(丸馬出) 등이 있다. 우마다시가 커지면 우마다시구루와(馬出曲輪)·데마루(出丸)가 된다.

우메바치게교(梅鉢懸魚, うめばちげぎょ) : 육각형 비슷한 모양의 게교(懸魚). 벚꽃 모양의 문양에서 붙여진 이름.

우미지로(海城, うみじろ) : 해성. 지형에 의한 성의 분류법의 하나로 바다와 접해 있는 성. 바다에 접한 평지에 축성하여 바다를 "천연의 요새"인 방어시설로 삼았다. 일반적으로 평지에 축성되었으므로 平城으로 분류된다.

우즈미몬(埋門, うずみもん) : 성벽 가운데에 세운 성문. 성벽을 자르고 문을 만든 다음, 문 위에 도베이(土塀)를 설치한 형식과 성벽에 구멍을 뚫어 통로로 하고 거기에 성문을 설치한 형식이 있다. 어느 것이나 방어성이 아주 높고 뒷문이나 비상구로 쓰였다.

우치구루와(內曲輪, うちぐるわ) : 근세성곽에서 가장 바깥쪽의 구루와를 소토구루와(外曲輪)라고 하는데 대해 그보다 안쪽에 있는 구루와를 「우치구루와(內曲輪)」라고 한다.

우치마스가타코구치(内枡形虎口, うちますがたこぐち) : 성의 출입구에서 방어성을 높이기 위해 출입구의 안쪽에 마스가타를 설치한 성문.

우치보리(内堀, うちぼり) : 성에서 둘 이상의 해자가 있는 경우, 성의 제일 안쪽에 있는 해자. 산성 등에서 헤이(塀)의 안쪽에 판 해자.

우치코미하기(打込接ぎ, うちこみはぎ) : 성벽 축조 방식의 일종. 돌의 모서리를 망치 등으로 거칠게 때려 깨서 가공하고, 가공한 면을 주로 맞붙여 쌓는 방식.

이누바시리(犬走, いぬばしり) : 도루이나 세키루이의 바깥쪽에 설치된 통로상의 평지. 개가 지날 정도에 지나지 않는 폭이 좁고 기다란 길이란 뜻으로, 적군이 이용하도록 유도하여 저격하는 장치이다.

이도(井戶, いど) : 우물. 땅을 깊게 파서 지하수를 퍼 올리는 방법이지만, 좋은 물을 확실히 얻을 수 있으므로 영구적인 축성에서는 이 방법을 썼다. 산성이나 언덕 위의 성에서는 깊은 우물을 팠다. 천수각이나 야구라 내부에 우물을 설치한 예도 있다.

이리모야하후(入母屋破風, いりもやはふ) : 팔작지붕 구조의 건물 지붕에 설치된 삼각형 하후(破風).

이리즈미(入角, いりずみ) : 성벽을 구부려 만들어진 모서리 중에서 성내 쪽으로 오목하게 파인 부분. 반대로 돌출된 것은 데즈미(出角)라고 한다.

이시가키(石垣, いしがき) : 석재를 이용하여 쌓은 성벽. 구루와 등의 평탄지 가장자리를 돌로 덮어 겹쳐 쌓은 것. 도이(土居)의 표면에 돌을 겹쳐 쌓아 덮은 석축에 해당하지만 이를 단순히 석축이라 하면 세키루이(石塁)와 구별이 되지 않는다. 즉 이시가키는 석축으로 이루어져 있지만, 뒷면에 구리이시(栗石)라 불리는 작은 자갈돌을 채워 넣은 것을 이시가키라 한다. 일반화 된 것은 아즈치성(安土城) 출현 이후의 일이다.

이시부교(石奉行, いしぶぎょう) : 석재를 담당하는 공무원의 우두머리.

이시오토시(石落, いしおとし) : 天守·야구라(櫓)·헤이(塀) 등의 바닥 일부를 돌출시키고 아래쪽이 보이도록 만든 개구부. 적이 가까이에 접근하면 머리 위에서 돌을 떨어뜨리는 장치. 평시는 뚜껑을 덮어 위쪽이 보이지 않도록 했다.

이시토리바(石取場, いしとりば) : 채석장. 축성용 석재를 채집하여 쪼갠 장소.

이타베이(板塀, いたべい) : 판자로 만든 담. 주로 임시적인 경우에 사용하고, 영구적인 것은 본격적으로 담에 칠을 했다고 한다.

ㅈ

자성(子城, しじょう) : 중심이 되는 本城에 대해 그에 종속된 지성. 임진왜란 시 현재의 부산진성 부지에 축성된 자성대왜성은 모성(母城)인 부산왜성의 자성으로 기능했다. 2중 혹은 3중으로 된 성곽에서 그 중심에 포함되는 작은 구루와를 자성이라 부르기도 한다.

조카마치(城下町, じょうかまち) : 성곽을 중심으로 성곽의 주변에 형성된 취락. 근세 이후, 조카마치와 성은 세트로 계획·축조되는 사례가 많았고, 성은 도시의 중심지가 되었다. 오늘날 일본의 도시는 대부분(약 70% 정도) 조카마치에서 출발한 것이라 해도 과언이 아닐 정도로 성곽을 중심으로 발전한 도시가 많다.

지도리(地取, じどり) : 건축에서 토지를 어느 범위에 어느 정도의 규모로 지을 것인지를 결정하는 토지 구획 작업.

지도리하후(千鳥破風, ちどりはふ) : 지붕 위에 설치된 삼각형의 하후(破風). 이리모야하후(入母屋破風)와 비슷하지만, 처마 끝이 지붕의 모서리에 설치되지 않는다.

진지로(陣城, じんじろ) : 진성. 전투나 공성(攻城) 시에 임시적으로 구축된 간이 성. 도

요토미 히데요시의 石垣山城, 名護屋城도 기본적으로는 진성이다.

ㅊ

천수(天守, てんしゅ) : 하나의 성에서 중심부인 혼마루에 세운 중추적이며 가장 높은 성루. 성의 총 지휘부 역할을 한다. 일본 근세성곽에서는 거대한 천수가 상징적으로 건설되었다. 그 구조에 따라 망루형과 층탑형으로 나뉘며, 천수각(天守閣)이라고도 한다. 방어시설로서의 실용성보다 보이기 위한 점을 의식한 화려한 구조가 특징이다.

천수대(天守台, てんしゅうだい) : 천수를 지탱하는 독자적인 기단부. 건축 구분에서는 토목공사에 속한다.

층탑형천수(層塔型天守, そうとうがたてんしゅ) : 여러 층의 지붕을 사방으로 경사지게 내린 천수. 망루형보다 새로운 형식. 게이초기(慶長期) 이후, 도도 다카토라(藤堂高虎)가 고안한 층탑형이 일반적이었다고 한다.

ㅌ

토루(土塁, どるい) : ☞ 도루이.

통치성[仕置の城, しおきのしろ] : 좁은 의미의 왜성으로 임진왜란·정유재란기에 일본군이 조선 남부 연안에 쌓은 왜성. 단순히 '왜성'이라고 하면 이것을 의미한다.

ㅍ

파각(破却, はきゃく) : 성곽의 파괴. 주둔하던 성에서 퇴각할 때 적군이 성을 재사용하지 못하도록 부수는 일.

ㅎ

하지로(端城, はじろ) : 本城에 부속하여 영토 수비의 일익을 담당하는 城. 音이 같으므로 羽城으로 쓴 적도 있다. 出城.

하코보리(箱堀, はこぼり) : 단면 형상이 사각형(凵)이나 역사다리꼴 모양으로 된 해자.

하후(破風, はふ) : 박공(牔栱). 일본 건축에서 합각머리에 대는 삼각형의 장식 판. 또는 그것이 붙어있는 부분.

헤이(塀, へい) : 성벽의 가장자리에 설치하는 울타리. 담장. 여장(女墻).

호리(堀, ほり) : 해자. 城의 내부에 적이 진입하는 것을 방지하기 위해, 성의 주변에 인공적으로 땅을 파서 낮게 만든 방어시설. 내외가 완전히 분리되도록 보통 주위에 연속하여 판다. 그러나 장소에 따라 양단이 이어지지 않는 단편적인 것도 있다. 해자는 설치된 장소나 방향, 단면, 그 속에 채워진 소재 등에 따라 다양한 종류가 있다. 해자는 도이(土居)와 같이 城의 기본적인 방어시설이며, 兩者는 불가분의 관계에 있다. 흙을 파서 해자를 만들 때, 그 파낸 흙[排土]을 걷어 올려 도이를 만든다.

호리쇼지(堀障子, ほりしょうじ) : ☞ 쇼지보리(障子堀).

호리키리(堀切, ほりきり) : 산성에서 산기슭을 깊은 가라보리(空堀) 모양으로 파서 적의 침입이나 이동을 저지하기 위한 것. 산의 능선이 이어져 있어 방어가 어려운 경우 인위적으로 능선을 잘라서 골짜기로 만든 것.

혼마루(本丸, ほんまる) : 주곽(主郭). 하나의 城이 2개 이상의 구루와(曲輪)에 의해 구성되어 있는 경우, 그 중심이 되는 구루와. 하나의 성에서 가장 안쪽에 있는 구역으로, '본성(本城)'이라 부르기도 한다. 전시에는 사령부가 설치되었다. 전국시대 이후 전투와 거주가 동일한 공간에서 이루어지자 혼마루의 규모가 확대되어 고텐(御殿)도 설치되었다.

혼마루고텐(本丸御殿, ほんまるごてん) : 혼마루에 있는 성주나 다이묘의 저택.

화장(化粧, けしょう) : 성벽의 표면을 아름답게 보이도록 정으로 돌의 표면을 다듬는 것.

후신(普請, ふしん) : 축성공사에서 성벽이나 구루와·도루이·해자 등을 구축하는 토목공사. 넓은 의미에서는 사쿠지(作事)라 불리는 천수각·야구라·성문 등의 건축공사를 포함한 성 전체의 공사를 가리킨다. 축성공사는 나와바리(縄張り)에 의해 진행되며, 이에 따라 성의 성격이 결정된다.

히라야마지로(平山城, ひらやまじろ) : 평산성. 산성은 전투면에서는 강하지만, 領國을 지배하는 政庁으로서, 또 거주성이라는 점에서는 불편했다. 그래서 戦国期에는 언덕의 상부를 이용하는 평산성이 축조된다. 산지와 평지 양쪽의 地勢를 이용한 성이다. 조카마치(城下町)에 모인 백성들에 대하여 권위를 과시하기 위한 호화스런 성이 축조되었다. 오카야마성(岡山城)·히메지성(姬路城)·구마모토성(熊本城) 등 아즈치모모야마(安土桃山)시대에 축성된 성에는 평산성이 많다.

히라이리고구치(平入虎口, ひらいりこぐち) : 바로 성내로 진입하는 형태의 직선상 출입구.

히라지로(平城, ひらじろ) : 평성. 평지에 축성된 성곽. 본격적인 平城으로서는 도요토미 히데요시(豊臣秀吉)에 의한 오사카성(大坂城)이 創始이다. 근세 다이묘의 居城으로서 마쓰모토성(松本城)·오가키성(大垣城)·아코성(赤穗城) 등이 그 典型이라고 할 수 있다.

히요쿠치도리하후(比翼千鳥破風, ひよくちどりはふ) : 지도리하후(千鳥破風) 2개를 나란히 설치한 것.

서생포왜성 주곽부 남쪽 성벽

서생포왜성 주곽부에서 筆者

일본 근세성곽과 왜성의 이해

초판 1쇄 발행일 2021년 8월 31일

지은이 김영식
펴낸이 박영희
편집 박은지
디자인 최소영
마케팅 김유미
인쇄·제본 제삼인쇄
펴낸곳 도서출판 어문학사
서울특별시 도봉구 해등로 357 나너울카운티 1층
대표전화: 02-998-0094/편집부1: 02-998-2267, 편집부2: 02-998-2269
홈페이지: www.amhbook.com
트위터: @with_amhbook
페이스북: www.facebook.com/amhbook
블로그: 네이버 http://blog.naver.com/amhbook
다음 http://blog.daum.net/amhbook
e-mail: am@amhbook.com
등록: 2004년 7월 26일 제2009-2호

ISBN 978-89-6184-979-1 (93910)
정가 20,000원